Fremdplatziert

Gisela Hauss, Thomas Gabriel, Martin Lengwiler (Hg.)

Fremdplatziert

Heimerziehung in der Schweiz, 1940–1990

CHRONOS

Die Druckvorstufe dieser Publikation wurde vom Schweizerischen Nationalfonds zur Förderung der wissenschaftlichen Forschung unterstützt.

Weitere Informationen zum Verlagsprogramm:
www.chronos-verlag.ch

Umschlagbild: Anstalt Sonnenbühl bei Brütten, Kanton Zürich
(Datenbank Bild und Ton, Sozialarchiv, F Fe_0003-12).

Print: ISBN 978-3-0340-1440-3
E-Book: ISBN 978-3-0340-6440-8

Inhalt

Vorwort 9

Einleitung 11
THOMAS GABRIEL, GISELA HAUSS, MARTIN LENGWILER

I Erziehung und staatliches Handeln

Kinder- und Jugendfürsorge in der Schweiz. Entstehung, Implementierung und Entwicklung (1900–1980) 29
MARTIN LENGWILER, ANNE-FRANÇOISE PRAZ

Eingriffe in die Erziehung von Kindern und Jugendlichen. Politischer und rechtlicher Kontext in der Westschweiz 53
YVES COLLAUD, JOËLLE DROUX

«Gefährdete Mädchen» und «verhaltensauffällige Buben». Behördliche Fremdplatzierungspraxis in den Kantonen Appenzell Innerrhoden, Basel-Stadt und Zürich 77
SUSANNE BUSINGER, MIRJAM JANETT, NADJA RAMSAUER

Eltern – Kinder – Erziehungspersonal – Institutionen. Eine unmögliche Beziehung? 101
MARKUS BOSSERT, VÉRONIQUE CZÁKA

«Die wussten einfach, woher ich komme». Staatliche Eingriffe und ihre Auswirkungen auf das Leben ehemaliger Heimkinder 117
CLARA BOMBACH, THOMAS GABRIEL, SAMUEL KELLER

II Pädagogik für das Heim – Ausbildung, Praxis und Theorie

Heimerziehung in der Schweiz. Denkfiguren und Entwicklungslinien 141
GISELA HAUSS

Die berufliche Tätigkeit im Heim. Kontext, Ausbildungsstätten und die Entstehung einer eigenständigen Berufsgruppe in der Westschweiz (1950–1980) 161
VÉRONIQUE CZÁKA, JOËLLE DROUX

Die Bildung der «geeigneten Erzieherpersönlichkeit». Gründungen, Organisation und Konzeption der Schulen für Heimerziehung in der Deutschschweiz 181
SARA GALLE

Familie im Fokus. Heimerziehung in der Schweiz im 20. Jahrhundert 195
YVES COLLAUD, MIRJAM JANETT

Die «neuen Praktikanten». Perspektiven auf sich verändernde Beziehungsformen im Heim der 1960er- und 1970er-Jahre 219
CLARA BOMBACH, THOMAS GABRIEL, SARA GALLE, SAMUEL KELLER

III Das Heimkind – Gegenstand der Betrachtung und Subjekt der eigenen Biografie

Heimerziehung. Effekte auf den Lebensverlauf 247
THOMAS GABRIEL

«Legitimieren» und «integrieren». Die Auswirkungen von Heimerfahrungen auf den weiteren Lebensverlauf 253
CLARA BOMBACH, THOMAS GABRIEL, SAMUEL KELLER

Behördliche Einflussnahme auf den Übergang Jugendlicher ins Erwachsenenalter im Kanton Zürich (1950–1980) 273
SUSANNE BUSINGER, NADJA RAMSAUER

Übergänge ins Leben nach der Heimerziehung. Individuelle und professionelle Perspektiven 287
CLARA BOMBACH, MARKUS BOSSERT, THOMAS GABRIEL, SAMUEL KELLER

Die sukzessive Durchsetzung bürgerlicher Kindheitsmuster im Fachdiskurs Heimerziehung 307
MARKUS BOSSERT, GISELA HAUSS

Erinnern – gedenken – bezeugen. Zur Rolle des Erzählens in Prozessen gesellschaftlicher Gedächtnisbildung 325
CHRISTINE MATTER

Kindheit im Fokus von Staat, normativer Erziehung und fachlicher Expertise. Zusammenfassende Überlegungen 339
GISELA HAUSS

Autorinnen und Autoren 347

Vorwort

Die im Sinergia-Projekt «Placing Children in Care. Child Welfare in Switzerland 1940–1990»[1] zusammenarbeitenden Forschungsgruppen waren an fünf verschiedenen Hochschulen lokalisiert und zeichneten sich aus durch eine interdisziplinäre und Sprachgrenzen übergreifende Zusammensetzung. Die Forschenden brachten ihre unterschiedlichen Zugänge und ihr Wissen in eine gemeinsame Fragestellung ein, die auf mehreren Ebenen und unter unterschiedlichen Perspektiven bearbeitet wurde. Dabei erforderte die Zusammenarbeit verschiedener Hochschulen aus verschiedenen Sprachregionen eine rege Koordination und die Bereitschaft, Wege auf sich zu nehmen. Historikerinnen und Historiker sowie Forschende aus der Sozialen Arbeit, Erziehungswissenschaft und Soziologie diskutierten in vielfältigen Gefässen des Austausches, in Workshops und auf Tagungen das gemeinsame Thema: die Geschichte der Heimerziehung in der Schweiz. Ein Ergebnis dieser Zusammenarbeit ist das vorliegende Buch. Es entstand im Austausch und in der gemeinsamen Arbeit an vergleichenden Ergebnissen, was die Chance bot für neue Einsichten, durchdachte Positionen und überraschende Verknüpfungen. Für die offene und engagierte Zusammenarbeit gebührt dem gesamten Projektteam, das heisst allen Autorinnen und Autoren des nun vorliegenden Bandes, ein spezieller Dank.

Das dem Band zugrunde liegende Projekt wurde vom Schweizerischen Nationalfonds im Rahmen des Programms Sinergia gefördert. Mit diesem Instrument unterstützt der Nationalfonds die interdisziplinäre Zusammenarbeit von zwei bis vier Projekten, die in ihrer gemeinsamen Forschung über Einzelprojekte hinausgehende Erkenntnisse erschliessen. Die Institutionen, in welche die Forschenden und Beitragsempfangenden oder Kooperationspartner eingebunden waren, befürworteten die interdisziplinäre Zusammenarbeit im Sinergia-Forschungsnetzwerk, so die Hochschule für Angewandte Wissenschaften Nordwestschweiz (FHNW), Hochschule für Soziale Arbeit (Leading House), die Universität Basel, Departement Geschichte, die Universität Freiburg, Sciences historiques, die Universität Genf, Institut des sciences de l'éducation, die Zürcher Hochschule für Angewandte Wissenschaften (ZHAW), Departement Soziale Arbeit. Ihnen allen gilt ein besonderer Dank. Danken möchten wir aber auch allen Personen, die uns auf dem Weg zur Erschliessung von Materia-

1 Placing Children in Care. Child Welfare in Switzerland 1940–1990. Schweizerischer Nationalfonds, Projekt Nr. 147695, Gisela Hauss, Joëlle Droux, Thomas Gabriel, Anne-Françoise Praz, Nadja Ramsauer, Martin Lengwiler (Kooperationspartner). Laufzeit 2014–2017.

lien in grösseren und kleineren Archiven geholfen haben und besonders denen, die sich Zeit nahmen und für Interviews zur Verfügung standen.

Der vorliegende Band erscheint neben einer Reihe von Artikeln in Zeitschriften sowie Sammelbänden, die von den Autorinnen und Autoren auf der Grundlage ihrer Ergebnisse aus dem Forschungsprojekt verfasst wurden. Daneben entstanden zahlreiche Präsentationen und Referate sowie zwei Dissertationen. Und doch bietet das vorliegende Buch erstmals eine gesamtschweizerisch und interdisziplinär angelegte Gesamtsicht zur Geschichte der Fremdplatzierung in der Schweiz. Um der die Sprachregionen übergreifenden Bedeutung des Forschungsprojekts gerecht zu werden, sind weitere Publikationen in französischer Sprache geplant.

Dass das Buch jetzt in einem Guss erscheinen kann, ist auch der Fachhochschule Nordwestschweiz zu verdanken, die über das Forschungsprojekt hinaus Zeit für die Koordination der Publikation zur Verfügung stellte. Ein besonderer Dank gilt Markus Bossert, der als kompetenter Lektor zur Verfügung stand. Danken möchten wir den beiden angefragten Experten für die fundierte und umfassende Begutachtung des Bandes sowie dem Schweizerischen Nationalfonds zur Förderung der wissenschaftlichen Forschung für den Druckkostenbeitrag. Ebenso gebührt dem Verlag Dank dafür, dass er uns während der gesamten Phase der Druckvorbereitung unterstützte.

Einleitung

THOMAS GABRIEL, GISELA HAUSS, MARTIN LENGWILER

Seit dem ausgehenden 19. Jahrhundert wurden in der Schweiz Zehntausende Kinder und Jugendliche von ihren Familien getrennt und in Pflegefamilien sowie in Heimen und Anstalten untergebracht. Die Verantwortung dafür lag meist bei staatlichen und kommunalen Behörden. Sie handelten aus unterschiedlichen Motiven: Sorge um das Wohl der Kinder, Angst vor einer Verarmung der betroffenen Familien, oft auch moralische Vorbehalte gegen einen unkonventionellen Lebenswandel, bisweilen der Schutz der Gesellschaft vor vermeintlich schädlichen Einflüssen.

In den letzten Jahren wurde begonnen, die Geschichte dieser Fremdplatzierungen genauer zu untersuchen, aus historischer und sozialwissenschaftlicher Perspektive. Dabei zeigt sich, dass pädagogische Diskurse, behördliche Rhetorik und die Realität der Betroffenen weit auseinanderklafften. In vielen Heimen und Pflegefamilien war das Wohl von Kindern und Jugendlichen zweitrangig. Zahlreich sind die Fälle, in denen sie sozial isoliert und diskriminiert wurden, zu gering qualifizierter Arbeit gezwungen und schlecht ausgebildet, finanziell ausgenutzt, körperlich misshandelt und sexuell ausgebeutet wurden.[1] Die bisherige Forschung hat diese Fragen zwar meist im Rahmen von lokalen und regionalen Fallstudien untersucht.[2] Trotzdem ist klar: Missstände in Heimen und Pflegefamilien waren nicht die Ausnahme, sondern eher die Regel. Fremdplatzierte Kinder und Jugendliche wurden über Generationen hinweg einem Fürsorgeregime ausgesetzt, das auf physischer und symbolischer Gewalt beruhte und zu damaligen Vorstellungen von Humanität und Menschenrechten im Gegensatz stand.

Die Schweiz steht mit dieser Geschichte nicht alleine. Vergleichbar repressive und gewalttätige Fürsorgeregime finden sich in zahlreichen anderen westlichen Staaten. Relativ früh, in den Jahren nach 2000, liess die Regierung Irlands ihre Geschichte der Heimerziehung untersuchen. Die Resultate wurden 2009 in

1 Vgl. Furrer et al. 2014a; Galle 2016; Germann 2016; Hafner/Janett 2017; Heiniger 2017; Luchsinger 2016; Rietmann 2017; vgl. auch UEK, www.uek-administrative-versorgungen.ch/de/Kontext.8.html, und Placing Children in Care, www.placing-children-in-care.ch.

2 Exemplarisch Akermann et al. 2012, 2015; Collaud et al. 2015; Hafner/Janett 2017; Heiniger 2017; Leuenberger et al. 2011; Lippuner 2005; Luchsinger 2016; Praz et al. 2016; Rietmann 2013, 2017. Ausnahmen sind Hafner 2011 und Hafner 2014.

zwei umfangreichen Berichten veröffentlicht,[3] wobei vor allem die zahlreichen von katholischen, vereinzelt auch von protestantischen Ordensschwestern geführten Magdalene Laundries für «gefallene Mädchen» im Fokus standen.[4] Vergleichbare Debatten setzten auch in Wales (Grossbritannien), Kanada, Frankreich, Australien oder Deutschland ein. Die institutionelle Heimlandschaft trug national spezifische Züge. Die Erfahrungen der betroffenen Kinder und Jugendlichen waren dagegen auffallend ähnlich und umfassten soziale Isolation, Arbeitszwang und körperlichen oder sexuellen Missbrauch.[5]

In der Schweiz begann die Aufarbeitung in den 2010er-Jahren. Am 11. April 2013 fand ein Gedenkanlass für die Opfer fürsorgerischer Zwangsmassnahmen statt, aus dem die Einrichtung des runden Tisches für Opfer fürsorgerischer Zwangsmassnahmen hervorging. Seit Dezember 2014 wurden aufgrund der Einreichung einer Volksinitiative eine finanzielle Wiedergutmachung sowie die wissenschaftliche Aufarbeitung des Themas im Schweizer Parlament diskutiert und im September 2016 definitiv bestätigt. Die Aufarbeitung brachte verschiedene Untersuchungsformate hervor: von ausführlichen Kommissionsberichten[6] bis hin zu umfassenden wissenschaftlichen Studien heterogener Gestalt, die im Auftrag des Bundes, der Kantone und Gemeinden von Verbänden oder Trägerorganisationen verfasst wurden und wertvolles Wissen zu Heimstrukturen, beteiligten Trägerschaften oder staatlichen Behörden hervorgebracht haben.[7] In jüngster Zeit wurden in diesem Zusammenhang in der Schweiz umfangreiche Forschungsprogramme initiiert: einerseits die Unabhängige Expertenkommission Administrative Versorgungen (UEK), die 2015–2019 die Geschichte administrativer Versorgungen von Jugendlichen und Erwachsenen untersucht, andererseits das Nationale Forschungsprogramm 76 «Fürsorge und Zwang», das vom Schweizerischen Nationalfonds (SNF) lanciert wurde und das Feld fürsorgerischer Zwangsmassnahmen 2018–2023 wissenschaftlich aufarbeiten soll.

Zum jetzigen Zeitpunkt ist der Forschungsstand allerdings nach wie vor fragmentarisch und von thematisch begrenzten Fallstudien geprägt. An diesem Punkt setzt der vorliegende Band an und bietet erstmals eine gesamtschweizerisch und interdisziplinär angelegte, auf aktuellen Forschungen gegründete Sicht auf die Geschichte der Fremdplatzierung in der Schweiz des 20. Jahrhunderts. Die Publikation stellt die Forschungsergebnisse des vom SNF geförder-

3 Vgl. Ryan Report and Implementation, www.dcya.gov.ie/viewdoc.asp?fn=/documents/Child_Welfare_Protection/RyanImplementation.htm; Skehill 2003, 2004.
4 Smith 2007.
5 Lengwiler et al. 2013; vgl. auch Sköld/Swain 2015.
6 Lengwiler et al. 2013.
7 Zum Beispiel Furrer et al. 2014b; Hauss/Ziegler 2010; Heller 2004; Heller et al. 2005; Ries/Beck 2013.

ten Verbundprojekts «Placing Children in Care. Child Welfare in Switzerland 1940–1990» in einen gemeinsamen Bezugsrahmen.[8]

Der gesamtschweizerische Rahmen ist in doppelter Hinsicht vergleichend angelegt. Er umfasst einerseits Binnenvergleiche, etwa zwischen Sprachregionen, Kantonen oder Konfessionen, setzt andererseits Diskurse, erzieherische Praktiken und biografisches Erleben zueinander in Beziehung.

In dreierlei Hinsicht geht der vorliegende Band über den aktuellen Forschungsstand hinaus. Mit dem Thema Fremdplatzierungen und fürsorgerische Zwangsmassnahmen untersucht er erstens einen bislang kaum erforschten Bereich des schweizerischen Sozialstaats. Zweitens bearbeitet er mit der zweiten Hälfte des 20. Jahrhunderts eine Zeitperiode, die bislang ebenfalls nicht im Fokus der Forschung stand. Und drittens fragt er nach den prägenden Wandlungsprozessen im Bereich der Fremdplatzierungen sowie nach den gesellschaftlichen Bedingungen und den biografischen Auswirkungen dieser Prozesse. Die Perspektive, die er eröffnet, ist damit primär analytisch, im Kontrast zu den oft stark dokumentarischen Forschungen der letzten Jahre. Diese drei Anliegen werden im Folgenden detaillierter ausgeführt.

1. Die schweizerische Sozialstaatsgeschichte hat sich bislang in erster Linie mit der Entwicklung der Sozialversicherungen, teilweise auch mit der Geschichte der Armut und der Armenfürsorge beschäftigt.[9] Sozialstaatliche Leistungen werden in dieser Forschung meist mit finanziellen Transferleistungen für unverschuldet Notleidende gleichgesetzt. Diese haben auf die Leistungen einen Rechtsanspruch. Die Mitglieder des Sozialstaats bilden quasi eine Solidargemeinschaft; die soziale Sicherheit ist ein Instrument gesellschaftlicher Inklusion. Fürsorgerische Zwangsmassnahmen und generell erzieherische oder gar strafende Interventionen operieren dagegen meist in der Ambivalenz von inkludierenden und exkludierenden Mechanismen, was sich exemplarisch im Begriff der Fremdplatzierung manifestiert. Solche Massnahmen sind im herkömmlichen Sozialstaatsverständnis meist ausgeklammert oder gelten als Atavismus des 19. Jahrhunderts. Auch das Heim- und Anstaltswesen, situiert im Bereich des Armen- und Vormundschaftswesens, der Jugendfürsorge sowie in der Jugendstrafrechtspflege und damit im Schnittpunkt vielfältiger Platzierungsverfahren, geriet lange kaum in den Blick der historischen Forschungen. Erst mit Untersuchungen zu verschiedenen Feldern der Sozialdisziplinierung hat die Forschung in den letzten Jahren die Geschichte fürsorgerischer Zwangsmassnahmen stärker aufgegriffen. Dazu gehören Studien zur Vormundschafts-,

8 Vgl. S. 9, Anm. 1.

9 Exemplarisch die Website «Geschichte der Sozialen Sicherheit in der Schweiz», www.geschichtedersozialensicherheit.ch, sowie die dort angegebene Literatur.

Kinderschutz- und Fürsorgepraxis,[10] zur administrativen Versorgung,[11] zum Heim- und Anstaltswesen für Kinder und Jugendliche,[12] zur strafrechtlichen Zwangserziehung[13] und zur Eugenik und Medikalisierung sozialer Devianz.[14] Diese neueren Forschungen verweisen auf den überaus hohen Konformitäts- und Anpassungsdruck, den staatliche und private Wohlfahrtseinrichtungen auf gesellschaftliche Randgruppen und Personen in prekären Lebensbedingungen ausübten. Im Zusammenhang mit der Verfolgung nicht sesshafter Familien durch das «Hilfswerk für die Kinder der Landstrasse» ist ebenfalls auf die zentrale Funktion der behördlichen Aktenführung für solche Ausschlussprozesse hingewiesen worden.[15] Der Schwerpunkt dieser Arbeiten liegt zumeist auf dem späten 19. und frühen 20. Jahrhundert, bis zur Zwischenkriegszeit, während neuere Untersuchungen vorliegen zur Pflegekinderaufsicht[16] und zum professionellen Selbstverständnis der Sozialarbeit,[17] welche die Zeit zwischen 1945 und 1950 einschliessen.

Diese schwerpunktmässig in den 2010er-Jahren durchgeführten Studien verweisen auf einen Bereich des Sozialstaats, dessen Handlungslogik im Kontrast zu den bekannteren Bereichen der Sozialversicherung und der Armenfürsorge, wie sie bislang untersucht wurde, steht. Im Bereich der Fremdplatzierungen und der fürsorgerischen Zwangsmassnahmen intervenierte der Sozialstaat direkt in die sozialen Beziehungen und biografischen Umstände der Betroffenen. Er tat dies mit einem hohen normativen Anspruch und – in Fällen von widerständigem Verhalten – oft unter offener Androhung von Zwang und Gewalt. Die staatlichen Organe sprachen den Betroffenen solcher Interventionen die Fähigkeit zu vernunftorientiertem Handeln ab; dies legitimierte letztlich auch den Zwangscharakter der staatlichen Massnahmen. Der erzieherische Anspruch, der sich mit diesen Interventionen verband, muss sozial- und kulturhistorisch interpretiert werden: als Anspruch primär bürgerlicher Schichten, ihre gesellschaftlichen Normen- und Wertesysteme auch anderen Gesellschaftsschichten, insbesondere den Arbeiter- und Unterschichten, aufzuoktroyieren.[18]

10 Droux/Ruchat 2012; Furrer et al. 2014a; Guggisberg 2016; Hauss/Ziegler 2010; Schnegg 2007; Sutter 2007; Ramsauer 2000.
11 Lippuner 2005; Rietmann 2013.
12 Heiniger 2017; Jenzer 2014; Luchsinger 2016; Rietmann 2017.
13 Furger 2007, 2008; Ruchat 1999.
14 Dubach 2013; Hauss et al. 2012; Heller et al. 2002; Meier 2015; Ritter 2009; Wecker et al. 2009.
15 Galle/Meier 2009; Galle 2016.
16 Leuenberger et al. 2011.
17 Matter 2011.
18 Lengwiler 2018.

Dieses «bürgerliche Element» in der Fürsorge reicht weit hinter die Geschichte der Moderne zurück.[19] Seine Wurzeln setzen in den spätmittelalterlichen Bettel-, Armen- und Almosenverordnungen an, durch die Wohlfahrt bürokratisiert und an Wertorientierungen des Stadtbürgertums gebunden wurde. Durch die bürgerlichen Helfer und armen Hilfsempfänger wurde die persönliche, menschliche Dimension als Zentrum der Fürsorgetätigkeit konstituiert und als Verwirklichung des christlichen Postulats der Liebestätigkeit verstanden.[20] Die Verwirklichung des Postulats der Nächstenliebe[21] als moralische Verpflichtung ist für die «Konstituierung des bürgerlichen Subjektes»[22] nicht nur von moralischer, sondern auch von identitärer Bedeutung. Mit dem traditionellen bürgerlichen Projekt sozialreformerischer Fürsorgepraxis ist das Projekt der bürgerlichen Subjektkonstitution untrennbar verbunden. Bürgerliche Werte und Lebensführungsideale sind auf Erfahrung «des Anderen» und somit auf Arme und Fürsorgebedürftige verwiesen, um die Differenz zu beschreiben und die eigene Lebenspraxis zu etablieren und zu kontrollieren. Insofern ist der bürgerliche Versuch des Herstellens von Konformität nicht allein der Versuch der Sozialdisziplinierung im Sinne von Peukert,[23] sondern ist mit dem Versuch der Selbstkontrolle des Bürgertums verbunden.[24] Fragmentierungen und Desintegration im Selbstbild des Bürgertums durch den Einfluss gesellschaftlicher Wandlungsprozesse sind bedeutsame Einflüsse auf die Konstitution des Bildes der Kinder und Jugendlichen, die als Objekte der Fürsorge «zu erziehen» und «zu bilden» sind.

Das pädagogische Projekt der bürgerlichen Sozialreform war in sich nie widerspruchsfrei. Davon zeugen die zahlreichen Konflikte und Spannungsfelder in der Heimerziehung. Die in den folgenden Kapiteln dargelegten Forschungsergebnisse zeigen deutlich, dass sich in der Heimerziehung der zweiten Hälfte des 20. Jahrhunderts vielschichtige soziale Konflikte verdichtet manifestierten, so zum Beispiel im Kampf um Autorität und Gehorsam, in den institutionellen Erwartungen an Subjektivierungsprozesse bei Kindern und Jugendlichen, in umstrittenen Konstruktionen von Kindheit oder in staatlichem Handeln zur Bekämpfung von Armut und nicht angepasstem Verhalten. Heime zeigen sich über die untersuchte Zeit hinweg wiederholt als umstrittene Orte zur Herstellung gesellschaftlicher Konformität.

19 Sachsse/Tennstedt 2012.
20 Röper 1976; Uhlhorn 1898.
21 Dekker 2001.
22 Gräser 2009, S. 414.
23 Peukert 1986.
24 Vgl. Esser 2013, S. 61.

2. Zeitlich untersucht der vorliegende Band in erster Linie die Epoche zwischen 1940, der Zeit des Zweiten Weltkriegs, und 1990, ein Jahrzehnt nach Abschaffung der administrativen Versorgungen (1981) und gut eineinhalb nachdem die Schweiz die Europäische Menschenrechtskonvention unterzeichnet hatte (1974). Bislang lag der zeitliche Schwerpunkt der Forschungen zur Geschichte des Heimwesens auf der Zeit vor dem Zweiten Weltkrieg. Nur wenige Arbeiten beschäftigen sich mit der Nachkriegszeit.[25] Die folgenden Beiträge setzen den Akzent auf die Nachkriegszeit und auf eine regional und institutionell übergreifende Perspektive. In dieser Zeit war das Platzierungswesen – wie die schweizerische Gesellschaft insgesamt – einem beschleunigten Wandel unterworfen. Die Autorinnen und Autoren beziehen die Veränderungen im Heimsektor systematisch auf den beschleunigten sozialen und institutionellen Wandel im Zeichen der Hochkonjunktur und des Ausbaus des Sozialstaats seit der Gründung der Alters- und Hinterlassenenversicherung (AHV) 1948. Aus verschiedenen Perspektiven wird dargestellt, wie der Einstellungswandel bezüglich Erziehung, Autorität, Arbeit oder Sexualität sowie die zunehmende Flexibilisierung der Moralvorstellungen und die Hinwendung zu Selbstentfaltungswerten sich ab den 1950er-Jahren auf den Heimsektor auswirkten.

3. Daran schliesst sich das dritte Anliegen des Bandes an: die gesellschaftlichen und institutionellen Veränderungen nicht nur zu beschreiben, sondern sie erklärend zu verstehen. Die folgenden Beiträge präsentieren deshalb systematische Erkenntnisse über Formen des Wandels im Heimwesen und über die dafür verantwortlichen Faktoren, und zwar auf mehreren Ebenen:

- auf der diskursiven und normativen Ebene, etwa bezüglich der wissenschaftlichen Bezüge, der Leitvorstellungen und Erziehungskonzepte, der Partizipationsrechte der Betroffenen, des professionellen Selbstverständnisses der beteiligten Akteure (Vormunde, Jugendrichter, Fürsorgerinnen, Heimerzieher),
- auf der institutionellen Ebene (finanzielle und personelle Ausstattung der Heime, Aufsichtsstrukturen)
- sowie auf der Ebene der fallbezogenen Begründungslogiken und des biografischen Erlebens.

Die Bearbeitung der Ebenen verlangte je spezifische Methoden mit wissenschaftlichen Grundlagen in rekonstruktiver Biografieforschung, soziologischen Handlungstheorien und Diskursanalyse. Es war die programmatische Absicht des Forschungsnetzwerks und der Publikation, unterschiedliche Paradigmen, Disziplinen und Zugänge zu verknüpfen. Dies macht das Unterfangen

25 Akermann et al. 2012; Droux/Ruchat 2012; Heller 2012.

methodologisch angreifbar, generiert aber zugleich neue und überraschende Einsichten in den untersuchten Themenfeldern.

Insgesamt zielt der Band auf eine kritische Diskussion herkömmlicher Epochengrenzen (Zweiter Weltkrieg, 1968, 1981 usw.) und verweist auf überlappende zeitliche Entwicklungen je nach Analyseebene: Diskurse, Organisationen, Biografien – sie alle haben ihre eigene Verlaufslogik.

Im Folgenden seien einige Vorüberlegungen zur Analyse institutioneller Wandlungsprozesse vorausgeschickt. Für die Genealogie der Sozialen Arbeit bildeten die staatliche Konstitution des sozialen Sektors, die Professionalisierung der pädagogischen Berufe sowie deren Kontextualisierung in sozialen Bewegungen entscheidende Entwicklungsbedingungen. Diese Entwicklung der pädagogischen Professions- und erziehungswissenschaftlichen Theoriegeschichte ist für die Zeit nach 1960 und für den Kontext der Heimkritik und der 68er-Bewegung in der Schweiz bisher noch kaum erforscht.

International übereinstimmend lässt sich für die Entwicklung des Sektors der Jugendfürsorge[26] ein Zusammenhang zwischen der rechtlichen Kodifizierung, den institutionellen Differenzierungen und der Professionalisierung der Sozialen Arbeit nachweisen. In allen westlichen Industrieländern erforderten die rechtliche Rahmung und die institutionelle Differenzierung des sozialen Sektors vermehrt ausgebildetes Personal. Dies führte mit länderspezifischen Differenzen über erste Ausbildungskurse zu einer Akademisierung und Verfachlichung der beruflichen Ausbildungen in der Sozialen Arbeit und damit auch im Berufsfeld der Heimerziehung. Unabhängig von internationalen Differenzen in den Gesetzgebungen und ihren politischen Akzentuierungen wurde damit erstmals umfassend die staatliche Verantwortung für Fragen des «Kindeswohls» markiert und die rechtlichen und institutionellen Grundlagen der Kinder- und Jugendfürsorge auch von staatlicher Seite gefördert.

Die sozialen Bewegungen des 19. und 20. Jahrhunderts sind unstrittig konstitutiv in ihrem Einfluss auf die Theorie und Professionsgeschichte von Sozialarbeit und Sozialpädagogik,[27] aber in der zweiten Hälfte des 20. Jahrhunderts vergleichsweise wenig untersucht und theoretisch eingeordnet. Hingegen liegen für die Zeit vor 1940 für die Kinder- und Jugendfürsorge fundierte Einordnungen vor. Sie interpretieren Soziale Arbeit als Strategie der Sozialdiszi-

26 Peukert 1986; Ramsauer 2000.

27 Bis in die 1990er-Jahre waren Sozialarbeit und Sozialpädagogik in der Schweiz mehrheitlich je eigene Studien- beziehungsweise Ausbildungsabschlüsse mit klar zugeordneten Berufsfeldern. Während die Arbeit im ambulanten, konsultativen und offenen Bereich der Sozialen Arbeit zugerechnet wurde, war die Heimerziehung als «geschlossene Fürsorge» ein Berufsfeld der Sozialpädagogik.

plinierung[28] oder als Form der Steuerung des Sozialen.[29] Private oder karitative Formen von Hilfstätigkeit[30] sowie das sozialpädagogische Projekt der Erziehung und Bildung des Bürgers[31] weisen über diese Kategorisierungen hinaus. In der institutionellen Tradition der Waisenfürsorge als christliche Barmherzigkeit[32] konkretisiert sich die historische Wurzel der Sozialen Arbeit als säkularisierter Nächstenliebe.[33]

In den ersten Jahrzehnten des 20. Jahrhunderts ist im deutschsprachigen Raum der Einfluss der Fürsorgewissenschaften auf Diskurse und Problemverständnisse von Sozialarbeit und Sozialpädagogik signifikant, wie sich exemplarisch im Bereich der Kinder- und Jugendhilfe nachweisen lässt.[34] Der offene Rechtsterminus «Verwahrlosung» bestimmte den Bereich der Kinder- und Jugendhilfe zunehmend diskursiv und erfuhr über die ersten Jahrzehnte des 20. Jahrhunderts eine inhaltliche Verschiebung. Während am ersten gesamtschweizerischen Jugendfürsorgekongress von 1908 im Kontext der Schaffung der Kinderschutzartikel des Schweizerischen Zivilgesetzbuches (ZGB, 1912) noch einem kritischen Begriffsverständnis von «Verwahrlosung» als Symptom sozialer Probleme gefolgt wurde, verengte sich das Verständnis ab 1927 auf hygienische und eugenische Dimensionen. Die «Verwissenschaftlichung des Sozialen» wurde dementsprechend zunehmend von Medizin, Psychiatrie und Heilpädagogik dominiert[35] und hielt sich im Gegensatz zum internationalen Umfeld auch noch weit über den Zweiten Weltkrieg hinaus. Dies hatte unter anderem verheerende Folgen, wie die Praxis der «Kindswegnahmen» beziehungsweise Fremdplatzierungen,[36] insbesondere im Rahmen des von der Pro Juventute lancierten Projekts «Kinder der Landstrasse», zeigt.[37]

Zugleich führte die Verwissenschaftlichung zu einer Verdrängung von in Ansätzen bereits im 19. Jahrhundert vorhandenen (sozial)pädagogischen und gesellschaftstheoretischen Deutungen sozialer Probleme.[38] Dass der Begriff der Verwahrlosung die Praxis der Jugendfürsorge als neue Form der Steuerung des Sozialen prägte, weist Wilhelm aufgrund eines umfangreichen Aktenstudiums eindrücklich nach.[39] Die Autorin legt zudem dar, dass die Rolle der Pädago-

28 Peukert 1986.
29 Wilhelm 2005.
30 Dekker 2001.
31 Dollinger et al. 2007.
32 Uhlhorn 1898.
33 Gabriel/Grubenmann 2018; Grubenmann 2007.
34 Peukert 1986; Ramsauer 2000.
35 Ramsauer 2000.
36 Hauss et al. 2012; Leuenberger/Seglias 2008.
37 Galle 2016; Leimgruber et al. 1998.
38 Grubenmann 2007.
39 Wilhelm 2005.

gik insbesondere zu Beginn des 20. Jahrhunderts marginal war und blieb. «Was heute rückblickend als sozialpädagogische Praxis interpretiert wird, ist also weniger aus der Erziehung bzw. der Pädagogik hervorgegangen, als aus einem Konglomerat disziplinärer und beruflicher Zusammenhänge, in denen der Pädagogik als Reflexion der Erziehungstatsache bzw. der Erziehungswirklichkeit eine untergeordnete Rolle zukam.»[40]

Der Band setzt «Heimerziehung» nicht als selbsterklärenden Ausgangspunkt, sondern analysiert die gesellschaftliche Organisation von Heimkindheit, die fachliche Konstruktion, die institutionelle Adressierung und das subjektive Erleben in einem mehrdimensionalen konzeptionellen Rahmen. Damit kommen gleichermassen die sozialstrukturellen Kontexte und die darin gegebenen Institutionalisierungsprozesse, Wissenskonstruktionen sowie Subjektivierungsprozesse in den Blick, die Erziehung beziehungsweise Kindheit im Heim erst hervorbringen. Für die Darstellung dieser Prozesse verortet der Band die Heimerziehung in einem Raum, der von drei Achsen konturiert wird. Auch wenn die gewählten Achsen je Unterschiedliches sichtbar werden lassen, sind sie doch als interdependent zu verstehen. Sie sind ebenenübergreifend konzipiert, das heisst, sie verbinden Ergebnisse auf den Ebenen des Diskurses, der institutionellen Praxis und des biografischen Erlebens. Die gewählten thematischen Linien öffnen einen mehrdimensionalen Raum, in dem die gesellschaftliche Herstellung von Heimkindheit systematisch fassbar wird. Auf einer ersten Achse (Erziehung und staatliches Handeln) wird Heimerziehung zwischen staatlichem Handeln und privater Zuständigkeit zum Thema gemacht. Auch wenn Kinder aufzuziehen Privatsache ist, sind Kinder auch Gegenstand der Kinderwohlfahrtspolitik und sind, wenn sie nicht bei ihren Eltern aufwachsen, auch «Kinder des Staates».[41] Sie sind eine «altersspezifische Versorgungsklasse des Sozialstaates» und Objekte einer «sozialstaatlichen Vergesellschaftung».[42] Auf einer zweiten Achse (Pädagogik) wird Heimerziehung im oft widersprüchlichen Zusammenhang zwischen einer konkreten Handlungspraxis und diskursiven Konstruktionen thematisiert. Während Heimerziehung auf der diskursiven Ebene in normativen Leitsätzen oder im beruflichen Selbstverständnis sichtbar wird, zeigt sie sich als Handlungspraxis in Konzepten, institutionellen Settings oder im Erleben und Erinnern der Beteiligten. Auf einer dritten Achse (Heimkind) wird Heimkindheit in der Spannung zwischen Objektivierung der Kindheit in Forschung und Fachlichkeit und der Subjektivierung des Kindes im eigenen Erleben, Spielen und Erzählen thematisiert. Thema wird der fach-

40 Ebd., S. 141.
41 Besonders deutlich wird diese Perspektive im Titel von Ralser/Sieder 2014: «Kinder des Staates».
42 Honig 2010.

lich kategorisierende Blick auf Entwicklung und Abweichung ebenso wie das subjektive Erleben des Aufwachsens, die aktive Rolle des Kindes und die Verarbeitung der Heimkindheit in Lebenslauf und Biografie.

Auf dieser Grundlage ist der Band in drei umfassende Teile gegliedert. Diese beginnen jeweils mit einem einleitenden Beitrag und werden anhand von Fallstudien vertieft.

Im ersten Teil («Erziehung und staatliches Handeln») wird die Organisation und Handlungslogik der staatlichen und kommunalen Behörden fokussiert. In den Blick kommt die für die Schweiz charakteristische föderalistische Vielfalt von Normen und Praktiken. Diese zeigt sich zum Beispiel in je unterschiedlichen juristischen Normen und Verfahrenswegen oder in unterschiedlichen behördlichen Interventionsformen und Fremdplatzierungspraxen. Die vergleichende Anlage des ersten Teils ermöglicht es, Faktoren herauszuarbeiten, die Wandel in der Fremdplatzierungspraxis begünstigten oder hemmten. Mit der Einbeziehung des Verhältnisses zwischen Eltern, Kindern und Heimverantwortlichen und der Perspektive der von behördlichen Massnahmen Betroffenen wird staatliches Handeln im Spannungsfeld von familialer Zuständigkeit und individuellen Handlungsspielräumen sichtbar.

Im zweiten Teil («Pädagogik für das Heim – Ausbildung, Praxis und Theorie») wird Heimerziehung entlang der Achse Pädagogik im Spannungsfeld zwischen Diskurs und Handlungspraxis zum Thema. Als «Summe der Reaktionen einer Gesellschaft auf die Entwicklungstatsache»[43] ist Pädagogik Wissenschaft und Disziplin, Ausbildung und Beruf sowie Praxis, Berufsfeld und Methode. Dabei lässt sich die Reaktion der Gesellschaft auf das Aufwachsen von Kindern auf mehreren Ebenen untersuchen: in der Intensivierung von Forschung, im Ausbau der institutionellen Landschaft oder in der Schaffung eines auf Heimerziehung spezialisierten Berufes. Das Kapitel präsentiert Pädagogik als Fachdiskurs im Kontext benachbarter Wissenschaften, in den Ausbildungen zur Heimerziehung, in methodischen Konzepten sowie im Erleben von ehemaligen Kindern und Jugendlichen im Heim.

Der dritte Teil («Das Heimkind – Gegenstand der Betrachtung und Subjekt der eigenen Biografie») problematisiert Heimerziehung in ihrer Stellung zur spannungsvollen Situation des Kindes als Objekt fachlicher Betrachtung und als Subjekt. Es wird dargestellt, welche Vorstellungen von Kindheit im Fachdiskurs und in der behördlichen Praxis hervorgebracht wurden, wobei vor allem die Markierung von Übergängen im Massnahmenverlauf untersucht wird. Ein besonderes Gewicht kommt der Perspektive ehemaliger Heimkinder zu. Damit wird das «Kindsein» in Erinnerung und Erzählen zum subjektiven

43 Bernfeld 1973 (1929), S. 51.

Bezugspunkt eigenen Handelns und Erleidens. Über die Erinnerung schlägt der dritte Teil den Bogen zur gesellschaftlichen Gedächtnisbildung und richtet den Blick auf aktuelle Prozesse des Erzählens, Bezeugens und Schweigens.

Der vorliegende Band versteht sich als eine gesamtschweizerisch und interdisziplinär angelegte, mehrdimensionale Bearbeitung der Geschichte von Fremdplatzierung und Heimerziehung und liefert damit einen Beitrag zur Sozialgeschichte der Schweiz. Darüber hinaus beabsichtigt die vorliegende Publikation, zur «Erinnerungskultur»[44] beizutragen, indem sie mehrperspektivische Deutungen des historischen Geschehens bietet und damit das im kulturellen Gedächtnis präformierte Bild der Heimerziehung für neue Interpretationen öffnet. Die Vergegenwärtigung und Bearbeitung von Geschichte zielt dabei nicht auf eine neue «Meistererzählung»[45] ab, sondern auf die Reflexion kollektiver Deutungen durch das Aufzeigen von neuen Deutungsmöglichkeiten. Die Öffnung historischer Erzählzusammenhänge zielt in diesem Sinne auf ein «Hinterfragbarmachen» normativer Deutungen, die auch für die von Heimerziehung betroffenen Menschen eine «Neuaneignung» des Vergangenen und damit auch die Möglichkeit der Emanzipation aus normativen – institutionellen wie auch erinnerungspolitischen – Zuschreibungen bieten kann.

Literaturverzeichnis

Akermann, Martina, Furrer, Markus und Jenzer, Sabine (2012). *Bericht Kinderheime im Kanton Luzern im Zeitraum von 1930–1970. Schlussbericht zuhanden des Regierungsrats des Kantons Luzern, unter der Leitung von Markus Furrer.* Luzern: Gesundheits- und Sozialdepartement des Kantons Luzern, www.kinderheime-schweiz.ch. Zugegriffen: 27. September 2016.

Akermann, Martina, Jenzer, Sabine, Meier, Thomas und Vollenweider, Janine (2015). *Kinder im Klosterheim. Die Anstalt St. Iddazell Fischingen 1879–1978.* Frauenfeld: Verlag des Historischen Vereins des Kantons Thurgau.

Bernfeld, Siegfried (1973 [1929]). *Sisyphos oder die Grenzen der Erziehung.* Frankfurt am Main: Suhrkamp.

Collaud, Yves, Delessert, Thierry, Praz, Anne-Françoise und Valsangiacomo, Nelly (2015). *Rapport historique sur les dispositifs vaudois d'internement administratif (1900–1970).* Lausanne, Fribourg: o. V., https://serval.unil.ch/resource/serval:BIB_2B1BA4A269AF.P001/REF. Zugegriffen: 24. August 2017.

Dekker, Jeroen (2001). *The Will to Change the Child. Re-Education Homes for Children at Risk in Nineteenth Century Western Europe.* Frankfurt am Main etc.: Peter Lang.

44 Krause 2014, S. 89.
45 Rüsen 2002, S. 10.

Dollinger, Bernd, Müller, Carsten und Schröer, Wolfgang (2007). *Die sozialpädagogische Erziehung des Bürgers. Entwürfe zur Konstitution der modernen Gesellschaft*. Wiesbaden: VS.

Droux, Joëlle und Ruchat, Martine (2012). *Enfances en difficultés. De l'enfance abandonnée à l'action éducative (Genève 1892–2012)*. Genève: Fondation Officielle de la Jeunesse.

Dubach, Roswitha (2013). *Verhütungspolitik. Sterilisation im Spannungsfeld von Psychiatrie, Gesellschaft und individuellen Interessen in Zürich (1890–1970)*. Zürich: Chronos.

Esser, Florian (2013). *Das Kind als Hybrid. Empirische Kinderforschung (1896–1914)*. Weinheim: Beltz Juventa.

Furger, Sonja (2007). *Uitikon und seine Anstalt. Eine Beziehungsgeschichte. Teil 1*. Weihnachts-Kurier Uitikon, S. 7–42.

Furger, Sonja (2008). *Uitikon und seine Anstalt. Eine Beziehungsgeschichte. Teil 2*. Weihnachts-Kurier Uitikon, S. 7–52.

Furrer, Markus, Heiniger, Kevin, Huonker, Thomas, Jenzer, Sabine und Praz, Anne-Françoise (Hg.) (2014a). *Fürsorge und Zwang. Fremdplatzierung von Kindern und Jugendlichen in der Schweiz 1850–1980*. Basel: Schwabe.

Furrer, Markus, Heiniger, Kevin, Huonker, Thomas, Jenzer, Sabine und Praz, Anne-Françoise (2014b). Einleitung. In: dies. (Hg.), *Fürsorge und Zwang. Fremdplatzierung von Kindern und Jugendlichen in der Schweiz 1850–1980*. Basel: Schwabe, S. 7–23.

Gabriel, Thomas und Grubenmann, Bettina (2018). Soziale Arbeit in der Schweiz. In: Otto, Hans Uwe, Thiersch, Hans, Treptow, Rainer und Ziegler, Holger (Hg.), *Handbuch Soziale Arbeit. Grundlagen der Sozialarbeit und Sozialpädagogik*. München, Basel: Ernst Reinhard, S. 1400–1407.

Galle, Sara (2016). *Kindswegnahmen. Das «Hilfswerk für die Kinder der Landstrasse» der Stiftung Pro Juventute im Kontext der schweizerischen Jugendfürsorge*. Zürich: Chronos.

Galle, Sara und Meier, Thomas (2009). *Von Menschen und Akten. Die Aktion «Kinder der Landstrasse» der Stiftung Pro Juventute*. Zürich: Chronos.

Germann, Urs (2016). Zur «Nacherziehung» versorgt. *Der Bund*, www.derbund.ch/bern/stadt/zurnac%20herziehung-versorgt/story/24405640. Zugegriffen: 24. August 2017.

Gräser, Marcus (2009). *Wohlfahrtsgesellschaft und Wohlfahrtsstaat. Bürgerliche Sozialreform und Welfare State Building in den USA und in Deutschland 1880–1940*. Göttingen: Vandenhoeck & Ruprecht.

Grubenmann, Bettina (2007). *Nächstenliebe und Sozialpädagogik im 19. Jahrhundert. Eine Diskursanalyse*. Bern etc.: Haupt.

Guggisberg, Ernst (2016). *Pflegekinder. Die Deutschschweizer Armenerziehungsvereine 1848–1965*. Baden: hier + jetzt.

Hafner, Urs (2011). *Heimkinder. Eine Geschichte des Aufwachsens in der Anstalt*. Baden: hier + jetzt.

Hafner, Urs und Janett, Mirjam (2017). *Draussen im Heim. Die Kinder der Steig, Appenzell 1945–1984. Historischer Bericht zuhanden der Standeskommission Appenzell Innerrhoden*. Bern, Zürich: Standeskommission Appenzell Innerrhoden.

Hafner, Wolfgang (2014). *Pädagogik, Heime, Macht. Eine historische Analyse*. Zürich: Integras.

Hauss, Gisela und Ziegler, Béatrice (Hg.) (2010). *Helfen, Erziehen, Verwalten. Beiträge zur Geschichte der Sozialen Arbeit in St. Gallen*. Zürich: Seismo.

Hauss, Gisela, Ziegler, Béatrice, Cagnazzo, Karin und Gallati, Mischa (Hg.) (2012). *Eingriffe ins Leben. Fürsorge und Eugenik in zwei Schweizer Städten (1920–1950)*. Zürich: Chronos.

Heiniger, Kevin (2017). *Krisen, Kritik und Sexualnot. Die «Nacherziehung» männlicher Jugendlicher in der Anstalt Aarburg (1893–1981)*. Zürich: Chronos.

Heller, Geneviève (2004). *Le traitement des orphelins et les placements d'enfants au 20e siècle. Rapport à l'Office fédéral de l'éducation et de la science*. Lausanne: Eesp Vaud.

Heller, Geneviève (2012). *Ceci n'est pas une prison. La Maison d'éducation de Vennes. Histoire d'une institution pour garçons délinquants en Suisse romande (1805–1846–1987)*. Lausanne: Editions Antipodes.

Heller, Geneviève, Avvanzino, Pierre und Lacharme, Cécile (2005). *Enfance sacrifiée. Témoignages d'enfants placés entre 1930 et 1970*. Lausanne: Eesp Vaud.

Heller, Geneviève, Jeanmonod, Gilles und Gasser, Jacques (2002). *Rejetées, rebelles, mal adaptées. Débats sur l'eugénisme, pratiques de la stérilisation non-volontaire en Suisse romande au XXe siècle*. Genève: Georg.

Honig, Michael-Sebastian (2010). Geschichte der Kindheit im «Jahrhundert des Kindes». In: Krüger, Heinz-Hermann und Grunert, Cathleen (Hg.), *Handbuch Kindheits- und Jugendforschung*. Wiesbaden: VS, S. 344 f.

Jenzer, Sabine (2014). *Die «Dirne», der Bürger und der Staat. Private Erziehungsheime für junge Frauen und die Anfänge des Sozialstaates in der Deutschschweiz, 1870er bis 1930er Jahre*. Köln: Böhlau.

Krause, Sabine (2014). *Erinnern und Tradieren. Kulturelles Gedächtnis als pädagogische Herausforderung*. Paderborn: Ferdinand Schöningh.

Leimgruber, Walter, Meier, Thomas, Sablonier, Roger und Schweizerisches Bundesarchiv (Hg.) (1998). *Das Hilfswerk für die Kinder der Landstrasse. Historische Studie aufgrund der Akten der Pro Juventute im Schweizerischen Bundesarchiv*. Bern: Schweizerisches Bundesarchiv.

Lengwiler, Martin (2018). Der strafende Sozialstaat. Konzeptuelle Überlegungen zur Geschichte fürsorgerischer Zwangsmassnahmen. *traverse. Zeitschrift für Geschichte*, Heft 1, S. 176–193.

Lengwiler, Martin, Hauss, Gisela, Gabriel, Thomas, Germann, Urs und Praz, Anne-Françoise (2013). *Bestandesaufnahme der bestehenden Forschungsprojekte in Sachen Verding- und Heimkinder. Bericht zuhanden des Bundesamts für Justiz EJPD*. Bern: Eidgenössisches Justiz- und Polizeidepartement.

Leuenberger, Marco, Mani, Lea, Rudin, Simone und Seglias, Loretta (2011). *«Die Behörde beschliesst» – zum Wohl des Kindes? Fremdplatzierte Kinder im Kanton Bern 1912–1978*. Baden: hier + jetzt.
Leuenberger, Marco und Seglias, Loretta (Hg.) (2008). *Versorgt und vergessen. Ehemalige Verdingkinder erzählen*. Zürich: Rotpunktverlag.
Lippuner, Sabine (2005). *Bessern und Verwahren. Die Praxis der administrativen Versorgung von «Liederlichen» und «Arbeitsscheuen» in der thurgauischen Zwangsarbeitsanstalt Kalchrain (19. und frühes 20. Jahrhundert)*. Frauenfeld: Verlag des Historischen Vereins des Kantons Thurgau.
Luchsinger, Christine (2016). *«Niemandskinder». Erziehung in den Heimen der Stiftung «Gott hilft» 1916–2016*. Chur: Kommissionsverlag Desertina.
Matter, Sonja (2011). *Der Armut auf den Leib rücken. Die Professionalisierung der Sozialen Arbeit in der Schweiz (1900–1960)*. Zürich: Chronos.
Meier, Marietta (2015). *Spannungsherde. Psychochirurgie nach dem Zweiten Weltkrieg*. Göttingen: Wallstein.
Peukert, Detlev (1986). *Grenzen der Sozialdisziplinierung. Aufstieg und Krise der deutschen Jugendfürsorge von 1878 bis 1932*. Köln: Bund.
Praz, Anne-Françoise, Avvanzino, Pierre und Crettaz, Rebecca (2016). *Enfants placés à l'Institut Marini de Montet (FR). Discriminations, maltraitances et abus sexuels*. Fribourg: o. V. OAI: oai:doc.rero.ch:20160203095741-GE.
Ralser, Michaela und Sieder, Reinhard (Hg.) (2014). Die Kinder des Staates. *Österreichische Zeitschrift für Geschichtswissenschaften*, 25 (1–2), S. 128–155.
Ramsauer, Nadja (2000). *«Verwahrlost». Kindswegnahme und die Entstehung der Jugendfürsorge im schweizerischen Sozialstaat 1900–1945*. Zürich: Chronos.
Ries, Markus und Beck, Valentin (Hg.) (2013). *Hinter Mauern. Fürsorge und Gewalt in kirchlich geführten Erziehungsanstalten im Kanton Luzern*. Zürich: Theologischer Verlag.
Rietmann, Tanja (2013). *«Liederlich» und «arbeitsscheu». Die administrative Anstaltsversorgung im Kanton Bern (1884–1981)*. Zürich: Chronos.
Rietmann, Tanja (2017). *Fürsorgerische Zwangsmassnahmen. Anstaltsversorgungen, Fremdplatzierungen und Entmündigungen in Graubünden im 19. und 20. Jahrhundert*. Chur: Kommissionsverlag Desertina.
Ritter, Hans Jakob (2009). *Psychiatrie und Eugenik. Zur Ausprägung eugenischer Denk- und Handlungsmuster in der schweizerischen Psychiatrie, 1850–1950*. Zürich: Chronos.
Ruchat, Martine (1999). «Widerspenstige», «Undisziplinierte» und «Zurückgebliebene». Kinder, die von der Schulnorm abweichen (1874–1890). In: Criblez, Lucien, Jenzer, Carlo, Hofstetter, Rita und Magnin, Charles (Hg.), *Eine Schule für die Demokratie. Zur Entwicklung der Volksschule in der Schweiz im 19. Jahrhundert*. Bern: Peter Lang, S. 265–282.
Rüsen, Jörn (2002). *Geschichte im Kulturprozess*. Köln: Böhlau.
Sachsse, Christoph und Tennstedt, Florian (2012). *Fürsorge und Wohlfahrtspflege in der Nachkriegszeit 1945–1953*. Stuttgart: Kohlhammer.

Schnegg, Brigitte (2007). Armutsbekämpfung durch Sozialreform. Wandel und sozialpolitische Modernisierung Ende des 19. Jahrhunderts am Beispiel der Stadt Bern. *Berner Zeitschrift für Geschichte und Heimatkunde*, 69 (4), S. 233–258.

Skehill, Caroline (2003). The Development of Child Welfare Services in the Republic of Ireland. A Case Study in Archival Research in Historical Analysis. In: Hering, Sabine und Waaldijk, Berteke (Hg.), *History of Social Work in Europe (1900–1960). Female Pioneers and their Influence on the Development of International Social Organizations*. Opladen: Leske + Budrich, S. 201–210.

Skehill, Caroline (2004). *History of the Present of Child Protection and Welfare Social Work in Ireland*. Ceredigion: Edwin Mellen Press.

Sköld, Johanna und Swain, Shurlee (Hg.) (2015). *Apologies and Legacy of Abuse of Children in «Care». International Perspectives*. London: Palgrave Macmillan.

Smith, James M. (2007). *Ireland's Magdalen Laundries and the Nation's Architecture of Containment*. Manchester: Manchester University Press.

Sutter, Gaby (2007). Vom Polizisten zum Fürsorger. Etablierung und Entwicklung der professionellen Fürsorge in der Gemeinde Bern 1915–1961. *Berner Zeitschrift für Geschichte und Heimatkunde*, 69 (4), S. 259–287.

Uhlhorn, Gerhard (1898). *Die christliche Liebesthätigkeit*. Stuttgart: Gundert.

Wecker, Regina, Braunschweig, Sabine, Imboden, Gabriela, Küchenhoff, Bernhard und Ritter, Hans Jakob (Hg.) (2009). *Wie nationalsozialistisch ist die Eugenik? Internationale Debatten zur Geschichte der Eugenik im 20. Jahrhundert*. Wien: Böhlau.

Wilhelm, Elena (2005). *Rationalisierung der Jugendfürsorge. Die Herausbildung neuer Steuerungsformen des Sozialen zu Beginn des 20. Jahrhunderts*. Bern: Haupt.

I Erziehung und staatliches Handeln

Kinder- und Jugendfürsorge in der Schweiz

Entstehung, Implementierung und Entwicklung (1900–1980)

MARTIN LENGWILER, ANNE-FRANÇOISE PRAZ

Gegen Ende des 19. Jahrhunderts wurden Kindheits- und Jugendfragen in den westlichen Ländern Gegenstand wachsender Besorgnis. Diese Sorge um die jungen Generationen ist ein vielschichtiges Phänomen. Dahinter stand einerseits der aufklärerische Glaube an die Erziehbarkeit des Menschen, der seit dem frühen 19. Jahrhundert zu einer raschen Expansion des modernen Bildungs- und Erziehungswesens führte. Hinzu kam die Ausbreitung des modernen Kapitalismus, insbesondere im Rahmen der «zweiten industriellen Revolution». Sie steht für die erhöhte Bedeutung wissenschaftlichen Wissens in der Produktion, die verstärkte Arbeitsteilung sowie eine Ausweitung der Märkte. Aufgrund dieser Entwicklung vervielfachten sich die wirtschaftlichen und gesellschaftlichen Organisations- und Koordinationsaufgaben und expandierte der tertiäre Sektor. Der Arbeitsmarkt forderte immer besser qualifizierte Arbeitskräfte: Selbst auf den untersten Rängen der beruflichen Hierarchie wurden jetzt spezifische Grundqualifikationen vorausgesetzt.[1]

Dieser Bedeutungszuwachs des Humankapitals trug wesentlich dazu bei, dass die Frage der Kindheit und Jugend auf die politische Agenda rückte. Bis dahin hatten sich lediglich vereinzelt Stimmen aus den physiologischen, medizinischen und pädagogischen Milieus für die Notwendigkeit ausgesprochen, Jugend als Ressource zu schützen und zu fördern. Im Lauf der 1870er-Jahre begann der schweizerische Bundesstaat jedoch, verstärkt in den Familienzusammenhang zu intervenieren, um die wirtschaftliche Funktion von Kindern in der Familie sowie ihre Ausbeutung in der Fabrikarbeit einzuschränken. Die revidierte Bundesverfassung der Schweiz führte 1874 die obligatorische Volksschule ein – die allgemeine Pflicht zum Besuch einer laizistischen und kostenfreien Grundschule. Das Recht des Kindes auf Bildung wurde höher eingestuft als die Verwendung der kindlichen Arbeitskraft zu ökonomischen Zwecken. Das Fabrikgesetz von 1877 verbot Kindern und Jugendlichen unter vierzehn Jahren, in Industriebetrieben zu arbeiten. Für Fünfzehn- bis Sechzehnjährige wurde die Tagesarbeitszeit auf elf Stunden begrenzt. Schliesslich untersagte

1 North 1981.

das Gesetz Nacht- und Sonntagsarbeit von unter Achtzehnjährigen. Für ein Land, das die Beziehung zwischen Wirtschaft und Staat liberal gestaltete, das Politikfelder wie das Bildungs-, Erziehungs-, Gesundheits- und Armenwesen dem Subsidiaritätsprinzip unterstellte und sie dem Verantwortungsbereich von Kantonen und Gemeinden überliess, waren solche Interventionen des Bundes zu dieser Zeit etwas vollkommen Neues.

Kindheit und Jugend um 1900 – neue Ungewissheiten

Zwischen der Jahrhundertwende und den 1940er-Jahren reibt sich das Ideal einer von entfremdender Arbeit befreiten, zur Schule gehenden Jugend jedoch unablässig an der gesellschaftlichen Wirklichkeit. Vor allem Armut und Erwerbsdruck hinderten viele Familien daran, in die Ausbildung ihrer Kinder zu investieren. Zu den traditionellen Mittellosen kamen um 1900 weitere Gruppen hinzu: Bauernfamilien, die unter dem Strukturwandel der Landwirtschaft und der Verschuldung des Grundbesitzes litten, kleingewerbliche Handwerker und Händler, die der Konkurrenz der Fabriken und grossen Handelshäuser nicht standhalten konnten, sowie Arbeiterfamilien, die von wiederkehrender Arbeitslosigkeit oder den steigenden Lebenshaltungskosten betroffen waren. Ihre schwierige Lage – in den folgenden Jahrzehnten weiter verschärft durch die Inflation und Entbehrungen des Ersten Weltkriegs sowie durch die schweren Krisen der Zwischenkriegszeit – blieb bis zur Mitte des 20. Jahrhunderts unverändert. Auch wenn es ihnen nicht am Notwendigsten fehlte, lebten viele Familien unter prekären Bedingungen. Stiess ihnen nur das Geringste zu, traten etwa unvorhergesehene Ereignisse auf (Krankheit, Unfall, Arbeitslosigkeit, Verlust nahestehender Personen, deren Folgen zu jener Zeit noch von keinen Sozialversicherungen gedeckt waren), wurden sie oft mittellos und waren gezwungen, ihre Kinder zur Arbeit zu schicken. In katholisch geprägten Regionen wirkte sich diese Prekarität besonders negativ auf die Bildungschancen von Mädchen aus, da die Behörden in Fällen von Schulabsentismus eine nach Geschlecht differenzierte Toleranz an den Tag legten.[2]

Die rechtliche Diskriminierung von Frauen führte zudem zur Ausgrenzung einer besonderen Kategorie von Kindern – der ausserehelich Geborenen (im Kanton Freiburg sind es im Jahr 1902 24 Prozent aller betreuten Kinder). Im Lauf des 19. Jahrhunderts gaben die Kantone das traditionelle Verfahren zur Feststellung der Vaterschaft auf. Seither lastete die Verantwortung für uneheliche Kinder allein auf den Müttern, zumal es selten vorkam, dass

2 Praz 2010.

Väter ein Kind freiwillig anerkannten und sich um den Unterhalt kümmerten. Das Schweizerische Zivilgesetzbuch von 1912 änderte an dieser asymmetrischen Verteilung der Verantwortung kaum etwas. Müttern wurden zwar Rechtsinstrumente eingeräumt, um Unterhaltszahlungen zu erwirken. Aber die Voraussetzungen dafür waren sehr strikt; Zahlungen an Mütter waren etwa von einem untadeligen Lebenswandel abhängig. Die rechtliche Gleichstellung zwischen ehelichen und unehelichen Kindern wurde erst mit der Revision des Kindesrechts im Jahr 1978 erreicht.[3]

Arme und/oder uneheliche Kinder, jugendliche Schulabbrecher – eine grosse Zahl von gering qualifizierten Jugendlichen bekundete Mühe, auf einem anspruchsvoller gewordenen Arbeitsmarkt Beschäftigung zu finden. Um 1900 wurde das Problem der Eingliederung in den Arbeitsmarkt mit gesundheitspolitischen und eugenischen Befürchtungen aufgeladen. Neu entwickelte und breit rezipierte Bevölkerungsstatistiken wiesen auf eine ungebrochen hohe Kinder- und Jugendsterblichkeit hin. Während Angehörige der Oberschichten Geburtenkontrolle praktizierten, hatten Familien in den Unterschichten weiterhin viele Kinder, die sie kaum angemessen versorgen und erziehen konnten. Dieser Umstand nährte verbreitete Degenerationsängste und malthusianische Katastrophenszenarien. In urbanen Regionen förderte die erhöhte Sichtbarkeit ärmerer Jugendlicher zudem Kriminalitätsängste. Jungen wurden mit Diebstahl und Kleinkriminalität assoziiert, Mädchen mit unstetem Lebenswandel und Prostitution – dies waren die typischen Negativtopoi der gefährdeten Jugend.

Um diesen neuen Gefahren zu begegnen, schien die Fremdplatzierung von Kindern in Einrichtungen oder Pflegefamilien eine angemessene Lösung. In der Schweiz waren um 1900 die Voraussetzungen und Rahmenbedingungen für solche Fremdplatzierungen allerdings sehr unterschiedlich ausgestaltet. Die Sozialpolitik war zu dieser Zeit noch stark lokal und kantonal geprägt. Sie war abhängig von den politischen Verhältnissen, der konfessionellen Bindung, der städtischen oder ländlichen Umgebung, vom Verhältnis zwischen Kirche und Staat sowie vom Stellenwert privater Wohltätigkeitsvereine. Von einer Region zur anderen wurde die Fremdplatzierung als Lösung mehr oder weniger umstandslos übernommen, wurden die Einrichtungen mehr oder weniger gut mit Mitteln und Personal ausgestattet, die Platzierung in öffentlichen Institutionen oder in Pflegefamilien mehr oder weniger stark überwacht, die Kinder mehr oder weniger gut behandelt – und so weiter.

Um Licht in dieses Dickicht von Praktiken und Politiken der Fremdplatzierung zu bringen, bieten wir im Folgenden eine Zusammenschau, welche

3 Praz 1998, S. 131–149; Sutter 1995.

die Entwicklungslinien der ersten Hälfte des 20. Jahrhunderts nach drei thematischen Punkten ordnet. Sie entsprechen den drei vorrangigen Gründen für die Fremdplatzierung, die sich zwischen 1900 und 1940 allerdings zusehends wechselseitig überlagern: ungünstige materielle Voraussetzungen, vermeintliche Erziehungsuntüchtigkeit der Familien, Probleme der Jugendlichen mit der Justiz. Damit verbunden waren drei juristische Felder, auf die sich die Interventionen stützen konnten: das Armenrecht, das Vormundschaftsrecht und das Strafrecht. Diese drei Bereiche werden in den folgenden drei Unterkapiteln genauer beleuchtet.

Der Armut trotzen, eine wiederkehrende Herausforderung im frühen 20. Jahrhundert

An der Wende vom 19. zum 20. Jahrhundert war Armut einer der Hauptgründe für die Fremdplatzierung von Kindern. Viele Kinder wurden ausserhalb ihrer Familien betreut, weil es diesen an Mitteln fehlte, weil ein Elternteil krank oder verstorben war oder die Nachkommen aufgrund ihrer unehelichen Geburt marginalisiert wurden. Die Kantone setzten sich zwar für eine rechtliche Regelung der Betreuung ein, die Kompetenzen für die Verwaltung und Finanzierung der Platzierungen oblagen aber zumeist den Heimatgemeinden der Platzierten. Dieses System hatte allerdings Grenzen, denn die Mittel der Gemeinden reichten für die steigende Zahl von Platzierungen nicht aus. Die Behörden bevorzugten deshalb meist die kostengünstigste Lösung. Statt in Erziehungs- und Bildungseinrichtungen investierten Gemeinden häufig in veraltete Heime. Im Übrigen sträubten sie sich dagegen, für die Betreuung eines Kindes aufzukommen, dessen Heimatgemeinde ausserhalb der Wohngemeinde lag. Sie konnten sich dafür auf das sogenannte Heimatprinzip berufen, nach dem die Heimatgemeinden für Armengenössige zuständig waren und Gemeinden das Recht gab, Armengenössige in diese zurückzuführen. Das Heimatprinzip stammte aus dem Spätmittelalter und wurde seit dem ausgehenden 19. Jahrhundert schrittweise abgelöst durch das modernere Wohnortsprinzip. Der Ablösungsprozess war nicht nur langwierig, sondern auch uneinheitlich. Einzelne Kantone schlossen sich zu Konkordaten zusammen, innerhalb deren sich Wohn- und Heimatkantone in die Kosten teilten. Letztlich hielt in vielen Kantonen und Gemeinden die Praxis der Armenfürsorge nicht mit dem sozialen Wandel, insbesondere der Urbanisierung und der Landflucht, Schritt.[4] Der Anteil der schweizerischen Bevölkerung, die in ihrer Herkunftsgemeinde lebte,

4 Matter 2011a.

betrug 1910 nur noch 34 Prozent. Vor allem die Städte gingen als erste zum Wohnortsprinzip über – sie hatten ein Interesse daran, die ansässige Arbeiterschaft langfristig örtlich zu binden. Bern führte das Wohnortsprinzip 1857 ein, Neuenburg 1889; bis 1914 gingen Behörden in zehn weiteren Kantonen (Zürich, Luzern, Basel-Landschaft, Schaffhausen, Appenzell Innerrhoden, St. Gallen, Aargau, Tessin, Waadt, Wallis) zum neuen Modell über.[5] Der endgültige Systemwechsel erfolgte allerdings erst 1975, als der entsprechende Artikel 48 der Bundesverfassung geändert und die Betreuung bedürftiger Personen künftig den Wohnsitzkantonen übertragen wurde. Vor allem die ländlichen Kantone hatten sich lange gegen das neue Modell gewehrt.[6]

Angesichts dieser sozialpolitischen Lücken weitete sich das Engagement privater Organisationen für arme Kinder im Lauf des 19. Jahrhunderts stark aus. 1906 gab es in der Schweiz bereits 37 Einrichtungen für fremdplatzierte Kinder und Jugendliche mit insgesamt 1400 Heimplätzen.[7] Das Gewicht des privaten Sektors in der Fremdplatzierung von Kindern blieb im 20. Jahrhundert erhalten, sowohl in den katholisch geprägten Regionen, in denen katholische Orden verschiedene Waisenhäuser und Erziehungsanstalten führten, als auch in den protestantischen Milieus, wo vor allem die Sittlichkeits- und Gemeinnützigkeitsbewegung aktiv war. Die katholische Philanthropie agierte auf überkantonaler Ebene, durch den Austausch von Ordensbrüdern und -schwestern sowie durch religiöse Stiftungen wie etwa das 1926 gegründete Seraphische Liebeswerk, das Fremdplatzierungen und Adoptionen organisierte. In den protestantischen Milieus ist die Situation komplexer. In vielen Kantonen – etwa im Aargau, Thurgau, in Basel-Landschaft oder in Zürich – waren Armenerziehungsvereine und die kantonalen Sektionen der Schweizerischen Gemeinnützigen Gesellschaft (SGG) führend engagiert. Hinzu kommen regional fokussierte Akteure. In Basel-Stadt besass der Basler Frauenverein eine einflussreiche Stellung im Pflegekinderwesen, im Kanton Bern war es die Gotthelf-Stiftung, in Graubünden die Stiftung «Gott hilft». In Genf, Neuenburg und Waadt lag die Kinderfürsorge zwar stärker in der öffentlichen Hand, trotzdem wurde die Administration von Platzierung oft privaten Einrichtungen übertragen. Bisweilen übernahmen die Privaten die Betreuung auch vollständig.[8]

Auch wenn die Vereine, Orden und Gesellschaften auf einen tatsächlich vorhandenen Bedarf antworteten, hatte der Rückgriff auf private Einrichtungen auch seine Kehrseite. Private Akteure machten sich beispielsweise gegen-

5 Christ 2014.
6 Tabin 2005, S. 103–122; Matter 2011a, S. 247.
7 Statistisches Bureau des eidgenössischen Departements des Innern 1914, S. 200 f.
8 Jenzer 2014. Zur Gemeinnützigkeitsbewegung vgl. Guggisberg 2016, zu Basel Häsler 2008, zu «Gott hilft» Luchsinger 2016, für die Westschweiz Ruchat 1993; Avvanzino 1993.

seitig Konkurrenz, indem sie durch die weitestmögliche Senkung der Unterbringungskosten den Zuschlag für Platzierungen zu erhalten suchten.[9] Sie waren deshalb gezwungen, ihre Ausgaben auf Kosten der platzierten Kinder zu reduzieren: kümmerliche Kost, wenig und schlecht ausgebildetes Personal und eine vernachlässigte Infrastruktur waren die Folge. Um die geringen Gewinnmöglichkeiten zu kompensieren, wurden die Kinder ausserdem gezwungen, in den zur Einrichtung gehörenden Gärten, Ställen und Feldern harte Arbeit zu verrichten. Dieser Arbeitsdruck wirkte sich meist zulasten ihrer Ausbildung und damit ihrer späteren beruflichen Laufbahn und Erwerbssituation aus. Ein weiteres Problem des privaten Sektors waren die behördliche Betreuung und Kontrolle der Fremdplatzierungen. Generell war die behördliche Aufsicht über Pflege- und Heimkinder mangelhaft. Bei privaten Akteuren fehlte sie oft ganz und wurde den Privaten selbst überlassen.[10] Diese richteten eigene Aufsichtskommissionen ein, in der sie zugleich Kläger und Richter waren und in denen die öffentliche Hand oft nicht vertreten war.

Auch in den für unsere Stichprobe ausgewählten Kantonen (Basel-Stadt, Appenzell Innerrhoden, Waadt und Freiburg) waren die Behörden, welche die Kinderarmut zu bekämpfen hatten, unterschiedlich ausgeprägt. Das baselstädtische Sozialwesen war von einem Dualismus zwischen Bürgergemeinde und Einwohnergemeinde geprägt. Bis zur Verfassungsreform von 1876 war Basel in ständischer Tradition als Bürgergemeinde inkorporiert. Die Einwohner ohne Bürgerrecht waren gegenüber den Bürgern rechtlich diskriminiert. Dies änderte sich erst mit der Verfassungsreform – damit ging ein Grossteil der Behörden in die Hände der neu geschaffenen Einwohnergemeinde über. Die Bürgergemeinde blieb jedoch bestehen und behielt gerade im Sozialbereich wichtige Kompetenzen. Die Armenfürsorge war somit zweigeteilt. Für die Bevölkerung mit Bürgerrecht war die «bürgerliche Fürsorge» zuständig. Sie war relativ gut alimentiert durch die Bürgergemeinde und wohlhabende Stiftungen. Für Einwohnerinnen und Einwohner wurde 1897 die Allgemeine Armenpflege geschaffen, die sich durch disparate Quellen (Legate, Leistungen der Heimatgemeinden, Beiträge von Verwandten sowie Defizitbeiträge des Kantons) finanzierte. Wichtige soziale Einrichtungen wie etwa das Waisenhaus, das im 20. Jahrhundert sowohl nach Armen- wie nach Vormundschaftsrecht Fremdplatzierte aufnahm, wurden von der Bürgergemeinde betrieben.[11]

9 Dem Handbuch für Sozialarbeit zufolge, das 1933 von der SGG herausgegeben wurde, betrug der Preis für den günstigsten Heimplatz einen Franken pro Tag (Rathausen LU, 250 Franken pro Jahr, Sully-Lambelet, Les Verrières NE, 200 Franken pro Jahr), während andere Heime zwei und mehr Franken verlangten.

10 Furrer et al. 2014, S. 19–22.

11 Sutter 2011, S. 219–223. Vgl. auch Janner 2011, S. 102.

Völlig anders war das Sozialwesen in Appenzell Innerrhoden organisiert. Der Kanton war klein und bis weit ins 20. Jahrhundert hinein vergleichsweise finanzschwach. Vor diesem Hintergrund entwickelte sich im Armenwesen eine Arbeitsteilung zwischen kommunalen und kantonalen Gremien. Der Kanton war für übergeordnete und kostenintensive Aufgaben zuständig, insbesondere für den Betrieb von Heimen (insbesondere das Kinderheim Steig) sowie für die Unterstützung von Bürgerinnen und Bürgern, die ausserhalb des Kantons wohnten – im Auswanderungskanton Appenzell eine sehr grosse Bevölkerungsgruppe. Die Gemeinden (sie heissen im Kanton «Bezirke») waren für die Unterstützung der ortsansässigen Kantonsangehörigen zuständig und verfügten dazu über Armenkommissionen.[12]

Auch der Kanton Freiburg gehörte Anfang des 20. Jahrhunderts zu den ärmeren Regionen der Schweiz. Gemäss einem Bericht von 1915 waren mehr als fünf Prozent (genau: ein Siebzehntel) der Bevölkerung fürsorgeabhängig. Die Lebensbedingungen der Kinder waren prekär. Die Gemeinden versuchten zudem, ihre Fürsorgeausgaben gering zu halten. Noch bis in die 1930er-Jahre sind sogenannte Mindeststeigerungen belegt, an denen Kinder im Rahmen einer öffentlichen Versteigerung an jene Pflegefamilie vermittelt wurden, die das günstigste Kostgeld verlangte. Dies, obwohl solche Anlässe im Gesetz über die Fürsorge und Wohlfahrt von 1928 verboten waren.[13] In Heimen, die von religiösen Orden oder direkt von den Diözesen geleitet wurden, herrschten schwierige Lebensbedingungen, die von einem starken Arbeitszwang und magerer, wenig abwechslungsreicher Kost geprägt waren.[14] Schlimmer noch: Weil eine wirkungsvolle Aufsicht fehlte, kam es in erschreckendem Ausmass zu Misshandlungen und sexuellen Missbräuchen.[15] Die Lage in diesen Einrichtungen, in denen die Hälfte der im Kanton betreuten Kinder untergebracht war,[16] blieb bis in die 1960er-Jahre problematisch, weil die finanzielle Unterstützung durch die öffentliche Hand sehr begrenzt war und eine kontinuierliche Einzelbetreuung der platzierten Kinder nicht existierte. Die mit dem Fürsorgegesetz von 1928 eingeführten Wohlfahrtsräte kamen ihrer Aufgabe nicht nach. Das kantonale Jugendamt, das seit 1949 existierte, verfügte bis 1978 nur über etwa zehn Sozialarbeiterstellen. Und schliesslich unterband die katholische Kirche mit ihrem Gewicht jegliche Kritik an der Leitung der konfessionellen Einrich-

12 Hafner/Janett 2017, S. 67.
13 Crettaz/Python 2015, S. 131–157.
14 Piérart 2000; Hehli 2003.
15 Praz et al. 2018.
16 Nach den Protokollen des Staatsrats von 1920 sind 805 der 1715 im Kanton fürsorgerisch betreuten Kinder in «Waisenhäusern» untergebracht; ähnliche Zahlen werden noch zehn Jahre später angegeben. Crettaz/Python 2015, S. 139.

tungen, sowohl in Fällen von Kindsmisshandlungen wie auch bei der vernachlässigten Ausbildung der Zöglinge.

Der Kanton Waadt erliess 1888 ein Gesetz über die «Armenfürsorge und die Erziehung der unglücklichen und vernachlässigten Kinder». Es untersagte die Mindeststeigerung von Pflegekindern bereits vierzig Jahre vor dem Freiburger Gesetz. In der Waadt waren danach Platzierungen in Pflegefamilien häufiger als solche in privaten oder staatlichen Heimen. Vor allem aber führte das Gesetz obligatorische kantonale Kontrollen der Platzierungen ein, eine Aufgabe, die bis zur Jahrhundertwende dem Gemeindepfarrer anvertraut wurde. 1916 verbesserte ein Gesetz über die Gesundheitsaufsicht der fremdplatzierten Kinder die Hygiene- und Gesundheitskontrolle, für die das kantonale Gesundheitsamt verantwortlich war. Die Revision des Fürsorgegesetzes (1933–1938) baute die Gesundheits- und Erziehungsaufsicht aus. Sie wurde nun von lokalen Fürsorgekommissionen und von Inspektoren durchgeführt, die das Departement des Inneren ernannt hatte. 1940 schliesslich führte das Gesetz über die soziale Wohlfahrt und öffentliche Fürsorge das Prinzip der Betreuung durch die Wohngemeinde unter Aufsicht der Kantonalbehörde ein. Künftig war ein Wohlfahrts- und Fürsorgedienst für den gesamten Bereich der Sozialfürsorge zuständig (Krankheit, Gebrechlichkeit, Kinderschutz). Wie Yves Collaud ausführt,[17] besass der Kanton Waadt im Bereich des Kinderschutzes deutlich aktivere Organisationen als der Kanton Freiburg. Für seine Betriebe stützte sich der Kanton Waadt auf lokale Verantwortliche, die meist ehrenamtlich tätig waren und über geringe berufliche Qualifikationen verfügten.

Um 1900 war Armut nicht mehr der einzige Motivationsgrund für Fremdplatzierungen von Kindern. Als neues Argument kamen zunehmend pädagogisch-moralische Überlegungen ins Spiel, insbesondere die angebliche Erziehungsuntüchtigkeit der Eltern. Konkret ging es um Vorwürfe wie die Vernachlässigung von Kindern durch die Mutter, die sittliche «Verwahrlosung», ein unsittlicher Lebenswandel, Alkoholismus oder die fehlende Vorbildhaftigkeit der Eltern. Von diesen neuen Normen ausgehend entstanden zunehmend neue Dispositive der Kinderbetreuung.

17 Vgl. den Beitrag von Collaud/Droux, Eingriffe in die Erziehung von Kindern und Jugendlichen.

Die Rettung des gefährdeten Subjekts – neue vormundschaftliche Dispositive der Fremdplatzierung

Ende des 19. Jahrhunderts stiessen die Eliten, die sich um die Zukunft der Jugend sorgten, auf ein gravierendes rechtliches Problem. Auch wenn das soziale Umfeld als Gefahr für die Gesundheit und Erziehung des Kindes betrachtet wurde, gab es kein klares Rechtsinstrument, um ein Kind seinem familiären Umfeld zu entziehen. Dabei ging es nicht nur um moralische Vorbehalte, sondern um einen befürchteten Zerfall der gesellschaftlichen Ordnung insgesamt. Vielerorts wurde befürchtet, dass ein schlechtes elterliches Vorbild und eine unzulängliche Erziehung die Kinder daran hinderten, ihren Platz in der Gesellschaft zu finden, und sie sogar in die Kriminalität abgleiten liessen. Vor diesem Hintergrund kam es seit den 1880er-Jahren zu einer breiten Reform des Vormundschaftsrechts. Die ersten derartigen Vorstösse finden sich in den französischsprachigen Kantonen Waadt (1888), Neuenburg (1889) und Genf (1891/92), in denen entsprechende Gesetze gegen die Vernachlässigung von Kindern erlassen wurden. Diese Gesetze erlaubten es den Behörden, Vätern und Müttern die elterlichen Rechte über ihre Kinder zu entziehen. Eltern, die für erziehungsunfähig oder nachlässig gehalten wurden, konnte das Sorgerecht entzogen und die Kinder konnten in Heimen oder Pflegefamilien fremdplatziert werden.[18] Mit Joëlle Droux lässt sich diese Reform als «ambivalente Politik» verstehen, welche «Kinder vor ihren unwürdigen Eltern schützen und zugleich die soziale Ordnung vor Kriminalität bewahren» wollte.[19]

Das Schweizerische Zivilgesetzbuch (ZGB) von 1912 nahm in seinen Artikeln zum Kinderschutz die Logik dieser Dispositive auf. Die Nichterfüllung der Elternpflicht (Art. 283) sowie die Vernachlässigung oder Gefährdung des sittlichen und physischen Kindeswohls (Art. 284) zogen die Intervention der Vormundschaftsbehörde nach sich. Im Zentrum dieser Bestimmungen stand der Begriff der «Verwahrlosung». Damit verlieh das ZGB auf nationaler Ebene den Vormundschaftsbehörden weitergehende Interventionsmöglichkeiten, insbesondere das Recht, Kinder präventiv und vermeintlich zu ihrem Schutz fremdzuplatzieren. Aus einer zugleich paternalistischen und autoritären Haltung heraus wurde den Behörden gestattet, beim ersten Anzeichen einer Bedrohung einzugreifen.[20] Allerdings war das Vormundschaftswesen weiterhin föderalistisch organisiert. Die Kompetenzen verblieben auf kantonaler und kommunaler Ebene – mit einer entsprechend grossen Vielfalt von Regelungen und Praktiken. Einige Kantone verfügten früh über Jugendämter, andere

18 Ruchat 2012.
19 Droux 2015, S. 276–280.
20 Ramsauer 2000, S. 37, 55, 74.

richteten nach und nach spezialisierte Behörden ein, wieder andere Kantone übertrugen die neuen Aufgaben den vorhandenen Instanzen. In der ländlichen Schweiz und in den Kantonen der Deutschschweiz oblag das Vormundschaftswesen primär den Gemeindebehörden, in der Westschweiz war es oft kantonal zentralisiert.[21]

Es wäre aber falsch, den Übergang von armenrechtlichen zu vormundschaftsrechtlichen Platzierungen beziehungsweise von ökonomischen zu moralischen Begründungen als klaren Schnitt zu sehen. Die beiden Logiken waren über weite Strecken des 20. Jahrhunderts eng ineinander verwoben. Denn auch die behördlichen Zuständigkeiten für verarmte Familien auf der einen und erziehungsuntüchtige Eltern auf der anderen Seite waren häufig nicht klar getrennt. Die Verschränkung zwischen ökonomischen und moralischen Vorbehalten verstärkte im Verlauf des 20. Jahrhunderts die gesellschaftliche Stigmatisierung der Armut. Diese wurde eng verknüpft mit Vorstellungen von Verwahrlosung, Gefährlichkeit, Elternversagen oder Degeneration. Die damaligen Behörden hielten bestimmte familiäre Verhältnisse – insbesondere die Erwerbsarbeit von Müttern oder gemeinsame Schlafräume von Eltern und Kindern – bald für unsittlich. Solche Verhältnisse waren aber oft nichts anderes als ökonomische Überlebensstrategien der Unterschichten. Unkonventionelle Lebensstile der Eltern wurden häufig als «Verwahrlosung» – ein Schlüsselbegriff behördlicher Interventionen – angeprangert.[22] Unscharfe Semantiken wie jene des Verwahrlosungsbegriffs erlaubten es, eugenische, psychische, moralische, pädagogische, aber auch ökonomische Überlegungen miteinander zu verknüpfen.

Unter den Stigmatisierungen atypischer Lebensstile ist ein Fall besonders hervorzuheben: die Verfolgung der «Fahrenden» seit dem ausgehenden 19. Jahrhundert, insbesondere im Rahmen des 1926 gegründeten «Hilfswerks für die Kinder der Landstrasse». Kinder von Jenischen wurden systematisch verfolgt und Opfer von Fremdplatzierungen, durchgeführt unter der Ägide der von der Eidgenossenschaft unterstützten Stiftung Pro Juventute. Zwischen 1926 und 1972 entzog diese Organisation zahlreichen Eltern das Sorgerecht, um Kinder einem angeblich schädlichen Einfluss zu entziehen und sie in einem vermeintlich besseren sozialen Umfeld zu platzieren. Bis zum Ende des Verfolgungsprogramms waren nach neueren Schätzungen rund 900 Kinder von diesen Massnahmen betroffen.[23]

21 Leuenberger et al. 2011.

22 Lippuner 2005, S. 30–55.

23 Galle 2016. Der Fall eines Sinti-Kindes, das seinen Eltern weggenommen wurde, anschliessend sein gesamtes Leben in Einrichtungen verbrachte und 1934 sterilisiert wurde, ist dokumentiert in Huonker/Ludi 2009, S. 108–117.

Die neuen juristischen Möglichkeiten des Elternrechteentzugs, die das ZGB begründete, hatten langfristig zwei Folgen. Erstens kam es zu einer Verwissenschaftlichung der Sozialarbeit im Allgemeinen und der in der Kinderbetreuung engagierten Dienste im Besonderen. Die Sozialarbeit wurde professionalisiert und folgte zunehmend systematischeren, auf den Einzelfall ausgerichteten Ansätzen. Kennzeichen dieser neuen Ansätze waren die verstärkte Überwachung und Erkennung gefährdeter Kinder (unter anderem durch Hausbesuche, Untersuchungen und kontinuierliche Fallbetreuungen),[24] ein systematisches Meldewesen, das unter anderem Schulen, Polizei und Sozialbehörden miteinander verband, sowie eine organisierte Aktenführung.[25] Zweitens erlangte Expertenwissen eine erhöhte Bedeutung in den behördlichen Entscheidungsprozessen. Sozialbehörden griffen zunehmend auf medizinische und psychologische Theorien zurück, um Platzierungsentscheidungen zu legitimieren. Der Einfluss von Ärztinnen, Psychiatern oder Psychologinnen nahm stark zu.[26] Die Geschwindigkeit solcher Professionalisierungs-, Verwissenschaftlichungs- und Medikalisierungsprozesse war von Kanton zu Kanton unterschiedlich, was die Diversität der Platzierungspraktiken zusätzlich verschärfte.

Neuere Forschungen, die mikrohistorisch und einzelfallanalytisch angelegt sind, unterstreichen die Bandbreite der Motive, die für die Fremdplatzierung von Kindern angeführt werden.[27] Die Ursachen für diese Vielfalt sind fürs 20. Jahrhundert noch genauer zu untersuchen. Das Sinergia-Projekt, das diesem Sammelband zugrunde liegt, will dazu einen Beitrag liefern.[28] Sind es lokal-spezifische gesellschaftliche oder ökonomische Hierarchien, die zu unterschiedlichen Kategorisierungen von Kindern und Familien und entsprechend unterschiedlichen Interventionen führten? Oder gehen die Unterschiede auf Zuschreibungen durch die mobilisierten Experten zurück? Auch zwischen den beteiligten Disziplinen gab es völlig unterschiedliche Positionen. Selbst eine breit verankerte Gruppierung wie die Eugenikbewegung hat sich unterschiedlich ausgeprägt. Ihr Einfluss war in den Städten grösser als auf dem Land, in der protestantischen Schweiz bedeutender als in der katholischen und auch in der Deutschschweiz prominenter als in der Westschweiz, zumal in den 1930er- und 1940er-Jahren.[29] In der Westschweiz, vor allem im Kanton Genf, scheint auch der Einfluss der Psychoanalyse besonders gross gewesen zu sein. In der Deutschschweiz manifestierten sich psychoanalytische Ansätze

24 Ruchat 2009.
25 Matter 2011b.
26 Droux/Ruchat 2012, S. 37–39.
27 Heller 2014.
28 Vgl. den Abschnitt «Entwicklungen der Nachkriegszeit», S. 44.
29 Hauss et al. 2012; Mottier/Mandach 2007; Wolfisberg 2002; Wecker et al. 2013; Ritter 2009.

vor allem innerhalb der Psychiatrie, und dort insbesondere innerhalb der Zürcher Bleuler-Schule.[30] Joëlle Droux relativiert allerdings die Bedeutung wissenschaftlicher Expertise. Psychologische Gutachten dienten bisweilen als blosse «Psy»-Kostümierung für fest verwurzelte traditionelle Deutungsmuster, mit denen das familiäre und soziale Umfeld der Kinder stigmatisiert wurde.

Einige Kantone blieben indes von solchen Professionalisierungs- und Medikalisierungstendenzen weitgehend unberührt. In unserer Stichprobe ist Freiburg ein treffendes Beispiel für einen Kanton, in dem zentralistische Strukturen im Bereich des Kinderschutzes wenig entwickelt waren. Hier waren die Gemeinden mit der Sozialfürsorge sowie mit der Platzierung der nach ZGB bevormundeten Kinder betraut. Entsprechend legte das kantonale Fürsorgegesetz von 1928 fest, dass die kommunalen Wohlfahrtsräte sich um die «Erziehung der Kinder verwahrloster und erziehungsuntüchtiger Eltern» kümmern und sie in Heimen oder Lehrstellen platzieren sollten. Der Weg bis zu diesem Gesetz war jedoch alles andere als gradlinig. Bereits um 1900 forderten erste Vorstösse eine Befugnis, «verwahrlosten» Eltern das Sorgerecht zu entziehen. Diese wurden jedoch nicht weiterverfolgt, teils mangels politischen Willens, teils aufgrund der Widerstände gegen die Schwächung der Machtstellung des Familienvaters. Im Kanton Waadt dagegen sah bereits das Fürsorgegesetz von 1888 in Art. 35 vor, dass der Staat «die minderjährigen Kinder vor den entarteten Eltern [schützt], besonders vor solchen, die ihre Kinder schlecht behandeln, sie zum Bettel oder zu Verstössen gegen die guten Sitten anhalten, oder ihre pflichtgemässe Sorge und Erziehung grob vernachlässigen». Die Gemeinde-, Schul- und Kirchenbehörden hatten die Pflicht, entsprechende Fälle anzuzeigen. Nach einer Untersuchung durch den Präfekten, das Departement des Inneren und das Justizministerium konnte der Friedensrichter den Eltern das Sorgerecht entziehen und das Kind einem Vormund anvertrauen. Das Gesetz schuf zudem eine «kantonale Einrichtung zum Wohle der unglücklichen und vernachlässigten Kinder», die sich speziell um bevormundete Kinder kümmerte und sie in Familien oder Heimen fremdplatzierte. Auch im Kanton Waadt war das Nebeneinander zwischen verarmten Fällen und sittlich «entarteten» Fällen noch lange Zeit virulent. Gemeinden, denen es nicht gelang, sich angemessen um die in ihrem Gebiet lebenden armen Kinder zu kümmern, konnten sich an die kantonale Einrichtung um Rat wenden.

Auch im Kanton Basel-Stadt war die Vormundschaftsbehörde früh zentralisiert und professionalisiert. Sie wurde zusammen mit dem ZGB errichtet als Ersatz für das alte Waisenamt. Die Behörde verfügte zu Beginn über dreizehn Mitarbeiterinnen und Mitarbeiter, darunter mehrere professionelle Amtsvor-

30 Vgl. zur Zürcher Schule Bernet 2013; Meier 2015.

munde und Fürsorgerinnen. Die Vormundschaftsbehörde verfügte seit Beginn über eine Abteilung für Jugendfürsorge und arbeitete ab 1923 eng mit dem privaten Verein für Jugendfürsorge zusammen, der mehrere Heime betrieb (darunter auch ein Lehrlingsheim).[31] Vor allem die Jugendfürsorge expandierte seit den 1930er-Jahren stark, von rund 800 Fällen 1930 auf bis zu 2300 Fälle um 1960 – insgesamt betreute die Vormundschaftsbehörde zwischen 4000 und 7000 Fälle. Die Platzierungen wurden bis in die 1970er-Jahre konfessionell spezifisch vorgenommen: Katholische Kinder und Jugendliche wurden in katholische Heime, protestantische in protestantische Einrichtungen eingewiesen.[32]

Die Verhältnisse im Kanton Appenzell Innerrhoden waren kleinteiliger und vor allem weniger professionalisiert. Die Vormundschaftsbehörde war ein Milizgremium, das von einem Regierungsmitglied geleitet war und Vertreter der verschiedenen Kantonsteile versammelte. Bis Mitte des 20. Jahrhunderts wurden Platzierungen vor allem aus armenrechtlichen Gründen vorgenommen. Der Aufstieg des Vormundschaftswesens begann in Appenzell Innerrhoden erst nach dem Zweiten Weltkrieg. Ab 1949 agierte die Vormundschaftsbehörde zugleich als Jugendgericht.[33]

Umerziehen statt strafen – das Schweizerische Strafgesetzbuch und seine disparate Umsetzung

Die Entwicklungen im Strafrecht bilden neben dem Armen- und dem Vormundschaftsrecht einen dritten Bereich, der die Geschichte von Fremdplatzierungen im 20. Jahrhundert wesentlich prägte. Auch hier wurden wichtige Weichen bereits im ausgehenden 19. Jahrhundert gestellt. Seit Ende der 1860er-Jahre stellte die Schweizerische Gemeinnützige Gesellschaft (SGG) zunehmend Forderungen auf, neue Massnahmen gegen minderjährige Delinquenten zu treffen. Diese Debatten waren Teil einer breiteren Diskussion um die Reformierung des Strafrechts – eine Reform, die von Urs Germann eingehend untersucht wurde.[34] Ziel der SGG-Exponenten war es, straffällige Jugendliche vor dem Gefängnis zu bewahren und sie dafür in Erziehungsanstalten unterzubringen, wo sie auch durch pädagogische Mittel wieder in die Gesellschaft integriert werden sollten. Germann betont jedoch zu Recht die Ambivalenz dieser Interventionen, die auf einer widersprüchlichen Kombination von Kinderschutz und Gesellschafts-

31 Verein für Jugendfürsorge 1992, S. 10–18.
32 Vormundschaftsbehörde Basel-Stadt 1977, S. 1–17, 27 f.
33 Hafner/Janett, Steig, S. 68.
34 Germann 2015.

schutz beruhten.[35] Die SGG-Debatte illustriert einerseits die zunehmende Kritik am Strafvollzug innerhalb der bürgerlichen Eliten. Jugendliche sollten nicht mit anderen Straffälligen ins Gefängnis oder Zuchthaus eingewiesen werden, weil sie für besser erziehbar gehalten wurden und ihr Lebensalter – das später begrifflich als «Adoleszenz» gefasst wurde – als besonders vulnerabel galt. Einige Teilnehmer der Debatte schlugen vor, straffällige Jugendliche über das Strafmass hinaus in pädagogischen Spezialeinrichtungen unterzubringen, um sie dadurch kontrollieren und die Bevölkerung vor ihnen schützen zu können. Dies bedeutete aber, Minderjährigen für dasselbe Delikt eine längere Strafe aufzuerlegen als Erwachsenen. Die Ambivalenz zwischen Strafen und Erziehen wurde noch akzentuiert durch Vorschläge, auch Jugendliche, die keine Straftaten begangen hatten, denen aber «kriminelle Neigungen» attestiert wurden, präventiv in solche Erziehungseinrichtungen einzuweisen.

Um 1900 griffen schweizerische Strafvollzugsexperten und Justizbehörden die internationale Diskussion über ein spezielles Jugendstrafrecht auf.[36] Die Debatte mündete in das Projekt eines schweizerischen Strafgesetzbuchs, dessen erster Entwurf 1893 veröffentlicht wurde. Darin wurde bereits ein besonderes Jugendstrafrecht aufgenommen. Der Weg zum ersten nationalen Strafrecht war in der Schweiz aber lang. Erst 1937 wurde die endgültige Version vom Parlament verabschiedet und anschliessend in der Volksabstimmung angenommen. Das Strafrecht trat schliesslich 1942 in Kraft. In den Entwürfen von 1908, 1912 und 1918 waren die Grundzüge des späteren Jugendstrafrechts bereits enthalten.[37]

Die Leitidee des Gesetzes bestand darin, der Erziehung Vorrang vor der Bestrafung zu geben. Bis zur Vollendung des achtzehnten Lebensjahres wurden Minderjährige für erziehbar erklärt. Diese Priorität machte es dem Richter zur Pflicht, sein Urteil auf eine Untersuchung zu stützen, die er selbst durchführte, bevor später spezialisierte Dienste diese Aufgabe übernahmen. In dieser richterlichen Untersuchung sollten die Ursachen für das kriminelle Verhalten des betreffenden Jugendlichen ergründet werden. Dieses Verfahren führte dazu, dass jene Experten, die in vormundschaftlichen Fällen «verwahrloster Eltern» mitwirkten, auch bei minderjährigen Delinquenten präsent waren. Es ging darum zu entscheiden, ob die Ursachen für die Straftat physischer, psychologischer, sozialer oder anderer Natur waren und welche Art der Behandlung oder Unterbringung angemessen war – eine Unterbringung in einer Erziehungsanstalt, in einem Zuchthaus, eine medizinische Behandlung, eine Platzierung in einer Einrichtung für Behinderte und so weiter.

35 Germann 2010.
36 Droux 2013.
37 Germann 2015.

Auch zivilrechtliche Bestimmungen waren für die Strafrechtsreform von Bedeutung. Das ZGB von 1912 führte neue Alterskategorien ein, die sich auch auf die Platzierungspraxis auswirkten. Unter vierzehn Jahren waren Jugendliche nicht strafmündig, konnten aber speziellen Massnahmen unterzogen werden wie etwa einer behördlichen Betreuung der Familie oder einer Platzierung in einer Erziehungseinrichtung oder einer Pflegefamilie, falls die Herkunftsfamilie als erziehungsunfähig galt. Zwischen vierzehn und achtzehn Jahren wurden jugendliche Delinquenten in geeigneten Disziplinareinrichtungen untergebracht; die Dauer der Unterbringung war im Gesetz geregelt.[38] Mit über achtzehn Jahren wurden die Jugendlichen nach Erwachsenenstrafrecht verurteilt, die Strafen allerdings abgeschwächt. Die Verurteilten mussten in den Vollzugsanstalten von den anderen Häftlingen getrennt werden.

Der lange Zeitraum zwischen den ersten Plänen für ein nationales Strafrecht in den 1890er-Jahren und dem Inkrafttreten des Schweizerischen Strafgesetzbuches (1942) hatte zur Folge, dass sich je nach Kanton sehr unterschiedliche Bestimmungen für die Behandlung minderjähriger Straffälliger herausbildeten. Denn angesichts der Verzögerungen ergriffen zahlreiche Kantone eigene gesetzliche Initiativen und führen kantonal spezifische Rechtsverfahren für Kinder und Jugendliche ein. Im Grundsatz ähnelten sich diese kantonalen Bestimmungen jedoch – sie alle gewichteten pädagogische Ansätze höher als rein punitive. St. Gallen war der erste Kanton, der 1912 ein Jugendstrafgericht («Kindergericht») einführte, Genf folgte 1913 mit der Einrichtung einer Jugendstrafkammer (Chambre pénale de l'enfance), Appenzell Ausserrhoden 1914.[39] Im Kanton Waadt sah das Strafgesetzbuch von 1931 ein Sonderregime für Kinder (8–14 Jahre) und Heranwachsende (15–17 Jahre) vor. Sie wurden «vor den Staatsrat gebracht», der über die angemessene Massnahme entschied (Ermahnung, Platzierung in einer Pflegefamilie, einer Erziehungsanstalt oder einer geschlossenen Anstalt). Das Gesetz von 1934 richtete ein Sekretariat für Jugendschutz ein, welches Untersuchungen über minderjährige Delinquenten (unter 18 Jahren) durchführte. Im Jahr 1940 errichtete der Kanton Waadt eine Jugendstrafkammer, in Vorwegnahme des Schweizerischen Strafgesetzbuchs, das zwei Jahre später in Kraft trat. Der Jugendrichter verfügte über eine erhebliche Machtfülle, entschied er doch nicht nur über die zu ergreifende Massnahme, sondern überwachte auch ihren Vollzug. Ein 1941 neu eingerichtetes

38 Die Dauer der Inhaftierung in einer Erziehungsanstalt betrug mindestens ein Jahr; anschliessend wurde nach einer Prüfung entschieden, ob die Haft verlängert werde. Wenn die Unterbringung in einer Haftanstalt beschlossen wurde, betrug die Dauer mindestens drei und höchstens zwölf Jahre (das heisst gegebenenfalls über das zwanzigste Lebensjahr hinaus). Bei guter Führung des Jugendlichen waren Straferlässe vorgesehen.

39 Jenzer 2014, S. 255.

kantonales Jugendamt kümmerte sich fortan sowohl um die Untersuchung als auch um die kontinuierliche Nachverfolgung der Massnahmen.

Ähnlich war die Situation in Basel-Stadt. Auch hier wurde parallel zum Schweizerischen Strafgesetzbuch das Jugendstrafrecht reformiert. 1941 schuf Basel-Stadt per Gesetz ein Jugendgericht und einen Jugendanwalt, dessen Stelle provisorisch bereits 1938 eingerichtet wurde. Der Jugendanwalt war vollberuflich angestellt, führte die Verfahren für die Behörde und konnte in kleineren Fällen auch eigene Entscheidungen treffen.[40]

Andere Kantone entschieden sich hingegen, auf die Einführung innovativer Massnahmen zur Behandlung minderjähriger Straffälliger zu verzichten unter dem Vorwand, die Verabschiedung des Zivilgesetzbuchs abwarten zu wollen. Das war zum Beispiel der Fall im Kanton Freiburg, der sich dann anschliessend beeilen musste, die von der neuen Gesetzgebung geforderten Strukturen zu implementieren. Ein Jugendamt wurde 1949, eine Jugendstrafkammer 1950 vom grossen Rat eingerichtet. Allerdings bedeutete das Fehlen einer spezialisierten Rechtsprechung keineswegs, dass es auch an Haftanstalten für jugendliche Straffällige oder an Heimen für «schwierige» Jugendliche gemangelt hätte: Es ist lediglich ein Hinweis darauf, dass für diese Jugendlichen keinerlei kontinuierliche medizinische, psychologische oder anderweitige Betreuung existierte und dass sie ganz einfach in die bestehenden repressiven Anstalten des Kantons eingewiesen wurden. Das galt für das Waisenhaus von Drognens,[41] das die renitentesten Jungen aufnehmen sollte, oder sogar für die Bellechasse-Anstalten, in deren Vernes-Gebäude zwischen 1940 und 1954 die siebzehnjährigen und älteren Jugendlichen interniert wurden und derselben Ordnung unterworfen waren, wie die übrigen Häftlinge.

Entwicklungen der Nachkriegszeit (1945–1980)

In welche Richtung entwickelten sich die Fremdplatzierungen in der Schweiz in der zweiten Hälfte des 20. Jahrhunderts, zwischen dem Ende des Zweiten Weltkriegs und dem Ende der 1970er-Jahre? Welches waren die wesentlichen Tendenzen der Entwicklung, welche Faktoren waren dafür verantwortlich? Wie stark wirkte sich insbesondere die erwähnte föderalistische Vielfalt von Normen und Praktiken aus? Diese Fragestellungen stehen im Mittelpunkt der folgenden vier Beiträge – mit einem besonderen Blick auf die Organisation und Handlungslogik der staatlichen und kommunalen Behörden. Die Beiträge

40 Vgl. dazu das laufende Dissertationsprojekt von Alena Blättler am Departement Geschichte der Universität Basel.

41 Schmutz 1997.

befassen sich mit unterschiedlichen Dimensionen staatlichen Handelns: dem Spannungsverhältnis zwischen juristischen Normen und lokalen Kontexten in der Westschweiz (Beitrag von Yves Collaud und Joëlle Droux), der kantonalen Vielfalt behördlicher Interventionsformen in der Deutschschweiz (Beitrag von Susanne Businger, Mirjam Janett und Nadja Ramsauer), dem Verhältnis zwischen leiblichen Eltern, Kindern und Heimverantwortlichen (Beitrag von Markus Bossert und Véronique Czáka) sowie den Auswirkungen der staatlichen Eingriffe auf die Biografien der ehemaligen Heimkinder (Beitrag von Clara Bombach, Thomas Gabriel und Samuel Keller). Die folgenden Abschnitte fassen die zentralen Erkenntnisse aus diesen Kapiteln thesenhaft zusammen. Angesichts der föderalistischen Unterschiede fällt es nicht leicht, übergeordnete Entwicklungstendenzen zu benennen – zu jeder allgemeinen Tendenz lässt sich problemlos ein lokales Gegenbeispiel finden. Trotzdem lassen sich einige grundlegende Erkenntnisse in sechs Punkten festhalten.

1. Die Analyse der kantonalen Fallbeispiele zeigt, dass die föderalistischen Unterschiede, die sich bereits im 19. Jahrhundert formiert hatten, auch über das ganze 20. Jahrhundert auf kantonaler und kommunaler Ebene fortbestanden. Es lässt sich kein klarer Trend hin zu einer stärkeren Vereinheitlichung von Fremdplatzierungen feststellen – zumindest nicht auf der formalen Ebene. Auch die starke Einbindung privater Akteure hat eine Vereinheitlichung der Platzierungen eher erschwert als gefördert. Zugleich gibt es auch klare Anzeichen für konvergente Entwicklungen, etwa die fortgesetzte Professionalisierung und Verwissenschaftlichung der Verfahren, die sich in allen untersuchten Kantonen und Gemeinden feststellen lässt. Dies führt zu einem widersprüchlichen Gesamtbild. Der Föderalismus lässt sich zwar als wirkmächtiger Differenzmotor deuten, seine Kraft war aber begrenzt. Die juristischen Bestimmungen und die formale Organisation der Behörden waren stark föderalistisch geprägt. Gleichzeitig standen viele Akteure, von den Behördenvertretern über die Fachexpertinnen bis zu den Heimverantwortlichen, in einem kontinuierlichen Erfahrungsaustausch, in zentralisierten Fachgremien, in Konkordaten oder über einschlägige Publikationsorgane. Man kannte sich, besuchte sich gegenseitig und lernte voneinander. Dieser Austausch wirkte vereinheitlichend, analog einem System kommunizierender Röhren. Obwohl die formale Organisation der Fremdplatzierungen je nach Ort und Region stark variierte, bewegten sich die ideellen Orientierungen und alltagspraktischen Handlungsmuster im Verlauf der Nachkriegszeit aufeinander zu.

2. Verschiedene Faktoren trugen zur Vielfalt der Fremdplatzierungen und Heimlandschaft bei, wobei sich verschiedene Faktoren überlagerten und deshalb kein klares Muster der Unterschiede zu erkennen ist. So finden sich beispielsweise wenig Hinweise für fundamentale Unterschiede zwischen der

Deutschschweiz und der Westschweiz. Die Diversität innerhalb der beiden Sprachregionen war deutlich grösser – auf juristischer, konfessioneller und gesellschaftlicher Ebene – als Differenzen zwischen den beiden Landesteilen insgesamt. Wichtig war hingegen der Grad der kantonalen Zentralisierung der Fremdplatzierungen, der wiederum davon abhing, wie stark sich Traditionen der Gemeindeautonomie im 20. Jahrhundert entfalteten. In kleinen Kantonen wie Appenzell Innerrhoden oder Basel-Stadt waren Fremdplatzierungen zu einem wesentlichen Teil in kantonaler Hand, nicht zuletzt aus Effizienzgründen. Im Kanton Zürich dagegen lag ein Grossteil der Kompetenzen in den Händen der Gemeinden. In der Westschweiz scheint mit dem Einfluss des französischen *Code Civil* seit der Helvetik das Zentralisierungsmoment generell stärker gewesen zu sein, wobei auch hier Ausnahmen, etwa der Kanton Freiburg, anzutreffen sind. Die Konfessionen spielen bei den Platzierungen ebenfalls eine wichtige Rolle. Einerseits weil viele Einrichtungen von konfessionell orientierten Individuen oder Vereinigungen gegründet wurden. In solchen Fällen funktionierten Heime oft als diakonische Werke oder quasimonastische Gemeinschaften. Andererseits folgten viele Behörden – nicht nur in katholischen Milieus – noch bis weit in die Nachkriegszeit hinein einer konfessionellen Logik: reformierte Kinder gehörten ins reformierte, katholische Kinder ins katholische Heim. Weitere Faktoren für die Vielfalt der Heimlandschaft waren die Finanzkraft der verantwortlichen Gemeinden oder Kantone und die Nähe zu akademischen Bildungseinrichtungen. Je finanzkräftiger die Behörden, desto früher setzten Tendenzen der Professionalisierung ein. Und je enger die Beziehungen zwischen Behörden und Universität, desto früher setzte der Aufstieg moderner Experten und ihrer wissenschaftlichen Modelle ein.

3. Bei der Deutung der Entwicklungen muss man zwei Ebenen unterscheiden: einerseits die Ebene der Wahrnehmungen und Deutungen, andererseits diejenige der gesellschaftlichen Verhältnisse. Mit Fremdplatzierungen verbinden sich nicht nur bestimmte historische Probleme, sondern auch zeitspezifische Problematisierungen. Die Schwierigkeit dabei ist, dass der Wandel von Fremdplatzierungen beides spiegeln konnte: eine Transformation der gesellschaftlichen Verhältnisse oder eine Veränderung der Deutungsmuster. Die Fremdplatzierungen nach 1945 zeigen auf beiden Ebenen wichtige Umbrüche. Auf der Ebene der gesellschaftlichen Verhältnisse sind die Wohlstandsgewinne der Nachkriegszeit zu erwähnen, die sich akzentuierenden sozialen und kulturellen Unterschiede zwischen Stadt und Land, neue, konsumgesellschaftliche Lebensstile, aber auch die zunehmende gesellschaftliche Mobilität – sowohl sozial wie geografisch. Dies bedeutete etwa, dass Armut als Grund von Fremdplatzierungen an Bedeutung verlor, zugleich aber sittlich-moralische Vorbehalte an Einfluss gewannen. Diese Vorbehalte knüpften häufig an

neuen, unkonventionellen Lebensstilen an – Jugendkulturen, Drogenkonsum oder Konkubinatsbeziehungen. Die Zunahme von Fremdplatzierungen in den 1950er-Jahren lässt sich deshalb auch als konservative Antwort auf den beschleunigten sozialen und kulturellen Wandel der Nachkriegszeit lesen. Zugleich sind Platzierungen geprägt von neuen, insbesondere wissenschaftlichen Deutungsmustern. Der Sittlichkeits- und Moraldiskurs, der noch aus dem 19. Jahrhundert stammte und um Begriffe wie «Verwahrlosung», «Liederlichkeit» oder «Schwachsinn» kreiste, wurde zunehmend abgelöst von modernen psychiatrischen, psychologischen und pädagogischen Terminologien, die auf verhaltens- und persönlichkeitsbezogenen Kategorien gründeten und zunehmend von Modellen der Erziehbarkeit und Selbstverantwortung der Kinder und Jugendlichen ausgingen. Übermässiger Alkoholkonsum beispielsweise wurde nach 1945 oft nicht mehr als moralischer Defekt, sondern als psychische Krankheit oder als anormales Verhalten codiert.

4. Auch in den hier untersuchten Fallbeispielen bestätigt sich grundsätzlich das Entwicklungsmodell, das sich in den neueren Forschungen zur Geschichte der Fremdplatzierungen durchgesetzt hat. Es gibt einen langfristigen Übergang von armenrechtlichen zu vormundschafts- und jugendstrafrechtlichen Platzierungen und von ökonomischen zu sittlich-moralischen Begründungen. Allerdings sollte dieses Modell nicht überstrapaziert werden. Schon im 19. Jahrhundert war der Armutsdiskurs eng mit dem Sittlichkeitsdiskurs verschränkt – seit Thomas Malthus galt Enthaltsamkeit als Instrument zur Verhinderung von Armut. Auch die frühneuzeitliche und bis ins 20. Jahrhundert wirkmächtige Unterscheidung zwischen würdigen, schuldlos in Armut Geratenen und unwürdigen, weil durch eigene Schuld Armen ist primär moralisch begründet. Umgekehrt steht auch der Moraldiskurs des 20. Jahrhunderts auf ökonomischer Grundlage. Die Vorbehalte gegen einen unkonventionellen Lebenswandel richteten sich im Wesentlichen an Arbeiter- und Unterschichten und spiegeln, kulturell verbrämt, den Gegensatz zwischen Vermögenden und Mittellosen.

5. Analog zum Wandel der erzieherischen Modelle entwickelte sich auch die Heimlandschaft. Die alten Armen- und Arbeitshäuser, die in erster Linie auf der Ausübung physischer Zwänge und Gewalt basierten, wurden im 20. Jahrhundert ergänzt durch Erziehungs- und Ausbildungseinrichtungen, in denen mit pädagogischen Anreizen gearbeitet und physische Gewalt nur noch als *ultima ratio* eingesetzt wurde – zumindest war dies das programmatische Ziel. Die Leitung und das Personal in diesen Einrichtungen war im Verlauf des 20. Jahrhunderts zunehmend pädagogisch und psychologisch geschult. Die Entwicklung der pädagogischen Modelle zeigt zudem, dass die Hierarchien innerhalb der Heime seit den 1970er-Jahren zunehmend flacher wurden

und die Grenze zur Aussenwelt weniger streng gezogen wurde als noch in der Zwischenkriegszeit. Zahlreiche neue Einrichtungen entstanden, die diese zunehmende Verschränkung von Heim und Aussenwelt symbolisieren: Abklärungsstationen, Einrichtungen mit Abteilungen für vorübergehende Einweisungen, die Öffnung von Heimen gegenüber externen Schulen und Ausbildungsstätten. Die leiblichen Verwandten (Eltern, Geschwister etc.) wurden zunehmend eingebunden in die pädagogischen Bemühungen, während sie noch in den 1950er-Jahren vollständig ausgegrenzt blieben. Bezeichnend für die Nachkriegszeit ist auch die enge gesamtschweizerische Vernetzung der Heimlandschaft. Es entstanden zahlreiche spezialisierte Heime von überregionaler Bedeutung, die Zöglinge aus verschiedenen Landesteilen aufnahmen. Diese transregionalen Platzierungsnetzwerke sind noch kaum untersucht, scheinen sich aber in der Nachkriegszeit dynamisch entwickelt zu haben.

6. Die Analyse der Selbstzeugnisse von ehemaligen Heimkindern verweist schliesslich auf einen fundamentalen Gegensatz zwischen den beschriebenen pädagogischen Leitbildern der Heime und dem tatsächlichen Heimalltag. Praktisch einmütig berichten die interviewten ehemaligen Zöglinge von strukturellen Diskriminierungen und Traumatisierungen in den Heimen. Entwürdigende Praktiken und physische Gewalt waren Alltag – und keineswegs nur *ultima ratio* wie in der pädagogischen Theorie. Die Heimaufenthalte zeitigten bei den Betroffenen deshalb oft langfristige Schädigungen. Die Berufsperspektiven für die Zeit nach dem Heimaufenthalt wurden vernachlässigt, das Verhalten und das Umfeld der Kinder wurde vielfach stigmatisiert, sodass viele ehemalige Heimkinder nachhaltig verunsichert blieben, auch im Erwachsenenalter ihre Lebensgeschichte ständig legitimieren mussten und schliesslich dazu übergingen, ihre eigene Vergangenheit zu tabuisieren.

Literaturverzeichnis

Avvanzino, Pierre (1993). *Histoires de l'éducation spécialisée 1827–1970. Les arcanes du placement institutionnel. De l'enfant abandonné à l'enfant inadapté de l'Asile rural à la Maison d'éducation. Etude historique vue à travers un analyseur: l'Ecole Pestalozzi à Echichens*. Lausanne: EESP.

Bernet, Brigitta (2013). *Schizophrenie. Entstehung und Entwicklung eines psychiatrischen Krankheitsbildes um 1900*. Zürich: Chronos.

Christ, Thierry (2014). Assistance. XIXe et XXe siècles. *Dictionnaire historique de la Suisse*. Version vom 22. Mai 2014, www.hls-dhs-dss.ch/textes/f/F25809.php. Zugegriffen: 20. Februar 2018.

Crettaz, Rebecca und Python, Francis (2015). *Enfants à louer. Orphelins et pauvres aux enchères, XIXe–XXe siècle*. Fribourg: Archives de la Société d'histoire du canton de Fribourg.

Droux, Joëlle (2013). Une contagion programmée. La circulation internationale du modèle des tribunaux pour mineurs dans l'espace transatlantique (1900–1940). In: Kaluszynski, Martine und Payre, Renaud (Hg.), *Savoirs de gouvernement. Circulation(s), traduction(s), réception(s)*. Paris: Economica, S. 102–117.

Droux, Joëlle (2015). Emergence des politiques de l'enfance et de la jeunesse. In: Durand, Gregory, Hofstetter, Rita und Pasquier, Georges (Hg.), *Les bâtisseurs de l'école romande. 150 ans du syndicat des enseignants romands et de l'éducateur*. Chêne-Bourg: Georg, S. 262–291.

Droux, Joëlle und Ruchat, Martine (2012). *Enfances en difficultés. De l'enfance abandonnée à l'action éducative (Genève 1892–2012)*. Genève: Fondation Officielle de la Jeunesse.

Furrer, Markus, Heiniger, Kevin, Huonker, Thomas, Jenzer, Sabine und Praz, Anne-Françoise (2014). Einleitung. In: dies. (Hg.), *Fürsorge und Zwang. Fremdplatzierung von Kindern und Jugendlichen in der Schweiz 1850–1980*. Basel: Schwabe, S. 7–23.

Galle, Sara (2016). *Kindswegnahmen. Das «Hilfswerk für die Kinder der Landstrasse» der Stiftung Pro Juventute im Kontext der Schweizerischen Jugendfürsorge*. Zürich: Chronos.

Germann, Urs (2010). Bessernde Humanität statt strafender Strenge. Organisierte Gemeinnützigkeit und die Entwicklung der Jugendstrafrechtspflege im 19. und frühen 20. Jahrhundert. In: Schumacher, Beatrice (Hg.), *Freiwillig verpflichtet. Gemeinnütziges Denken und Handeln in der Schweiz seit 1800*. Zürich: Verlag Neue Zürcher Zeitung, S. 213–244.

Germann, Urs (2015). *Kampf dem Verbrechen. Kriminalpolitik und Strafrechtsreform in der Schweiz 1870–1950*. Zürich: Chronos.

Guggisberg, Ernst (2016). *Pflegekinder. Die Deutschschweizer Armenerziehungsvereine 1848–1965*. Baden: hier + jetzt.

Hafner, Urs und Janett, Mirjam (2017). *Draussen im Heim. Die Kinder der Steig, Appenzell 1945–1984. Historischer Bericht zuhanden der Standeskommission Appenzell Innerrhoden*. Bern, Zürich: Standeskommission Appenzell Innerrhoden.

Häsler, Mirjam (2008). *In fremden Händen. Die Lebensumstände von Kost- und Pflegekindern in Basel vom Mittelalter bis heute*. Basel: Schwabe.

Hauss, Gisela, Ziegler, Béatrice, Cagnazzo, Karin und Gallati, Mischa (Hg.) (2012). *Eingriffe ins Leben. Fürsorge und Eugenik in zwei Schweizer Städten (1920–1950)*. Zürich: Chronos.

Hehli, Anne (2003). *Le paupérisme rural en Gruyère 1880–1930. Hospices et assistance au quotidien. Le cas de la commune d'Avry-devant-Pont*. Mémoire de licence de l'Université de Fribourg. Fribourg: o. V.

Heller, Geneviève (2014). Les dossiers individuels des enfants placés. Une approche historique complémentaire aux témoignages. In: Furrer, Markus, Heiniger, Kevin, Huonker, Thomas, Jenzer, Sabine und Praz, Anne-Françoise (Hg.), *Fürsorge und Zwang. Fremdplatzierung von Kindern und Jugendlichen in der Schweiz 1850–1980*. Basel: Schwabe, S. 361–372.

Huonker, Thomas und Ludi, Regula (2009). *Roms, Sintis et Yéniches. La «politique tsigane» suisse à l'époque du national-socialisme.* Lausanne: Page deux.

Janner, Sara (2011). Korporative und private Wohltätigkeit. «Stadtgemeinde» und Stadtbürgertum als Träger der Armenpflege im 19. Jahrhundert. In: Mooser, Josef und Wenger, Simon (Hg.), *Armut und Fürsorge in Basel. Armutspolitik vom 13. Jahrhundert bis heute*. Basel: Christoph Merian Verlag, S. 101–111.

Jenzer, Sabine (2014). *Die «Dirne», der Bürger und der Staat. Private Erziehungsheime für junge Frauen und die Anfänge des Sozialstaates in der Deutschschweiz, 1870er bis 1930er Jahre.* Köln: Böhlau.

Leuenberger, Marco, Mani, Leo, Rudin, Simone und Seglias, Loretta (2011). *«Die Behörde beschliesst» – zum Wohl des Kindes? Fremdplatzierte Kinder im Kanton Bern 1912–1978*. Baden: hier + jetzt.

Lippuner, Sabine (2005). *Bessern und Verwahren. Die Praxis der administrativen Versorgung von «Liederlichen» und «Arbeitsscheuen» in der thurgauischen Zwangsarbeitsanstalt Kalchrain (19. und frühes 20. Jahrhundert)*. Frauenfeld: Verlag des Historischen Vereins des Kantons Thurgau.

Luchsinger, Christine (2016). *«Niemandskinder». Erziehung in den Heimen der Stiftung «Gott hilft» 1916–2016*. Chur: Kommissionsverlag Desertina.

Matter, Sonja (2011a). Das Wohnort- und Heimatprinzip in der Fürsorge vor 1975. Integrationsbestrebungen unter Vorbehalt. In: Mooser, Josef und Wenger, Simon (Hg.), *Armut und Fürsorge in Basel. Armutspolitik vom 13. Jahrhundert bis heute*. Basel: Christoph Merian Verlag, S. 239–248.

Matter, Sonja (2011b). *Der Armut auf den Leib rücken. Die Professionalisierung der Sozialen Arbeit in der Schweiz (1900–1960)*. Zürich: Chronos.

Meier, Marietta (2015). *Spannungsherde. Psychochirurgie nach dem Zweiten Weltkrieg*. Göttingen: Wallstein.

Mottier, Véronique und Mandach, Laura von (Hg.) (2007). *Pflege, Stigmatisierung und Eugenik. Integration und Ausschluss in Medizin, Psychiatrie und Sozialhilfe*. Zürich: Seismo.

North, Douglass (1981). *Structure and Change in Economic History*. New York: Norton.

Piérart, Dominique (2000). *L'orphelinat bourgeoisial de la Ville de Fribourg (1868–1914). Un exemple de la prise en charge de l'enfance abandonnée au XXe siècle*. Mémoire de licence de l'Université de Fribourg. Fribourg: o. V.

Praz, Anne-Françoise (1998). La modification de la loi sur les enfants illégitimes. Un exemple de la redéfinition des rôles hommes/femmes dans un Etat moderne. In: *Freiburgs Integration in Staat und Gesellschaft der Schweiz 1848–1998.*

Interdisziplinäres Kolloquium 17.–18. April 1998. Fribourg: Editions universitaires, S. 131–149.

Praz, Anne-Françoise (2010). Institutional constraints and intra-family inequalities in access to education. Swiss federalism and the gendered well-being of siblings. 1880–1930. In: Addabbo, Tindara, Arrizabalaga, Marie-Pierre, Borderias, Christina und Owens, Alastair (Hg.), *Gender Inequalities, Households and the Production of Well-Being in Modern Europe*. Farnham: Ashgate, S. 197–217.

Praz, Anne-Françoise, Avvanzino, Pierre und Crettaz, Rebecca (2018). *Les murs du silence. Abus sexuels et maltraitances d'enfants placés à l'institut Marini*, Neuchâtel: Alphil.

Ramsauer, Nadja (2000). *«Verwahrlost». Kindswegnahme und die Entstehung der Jugendfürsorge im schweizerischen Sozialstaat 1900–1945*. Zürich: Chronos.

Ritter, Hans Jakob (2009). *Psychiatrie und Eugenik. Zur Ausprägung eugenischer Denk- und Handlungsmuster in der schweizerischen Psychiatrie, 1850–1950*. Zürich: Chronos.

Ruchat, Martine (1993). *L'oiseau et le cachot. Naissance de l'éducation correctionnelle en Suisse romande 1800–1913*. Genève: Zoé.

Ruchat, Martine (2009). Observer et mesurer. Quelle place pour l'*infans* dans le diagnostic médico-pédagogique? 1912–1958. *Revue d'histoire de l'enfance «irrégulière»*, 11, S. 53–73.

Ruchat, Martine (2012). A l'origine de la Fondation officielle de la jeunesse. Une commission de surveillance de l'enfance abandonnée pour moraliser l'enfant et les parents (1892–1912). In: Droux, Joëlle und Ruchat, Martine (Hg.), *Enfances en difficultés. De l'enfance abandonnée à l'action éducative (Genève, 1892–2012)*. Genève: Fondation Officielle de la Jeunesse, S. 14–26.

Schmutz, Anne (1997). *L'Institut de Drognens (FR). Une maison d'éducation pour «garçons difficiles», 1889–1963*. Mémoire de licence de l'Université de Fribourg. Fribourg: o. V.

Statistisches Bureau des eidgenössischen Departements des Innern (Hg.) (1914). Erziehungs-, Besserungs-, Rettungs-Anstalten im Jahre 1913. *Statistisches Jahrbuch der Schweiz*, 22, S. 200–201.

Sutter, Eva (1995). *«Ein Act des Leichtsinns und der Sünde». Illegitimität im Kanton Zürich, Recht, Moral und Lebensrealität (1800–1860)*. Zürich: Chronos.

Sutter, Gaby (2011). Von der Armenpflege zur Sozialhilfe. Methoden- und Funktionswandel der öffentlichen Fürsorge im 20. Jahrhundert. In: Mooser, Josef und Wenger, Simon (Hg.), *Armut und Fürsorge in Basel. Armutspolitik vom 13. Jahrhundert bis heute*. Basel: Christoph Merian Verlag, S. 217–238.

Tabin, Jean-Pierre (2005). La dénonciation du «tourisme social». Un ingrédient de la rhétorique «réactionnaire» contre l'Etat social. *Swiss Journal of Sociology*, 31 (1), S. 103–122.

Verein für Jugendfürsorge (1992). *75 Jahre Verein für Jugendfürsorge Basel (1917–1992)*. Basel: Verein für Jugendfürsorge.

Vormundschaftsbehörde Basel-Stadt (1977). *Vormundschaftsbehörde Basel-Stadt 1912–1977*. Basel: o. V.
Wecker, Regina, Braunschweig, Sabine, Imboden, Gabriela und Ritter, Hans Jakob (2013). *Eugenik und Sexualität. Die Regulierung reproduktiven Verhaltens in der Schweiz, 1900–1960*. Zürich: Chronos.
Wolfisberg, Carlo (2002). *Heilpädagogik und Eugenik. Zur Geschichte der Heilpädagogik in der deutschsprachigen Schweiz (1800–1950)*. Zürich: Chronos.

Eingriffe in die Erziehung von Kindern und Jugendlichen

Politischer und rechtlicher Kontext in der Westschweiz

YVES COLLAUD, JOËLLE DROUX

Zwischen der Verabschiedung des Schweizerischen Zivilgesetzbuchs (ZGB, 1911) und derjenigen des Schweizerischen Strafgesetzbuchs (1937, in Kraft getreten 1942) verging mehr als ein Vierteljahrhundert. Während dieser Zeit passten die verschiedenen Kantonalbehörden sowie die in diesem Bereich tätigen Personen und Vereine ihre Dienste und Angebote der neuen Bundesgesetzgebung an. Im Folgenden wird im Einzelnen gezeigt, wie sich die Gesetzeslage in den untersuchten Kantonen Genf, Freiburg und Waadt änderte – hin zu einer schützenden und erziehenden Betreuung gefährdeter beziehungsweise gefährlicher Jugendlicher. Die drei untersuchten Kantone unterscheiden sich signifikant in der konfessionellen Zusammensetzung und im Grad der Urbanisierung, Industrialisierung und administrativen Zentralisierung, sodass Ähnlichkeiten oder Differenzen in der Umsetzung der Bundesgesetzgebung veranschaulicht werden können.

Kinder- und Jugendschutz vor 1945: Anpassungen an die Bundesgesetzgebung in den Westschweizer Kantonen

Die Waadt war 1888 einer der ersten Kantone, die ein Gesetz zum Schutz von Kindern und Jugendlichen erliessen.[1] Wenig später verabschiedete der Kanton Genf ein entsprechendes Gesetz, lehnte sich dabei aber an französische und britische Modelle an, die in der Zwischenzeit ausgearbeitet worden waren. Das Gesetz über das Elternrecht von 1891 und das Gesetz über elternlos aufwachsende Kinder von 1892 kombinierten die staatliche Intervention mit privater Aktivität. So wurden lokale ehrenamtliche Kommissionen beauftragt, «verwahrloste» Kinder einer Zentralkommission zu melden, einer Milizbehörde,

1 Für die Entstehung der Kinderschutzpolitik im Kanton Waadt beziehen wir uns auf Graa 2013.

deren Mitglieder von den Behörden ernannt wurden. Sie prüfte die zur Anzeige gekommenen Fälle und konnte, wenn die Eltern «entweder zu nachlässig oder zu schwach sind, ihre Erziehung wirksam und mit der richtigen Orientierung auszuführen»,[2] beim erstinstanzlichen Gericht Schritte gegen sie erwirken. Die in solchen Fällen ausgesprochene Sanktion traf zwar hauptsächlich die Eltern, da ihnen die elterlichen Rechte entzogen werden konnten; sie traf aber auch die Kinder, deren Erziehung Dritten anvertraut werden musste. Das konnte eine Institution oder eine Familie sein, je nach den Bedürfnissen der Kinder und Jugendlichen. Die Bedürfnisse wurden von der Kommission eingeschätzt, die sich auf ein Netz von Beobachtungsheimen und Beobachtungsstationen stützen konnte, die wie Verschiebebahnhöfe für Kinder funktionierten. Der Staat verfolgte dabei allerdings nicht das Ziel, Kinder selbst in Obhut zu nehmen. Vielmehr sollten sie auf private Fürsorge- und Erziehungseinrichtungen verteilt werden, denen die Fähigkeit zuerkannt wurde, dieses «Werk der Aufrechterhaltung von Sittlichkeit» zu vollbringen, «für welches das gute Vorbild die grösste Rolle spielt».[3] Deutlich lässt sich in den gesetzlichen Regelungen Genfs, einer Stadt mit starker nationaler und internationaler Zuwanderung, das Bestreben ausmachen, migrierende Kinder nicht in der Stadt aufzunehmen. Die damit verbundenen Vorstellungen werden in folgendem Zitat deutlich: «Diese unbeaufsichtigten Kinder, die oft schlechte Neigungen haben und diversen Lastern frönen, stellen für unsere Jugend eine echte Gefahr dar. Es muss möglich sein, diese Ausländer über unsere Grenzen zurückzuschicken [...]. Damit könnte man erreichen, dass der Boden unserer Stadt von einer ziemlich grossen Zahl dieser Kinder freigeräumt werden könnte.»[4]

Was auch immer die offen eingestandenen oder versteckten Motive für die gesetzlichen Bestimmungen gewesen sein mag, die in verschiedenen Kantonen entstanden, 1912 wurden sie durch das ZGB bundesweit vereinheitlicht. Nun waren die Kantone verpflichtet, über die Vormundschaftsbehörden gegen Eltern vorzugehen, deren Handlungen (Vernachlässigung der Erziehung oder Bildung, Misshandlung) die körperliche und moralische Entwicklung der Kinder gefährdeten. Welche Strukturen auf lokaler Ebene von den Kantonen auch implementiert wurden, um das Zivilgesetzbuch umzusetzen, es war stets der Schutz des Kindeswohls, der am Anfang eines Entscheids über die Elternrechte stand. Genf musste seine auf den Gesetzen von 1891/92 basierenden Behörden und Strukturen anpassen. 1912 wurde im Departement für Justiz und Polizei die Abteilung Jugendschutz (Service de protection des mineurs) geschaffen mit dem Auftrag, in Verdachtsfällen, die der für die Beantragung von Schutzmass-

2 Mémorial du Grand conseil du canton de Genève, 1892, annexe, S. 236.
3 Ebd., S. 239.
4 Mémorial du Grand conseil du canton de Genève, 1892, S. 524.

nahmen zuständigen Kommission gemeldet wurden, Nachforschungen anzustellen. Entscheidungsbefugt war nun das Vormundschaftsgericht. Mit der Einrichtung der im Zivilgesetzbuch vorgesehenen Berufungsinstanz (autorité de surveillance des tutelles) entstanden für die Eltern Handlungsspielräume. Am 13. Februar 1932 richtete Genf mit der Amtsvormundschaft nach deutschem und deutschschweizerischem Vorbild eine den Vormundschaftsdiensten nachgeordnete Dienststelle ein. Diese übernahm fortan die Vormund- und Beistandschaften für Kinder und konnte sich dabei auf die fundierte Expertise ihrer Mitarbeiter stützen, unter denen diplomierte Sozialarbeiterinnen und Sozialarbeiter im Lauf der Jahre immer zahlreicher wurden.[5]

Die vom ZGB bekräftigte protektive Logik zeigt sich in der Folge fast unverändert in allen gesetzlichen Bestimmungen, die im Lauf des 20. Jahrhunderts – zunächst nur in wenigen Kantonen (in Genf 1913) – für die Behandlung von Fällen jugendlicher Undiszipliniertheit beziehungsweise Jugendkriminalität eingeführt wurden. Deutlich wird sie auch im 1937 verabschiedeten und 1942 in Kraft getretenen Schweizerischen Strafgesetzbuch. Dieses bewirkte, dass nach und nach in allen Kantonen beim Entscheid von Massnahmen für jugendliche Straftäter der Erziehungsgedanke an die Stelle der ausschliesslichen Repression trat. Da minderjährige Delinquente nun vor allem als Opfer der schlechten Erziehung ihrer Eltern betrachtet wurden, die es zugelassen hatten, dass schädliche Einflüsse ihre Wirkung entfalteten, bemühten sich die Jugendgerichte nun darum, Minderjährige in einer Umgebung zu platzieren, die ihrer Erziehung zuträglich sowie ihren Bedürfnissen, ihrer Persönlichkeit und ihrem Alter angepasst sein sollte. Um Situation und Persönlichkeit einschätzen zu können, stützte sich der Richter auf Berichte über Gespräche mit dem Jugendlichen, seiner Familie und weiteren Personen in seinem Umfeld (vor allem aus der Schule). Medizinisch-pädagogische Empfehlungen, die seit den 1920er-Jahren zunächst durch ehrenamtliche Stellen und später durch schulische Dienste abgegeben wurden,[6] ermöglichten es, Kinder und Jugendliche, deren Verhalten als problematisch eingeschätzt wurde, unter Beobachtung zu stellen und ein Gutachten anzufertigen mit einer Empfehlung für die weitere Behandlung (ambulante Therapie oder Platzierung in einem Heim). Die Gutachten wurden im Lauf des 20. Jahrhunderts zum zwangsläufigen vorgängigen Schritt in der

5 Siehe die Ausführungen zur Bildungsexpansion im Bereich der Sozialarbeit und der Heimerziehung unten, S. 60–64.

6 In Genf entstand eine Beratungsstelle dieser Art 1913 am Institut Jean-Jacques Rousseau, der Fachhochschule für Erziehungswissenschaften; für Schulfälle wurde 1929 eine Stelle im Departement für öffentliche Bildung eingerichtet, der Schulbeobachtungsdienst (Service d'observation des écoles), ab 1958 medizinisch-pädagogischer Dienst (Service médico-pédagogique). Von den Richtern konnten weitere, private Psychotherapiepraxen mit der Persönlichkeitsbegutachtung beauftragt werden.

Rechtsprechung für Minderjährige. Dies ging einher mit einem zunehmenden Einfluss der Psychohygienebewegung auf das Verfahren des Sorgerechtsentzugs. Auch wenn die Richter die ärztlichen Stellungnahmen nicht immer übernahmen, ist es wahrscheinlich, dass diese der Entscheidung (Strafe oder Erziehungsmassnahme), besonders in den Fällen, die als pathologisch eingeschätzt wurden, die Richtung vorgaben. Das Urteil konnte entweder zu einer Platzierung (Pflegefamilie, Lehre) führen, mit der dem Jugendlichen ein fester, den sozialen Erwartungen entsprechender Rahmen in Bezug auf Erziehung beziehungsweise Ausbildung gegeben wurde, oder zur Einweisung in eine Erziehungsanstalt, wenn der Fall dies zu erfordern schien und andere Massnahmen als nichtwirksam eingeschätzt wurden.

Für die Bearbeitung der Fälle minderjähriger Straffälliger entstanden auf diese Weise Rechte, Richtlinien und Verfahren der Überwachung, der Entscheidungsfindung, der Rechtsprechung und der administrativen, finanziellen und erzieherischen Betreuung. In Genf profilierte sich in den 1930er-Jahren das 1913 gegründete Tribunal pénal pour l'enfance, nachdem es sich zuvor mehrmals neu zusammengesetzt hatte. Es wurde zu einer Abteilung des Departements für Justiz und Polizei, in den 1930er-Jahren hatte ein Berufsrichter den Vorsitz, in den Verhandlungen traten pädagogische und medizinische Experten hinzu.[7] Die Initiative zur Einführung eines Jugendgerichts entsprach in erster Linie den Entwicklungen der Zeit. Jugendgerichte wurden in den internationalen Netzwerken zum Schutz von Kindern und Jugendlichen in der ersten Hälfte des 20. Jahrhunderts als fortschrittliche Instanzen gepriesen und Staaten, die entsprechende Gesetze verabschiedeten, galten als ausgezeichnet. In zweiter Linie ergaben sich Jugendgerichte folgerichtig aus einer spezifischen Perspektive auf Kindheit. Demnach trugen gefährdete Kinder den Keim der Gefährlichkeit in sich. Jugendgerichte waren in diesem Sinne die logische Weiterführung der elterlichen Erziehungsgewalt. Sowohl für gefährdete als auch für gefährliche Kinder, die Opfer des Versagens oder der Ablehnung ihrer Eltern geworden waren, musste der Staat die erzieherische Verantwortung und Vormundschaft übernehmen.

Deutlich geworden sein dürfte bisher, dass Erziehung das Schlüsselwort dieser Regelungen und Gesetze war. Dabei trat in Genf das Anliegen, Erziehung als Ausgangspunkt für die Integration der unteren Bevölkerungsschichten zu nutzen, deutlicher zutage als anderswo. Es scheint daher kein Zufall zu sein, dass die ersten Kinderschutzgesetze von einem Staatsrat befürwortet und verteidigt wurden, der selbst Lehrer war, ebenso wenig, dass seit den 1930er-Jah-

7 Das Gesetz vom 4. Oktober 1913, das die Jugendstrafkammer einführte, wurde schrittweise 1925, 1931, 1935 und 1936 geändert.

ren von Rechts wegen ein Pädagoge im Jugendgericht sass. Zudem wurden die gesamten lokalen Regelungen und Einrichtungen zur Kinder- und Jugendfürsorge 1937 dem Departement für öffentliche Bildung unterstellt, inklusive eines Office de l'enfance, das die Gesamtheit der an Kinder- und Jugendfürsorge beteiligten Personen und Stellen koordinieren sollte.[8] Erstaunlich ist vor diesem Hintergrund jedoch, dass sich das in den Regelungen und Gesetzen sichtbare erzieherische Anliegen im Kanton Genf kaum in einer gleichzeitigen Entwicklung von Einrichtungen für die Nacherziehung von Kindern und Jugendlichen zeigte. Im Gebiet des Kantons existierten zwischen 1900 und 1940 nur rund zehn Erziehungsheime. Aus diesem Grund wurden in diesem Zeitraum Minderjährige aus anderen Kantonen oder Ländern nach ihrem Zivil- oder Strafverfahren in der Regel ausserhalb des Kantons untergebracht, oft handelte es sich dabei um eine «Heimschaffung», eine Rückführung in den Herkunftskanton. Diese war laut Bundesverfassung zulässig, doch hinter der Entscheidung standen in der Regel ein Mangel an Platzierungsmöglichkeiten und das Elend der betroffenen Familien. Der Kanton, der in der Zwischenkriegszeit in einer anhaltenden Krise steckte, vermied so die Platzierungskosten, kamen doch die meisten Minderjährigen aus verarmten Familien, die kaum ihre eigene Existenz sichern konnten. Das vom Office de l'enfance vertretene protektive, (nach)erziehende und individualisierende Anliegen auf der einen Seite und die Umsetzung in die Praxis auf der anderen klafften also weit auseinander: Minderjährige wurden häufig aufgrund finanzieller Überlegungen platziert und weit weniger im Hinblick auf ihre Bedürfnisse und Potenziale.

Im Kanton Waadt datiert das erste Fürsorgegesetz vom 24. August 1888. Es hatte die «Armenfürsorge» sowie die «Erziehung der unglücklichen und verlassenen Kinder» zum Gegenstand.[9] Zudem bestimmte es, dass die Unterbringung in einer Pflegefamilie den Vorzug haben sollte vor der in einem Waisenhaus, sei es privat oder öffentlich. Schliesslich führte das Gesetz das Prinzip einer Kontrolle der Platzierungen durch den Kanton ein.[10]

Eine zweite Etappe in der Entwicklung der Kinderschutzgesetzgebung im Kanton Waadt geht auf private Initiativen zurück. Numa Graa zufolge machten 1934 insgesamt neunzehn private Vereine unter der Führung von Pro Familia Druck auf die waadtländische Regierung, ein spezifisches Gesetz für

8 Gesetz vom 2. Juli 1937 über das Jugendamt (Office de l'enfance); betroffen waren der medizinische Dienst, der Sozialdienst und der Schulbeobachtungsdienst, der Dienst für Berufsorientierung und -ausbildung, der Jugendschutzdienst und der Generalvormundschaftsdienst.

9 Bulletin du Grand conseil du canton de Vaud, session ordinaire d'automne 1933, S. 298.

10 Ebd., S. 312.

die Behandlung straffälliger Minderjähriger in die Wege zu leiten.[11] Die Vereine stützten sich in ihrer Kampagne auf Berichte des Völkerbunds aus dem Jahr 1932, die sich für ein solches Modell aussprachen.[12] Am 21. August 1934 lag ein Gesetzesentwurf vor, der ein Secrétariat aux mineurs vorsah,[13] das von allen Verfahren gegen unter Achtzehnjährige in Kenntnis gesetzt werden sollte. Damit sollte es möglich werden, eine Untersuchung nicht nur der Familie, sondern auch des Bildungsstands, der Gesundheit und der Persönlichkeit der Minderjährigen selbst durchzuführen.[14] Doch das Sekretariat kam nicht über ein Provisorium hinaus. Aus wirtschaftlichen Gründen war der Zeitpunkt ungünstig für eine kostspielige Gesetzes- und Verwaltungsreform.

Parallel dazu wurde in einem von 1933 bis 1938 dauernden Prozess das Fürsorgegesetz von 1888 geändert.[15] Das Gesetz, das 1938 in Kraft trat, enthält in Paragraf 4, Art. 48–68 einen Abschnitt über den Kinderschutz und die Zentralisierung der Platzierungsaufsicht.[16] Art. 63 autorisiert die waadtländische Regierung, die Aufsicht über diejenigen platzierten Kinder zu organisieren, die jünger als fünfzehn Jahre sind. In Art. 64 sind folgende Aufsichtsstellen vorgesehen: Fürsorgekommissionen im Fall von Kindern, die von der Fürsorge betreut wurden; vom Departement des Innern ernannte Inspektorinnen im Fall von Kindern, die nicht von der Fürsorge betreut wurden.

Im Kanton Waadt waren damit zwei Behörden für jeweils unterschiedliche Kinder zuständig, und die Zuständigkeit der Behörde war in Abhängigkeit von der wirtschaftlichen Lage der betroffenen Kinder organisiert. Die beiden Behörden werden weiter unten genauer betrachtet.[17]

1940 wurde im Zusammenhang mit der geplanten Einführung des Schweizerischen Strafgesetzbuchs der Entwurf eines kantonalen Gesetzes für straffällige Jugendliche diskutiert. Damit sollte laut Maurice Baudat, Gemeinderat von Lausanne und 1945–1947 Nationalrat, in erster Linie dem erzieherischen Anliegen Rechnung getragen werden. Die Massnahmen sollten «dazu dienen, zu heilen und einem Rückfall vorzubeugen, und nicht, zu strafen».[18] Auf der Grundlage des 1942 in Kraft gesetzten Strafgesetzes wurde ein Strafgericht

11 Graa 2013, S. 561.
12 Siehe Droux 2013, S. 102–117.
13 Graa 2013, S. 564.
14 Ebd., S. 565.
15 Siehe Tabin 2010.
16 Bulletin du Grand conseil du canton de Vaud, session ordinaire du printemps 1934, S. 188 bis 197.
17 Das Gesetz wurde per Volksabstimmung abgelehnt. Bei der Neufassung 1938 wurden aus den abgelehnten Artikeln die Artikel 64 und 65. Bulletin du Grand conseil du canton de Vaud, automne 1937, S. 1316.
18 Bulletin du Grand conseil du canton de Vaud, automne 1940, S. 561.

speziell für Minderjährige sowie ein Office cantonal des mineurs eingerichtet. Letzteres löste das Secrétariat des mineurs ab.[19]

Der Kanton Freiburg hatte es dagegen weniger eilig, seine Gesetzgebung an die vom Schweizerischen Strafgesetzbuch vorgegebenen Orientierungen anzupassen. Die Gesetze für Kinder und Jugendliche wurden erst in den 1950er-Jahren revidiert. Freiburg war damit einer jener Kantone, die ihre Fürsorgegesetzgebung nur langsam reformierten. So zeigt Rebecca Crettaz, dass das aus dem 19. Jahrhundert stammende Gesetz zu Beginn des 20. Jahrhunderts zwar regelmässig kritisiert wurde, diese Kritik jedoch über längere Zeit nicht zu Reformen führte. Ein Grund für die relativ späte Revision war Crettaz zufolge der Erste Weltkrieg. Gesetzesänderungen wurden zwar 1914[20] beziehungsweise 1920[21] gefordert, doch erst 1921 führten diese Forderungen zu einem neuen Gesetzesentwurf. Dieser Entwurf, der Interessierten zur Kommentierung vorgelegt wurde, hob hinsichtlich der Organisation der Fürsorge sechs Punkte hervor. Im ersten Punkt wurde die Schaffung von Wohlfahrtsräten (*conseils de bienfaisance*) vorgeschlagen, die sich sowohl um die Aufsicht als auch um die Zuteilung der Unterstützung sowie um die Prävention kümmern sollten.[22] Der Gesetzesentwurf wurde 1928 einstimmig angenommen.[23]

Im Anschluss an eine Motion vom Mai 1937 brachte die Regierung des Kantons Freiburg im November desselben Jahres einen weiteren Gesetzesentwurf zur Fürsorge ein.[24] Das Vorhaben scheint jedoch trotz wiederholter Nachfragen aus der Politik in den folgenden Jahren in Vergessenheit geraten zu sein.

Es kann festgehalten werden, dass die Gesetzgebung der verschiedenen Kantone nach und nach an die Vorgaben des Bundes angeglichen wurde. Allerdings reagierten die Kantone nicht alle auf dieselbe Weise. Genf zeigte sich proaktiv und machte sich die reformerischen Ideen, die als fortschrittlich galten, früh zu eigen, auch wenn die Motive alles andere als eindeutig waren. Unter anderem spielte das Anliegen eine wichtige Rolle, sich einer gefährdeten sowie selbst als Risiko geltenden, überdies orts- und kantonsfremden minderjährigen Bevölkerungsgruppe einfach zu entledigen. Darüber hinaus müssen hinsichtlich der Bedingungen der Umsetzung der Kinder- und Jugendschutzpolitik kritische Fragen gestellt werden. Das gilt vor allem für die administrative Heimschaffung, mit der ein als verwahrlost geltendes Kind unter dem Vorwand, man habe sein Interesse zu wahren, in eine von seinem sozialen und familiären

19 Ebd., S. 557.
20 Crettaz 2015, S. 132.
21 Ebd., S. 138.
22 AEF, CH 624, assistance: projet de loi sur l'assistance et la bienfaisance – avant-projet du 30 mars 1921 (1921), S. 3 f.
23 Crettaz 2015, S. 152.
24 Bulletin officiel, Séances du Grand conseil du canton de Fribourg, Bd. 89, 1937, S. 133.

Umfeld weit entfernte Umgebung verbracht wurde, das heisst in einen Kanton, in dem es weder Sprache noch Kultur kannte. War dies seiner Erziehung wirklich zuträglich? War dies eine Garantie für den Schutz seiner Interessen? Diese Fragen lassen auf dem Hintergrund des Kindern zugesicherten Rechts auf eine gute Erziehung Zweifel daran aufkommen, dass die Entscheide gut begründet waren. Einzig der Kanton Waadt orientierte seine Rechts- und Verfahrensstrukturen an der Idee der im Jugendstrafgesetz geforderten Erziehung und schuf nach einer Übergangszeit zwischen den Weltkriegen die Institutionen, die im eidgenössischen Strafrecht gefordert wurden. Was den Kanton Freiburg betrifft, waren die Probleme im Wesentlichen finanzieller Natur. Die Gesetzesänderungen wurden als notwendig erachtet, da die Fürsorge das Budget der Kommunen belastete. Erst zu Beginn der 1950er-Jahre befand sich der Kanton in Sachen Jugendstrafverfahren in Übereinstimmung mit den Bundesgesetzen.

Kontinuität und Wandel 1945–1980: Funktion und Ausbau des Kinder- und Jugendschutzes im kantonalen Vergleich

Während des Wiederaufbaus im Europa der 1950er-Jahre trat auch die Schweiz in eine neue Ära ein, die durch Vollbeschäftigung und Konsum geprägt war.[25] Diese Entwicklung hin zu einer weniger von Mangel und drohender Verarmung geprägten Gesellschaft brachte vieles in Bewegung. Das zeigte sich vor allem auf der Ebene der öffentlichen Finanzen, die nun auf solide Haushaltsreserven bauen konnten, insbesondere in urbanen Kantonen, die vom wirtschaftlichen Aufschwung vollumfänglich profitierten. Dies waren vor allem Genf und Waadt, in geringerem Umfang auch die übrigen Westschweizer Kantone.

Die Verbesserung der Haushaltslage war hochwillkommen, denn der ökonomische Aufschwung brachte neue soziale Probleme mit sich, insbesondere in den Vorstädten der grossen Ballungszentren. Dort führten Immigration und Babyboom zum Wiederaufleben von Befürchtungen, die Gesellschaft könnte nicht fähig sein, die Jugend zu integrieren und zu befrieden. Angesichts dieser Befürchtungen sahen sich die kantonalen und kommunalen Behörden immer stärker gefordert, die Lücken zu schliessen, die sich im Netz der privaten Initiativen aufgetan hatten. Diese hatten in der langen Krise der 1930er-Jahre erheblich an Substanz verloren.

Nun war die Stunde des Sozialstaats gekommen: Zwar griff das Modell in der Schweiz nur langsam, doch behauptete sich der öffentliche Sektor in der Bewältigung der sozialen Probleme durchaus. Als Meilensteine können die

25 Walter 2016.

Einführung der Alters- und Hinterlassenenversicherung, der Invalidenversicherung und die Fortschritte der Krankenversicherung gelten. Damit wurde die Idee der Prävention, die in den Gesetzen, Richtlinien und Regelungen der Kinder- und Jugendfürsorge bereits etabliert war, weiter gestärkt. Die Behörden sollten Familien mit Problemen ausfindig machen und frühzeitig eingreifen. Um dies zu gewährleisten, wurden seit den 1950er-Jahren die öffentlichen Dienste ausgebaut, wozu Human- und materielle Ressourcen notwendig waren. Auch wenn die Entwicklung je nach Region unterschiedlich war, lässt sich doch übergreifend beobachten, dass die zunehmende Professionalisierung im Bereich der Sozialarbeit es den seit den 1910er-Jahren geschaffenen Stellen der Kinder- und Jugendfürsorge erlaubte, mehr und besser ausgebildetes Personal zu beschäftigen.[26]

Auch wenn auf privater Seite, insbesondere im Bereich der Heimerziehung, ein starkes Engagement vorhanden war, kam das schon um die Jahrhundertwende auf lokaler Ebene gut verankerte Netz der Platzierungsinstitutionen in den 1940er-Jahren in Schwierigkeiten. Eine Reihe von Skandalen brachte Erziehungspraktiken in Misskredit und führte dazu, dass einige Dachorganisationen Reformen in die Wege leiteten. So erliess die Schweizerische Landeskonferenz für Soziale Arbeit mit Unterstützung der Schweizerischen Gemeinnützigen Gesellschaft Vorgaben für die Leitung von Erziehungsheimen und regte diese zur quantitativen und qualitativen Verbesserung ihres Angebots an. Diese sich verändernde Orientierung begünstigte neue Erziehungseinrichtungen, die sich auf kleinere, komfortablere und offenere Angebote konzentrierten.[27] Diese Einrichtungen achteten darauf, in stärkerem Masse den Kontakt zur Herkunftsfamilie aufrechtzuerhalten und angemessen auf die Individualität des platzierten Kindes einzugehen. Zudem waren sie besser mit diplomiertem und kompetentem Personal ausgestattet.[28]

Auf regionaler Ebene unterstützte die Sektion des Vereins Pro Infirmis[29] den privaten Sektor in seinen Reformbestrebungen. Insbesondere der Groupe romand en faveur de l'éducation des enfants difficiles, in dem sich in öffentlichen Stellen und Diensten und in privaten Hilfswerken Tätige sowie Amtsträger und medizinische Experten zusammenschlossen, spielte eine wichtige

26 Droux/Ruchat 2012.

27 Insbesondere durch die Entwicklung von halboffenen, kurzzeitigen Platzierungsangeboten, die am Ende die soziale Eingliederung der Jugendlichen fördern sollten; Langzeitunterbringung sollte möglichst vermieden werden.

28 Siehe zum Beispiel Instructions relatives à la construction des homes d'éducation pour enfants et adolescents éditées par la commission d'études chargée de la question des asiles, organe de la conférence nationale suisse de service social, in: L'information au service du travail social, Dezember 1951, S. 147–154.

29 Zu diesem Verein siehe Mariama 2007, S. 68–77.

Rolle in der Vertretung des Bereichs der Kinder- und Jugendfürsorge in der Öffentlichkeitsarbeit, beim Voranbringen von Reformvorschlägen und deren Umsetzung. Dieser Verein war in der Koordination innerhalb der Kinder- und Jugendfürsorge tätig und sorgte für die Verbindung zwischen platzierenden Diensten und Erziehungsheimen, zudem organisierte er die Zuteilung von Subventionen des Bundes. Mit knapp dreissig Mitgliedsinstitutionen schon vor 1942 diente der Groupe romand nicht nur als Bindeglied zwischen seinen Mitgliedern, sondern vermittelte diesen zudem die Anliegen und Nöte anderer im Bereich tätiger Akteure, insbesondere der platzierenden Dienste.[30] Die Methoden in Heimerziehung und Kinder- und Jugendfürsorge zu vereinheitlichen war auch das Bestreben der Zusammenschlüsse von Erziehungsheimen zu kantonalen Verbänden, etwa in den Kantonen Waadt (Association vaudoise des œuvres privées pour enfants et adolescents, 1948) und Genf (Association genevoise des organismes d'éducation et de rééducation, 1965). Mit dem gleichen Bestreben wurden auch Erzieherinnen und Erzieher tätig, sie gründeten in der Westschweiz einen regionalen Berufsverband mit kantonalen Sektionen, die Association romande des éducateurs de jeunes inadaptés (AREJI). Auf diese Weise schufen ganz verschiedene Vereinigungen gemeinsame Diskussionsräume, legten gemeinsame Richtlinien, Normen und Prinzipien fest und schränkten damit die Handlungsspielräume der rund 170 in der Westschweiz im Jahr 1969 bestehenden Erziehungsheime ein. Hingewiesen sei an dieser Stelle auch auf die Vereinigung Schweizerischer Amtsvormünder.

Die Verhandlung des Rechts auf Bundesebene und das Inkrafttreten des Schweizerischen Strafgesetzbuchs 1942 schränkten den Partikularismus in der Heimerziehung ein. Von besonderer Bedeutung war hierbei die finanzielle Seite der Beschlüsse. Der Gesetzestext sah die Unterbringung von Minderjährigen zur Beobachtung in speziellen Einrichtungen vor und förderte deren regionalen Aufbau mit dem Zuspruch von Subventionen des Bundes für Bau und Betrieb. Dabei unterlag die finanzielle Förderung strikten Regeln, die die Institutionen einhalten mussten, wenn sie in den Genuss des Geldsegens kommen wollten. Gleiches galt für entsprechende Bestimmungen der Invalidenversicherung, die ab 1959 einen Teil der Kosten für Kinderplatzierungen übernehmen konnte, wenn vorher festgelegte Regeln befolgt wurden. Und im Sinne eines krönenden Schlusspunktes arbeiteten auch die Kantone selbst auf eine wachsende Integration der Angebote hin, indem sie Konkordate eingingen, mit denen Personen aus dem eigenen Kanton in anderen Kantonen platziert werden konnten, wenn es vor Ort keine geeignete, spezialisierte Einrichtung gab. Im Zusammenwir-

30 So lautete etwa 1949 das Thema des Jahreskongresses der Gruppierung «Zusammenarbeit zwischen Einrichtungsleitern und Platzierungsbehörden». Siehe Archives cantonales du canton de Vaud (ACV), S 41 D/9, Association suisse en faveur des enfants difficiles.

ken all dieser Entwicklungen lässt sich ein starker Einfluss auf die kantonale Politik der Kinder- und Jugendfürsorge ausmachen. Diese Entwicklungen trugen dazu bei, lokale Handlungsspielräume sowohl auf der Ebene der zuweisenden Behörden als auch auf der Ebene der Erziehungsarbeit in kantonalen, kommunalen und privaten Heimen und Einrichtungen zu begrenzen und die ausserfamiliäre Erziehung auf gemeinsame Richtlinien zu verpflichten. Diese Entwicklungen waren damit Ende der 1960er-Jahre entscheidend für das Aufwachsen der rund 100 000 fremdplatzierten Kinder in der Westschweiz.[31]

Ein Blick über die Grenzen macht deutlich, dass im Bereich der Kinder- und Jugendfürsorge auch auf nationaler Ebene autonomes Handeln eingeschränkt war. So war die Schweiz in transnationale Entscheidungen eingebunden. Die Bedeutung der Menschenrechte auf internationaler Ebene im Nachgang zum Zweiten Weltkrieg führte zur Ausarbeitung neuer Erklärungen und Konventionen, zu nennen sind hier die Allgemeine Erklärung der Menschenrechte 1948, die Europäische Menschenrechtskonvention 1950 und die Erklärung der Kinderrechte 1959. Die Schweiz konnte diesen Bestimmungen nicht entkommen. Ebenso wenig konnte sie sich der Grenzen überschreitenden Entwicklung neuer Werte und dem Streben nach Modernisierung in geistigen und kulturellen Einstellungen entziehen, das seit den 1950er-Jahren von zahlreichen aktiven Bewegungen vorwärtsgebracht wurde.[32] Unter den für die Kinder- und Jugendfürsorge Verantwortlichen wich die «moralische» Strömung, die in Verwaltung und Leitung lange die Oberhand gehabt hatte, einer weniger rigorosen Haltung gegenüber einem experimentierenden jugendlichen Verhalten. Diese führte dazu, dass 1972 das Ziel formuliert wurde, «durch eine intelligente Art von Information die Toleranz der Gesellschaft für bestimmte Existenzen an den Rändern der Gesellschaft zu erhöhen».[33]

Auch wenn noch einige Zeit verging, bis sich diese tolerantere und humanistischere Sicht durchgesetzt hatte, war es nicht mehr möglich, dahinter zurückzugehen. Das zeigt sich in den seit 1960 vernehmbaren Appellen, das Zivil- sowie das Strafrecht zu revidieren und stärker auf den laufenden Diskurs hin auszurichten. Im Zentrum stand dabei das Recht des Individuums. Realisiert wurde dieses Anliegen im Fall des Zivilgesetzbuchs zwischen 1974 und 1976, im Fall des Strafgesetzbuchs 1971.

Die Zeichen der Zeit standen also auf Öffnung, Integration und zunehmende Freiheiten. Wie schlugen sich diese Entwicklungen auf der Ebene der

31 Diese Zahl wurde 1969 auf dem Genfer Kongress der Association romande des éducateurs de jeunes inadaptés genannt.

32 Skenderovic/Späti 2012.

33 AEG, Archives de la direction de l'office de la jeunesse du DIP, 1986 va 5.2.14.3, V. Degoumois, «Besoins en placement institutionnel dans le canton de Genève», 24. Februar 1972.

kantonalen Regelungen und Einrichtungen nieder? Diesbezüglich zeigen sich je nach der vom jeweiligen Kanton ausgearbeiteten Lösung unterschiedliche gesetzliche und institutionelle Bestimmungen. Im Folgenden stellen wir die Kantone Waadt, Freiburg und Genf vertiefter dar, mit Blick auf den spezifischen Kontext, in dem Platzierungsentscheidungen getroffen wurden. Hervorheben wollen wir besonders den Fall des Kantons Genf, der von dem Willen zeugt, eine offenere, tolerantere und menschlichere Jugendfürsorge umzusetzen. Die umfangreichen Archivbestände der Dienste und Stellen in Genf erlauben es, diese lobenswerten Absichten mit der Alltagsrealität zu kontrastieren. Wir konzentrieren uns in allen drei Kantonen auf die Zeit zwischen 1945 und 1970.

Waadt – Zentralisierung der Richtlinien, Dezentralisierung der Aufsicht

Der Kanton Waadt passte sich rasch an die Bundesgesetzgebung an. Er verabschiedete mehrere Gesetze und richtete eine Reihe von Behörden ein, die sich auf bereits vorhandenes Personal und existierende Organisationen stützten. So löste zum Beispiel das Office cantonal des mineurs das Sécrétariat des mineurs ab. Am waadtländischen Fall kann dieser Prozess beschrieben und dabei eine Spannung zwischen der Zentralisierung der Richtlinien und der Dezentralisierung der Aktivitäten herausgearbeitet werden. Auch wenn die Kantons- und Bundesgesetze die Einhaltung genauer Richtlinien voraussetzten, hing ihre Umsetzung zum grossen Teil von den lokalen beziehungsweise kommunalen Gegebenheiten ab. Um das deutlich zu machen, muss zunächst die grosse Anzahl unterschiedlicher administrativer Dienste beschrieben werden, die den Auftrag hatten, Kinder und Jugendliche zu betreuen.

Die Vielfalt der Stellen und Dienste wurde bereits 1941 von Jean Peitrequin als Problem erkannt. Dieser amtete als Stadtrat und Stadtpräsident von Lausanne, 1951–1955 war er im Nationalrat. 1945 reichte er im Kantonsrat eine Motion ein, in der er eine bessere Koordination der mit der Kinder- und Jugendfürsorge befassten Stellen und Einrichtungen forderte. Vier Waadtländer Departemente waren mit der Kinder- und Jugendfürsorge betraut, ohne dass sie sich untereinander abstimmten oder eine gemeinsame Linie fanden. Auf vier Seiten beschreibt der Peitrequin ihre Rolle:

- Das Departement des Inneren war für Kinder zuständig, die von der Fürsorge betreut werden;
- das Departement für öffentliche Bildung und Religion beschäftigte sich mit Schulangelegenheiten;
- das Departement für Landwirtschaft, Industrie und Handel war mit Angelegenheiten der Lehrausbildung befasst;

– das Departement der Justiz beschäftigte sich mit Strafsachen, in die Minderjährige involviert waren.[34]

Das Problem war in der Verwaltung bekannt. Am 24. November 1941, einige Tage vor der Behandlung des Antrags von Peitrequin, diskutierte die für die Kinder- und Jugendfürsorge zuständige parlamentarische Kommission einen Bericht des Leiters des Service sanitaire. Dieser schlug die Schaffung eines Conseil de l'enfance nach dem Modell des Conseil de santé vor.[35] Dieses neue Gremium sollte mit der Aufsicht über diejenigen Behörden und Einrichtungen beauftragt werden, die sich mit Kindheit und Jugend befassten, und deren Zusammenarbeit organisieren.[36] Im Mai 1942 erstattete die mit der Untersuchung des Antrags von Peitrequin befasste Kommission Bericht und begrüsste ausdrücklich die Einrichtung des Office cantonal des mineurs, durch das die gewünschte Koordination teilweise realisiert werden könne.[37] Dieser kurze Blick auf eine Motion demonstriert den Organisationsbedarf der Verwaltung, der sich bereits früh, im Jahr 1941, bemerkbar machte, als die gesetzlich geforderten Behörden – das Office cantonal des mineurs, der medizinisch-pädagogische Dienst (Service médico-pédagogique), das Jugendstrafgericht – den Betrieb noch nicht aufgenommen hatten. Sichtbar werden darin die Spannungen, die selbst in der zentralen Kantonalverwaltung herrschten. Die nicht koordinierte, dezentrale Arbeitsweise wurde bis zur Einrichtung des Service d'enfance in den 1960er-Jahren weitergeführt. Erst Letzterer fasste die im Departement für Justiz und Polizei sowie im Departement des Inneren angesiedelten Behörden und Stellen im neu eingerichteten Département de prévoyance sociale zusammen.

Spannungen entstanden des Weiteren zwischen der Zentralverwaltung und den Gemeinden. Wie oben beschrieben, stützte sich die Gesetzgebung der 1940er-Jahre auf bereits bestehende Regelungen. So hatte schon das Gesetz über elternlos aufwachsende Kinder (1892) eine Aufsicht über fremdplatzierte Kinder auf lokaler Ebene eingeführt, in Fortführung vorhergehender Praktiken. In diesem Sinn war die Arbeitsweise des Kantons historisch geprägt und es lässt sich zeigen, dass das vorgängige Gesetz über elternlos aufwachsende Kinder für die daran anschliessenden Regelungen zur Aufsicht über fremdplatzierte Kinder und Jugendliche gewisse Strukturen vorgab. So nahm das neue Gesetz lokale Gewordenheiten auf und stützte sich auf drei klar bestimmbare Institutionen: die Ärzte, die Inspektorinnen für fremdplatzierte Kinder und die Für-

34 Bulletin du Grand conseil du canton de Vaud, automne 1941, S. 374–382.

35 Der Conseil de santé war unter anderem für die Wahrung der Volksgesundheit zuständig; er befasste sich mit der Internierung von Alkoholikerinnen und Alkoholikern. Vgl. dazu Collaud et al. 2015.

36 ACV, S 218/22, Rapport à la commission chargée de la réorganisation de la question de la protection de l'enfance, 24. November 1941, S. 3.

37 Bulletin du Grand conseil du canton de Vaud, printemps 1942, S. 129–133.

sorgeräte (*conseils d'assistance*). Vom Gesetz wurden die Fürsorgeräte definiert als Gemeindegremien mit der Aufgabe, Personen zu betreuen, die entweder bereits Fürsorgegelder bezogen oder Gefahr liefen, sie demnächst zu benötigen. Mitglieder der Fürsorgeräte waren lokale Persönlichkeiten, darunter Angehörige der reformierten Kirche.[38] Die Ärzte und die teilweise unter deren Aufsicht stehenden Inspektorinnen arbeiteten zusammen, um die Lebenssituation fremdplatzierter Kinder zu kontrollieren, sowohl in Familien als auch in privaten Einrichtungen. Sozialarbeiterinnen gab es nicht in genügender Zahl, die Inspektorinnen waren mehrheitlich ehrenamtlich tätig. Laut Gesetz durften sie nicht älter als siebzig Jahre sein und wurden vom Departement des Inneren auf Vorschlag des Präsidenten ernannt. Über sie gibt es kaum genauere Informationen. Es konnte vorkommen, dass der Kanton sie aus den Augen verlor. Die Archive geben lediglich über 500 Inspektorinnen Auskunft und nur von 202 ist der Beruf bekannt. Die Mehrheit gehörte entweder einer Kirche an oder war als ambulante Krankenpflegerin tätig. Letztere waren Mitglied eines von Charlotte Olivier ins Leben gerufenen Netzwerks, das sich gegen die Tuberkulose einsetzte. Ihre Mission war zugleich medizinischer und sozialer Natur.[39]

Der Kanton Waadt verfügte über eine Zentralverwaltung, die im Lauf der Zeit an Humankapital gewann. Dennoch konnte sie sich mangels Personal nicht um alle Kinder kümmern. Sie arbeitete parallel zu Personen, die auf lokaler Ebene mit der Aufsicht betraut waren. Diese stützten sich zum grossen Teil auf ältere Praktiken und Vorgehensweisen, die den Gemeinden bedeutende Freiräume liessen. Auf diese Weise konnten zwar die von der Verwaltung gelassenen Lücken geschlossen werden, doch die darin Tätigen waren nicht unbedingt Fachleute der Kinder- und Jugendfürsorge.

Freiburg – ein bescheidener Verwaltungsapparat auf lokaler Ebene

Verglichen mit dem Kanton Waadt war die Gesetzgebung im Kanton Freiburg weniger ausgearbeitet und die Verwaltung wurde nicht auf dem gleichen Niveau ausgebaut – sie blieb lange Zeit relativ klein. Allerdings heisst das keineswegs, dass der Kanton gegenüber der Entwicklung anderer Kantone zurückblieb oder in dieser Angelegenheit weniger aufmerksam war. Wie wir gesehen haben, traten die Freiburger Gesetze, die sich an die Bundesgesetze anschlossen, erst Anfang der 1950er-Jahre in Kraft. Die Aufsicht über fremdplatzierte Kinder war jedoch nicht neu, vielmehr stützte sie sich auf zwei ältere Gesetzgebungen: erstens die Ausführungsbestimmungen zum Zivilgesetzbuch von 1911,

38 Dies war nicht die einzige Überwachungs- oder Sozialhilfeinstitution. Auch der Kampf gegen den Alkoholismus wurde von solchen auf kommunaler Ebene gebildeten Räten getragen. Vgl. Collaud et al. 2015.

39 Heller 1992, S. 24.

aufgrund deren in den einzelnen Bezirken ehrenamtliche Aufsichtskomitees eingeführt wurden, zweitens das Gesetz über Fürsorge und Wohltätigkeit von 1928, das zur Bildung der Wohlfahrtsräte führte. Diese waren ebenfalls mit der Aufsicht beauftragt, ihre Mitglieder wurden vom Stadtrat ernannt.[40] 1949 bekam das neue Office cantonal des mineurs den Auftrag, die Fremdplatzierung zu beaufsichtigen. Es hatte allerdings einige Mühe, seiner Aufgabe gerecht zu werden. Zum einen verfügte es über wenig Personal – vor 1978 gab es lediglich etwa zehn Sozialarbeiterinnen beziehungsweise Sozialarbeiter –, zum anderen war der Leiter des Amts zugleich verantwortlich für das Jugendstrafgericht und die Jugendfürsorge. Es versteht sich von selbst, dass die Aufsichtspflicht unter diesen Umständen nur minimal oder gar nicht wahrgenommen wurde.

Mit dem Ende der 1960er-Jahre wurde die Kinder- und Jugendfürsorge zum Thema der Politik. Auf die Frage des Grossrats Joseph Wandler nach der Aufsicht über die Fremdplatzierungen im Kanton berichtete der Präsident des Justizdepartements über die Arbeit des Office cantonal des mineurs, das damals untersuchte, wie eine wirksame Aufsicht auf die beste Weise eingeführt werden könne. Vorgeschlagen wurde, in jedem Bezirk eine spezielle Behörde einzurichten. Allerdings war diese Lösung kostspielig und auf die Unterstützung des privaten Sektors angewiesen. Im Jahr 1971 forderte Wandler, dem Office cantonal des mineurs genau diese Aufsicht anzuvertrauen, und erhielt kurz danach die Antwort vom Office cantonal des mineurs, das weitere Studien zu diesem Thema betrieben hatte.[41] Hierbei wurde die Idee diskutiert, für jede Gemeinde eine ehrenamtliche Helferin zu beauftragen, die unter der Aufsicht einer Sozialarbeiterin beziehungsweise eines Sozialarbeiters aus dem Office cantonal des mineurs die Betreuung übernehmen sollte. Laut der Antwort an Wandler konnte das Office cantonal des mineurs diese Aufgabe neben seinen sonstigen Aufgaben mit dem verfügbaren Personal nicht bewältigen.[42] 1984 forderte schliesslich Grossrat Fernand Beaud, für diese Angelegenheit eine eigene Gesetzesgrundlage zu schaffen. In seiner Reaktion auf diese Forderung wies Staatsrat Denis Clerc darauf hin, dass es dieses Gesetz schon gebe, und stellte zudem aufgrund ausbleibender Klagen den Nutzen einer grösseren Anstrengung in dieser Angelegenheit infrage.[43]

Wir können hier zwei Punkte festhalten. Erstens liess sich der Kanton Freiburg sehr viel Zeit, Gesetze zu verabschieden. Der Kanton litt nicht nur unter ständiger Unterfinanzierung, sondern auch unter einer schwach ausgebauten Verwaltung, die nicht in der Lage war, die Platzierungen der Kinder zu

40 Grivel 1996, S. 12 f.
41 Bulletin du Grand conseil du canton de Fribourg, Februar 1971, S. 180 ff.
42 Bulletin du Grand conseil du canton de Fribourg, Mai 1971, S. 755–759.
43 Bulletin du Grand conseil du canton de Fribourg, November 1984, S. 2009 f.

beaufsichtigen – eine Verwaltung, die auf der Idee basierte, dass die Fürsorge hauptsächlich von den Herkunftsfamilien und Heimatgemeinden geleistet werden sollte.[44] Allerdings zeigten sich Politiker in Freiburg – ebenso wie im Kanton Waadt – in dieser Angelegenheit regelmässig beunruhigt. Zudem glichen die gesetzlichen beziehungsweise in die Diskussionen eingebrachten Lösungen grundsätzlich denjenigen im Kanton Waadt. In beiden Fällen liefen sie auf eine wohnortnahe Aufsicht hinaus. Auch wenn die Gründe unterschiedlich waren, zeigt sich in beiden Kantonen eine bemerkenswert hohe Gewichtung der lokalen Ebene.

Genf – Zentralisierung, eine Garantie für Wirksamkeit?

In Genf lautet das Schlüsselwort der lokalen Organisation der Kinder- und Jugendfürsorge «Zentralisierung». Das gilt, wie wir gesehen haben, schon für die vorangegangene Phase, und die Entwicklung setzte sich in der zweiten Hälfte des 20. Jahrhunderts fort. Das im Departement für öffentliche Bildung angesiedelte Office de l'enfance wurde 1958 in «Office de la jeunesse» umbenannt, was auf die Priorität hinweist, die die Altersgruppe der Jugendlichen für die Behörden gewonnen hatte. Als mit den «hordes de blousons noirs», seien diese nun imaginiert oder real, eine neue Welle der Kriminalität über die westliche Welt hereinzubrechen schien,[45] rückte die Kontrolle und Betreuung jugendlicher Bevölkerungsgruppen in den Fokus der zuständigen Behörden. Die immer wieder mit dem Risiko einer sozialen Explosion assoziierte Zeit am Ende des Zweiten Weltkriegs diente dazu, die Kinder- und Jugendfürsorge aufzurufen, mehr Eifer an den Tag zu legen, um verlassene, schwierige oder unangepasste Kinder früh zu erkennen. Daraus entwickelten sich Initiativen für frühzeitige Eingriffe, die Problemfällen vorbeugen sollten. Seit den 1950er-Jahren wurden zunächst die öffentlichen Dienste, an erster Stelle der medizinisch-pädagogische Dienst (Service médico-pédagogique), für zuständig erklärt, gefährdete Kinder als solche zu erkennen. Der medizinisch-pädagogische Dienst stützte sich auf unterschiedliche Meldequellen: weitere beim Departement für öffentliche Bildung angesiedelte Dienste des Office de l'enfance, aber immer öfter auch die Eltern selbst. Damit brachte er ganz unterschiedliche Kinder in von ihm beaufsichtigten Sonderklassen sowie von ihm geleiteten speziellen Heimen unter (71 Sonderklassen und sieben Einrichtungen im Jahr 1963).[46] Der Service de protection de la jeunesse fasste die Meldungen zentral zusammen. Sie waren die Grundlage für seine Interventionen, die ihm möglich waren dank der zunehmenden Zahl von Mitarbeitenden, die aufgrund des Professionalisierungs-

44 Ebd., S. 8 f.
45 Pittet 2016.
46 Fert 1963, S. 67–75.

prozesses in der Sozialarbeit auf ihre Aufgaben besser vorbereitet waren (1947 vier Mitarbeiterinnen beziehungsweise Mitarbeiter bei 1300 Untersuchungen; 1958 zwanzig Angestellte, darunter vierzehn Sozialarbeiterinnen und Sozialarbeiter, bei 1315 Untersuchungen und 260 Straffällen).[47]

Dem Anliegen, so früh wie möglich einzuschreiten, um eine Zunahme der familiären Probleme zu verhindern, wurden in der Nachkriegszeit wissenschaftliche Studien entgegengestellt, die eindringlich vor den Risiken warnten, die die Trennung von der Mutter für ein Kind darstellen konnte. In den zuständigen Behörden und Kommissionen lässt sich der Diskurs aufzeigen: «Es ist wichtig, die Lebensbedingungen des Kindes in seiner Familie zu verbessern und es nicht von dieser zu entfernen.»[48] Oder: «Die Behandlungsmethoden tendieren dazu, Internierung zu vermeiden und eine Unterbringung in einer Einrichtung möglichst zu umgehen.»[49] Um diesen lobenswerten Absichten Genüge zu tun, wurden verschiedene Stellen und Angebote aufgeführt, deren Aufgabe die Intervention in den betreffenden Familien war: zunächst die Sozialarbeiterinnen und Sozialarbeiter des Service de protection de la jeunesse, aber auch die im medizinisch-pädagogischen Dienst Mitarbeitenden. Ihr Einschreiten führte in vielen Fällen zu einer präventiven Platzierung mit dem Ziel, einer in Auflösung befindlichen Familie zu helfen: 1960 ergab eine Untersuchung von knapp 1500 Platzierungsfällen, dass 174 auf den medizinisch-pädagogischen Dienst und 111 auf den Service de protection de la jeunesse zurückgingen, das heisst ohne jede gerichtliche Entscheidung veranlasst worden waren.[50] Diese vorbeugenden Eingriffe der städtischen und kantonalen Dienste stehen in einer Reihe mit verschiedenen privaten Initiativen, deren Anliegen es war, die Eltern in ihrer Funktion als Erziehende anzulernen, zu coachen. Dies geschah meist auf der Grundlage freiwilliger Beratungen (unter anderem Hilfe und Rat für Schwangere, Elternschulung, Fürsorgestelle der Schweizerischen protestantischen Kirche).

Doch die freiwilligen Hilfsangebote hatten Grenzen. Neuere Arbeiten zeigen zwar,[51] dass die so betreuten Familien grundsätzlich für neue Entwicklungen in der Erziehungshilfe aufgeschlossen waren, denn sie selbst wünschten immer auch psychologische Unterstützung. Diese Entwicklung lässt sich in Verbindung bringen mit dem ins Allgemeinwissen übergehenden «Psychodiskurs» in der Erziehung. Anders sah es aber im Fall jener Familien aus, die

47 Rapport du Conseil d'Etat du canton de Genève sur sa gestion, 1958.
48 Ebd.
49 AEG, Archives de la direction de l'office de la jeunesse du DIP, 1986 va 5.2.14.3, V. Degoumois, «Besoins en placement institutionnel dans le canton de Genève», 24. Februar 1972.
50 AEG: Direction de OJ du DIP, 1986 va 5.2.14.3, Rapport de W. Hutmacher, «Le problème du placement» (1960).
51 Odier Da Cruz 2013, S. 99–117.

sich jeder Form der Bevormundung oder Kontrolle widersetzten. Für diejenigen, die sich gegen die von der Kinder- und Jugendfürsorge ausgehenden normierenden Eingriffe oder gegen die Massnahmen der Aufsicht sträubten, standen am Ende oft die Massnahmen der Jugendgerichte. Da mit den Eltern die Zusammenarbeit nicht gelang, wurde von den Vormundschaftsbehörden das Sorgerechtsentzugsverfahren eingeleitet, ein Vorgehen, das sich unmittelbar aus den Vorschriften des Zivilgesetzbuchs von 1911 ergab. Solche Fälle waren offensichtlich nicht selten: Eine Scheidung, die Schwierigkeiten mit sich brachte, eine alleinstehende, mittellose Mutter. Lebensumstände wie diese zogen für die betroffenen Kinder häufig Massnahmen nach sich, die nur auf eine Platzierungslösung hinauslaufen konnten. Das war auch dann der Fall, wenn die Probleme von dem Jugendlichen ausgingen und ein Einschreiten des Jugendgerichts notwendig machten. All diese Situationen konnten zu Entmündigung und Sorgerechtsentzug führen. Die Statistiken der Amtsvormundschaft belegen eindeutig, dass die Fälle, trotz der Absicht, mit den Eltern zusammenarbeiten zu wollen, häufig eine Massnahme des Abbruchs von Beziehung war, auf Kosten der betreuten Kinder. 1959 betreute die Amtsvormundschaft von Genf 2450 Fälle, darunter 2205 minderjährige Kinder; 1465 wurden innerhalb der weiteren Familie untergebracht, 225 in einer Pflegefamilie, 760 in einer Einrichtung (677 neue Fälle waren im selben Jahr hinzugekommen).[52] 1960 ergab eine in Genf durchgeführte Untersuchung der Platzierungen, dass die Vormundschaft alle drei Tage ein Kind fremdplatzierte, der medizinisch-pädagogische Dienst alle vierzehn Tage, der Service de protection de la jeunesse alle 23 Tage. Hinter diesen trockenen Zahlen verbirgt sich eine klare Erkenntnis: Fremdplatzierungen und Heimunterbringung waren auch in der zweiten Hälfte des 20. Jahrhunderts eine übliche Massnahme. Die Institutionen wurden nun allerdings immer stärker im Hinblick auf die Bedürfnisse des Kindes ausgewählt, die wiederum aus den Gutachten des medizinisch-pädagogischen Diensts hervorgehen sollten.

In Fällen, in denen die Unterbringung in einer Einrichtung notwendig wurde, verfügte Genf nun über eine zunehmende Vielfalt von Möglichkeiten im eigenen Kanton. Private Initiativen erwiesen sich in diesem Feld als sehr erfindungsreich – ganz anders als noch in der vorangegangenen Phase, als die Stadt am See dazu tendierte, sich auf Kosten ihrer eidgenössischen Nachbarkantone auszuruhen. Seit den 1950er-Jahren hatte die Öffentlichkeitsarbeit der Vereine und Verbände zur Förderung kleiner Erziehungseinrichtungen unterschiedlichen Trägern ermöglicht, kleine Einrichtungen zu gründen, die sich oft auf Kinder und Jugendliche mit bestimmten Profilen spezialisierten. Schon

52 Rapport du Conseil d'Etat du canton de Genève sur sa gestion, 1959.

kurz vor der Geburt konnten Einrichtungen für schwangere Frauen, seien diese verheiratet oder nicht, Kinder für Platzierungen zur Verfügung stellen, so zum Beispiel für Säuglingsheime oder für Mutter und Kind Häuser für alleinstehende Frauen. Es kam zu einer immer weitergehenden Spezialisierung: Heime für Vorschulkinder, Schulkinder, junge Heranwachsende, Lehrlinge, Foyers für Mädchen oder für Jungen, Erziehungs- oder Therapieeinrichtungen, Aufnahme für kurze, mittlere, lange Dauer oder zur Nachsorge, Internat oder halboffene Einrichtungen. Doch während die Vielfalt der Angebote unendlich schien, war es die Zahl der Plätze nicht. Der Trend zu kleinen Einrichtungen machte die Aufgabe der platzierenden Dienste komplizierter, da diese trotz der Vielfalt der vorhandenen Einrichtungen oft keinen Platz fanden, ein Kind oder einen Jugendlichen unterzubringen. Auf der Grundlage des Strafrechtes des Bundes konnten die Einrichtungen ein für spezifische Jugendliche zugeschnittenes Angebot entwickeln, für das Finanzmittel des Bundes gesprochen wurden, und das deshalb für ihr Budget attraktiver war als andere. Oder sie «pickten sich die Rosinen heraus» und nahmen verständlicherweise die Kandidaten auf, die «am meisten einbrachten». Dieses Vorgehen liess die platzierenden Dienste hilflos zurück im Fall all jener, die durch das Raster fielen und von den Einrichtungen abgelehnt wurden mit der Begründung, ihnen keine angemessene Behandlung anbieten zu können.[53] Das war etwa der Fall des jungen J., der 1956 bevormundet war und einen Amtsvormund hatte. Nachdem er seit Anfang des Jahres nacheinander in vier Genfer Einrichtungen untergebracht gewesen war, aus denen er wegen Disziplinlosigkeit entlassen worden war, lief er in dem Moment, als beschlossen wurde, ihn in der Maison des prêtes in Bern zu platzieren, davon. Der zuständige Sozialarbeiter notierte in seiner Akte: «Wir haben sein Verschwinden nicht der Polizei gemeldet, weil wir nicht wissen, wo wir ihn unterbringen sollen, wenn er aufgegriffen wird. Wir haben alle Möglichkeiten ausgeschöpft.»[54]

Die Schwierigkeiten, einen angemessenen Platz zu finden, wurden auf der Ebene der Finanzierung noch komplizierter. Auch wenn ihnen das Sorgerecht entzogen wurde, sollten sich die Eltern doch an den Unterbringungskosten beteiligen. Die Sozialarbeiterinnen und Sozialarbeiter der Behörden taten ihr Möglichstes, um den Eltern dabei zu helfen, das Geld aufzubringen und damit zu vermeiden, dass Kinder aus Geldmangel mehrmals hintereinander platziert wurden. So zeugt eine Akte der Amtsvormundschaft aus den Jahren 1958–1964 von den verzweifelten Bemühungen der Behörde, die für die Platzierung der vier Kinder der Familie B. nötigen Mittel aufzutreiben und zu verhindern, dass

53 AEG, Archives de la direction de l'office de la jeunesse du DIP, 1986 va 5.2.14.3, V. Degoumois, «Besoins en placement institutionnel dans le canton de Genève», 24. Februar 1972.

54 AEG, Direction de OJ du DIP, Dossiers du tuteur général, 1986 va 5.4.8.1 (1965).

diese in den Herkunftskanton abgeschoben wurden (nicht weniger als fünfzehn private und öffentliche Stellen wurden angefragt, die Platzierung zu finanzieren).[55] Die Einrichtung der Invalidenversicherung 1960 erleichterte manches, da sie die Kostenübernahme durch die Versicherung in zahlreichen Fällen ermöglichte. Darüber hinaus ermöglichte es 1965 der Beitritt des Kantons Genf zum interkantonalen Konkordat über die wohnörtliche Unterstützung, die allzu raschen Heimschaffungen zu vermeiden und so die Fehler der Vergangenheit nicht zu wiederholen, als mit der Heimschaffung Familien getrennt und Traumata ausgelöst wurden. Allerdings führte dies im Gegenzug dazu, dass die Aufgabe der Behörden noch schwieriger wurde, diese hatten damit den Auftrag, räumlich nahegelegene Heim- oder Pflegeplätze zu finden, die die Erhaltung der Bindung zwischen den Kindern und ihren Familien ermöglichten, wie dies von den neuen Vorschriften in Sachen Kinder- und Jugendfürsorge vorgesehen war.

Seit den 1960er-Jahren entwickelten die Behörden Strategien, Platzierungsverfahren zu vereinfachen, etwa durch Hinzuziehen der Dienste des Amtsvormundes zur Kontaktaufnahme der Behörden mit der Familie. Damit war im Fall des Entzugs der Obhut die Weitergabe von Informationen zwischen den Stellen schon geregelt.[56] Doch wenn eine Platzierung auf diese Weise gleichsam vorbereitet wurde, bedeutete das nicht, dass von vornherein von ihr ausgegangen wurde? Und bestand dann nicht die Gefahr, dass den Ausschlag für die Platzierung nicht die reale Situation gab, sondern die Notwendigkeit, einen freien Platz zu belegen?

Schlussfolgerungen

Abschliessend kann festgehalten werden, dass weitere Forschungen nötig sind, um die im Feld der Kinder- und Jugendfürsorge wirkenden Logiken in den Jahrzehnten des ausgehenden 20. Jahrhunderts besser zu verstehen. Auch wenn die Behörden und Kommissionen ihren guten Willen kundtaten und sich auf der Seite des Fortschritts und des Humanismus positionierten, zeigt die Realität in den behandelten Fällen, dass die Handlungslogiken keineswegs frei waren von Ambivalenzen. Nicht zuletzt die Absicht, frühzeitig und vorbeugend zu handeln, lenkte den Blick der beteiligten Stellen auf Familien mit Problemen, die dann häufig das Ziel einer ganzen Reihe mehr oder weniger intrusiver Interventionen wurden. Der Wille, die Bindung zwischen Eltern und Kind zu

55 AEG, Direction de OJ du DIP, Dossiers du tuteur général, 1986 va 5.4.8.1 (1964).

56 AEG, Direction de OJ du DIP, Dossiers du tuteur général, 1986 va 5.4.8.1, Notiz vom 7. Februar 1964.

erhalten und mit den Eltern im das Kind betreffenden Verfahren zusammenzuarbeiten, war aufseiten der Behörden durchaus vorhanden. Doch wenn sie auf Widerstand stiessen, wurde die Entscheidung auch ohne die Eltern getroffen, so wie sich der Amtsvormund einmal ausdrückte: «Es kann vorkommen, dass die Interessen des Kindes denen der Eltern entgegenstehen und unsere [Platzierungs-]Entscheidung wird dann auf der Grundlage des Rechts, das wir anzuwenden haben, im Sinn der Interessen des Kindes getroffen.»[57]

Hat nicht zuletzt die Lösung der Fremdplatzierung – unter dem Motto der frühzeitigen Prävention, mangels finanzieller Mittel zur Unterstützung der in Schwierigkeiten geratenen Familien und erleichtert durch die Zentralisation der zuständigen Stellen – mit dazu beigetragen, manche Verfahren über Gebühr zu beschleunigen? Diese Frage muss gestellt werden, wenn man bedenkt, dass in den 1960er-Jahren 75 Prozent aller vom Amtsvormund platzierten Kinder unter drei Jahren nie in ihrer Herkunftsfamilie gelebt haben.[58]

Was ist schliesslich von der Wirksamkeit eines als innovativ anerkannten Platzierungssystems zu halten, in dem private Einrichtungen vorherrschend waren, die ihre Angebote auf subventionsgesicherte «behandelbare» Fälle konzentrierten und die berüchtigten, durch alle Raster gefallenen ablehnten? Letztere, besonders die jungen Frauen, wurden als «Verhaltensgestörte» kategorisiert und ohne therapeutische oder pädagogische Absicht von Heim zu Heim geschoben. Sie wurden noch lange Zeit in der Deutschschweiz in den einzigen Einrichtungen untergebracht, die bereit waren, sie aufzunehmen, weitab von jeglicher Kontrolle durch die platzierenden Dienste in Genf. Es sollte noch bis in die 1980er-Jahre dauern, bis die Genfer Kinder- und Jugendfürsorge von einer grösseren Weitsicht und von einer auf angemessener Budgetierung beruhenden, durchdachten Planung profitierte.

57 AEG, Direction de OJ du DIP, Dossiers du tuteur général, 1986 va 5.4.8.1 (1965).

58 AEG, Direction de OJ du DIP, 1986 va 5.2.14.3, Rapport de W. Hutmacher, «Le problème du placement» (1960). Übrigens waren zum selben Zeitpunkt 28 Prozent der Mündel des Generalvormunds unehelich geboren.

Quellen- und Literaturverzeichnis

Quellen

Archives d'Etat de Fribourg (AEF)
AEF, CH 624, assistance: projet de loi sur l'assistance et la bienfaisance – avant-projet du 30 mars 1921 [1921].
Bulletin officiel Séance du Grand Conseil du canton de Fribourg.

Archives de l'Etat de Genève (AEG)
AEG, Archives de la direction de l'office de la jeunesse du DIP, 1986 va 5.2.14.3: V. Degoumois, «Besoins en placement institutionnel dans le canton de Genève», 24. Februar 1972.
AEG, Direction de OJ du DIP: Dossiers du tuteur général, 1986 va 5.4.8.1.
AEG, Direction de OJ du DIP: 1986 va 5.2.14.3: Rapport de W. Hutmacher, «Le problème du placement» (1960).
Mémorial du Grand Conseil du canton de Genève.
Rapport du Conseil d'Etat du canton de Genève sur sa gestion.

Archives cantonales vaudoises (ACV)
S 41 D/9: Association suisse en faveur des enfants difficiles.
S 218/22: Bulletin du Grand conseil du Canton de Vaud.

Zeitschriften
L'information au service du travail social.

Literatur

Collaud, Yves, Delessert, Thierry, Praz, Anne-Françoise und Valsangiacomo, Nelly (2015). *Rapport historique sur les dispositifs vaudois d'internement administratif (1900–1970)*. Lausanne, Fribourg, https://serval.unil.ch/resource/serval:BIB_2B1BA4A269AF.P001/REF. Zugegriffen: 24. August 2017.

Crettaz, Rebecca (2015). *Enfants à louer. Orphelins et pauvres aux enchères, XIXe–XXe siècle*. Fribourg: Archives de la Société d'histoire du canton de Fribourg.

Droux, Joëlle und Ruchat, Martine (2012). *Enfances en difficultés. De l'enfance abandonnée à l'action éducative (Genève 1892–2012)*. Genève: Fondation Officielle de la Jeunesse.

Droux, Joëlle (2013). Une contagion programmée. La circulation internationale du modèle des tribunaux pour mineurs dans l'espace transatlantique (1900–1940). In: Kaluszynski, Martine und Payre, Renaud (Hg.), *Savoirs de gouvernement. Circulation(s), traduction(s), réception(s)*. Paris: Economica, S. 102–117.

Fert, Marguerite (1963). L'organisation du service médico-pédagogique de Genève. *Etudes pédagogiques. Annuaire de l'instruction publique en Suisse*, 54, S. 67–75.

Graa, Numa (2013). *Histoire du droit pénal des mineurs dans le canton de Vaud (1803–1942). Règles pénales, procédures, juridictions et exécution des peines.* Lausanne: Bibliothèque historique vaudoise.

Grivel, Micheline (1996). *L'assistance dans le canton de Fribourg de 1869 à nos jours.* Genève: Institut d'études sociales.

Heller, Geneviève (1992). *Charlotte Olivier. La lutte contre la tuberculose dans le canton de Vaud.* Lausanne: Editions d'en bas.

Mariama, Kaba (2007). Des reproches d'inutilité au spectre de l'abus. Etude diachronique des conceptions du handicap du XIXe siècle à nos jours. *Carnets de bords*, S. 68–77.

Odier Da Cruz, Lorraine (2013). L'Ecole des Parents de Genève ou les métamorphoses du regard sur la parentalité (1950–1968). *Annales de démographie historique*, 125 (1), S. 99–117.

Pittet, Solenne (2016). *La jeunesse en crise? Une étude des archives de la radio télévision suisse (années 1950–1960).* Mémoire de maîtrise, Université Genève. Genève: o. V.

Skenderovic, Damir und Späti, Christina (2012). *Les années 68. Une rupture politique et culturelle.* Lausanne: Antipodes.

Tabin, Jean-Pierre (2010). *Temps d'assistance. Le gouvernement des pauvres en Suisse romande depuis la fin du XIXe siècle.* Lausanne: Antipodes.

Walter, François (2016). *Une histoire de la Suisse.* Neuchâtel: Editions Alphil – Presses universitaires suisses.

«Gefährdete Mädchen» und «verhaltensauffällige Buben»

Behördliche Fremdplatzierungspraxis in den Kantonen Appenzell Innerrhoden, Basel-Stadt und Zürich

SUSANNE BUSINGER, MIRJAM JANETT, NADJA RAMSAUER

1954 wandte sich ein Mitglied des Vinzenzvereins an die Armenpflege Winterthur mit der Bemerkung, die «Lebensauffassung» von Dora Degen*[1] sei nicht «ganz einwandfrei». Die Armenpflege der Stadt beauftragte die Amtsvormundschaft Informationen einzuholen, welche diese in einem Brief ausführlich darlegte. Dora Degen habe «bereits mit zwölf Jahren ihr erstes sexuelles Erlebnis» gehabt und prostituiere sich. «Die Erziehung der Kinder soll sehr robust gewesen sein. [...] Auch sei der Teppichklopfer ein beliebtes Erziehungsmittel gewesen.» Zudem koche die Mutter nicht regelmässig für ihre Familie. «Wenn Frau Degen Geld hat, kocht sie schon, – wenn sie keines hat, lässt sie es eben bleiben», auch die Wohnung sei «gewöhnlich in einem grauenhaften Zustand». Der Amtsvormund bemängelte schliesslich das Verhältnis der Eheleute, «so sollen wieder einmal Blumentöpfe fliegen» und Herr Degen sei seiner Frau «nicht gewachsen».[2] Dora Degen bezog im Anschluss an diese Erhebungen während einer Anhörung Stellung. Sie bestritt den Vorwurf der Prostitution und verwies auf ihre schwierige finanzielle Situation. Gleichwohl verfügte die zuständige Vormundschaftsbehörde eine Fürsorgeaufsicht für die vier Mädchen, denn die Angaben des Amtsvormundes hätten sich durch weitere Erhebungen der Familienfürsorge Winterthur und der Stadtpolizei, unter anderem bei der Lehrerschaft, bestätigt.[3] Anlässlich der Scheidung ein Jahr später wurde beiden Eltern die Gewalt entzogen und die Kinder wurden getrennt in unterschiedliche Heime verbracht.[4]

1 Alle Namen wurden pseudonymisiert. Die Erstnennung des Pseudonyms wird mit einem * gekennzeichnet.
2 Alle Zitate aus Amtsvormundschaft Winterthur an die Armenpflege Winterthur, Betrifft: Verhältnisse in der Familie Degen, 11. Mai 1954; STAW, Aufsicht Degen-Kinder*, Etat-Nr. 4207.
3 Auszug aus dem Protokoll der Vormundschaftsbehörde vom 7. Juli 1954; STAW, Aufsicht Degen-Kinder*, Etat-Nr. 4207.
4 Bezirksgericht Winterthur, 6. Juli 1955; STAW, Aufsicht Degen-Kinder*, Etat-Nr. 4207.

Verschiedene Begründungen, die sich teilweise aufeinander bezogen und sich gegenseitig verstärkten, sollten die Massnahmen rechtfertigen. Die Vormundschaftsbehörde legte der Mutter ein abweichendes Sexualverhalten, mangelhafte Erziehung und Haushaltsführung sowie schlechtes Einvernehmen mit ihrem Ehemann zur Last. Diese Fokussierung auf die Mutter ist für die 1950er-Jahre ebenso bezeichnend wie die Tatsache, dass Kinder aus armen Familien zum Zeitpunkt einer Scheidung der Eltern in Heime eingewiesen wurden. Das Beispiel zeigt auch, dass Vereine eine bedeutende Rolle in der Fürsorge spielten und Abklärungen sich häufig auf zweifelhafte Auskünfte von Personen aus dem sozialen Umfeld stützten, die in einem Interessengegensatz zu den Familien standen. Demgegenüber hatten die Stellungnahmen der betroffenen Personen im Entscheidungsprozess kaum Gewicht. Die Behörden beurteilten nicht differenziert abwägend jeden Einzelfall einer mutmasslichen Kindeswohlgefährdung in einem aufwändigen, individualisierenden Abklärungsverfahren, das die Schwere des Eingriffs in die Freiheitsrechte eigentlich bedingt hätte. Vielmehr kategorisierten sie leichtfertig entlang ihren eigenen Wertvorstellungen das, was aus ihrer Sicht ein abweichendes Verhalten darstellte, um zügig zu einem Entscheid zu gelangen.

In diesem Beitrag vergleichen wir die behördliche Fremdplatzierungspraxis im Zeitraum von 1945 bis 1985 in den Kantonen Zürich (ZH), Basel-Stadt (BS) und Appenzell Innerrhoden (AI). Wir fokussieren damit auf zwei städtisch geprägte Kantone (ZH, BS) und einen ländlich-katholischen Kanton (AI). Zunächst stellen wir die Rechtsgrundlagen der drei Kantone dar. Anschliessend analysieren wir ausgewählte, die Eltern und Kinder betreffende behördliche Begründungen sowie die gesellschaftlichen Werte, die diesen zugrunde lagen, in ihrem historischen Wandel. Die präsentierten Ergebnisse stammen aus zwei Forschungsprojekten. Im ersten Vorhaben zum Kanton Zürich sind die Städte Winterthur und Zürich untersucht worden. In vier Stichjahren, 1954, 1964, 1974 und 1984, wurden alle Verfügungen der Vormundschaftsbehörden im Kontext von Kindeswohlgefährdungen statistisch erfasst wie auch die behördlichen Deutungs- und Kategorisierungsweisen diskursanalytisch untersucht. Diese Auswertung, die im vorliegenden Text im Vordergrund steht, wurde durch eine qualitative Analyse von sechzig Fallakten ergänzt.[5]

Im zweiten Projekt zu Basel-Stadt und Appenzell Innerrhoden dienen ebenfalls Vormundschaftsprotokolle als Quellenkorpus, die im Gegensatz zur

5 Für die Erfassung in der Statistiksoftware IBM SPSS Statistics wurde ein Codebuch erstellt. Ein Eintrag umfasste jeweils eine Familie, nebst den Eltern konnten vier Kinder erfasst werden. Pro Familienmitglied wurden maximal vier Begründungen festgehalten. Die Resultate des Projekts von Susanne Businger und Nadja Ramsauer werden im Januar 2019 im Chronos Verlag publiziert.

Studie zu Zürich ausschliesslich in Bezug auf Fremdplatzierungen ausgewertet wurden. In einer Datenbank wurden die Platzierungsorte, die behördlichen Begründungen und die Personendaten der Kinder und Jugendlichen sowie der involvierten Akteure erfasst. Um das Problem der terminologischen Variabilität in Bezug auf den örtlichen und zeitlichen Kontext zu entschärfen, wurden sieben Kategorien festgelegt, denen die Protokolleinträge zugeordnet wurden.[6] Die Stichprobe enthält fünf Perioden zwischen 1945 und 1979 im Abstand von je sechs Jahren. Eine Periode umfasst drei Jahre.[7]

Gesetze und Verfahrenswege in den drei Kantonen

Die Kantone gestalten Wohlfahrt und Bildung unterschiedlich aus. Auch das Vormundschaftswesen sowie die Kinder- und Jugendfürsorge sind in der Schweiz föderal verfasst. In der Deutschschweiz sind sie oft Angelegenheit der Gemeinden, in der Westschweiz und in kleineren Kantonen sind sie teilweise, wie in Basel-Stadt, kantonalisiert. Diese Spezifika zeigen sich auch in den gesetzlichen Grundlagen und Verfahrenswegen. Die materiellen Bestimmungen des Schweizerischen Zivilgesetzbuches (ZGB) zum Kindeswohl waren für alle Kantone massgeblich, hingegen wurden die Verfahren in den kantonalen Einführungsgesetzen unterschiedlich geregelt. Die Behörden ordneten bei sogenanntem pflichtwidrigem Verhalten der Eltern eine Fürsorgeaufsicht nach Art. 283 ZGB an. Aufgrund einer «Gefährdung» oder «Verwahrlosung» wurde ein Kind nach Art. 284 ZGB aus der Familie weggenommen. In Fällen, welche die Behörde als besonders gravierend einschätzte, konnte sie die elterliche Gewalt nach Art. 285 ZGB entziehen und den Minderjährigen einen Vormund geben.[8]

In allen drei Kantonen verfügten die Vormundschaftsbehörden über Massnahmen nach Art. 283 und 284 ZGB. Den Entzug der elterlichen Gewalt gemäss Art. 285 beantragte im Kanton Zürich die Vormundschaftsbehörde beim Bezirksrat, der zugleich Entscheid- und Rekursinstanz war und als Aufsichtsorgan über die Vormundschaftsbehörden amtete. Letztere setzten in den Städten Winterthur und Zürich als mandatsführende Instanz zumeist einen Amtsvormund ein, seltener die geschäftsführenden Sekretäre des Jugendamtes, das es allerdings nur in der Stadt Zürich gab. Amtsvormunde und Sekre-

6 Die Kategorien lauten: psychiatrisch, psychologisch, pädagogisch, juristisch, sozial, Sexualität, Alkohol- respektive Drogenkonsum.

7 Perioden 1–5: 1945–1947, 1953–1955, 1961–1963, 1969–1971 und 1977–1979.

8 Schweizerisches Zivilgesetzbuch vom 10. Dezember 1907, in Kraft seit 1. Januar 1912. Vgl. auch Galle 2016, S. 136–141.

täre des Jugendamtes waren in der Regel promovierte Juristen. Beiden waren Sozialarbeiterinnen und Sekretärinnen unterstellt. Zürich verfügte mit dem kantonalen Versorgungsgesetz von 1925 über einen zweiten Erlass, um «sittlich verdorben[e] oder gefährdet[e]» Jugendliche im Alter von dreizehn bis zwanzig Jahren, «die ihren Eltern oder Vormündern böswilligen und hartnäckigen Widerstand leisten», in eine Zwangserziehungsanstalt einzuweisen. Die Vormundschaftsbehörden stellten entsprechende Anträge wiederum an den Bezirksrat.[9]

In Basel-Stadt war die Vormundschaftsbehörde zugleich kantonales Jugendamt, das über Fremdplatzierungen entschied. Waren die Eltern mit einer Einweisung in eine Anstalt nicht einverstanden, konnten sie beim Verwaltungsgericht Rekurs einreichen.[10] Als Aufsichtsbehörde diente das Justizdepartement. Bereits 1945 verfügte die Vormundschaftsbehörde über weitgehend professionalisierte Strukturen: Sie beschäftigte nicht nur ausgebildete Fachleute, sondern wies auch ein standardisiertes Kinder- und Jugendschutzverfahren auf.[11] Im Jahr 1970 unterstanden dem Leiter des Jugendamtes zwei Stellvertreter, sechzehn Sozialarbeiterinnen und Sozialarbeiter sowie vierzehn Sekretärinnen.[12] Wie Zürich verfügte auch Basel-Stadt zusätzlich zum ZGB seit 1944 über ein kantonales Gesetz zum Jugendschutz, das ausdrücklich festhielt, dass ein Unmündiger bei Widersetzung «vorsorglich in eine Anstalt oder Familie»[13] zu verbringen sei. In beiden städtisch geprägten Kantonen waren somit nicht nur die Strukturen der Verwaltungsstellen ausdifferenziert, sondern auch kantonale Gesetze in Kraft, die spezifisch auf Jugendliche fokussierten, die den Behörden als «schwierig» galten.

Appenzell Innerrhoden wies zwei Armengemeinden auf, eine für den inneren und eine für den äusseren Landesteil, mit zwei Vormundschaftsbehörden.[14] Die Vormundschaftsbehörde für den inneren Landesteil – der kleine äussere bestand nur aus dem Bezirk Oberegg – setzte sich aus einem Präsidenten, fünf Mitgliedern als Vertreter der Bezirke und einem Aktuar zusammen. In der Milizbehörde waren bis 1982 mit Ausnahme der Sekretärinnen ausschliesslich

9 Einführungsgesetz vom 2. April 1911. Gesetz über die Versorgung von Jugendlichen, Verwahrlosten und Gewohnheitstrinkern vom 24. Mai 1925.

10 Gesetz über die Vormundschaftsbehörde und den gesetzlichen Jugendschutz (Basler Gesetzessammlung SG 212.400) vom 13. April 1944, § 45.

11 StABS, Ratschlag (Nr. 3996) und Gesetzesentwurf über die Organisation der Vormundschaftsbehörde und den behördlichen Jugendschutz. Dem Grossen Rate des Kantons Basel-Stadt vorgelegt am 13. Mai 1943, S. 4.

12 Baldegger 1970, S. 90.

13 Gesetz über die Vormundschaftsbehörde und den gesetzlichen Jugendschutz vom 13. April 1944, § 33, Ziff. 2.

14 Ebneter 1946, S. 10. Vgl. für das Armenwesen Locher 1964, S. 95 f.

Männer tätig.[15] Als Aufsichtsbehörde diente die Standeskommission, die Regierung Appenzell Innerrhodens. Der Kanton verfügte über keine zusätzliche Verordnung die Jugendfürsorge betreffend.

Deutungsweisen der Vormundschaftsbehörden in den Städten Winterthur und Zürich

In den Verfügungen der Vormundschaftsbehörden Winterthur und Zürich und ihren Anträgen an die Bezirksräte finden sich zahlreiche Begründungen, die sich jeweils auf die Eltern und ihre Kinder bezogen. Die ausführlichen, in der Regel zwei bis vier Seiten umfassenden Anordnungen und Anträge wurden in Protokollbänden gesammelt und zugleich der Fallakte der Amtsvormundschaft oder des Jugendamtes beigelegt. Im Zuge der Rationalisierung administrativen Handelns im 20. Jahrhundert konstituierte sich die Fallakte als behördliches Instrument, um «biographisches Wissen über Einzelpersonen» zu sammeln und verfügbar zu machen. Akten haben nach Studer performative Macht, denn sie stellen scheinbar wahre Sachverhalte über Personen her und bilden damit eine vorgeblich objektive Grundlage für Behördenentscheide.[16] Die häufig vonseiten der Verwaltungsstellen nicht näher präzisierten Vorhaltungen konnten dabei immer wieder in verschiedenen Kontexten neu angeordnet und zu Dokumenten anderer Instanzen in Beziehung gesetzt werden.[17] Stigmatisierende Bewertungen schrieben sich zudem für die Betroffenen als Diskriminierungen weit über das Ende des Heimaufenthalts hinaus fort.[18]

«Pflichtwidriges Verhalten» der Mütter und Väter

In allen Stichjahren lässt sich insgesamt eine stärkere Konzentration auf die Mutter als auf den Vater feststellen, die sich im Zeitverlauf noch akzentuierte.[19] Die am häufigsten vorgebrachten Vorwürfe gegen die Eltern betrafen in den 1950er- und 1960er-Jahren die Erziehung und das Eheverhältnis. So bemängelten die Vormundschaftsbehörden Winterthur und Zürich im Stichjahr 1954 die Erziehungsleistung der Mutter in 28,0 Prozent aller Begründungen,

15 LAAI, N.013/001:039–077, Staatskalender.
16 Studer 2008, S. 140 f., Zitat S. 140.
17 Zaft 2011, S. 18.
18 Vgl. Galle/Meier 2009; Galle 2016; Akermann 2012; Leuenberger/Seglias 2015.
19 So finden sich im letzten Stichjahr, 1984, in mehr als doppelt so vielen Fällen Begründungen in Bezug auf die Mutter als auf den Vater (43 zu 18).

diejenige des Vaters in 19,9 Prozent.[20] Die Behörden konnotierten dabei häufig Erziehung mit Haushaltsführung und beurteilten eine Frau als «unfähig, ihre Pflichten als Hausfrau und Mutter zu erfüllen»,[21] insbesondere im kleinstädtischen Winterthur. Beim Vater stand weniger das Sorgen, sondern seine Rolle als Familienoberhaupt im Zentrum. «Von väterlicher Autorität ist keine Spur vorhanden», wurde etwa festgehalten.[22] Die Behörden beargwöhnten insbesondere alleinerziehende Frauen und unkonventionelle Haushaltskonstellationen. Zwei Schwestern, die ihren Neffen bei sich aufgenommen hatten, wurde attestiert, dass sie ihm «absolut nicht gewachsen» seien. «Es fehle ihm halt ein flotter Vater.»[23]

Solche nach Geschlecht differenzierenden Zuschreibungen lassen sich auch in den Deutungsweisen betreffend Sexualverhalten und Alkoholkonsum finden. Während die Behörde den Müttern im Stichjahr 1954 in 12,2 Prozent aller Begründungen abweichendes Sexualverhalten unterstellte, war dies bei Vätern in nur 4,1 Prozent aller Gründe der Fall. Bei den Müttern urteilte die Behörde in einer abwertenden Sprache innerhalb eines breiten inhaltlichen Spektrums; von einer «etwas leichte[n] Lebensauffassung» bis zu «triebhaft» oder «sexuell hemmungslos gezeigt», von «unsittliche[r] Lebensführung» bis zu «Gewerbsunzucht».[24] Aussereheliche Beziehungen verurteilte die Behörde generell. Dies fügt sich in den damaligen gesellschaftlichen Kontext ein, untersagte doch zum Beispiel das Konkubinatsverbot im Kanton Zürich bis 1972 das Zusammenleben unverheirateter Paare.[25] Ganz anders als beim Thema Sexualität präsentiert sich das Geschlechterverhältnis beim Vorwurf des übermässigen Alkoholkonsums. Im Stichjahr 1954 wurden in 11,0 Prozent aller Begründungen die Väter und nur in 2,6 Prozent die Mütter entsprechend kritisiert.

20 Für 1954 wurden insgesamt 211 Anordnungen respektive Anträge der Vormundschaftsbehörden statistisch erfasst, davon wiesen 98 Begründungen für die Mutter und 73 Begründungen für den Vater auf. Durchschnittlich wurden pro Person zwei Gründe genannt (Mutter: 189; Vater: 146).
21 StArZH, V.K.a.4:704, Protokolle der Kammer I, 9. Juli 1954, Nr. 2320, S. 141 ff.
22 StArZH, V.K.a.4:709, Protokolle der Kammer I, 3. Dezember 1954, Nr. 4113, S. 41 ff.
23 STAW, NB 96, Waisenamt Protokolle, 15. April 1954, S. 394 ff.
24 Vgl. dazu etwa: StArZH, V.K.a.4:700, Protokolle der Kammer I, 12. März 1954, Nr. 818, S. 146 ff.; StArZH, V.K.a.4:706, Protokolle der Kammer I, 10. September 1954, Nr. 3015, S. 130 ff.; StArZH, V.k.a.4:700, Protokolle der Kammer I, 19. März 1954, Nr. 898, S. 257 ff.; StArZH, V.K.a.4:705, Protokolle der Kammer I, 27. August 1954, Nr. 2875, S. 357 ff.; StArZH, V.K.a.4:707, Protokolle der Kammer I, 22. Oktober 1954, Nr. 3568, S. 368 ff.; V.k.a.4:708, Protokolle der Kammer I, 26. November 1954, Nr. 4000, S. 435 ff.; StArZH; V.K.a.4:710, Protokolle der Kammer II, 26. Januar 1954, Nr. 193, S. 309 ff.; StArZH, V.K.a.4:715, Protokolle der Kammer II, 1. Juni 1954, Nr. 1441, S. 12 ff.; StArZH, V.K.a.4:720, Protokolle der Kammer II, 9. November 1954, Nr. 2971, S. 155 ff.
25 StArZH, V.K.a.4:700, Protokolle der Kammer I, 19. März 1954, Nr. 898, S. 257 ff.

Diese Unterschiede zwischen den Geschlechtern lassen sich mit Zuschreibungen von Verhaltensweisen an Frau und Mann erklären. Im bürgerlichen Familienideal, welches in den Nachkriegsjahren im neu entstehenden Mittelstand einen Aufschwung erlebte, war der Frau die private, dem Mann die öffentliche Sphäre attribuiert.[26] Höpflinger spricht denn auch von den «Goldenen Jahren des Ehe- und Familienmodells», weil die seit Mitte der 1960er-Jahre sinkende Geburtenrate den Trend zur Kleinfamilie forcierte.[27] Während Frauen die Erziehung und Haushaltsführung als Aufgabenbereiche zugeschrieben wurden, sahen sich Männer mit den Ansprüchen des Alleinernährermodells konfrontiert.[28] Die Vormundschaftsbehörden Winterthur und Zürich orientierten sich an diesem Leitbild. Nicht zufällig brandmarkten sie den Alkoholkonsum von Vätern erst dann als übertrieben, wenn dieser aus ihrer Sicht die Erwerbsarbeit zu beeinträchtigen und zu ausfallender Familienunterstützung zu führen drohte: «Da er [der Vater] aber seinen Beruf nicht sehr ernst nahm und viel in Wirtschaften herumsass, blieb der finanzielle Erfolg aus.»[29]

Im Stichjahr 1964 nahmen Begründungen zu, die sich auf die Persönlichkeit und den Gesundheitszustand der Eltern bezogen.[30] Diese zwei häufig eng miteinander verwobenen Argumente finden sich bei der Mutter deutlich häufiger als beim Vater. So werden Mütter in 7,9 Prozent aller Begründungen beispielsweise als «nervös» oder «unstetig» und in 9,4 Prozent als psychisch krank beschrieben. Bei den Vätern beziehen sich nur 4,3 Prozent der Begründungen auf ihre Persönlichkeit und 3,2 Prozent auf den Gesundheitszustand. Insbesondere Depressionen, aber auch Klinikaufenthalte der Mutter führte die Vormundschaftsbehörde zugunsten einer Massnahme an. Inwieweit Mütter häufiger als Väter psychisch erkrankt waren, lässt sich an dieser Stelle nicht sagen. Im Anschluss an Foucault kann jedenfalls der Körper als ein wichtiger Ort des behördlichen Sprechens über Frauen aufgefasst werden.[31] Meier et al. haben in einer Studie zur Geschichte der Psychiatrie im Kanton Zürich festgestellt, dass Frauen «häufiger aus disziplinarischen oder therapeutischen Motiven heraus behandelt [wurden] als Männer».[32] Tanner interpretiert dies dahingehend, dass

26 Joris/Witzig 1991, S. 31 f.
27 Höpflinger 1999, S. 137–139, Zitat S. 137.
28 Ausführlicher dazu Magnin 2002, S. 390 f.; Studer 1998, S. 184–208.
29 Vgl. StArZH, V.k.a.4:707; Protokolle der Kammer I, 15. Oktober 1954, Nr. 3477, S. 243 ff.
30 Dagegen war die Begründung Sexualverhalten rückläufig (7,2 Prozent bei der Mutter gegenüber 2,2 Prozent beim Vater). Insgesamt wurden für das Jahr 1964 184 Anordnungen und Anträge statistisch erfasst. Davon wiesen 66 für die Mutter und 49 für den Vater Begründungen auf. Durchschnittlich wurden pro Person zwei Gründe genannt (Gesamtzahl: 139 bei der Mutter; 93 beim Vater).
31 Foucault 2014, S. 103 f.
32 Meier et al. 2002, S. 111.

weiblich konnotierte Merkmale stärker dem Phänomen der «Ordnungsstörung» zugeschrieben wurden als männliche.[33] Für die hier untersuchten Zürcher Vormundschaftsbehörden lässt sich Vergleichbares konstatieren. Gerade weil die Mütter für die Erziehung der Kinder verantwortlich gemacht wurden, wogen mutmassliche Defizite ihrer Persönlichkeit oder vermeintliche psychische Erkrankungen schwer. So schrieb beispielsweise die Vormundschaftsbehörde Zürich an das Bezirksgericht anlässlich einer Scheidung und Frage der Kindszuteilung Folgendes: «Wir gestatten uns lediglich noch die Bemerkung, dass Frau Jaun* sicher eine wenig lebenstüchtige, mit ihren eigenen Problemen nicht fertig werdende, psychisch irgendwie abwegige Person ist, die wohl an ihrem Kinde hängt, aber zu dessen Pflege, Erziehung und Förderung wenig geeignet erscheint.»[34]

Die Fokussierung der psychischen Gesundheit von Frauen hat sich in den 1970er- und 1980er-Jahren noch verstärkt. Die Kategorie Gesundheit findet sich 1974 in 18,2 Prozent aller Begründungen bei der Mutter, hingegen nur in 8,1 Prozent beim Vater.[35] 1984 nimmt die Bedeutung insgesamt etwas ab. Hingegen verstärken sich die Unterschiede zwischen den Geschlechtern, wobei aufgrund der geringen Fallzahlen nur von einer Tendenz gesprochen werden kann.[36] Nicht zuletzt weil bürgerliche Wertvorstellungen erodierten, taugte zum Beispiel mangelhafte Haushaltsführung seit den 1970er-Jahren kaum mehr als Vorhaltung gegenüber Müttern, was Vormundschaftsbehörden vermehrt auf neue, psychologisierende Deutungen zurückgreifen liess.

Jugendliche im Zentrum des behördlichen Interesses

Während Kinderschutzmassnahmen bei jüngeren Kindern über das Verhalten der Eltern gerechtfertigt wurden, gerieten in Familien mit älteren Kindern die Jugendlichen selbst in den Fokus der Behörde. Die bereits erwähnten geschlechtsspezifischen Deutungen finden sich bei ihnen ebenfalls, teilweise noch deutlicher als bei den Müttern und Vätern. Ein vermeintlich abweichendes Se-

33 Tanner 2009, S. 145.

34 StArZH, V.K.a.4:947, Protokolle der Kammer I, 30. Oktober 1964, Nr. 3750, S. 491 ff.

35 Insgesamt wurden 119 Anträge und Anordnungen für das Jahr 1974 erfasst, davon fanden sich in vierzig für die Mutter und in zwanzig für den Vater Begründungen. Insgesamt wurden für Mütter 66 und Väter 37 Begründungen aufgeführt.

36 Es wurden für 1984 insgesamt 92 Anträge und Anordnungen erfasst, davon fanden sich in 43 für die Mutter und in achtzehn für den Vater Begründungen. Insgesamt wurden für die Mutter 65 und für den Vater 22 Gründe genannt. Davon bezogen sich elf bei der Mutter, gerade mal einer beim Vater auf die Gesundheit, was einem Anteil von 16,9 respektive 4,5 Prozent entspricht.

xualverhalten wurde etwa im Stichjahr 1954 31 Mal in Bezug auf weibliche und nur sechs Mal in Bezug auf männliche Jugendliche kritisiert.[37] Umgekehrt sind es mit 31 zu 16 doppelt so häufig männliche als weibliche Minderjährige, deren Schul- oder Erwerbsverhalten negativ bewertet wurde, wobei die Vorhaltung in diesem Fall auch gegenüber den Mädchen gewichtig ist.[38] 1964 schwächen sich die geschlechtsspezifischen Unterschiede nur wenig ab: «sexuelle Gefährdung» wird weiterhin zumeist den weiblichen Jugendlichen, «Arbeitsscheu» mehrheitlich den männlichen Schulabgängern unterstellt.[39] Die «Unbestimmtheit und Dehnbarkeit» des Begriffes der «sexuellen Verwahrlosung», so Gehltomholt und Hering, ermöglichte den Zugriff auf ganz unterschiedliche Verhaltensweisen, die als gefährdend wahrgenommen wurden.[40] Häufig sind die Ausführungen der Vormundschaftsbehörde unspezifisch und wenig konkretisiert, etwa in Formulierungen wie «Bekanntschaften mit jungen Burschen», «Zusammenkünfte mit Burschen», «Beziehungen mit Burschen» oder «Besuche von Burschen».[41] Deutlich werden die stigmatisierenden Wertungen bei weiblichen Jugendlichen, die durch Sexualkontakte geschlechtskrank wurden oder denen die Behörde nachsagte, sich zu prostituieren: «Sie sei den Weg einer richtigen Hure gegangen, wobei sie sich gegen Entgelt auch zu den widrigsten Perversitäten hingegeben habe»;[42] eine andere Jugendliche sei «mit Ungeziefer behaftet und geschlechtskrank».[43] Die Vormundschaftsbehörden in Winterthur und Zürich wiesen junge Frauen, denen sie ein normabweichendes Sexualleben unterstellten, in den 1950er- und 1960er-Jahren nach dem kantonalzürcherischen Versorgungsgesetz in streng geführte, geschlossene und oftmals nicht altersadäquate Einrichtungen ein, wie das Frauenheim Ulmenhof, die

37 Insgesamt wurden im Stichjahr 1954 bei 147 Kindern Begründungen gefunden (Buben: 75; Mädchen: 72). Die Gesamtzahl aller Begründungen beträgt 314 (Buben: 151; Mädchen: 163).

38 1964 finden sich bei dreissig Buben und achtzehn Mädchen Begründungen in der Kategorie «Verhalten im Schul- und Erwerbsleben». 1974 verringert sich die Differenz zwischen den Geschlechtern etwas (14 Buben zu neun Mädchen) und steht 1984 bei siebzehn Buben zu vier Mädchen, wobei die Fallzahlen insgesamt abnehmen (von insgesamt 118 Kindern fanden sich bei 47 Begründungen).

39 Sexualität: 24 Begründungen in Bezug auf Mädchen und acht in Bezug auf Buben; Arbeit: achtzehn bei Mädchen, dreissig bei Buben. Insgesamt wurden im Jahr 1964 bei 124 Kindern Begründungen gefunden (Buben: 58; Mädchen: 66). Die Gesamtzahl aller Begründungen beträgt 312 (Buben: 148; Mädchen: 164).

40 Gehltomholt/Hering 2006, S. 123.

41 Vgl. etwa StArZH, V.K.a.4:698, Protokolle der Kammer I, 8. Januar 1954, Nr. 40, S. 65 ff.; StArZH, V.K.a.4:702, Protokolle der Kammer I, 28. Mai 1954, Nr. 1789, S. 437 ff.; StArZH, V.K.a.4:703, Protokolle der Kammer I, 17. Juni 1954, Nr. 2042, S. 272 ff.; StArZH, V.K.a.4:709, Protokolle der Kammer I, 3. Dezember 1954, Nr. 4113, S. 41 ff.; StArZH, V.K.a.4:709, Protokolle der Kammer I, 10. Dezember 1954, Nr. 4194, S. 159 ff.

42 STAW, NB 95, Waisenamt Protokolle, 27. Januar 1954, S. 107 ff.

43 StArZH; V.K.a.4:704, Protokolle der Kammer I, 2. Juli 1954, Nr. 2237, S. 27 ff.

Strafanstalt Hindelbank oder die Frauenabteilung der Strafanstalt Regensdorf. Sie liessen dabei jedes Verhältnismässigkeitsprinzip vermissen.

Im Zuge der 68er-Bewegung und der Frauenbewegung brachen rigide bürgerliche Sexualitätsnormen auf. Entsprechende Begründungen finden sich in den Protokollbänden der Vormundschaftsbehörden Zürich und Winterthur aus den Stichjahren 1974 und 1984 nicht mehr. Ein Blick in die Handakten der mandatsführenden Instanzen verdeutlicht jedoch, dass zwar im Moment des Entscheides über eine Kinderschutzmassnahme «sexuelle Gefährdung» als Argument keine Rolle mehr spielte, im weiteren Fallverlauf jedoch sehr wohl ins Spiel kam, etwa betreffend eine aus behördlicher Sicht unerwünschte Schwangerschaft. Die Behörden agierten diesbezüglich teilweise weiterhin repressiv. In einem Beispiel bestand seit vielen Jahren eine Fürsorgeaufsicht. Der zuständige Amtsvormund hatte sich in seinen Rechenschaftsberichten zuhanden der Vormundschaftsbehörde jeweils positiv über Frida Opfiker* geäussert. Dies änderte sich im Jahr 1971 schlagartig, als er eine Schwangerschaft vermutete. Er zwang die Fünfzehnjährige, sich mehrfach gynäkologischen Untersuchungen zu unterziehen.[44] Der Amtsvormund unterstellte Frida Opfiker «Triebhaftigkeit» und beantragte ihre Einweisung in das Katharinaheim in Basel, der die Vormundschaftsbehörde zustimmte.[45] Wie wichtig der Behörde die Kontrolle der weiblichen Sexualität in den 1970er-Jahren weiterhin war, bringen in diesem Beispiel die drastische Massnahme und die Wortwahl, die sich psychiatrischen Vokabulars bediente, zum Ausdruck.

Werden nicht einzelne Fallakten, sondern nur die Entscheide in den Protokollbänden für die Analyse beigezogen, so lässt sich in den Stichjahren 1974 und 1984 wie schon bei den Eltern eine Verlagerung auf mutmassliche physische oder psychische Erkrankungen feststellen. So bezogen sich 1974 insgesamt 17,2 Prozent aller Deutungen auf den Gesundheitszustand der Kinder und Jugendlichen.[46] Aufgeteilt nach Geschlecht betrafen achtzehn Begründungen Buben und nur drei Mädchen, womit sich das Geschlechterverhältnis im Vergleich zu den Eltern umgekehrt präsentiert. Ein Blick in Fallakten aus dieser Zeit verdeutlicht, dass insbesondere im Schulkontext Gutachten angeordnet wurden. Mit der Gründung des schulpsychiatrischen Dienstes in der Stadt Zürich im Jahr 1961, in dem Fachkräfte aus Psychiatrie und Psycholo-

44 Vgl. dazu etwa Brief der Amtsvormundschaft Winterthur an das Kantonsspital Winterthur vom 28. Juni 1971; STAW, Aufsicht Frida Opfiger*, Etat-Nr. 4444.

45 Antrag an die Vormundschaftsbehörde Winterthur zur Einweisung von Frida in das Katharinaheim nach Basel vom 21. Juli 1971; STAW, Aufsicht Frida Opfiger*, Etat-Nr. 4444.

46 Insgesamt wurden 122 Begründungen in Bezug auf Mädchen und Buben angeführt, davon betrafen 21 den Gesundheitszustand. 1984 geht diese Bedeutung etwas zurück: Insgesamt finden sich 83 Begründungen, elf davon betrafen die Gesundheit, was 13,3 Prozent entspricht.

gie zusammenarbeiteten, sowie mit dem seit 1966 in Winterthur bestehenden schulpsychologischen Dienst etablierte sich entsprechendes Fachwissen in Bildungsstätten.[47] Die Schule wurde zusehends zum Ort, an dem Kindern und insbesondere Buben Auffälligkeit unterstellt wurde.

Kindswegnahmen in Basel-Stadt und Appenzell Innerrhoden

Ausschlaggebend für eine Fremdplatzierung waren sowohl in Basel als auch in Appenzell häufig moralisch-sittliche Vorbehalte, verbunden mit ökonomischen Gesichtspunkten. Besonders die Behörde in Basel-Stadt verfolgte vorbeugende Absichten: 1960 betonte sie etwa, dass es wertvoller sei, «Kinder und Jugendliche vor dem Abgleiten in eine Fehlentwicklung in Verwahrlosung und Kriminalität zu bewahren, als hinterher für eine Nacherziehung zu sorgen».[48] Sie wollte Kinder früh aus einer Familienkonstellation herauslösen, die sie als schädigend erachtete.

Im Zeitraum der Stichprobe[49] von 1945 bis 1979 nahm die Vormundschaftsbehörde Basel 607 Platzierungen vor. Im inneren Landesteil von Appenzell Innerrhoden wurden gesamthaft 82 Kinder ihren Familien entzogen. Die meisten Platzierungen fanden in beiden Kantonen in den ersten zwei Stichperioden statt (BS: 224 und 197; AI 37 und 28), wobei Appenzell im Verhältnis zur Einwohnerzahl bis Ende der 1950er-Jahre mehr Platzierungen vornahm als Basel-Stadt.[50] Dies ist wohl auf das Bürgerortsprinzip der schweizerischen Armenfürsorge zurückzuführen. Fürsorgeabhängige unterstanden bis 1977 formal den Armengemeinden des jeweiligen Heimatorts. Trotz des Konkordats zur wohnörtlichen Unterstützung, das eine Kostenbeteiligung der Wohngemeinde vorsah, musste der Kanton zumindest teilweise für die ausserhalb des Kantons lebenden Bürgerinnen und Bürger aufkommen. Als strukturschwacher, agrarisch geprägter Kanton war Appenzell besonders in der ersten Hälfte des 20. Jahrhunderts von einer starken Abwanderung betroffen. Gerieten ausserhalb des Kantons wohnhafte Appenzellerinnen und Appenzeller in

47 Die erste Kinder- und Jugendpsychiatrische Beobachtungsstation, das Haus Stephansburg, wurde hingegen schon 1921 auf dem Areal des Burghölzli eröffnet. Vgl. Steinhausen 1992; www.stadt-zuerich.ch, Geschichte der Schulpsychologie der Stadt Zürich, zugegriffen: 16. Januar 2017; https://stadt.winterthur.ch, 50 Jahre Schulpsychologischer Dienst in Winterthur, zugegriffen: 16. Januar 2017.

48 KESB BS, Jahresbericht der Vormundschaftsbehörde Basel-Stadt, 1960.

49 Siehe Anm. 7.

50 Wohnten bei der Volkszählung 1941 13 383 Personen im Kanton, sank die Zahl bis 1962 geringfügig auf 12 943. 1980 hatte der Kanton 12 844 Einwohnerinnen und Einwohner. Bundesamt für Statistik (Hg.), Statistische Jahrbücher, 1941–1980.

Not, musste der Kanton Unterstützung leisten. In solchen Fällen konnte die Vormundschaftsbehörde von Appenzell die Aufsicht der Kinder übernehmen, die sie im ortsansässigen Kinderheim Steig versorgte, das eine kostengünstige Platzierung versprach. Dies erklärt die im Verhältnis zur Einwohnerzahl hohe Anzahl von Platzierungen zumindest teilweise.[51]

In beiden Kantonen ging die Zahl der Fremdplatzierungen seit 1947 stetig zurück.[52] Nicht zuletzt dank der 68er-Bewegung und deren Heimkritik sowie neuen Erkenntnissen aus Soziologie und Psychologie fand in der Sozialen Arbeit ein Umdenken statt. Die Behörden konzentrierten sich vermehrt auf die Beratung und Unterstützung der Familien, was zum Rückgang der Fremdplatzierungen führte. 1968 richtete das Jugendamt der Stadt Basel die «Intake-Gruppe» ein, die Familien bei Erziehungsproblemen beriet, und baute seine «prophylaktische Beratung» in den 1970er-Jahren weiter aus. Dies führte allerdings zu einer verstärkten Kontrolle der betroffenen Familien. Beispielhaft dafür ist eine juristische Dissertation zum Vormundschafts- und Jugendrecht von 1970, in welcher der Autor den Nutzen der «Intake-Gruppe» in der Möglichkeit des sofortigen «Einschreiten[s] des Jugendamtes bei Gefährdung»[53] sieht – und nicht etwa in der Verhinderung einer allfälligen Kindswegnahme.

«Sexuell ausschweifende Mütter» und «dem Trunke ergebene Ehemänner»

1954 sprach das Jugendamt in Basel-Stadt von «erschreckenden Auskünften» über die Lebensführung von Frau Gerber*: Erhebungen hätten ergeben, dass sie «hemmungslos mit zahlreichen Männern geschlechtliche Beziehungen» unterhalte, zudem sei sie abends häufig abwesend und überlasse die Minderjährigen sich selbst. Schliesslich habe sie nicht verhindert, dass die Mädchen «Szenen erlebten, die sie sittlich schädigen» mussten.[54] Im Jahr 1946 rechtfertigte die Vormundschaftsbehörde von Appenzell ihr Eingreifen bei Familie Müller*

51 Appenzell Innerrhoden gehörte seit 1923 dem Konkordat für die wohnörtliche Unterstützung an. Dieses regelte die Kostenbeteiligung zwischen Bürger- und Wohngemeinde. Vgl. Leuenberger et al. 2011, S. 47. Das 1977 in Kraft getretene Bundesgesetz über die Unterstützung Bedürftiger sah schliesslich die generelle Unterstützungspflicht des Wohnkantons vor und besiegelte damit die Abkehr von der heimatörtlichen Zuständigkeit. Vgl. Matter 2011.

52 Ein Einbruch der Zahlen fand in Appenzell zwischen 1961 und 1963 statt, als nur zwei Kinder fremdplatziert wurden. Die Ursachen dafür sind unklar, vermutlich handelt es sich um einen statistischen Ausreisser.

53 Baldegger 1970, S. 92.

54 KESB BS, Vormundschaftsprotokolle, 8. Juni 1954.

mit der «sittlichen und religiösen Gefährdung» der Kinder durch die Mutter. Sie gebe den Kindern durch ihre «leichtfertigen Beziehungen» ein schlechtes Beispiel, sie schicke sie ausserdem nicht zur Schule und halte sie nicht zum Besuch des Gottesdiensts an.[55]

Allgemeine Zuschreibungen wie «sittliche» oder im Falle von Appenzell «religiöse Gefährdung», aber auch erzieherische Probleme oder eine «Verwahrlosung», die der Rechtfertigung der vormundschaftlichen Massnahme dienten, kennzeichnen die Protokolleinträge beider Kantone. Sie beinhalten nicht nur sprachliche Unschärfen, sondern verfügen auch über einen polysemen Charakter.[56] Vage sind sie, weil sie die semantische Bedeutung ohne weitergehende Ausführungen offenlassen: Im Fall der Familie Müller erfahren wir weder etwas über die aufgeführten «schädigenden Szenen» noch über die Art der Schädigung der Kinder. Und polysem, weil ihr Bedeutungsinhalt in Zeit und Raum variiert: Im Appenzell der 1950er-Jahre verstand man unter «Gefährdung» nicht dasselbe wie im Basel der 1970er-Jahre. In Appenzell meinte man die mangelhafte Haushaltsführung der Mutter, in Basel Verhaltensauffälligkeiten der Kinder.

Gemein haben die zwei Quellenzitate, dass das «Fehlverhalten» der Mutter die Platzierung legitimierte. In beiden Kantonen nahm die jeweilige Behörde vor 1960 in der Mehrheit der Fälle das Verhalten der Eltern – entweder der Mutter, seltener des Vaters, aber auch beider Elternteile – in den Blick.[57] Das attestierte Fehlverhalten bestand in einem auffälligen Sexualverhalten wie nichtehelichen Beziehungen oder dem Fehlen einer festen Partnerschaft, familiärer Gewalt, Erziehungsunfähigkeit oder Alkohol- respektive Drogenmissbrauch. Zudem spielten soziale Faktoren wie Arbeitslosigkeit oder Armut eine bedeutende Rolle. Nur in Appenzell findet sich der Bezug auf die religiöse Gefährdung der Kinder. Jedoch wies die Vormundschaftsbehörde bereits 1945 darauf hin, dass es problematisch sei, einer Mutter, die sich despektierlich über die katholische Religion geäussert habe, das Kind wegzunehmen, da es in der Schweiz die Glaubens- und Gewissensfreiheit gebe. Und fügt an: «Es wäre aber bitter, der Sache einfach den Lauf lassen zu müssen.»[58] Wahrscheinlich wurde die «religiöse Gefährdung» aus juristischen Gründen stets mit anderen Begrün-

55 Solche Bezugnahmen auf religiöse Erziehung finden sich im ganzen untersuchten Zeitraum weder bei den Behörden in Basel-Stadt noch in Winterthur, noch in Zürich. LAAI, E.22.02.01, Vormundschaftsbehörde Inneres Land, Protokolle, 23. April 1946.

56 Vgl. Galle 2016, S. 42–44.

57 In Basel löste in Periode 1 (1945–1947) das Verhalten der Eltern in 35 Prozent und in Periode 2 (1953–1955) in rund 55 Prozent aller Fälle, in Appenzell in Periode 1 in über fünfzig Prozent und in Periode 2 in über sechzig Prozent der Fälle eine Fremdplatzierung aus.

58 LAAI, E.22.02.01, Vormundschaftsprotokoll AI, 6. April 1945.

dungen kombiniert: Ab den 1960er-Jahren kam das Religionsargument nicht mehr vor.

Insgesamt richtete sich sowohl in Basel als auch in Appenzell die Kritik häufiger gegen die Mutter als den Vater. Bei der Mutter stiess man sich vor allem am sexuellen Verhalten oder an ihrer Erziehungsunfähigkeit. Im städtischen Basel spielte die sexuelle Devianz der Mutter eine kleinere Rolle als in Appenzell, wo dieses Argument bis zu viermal häufiger auftrat. Zwischen 1961 und 1979 nahm der Bezug auf das mütterliche Sexualverhalten in beiden Kantonen stark ab, beim Vater kam es gar nicht mehr vor. Bei Männern wurde oft auf soziale Faktoren wie etwa Arbeitslosigkeit, aber auch Alkoholkonsum verwiesen.[59] Offenbar standen die Platzierungen in Appenzell nach 1945 noch immer in der Tradition armenrechtlich-fiskalischer Gesichtspunkte, erst ab 1969 dominierten fürsorgerisch-prophylaktische. Letztere spielten in Basel eine grössere Rolle als in Appenzell. Sie begünstigten den Einfluss von psychologisch-psychiatrischem Expertenwissen.

Die Betrachtung der behördlichen Legitimierungsstrategien zeigt, dass bis weit nach den 1950er-Jahren Fremdplatzierungen als Instrument genutzt wurden, um bürgerliche Norm- und Ordnungsvorstellungen zu festigen. Die geschlechtsspezifischen Zuschreibungen verweisen zudem darauf, wie statisch die Geschlechterbilder bis in die 1960er-Jahre waren.[60] Die Bestimmung der Frau lag im häuslichen Bereich. Sie war für die Erziehung der Kinder zuständig. Deswegen richtete sich die Sanktionierung abweichenden Verhaltens häufiger gegen die Mutter als den Vater. Letzterer wiederum musste durch sein Einkommen die Existenz der Familie sichern und seine Funktion als deren Oberhaupt wahren. Wurde er arbeitslos oder trank er zu viel, was wiederum seine Leistungsfähigkeit beeinträchtigte, kam er seinem gesellschaftlichen Auftrag nicht mehr nach und war zugleich seinen Kindern ein schlechtes Vorbild. Ende der 1960er-Jahre begannen diese Ordnungsvorstellungen zu bröckeln. Zugleich nahm die Bezugnahme auf die Eltern ab. In beiden Kantonen dominierten nun Begründungen, die sich auf das Verhalten der Kinder und Jugendlichen konzentrierte.

59 In Basel wurden soziale Faktoren in Periode 1 und 2 in 27 respektive 26 Prozent der Fälle als Versorgungsgründe angeführt, in den darauffolgenden Perioden betrug der Anteil 12 respektive 17 Prozent. In Appenzell wurden soziale Faktoren noch häufiger angeführt. In Periode 2 betrug der Anteil rund vierzig Prozent, während er in Periode 5 noch 28 Prozent betrug. Auch in Appenzell nahm damit der Anteil von sozialen Faktoren als Versorgungsgründe über die Zeit ab.

60 Furrer et al. konstatieren für den Zeitraum von 1860 bis 1960 eine homogene Wertestruktur. Vgl. Furrer et al. 2014, S. 9.

«Sittlich haltlose und charakterlich schwierige» Kinder und Jugendliche

Die Mutter des siebzehnjährigen Moritz Halter* gelangte 1970 verzweifelt an das Basler Jugendamt, weil ihr Sohn nach mehreren Lehrabbrüchen nur unregelmässig einer Arbeit nachgehe und zudem sich in «schlechtbeleumdeten Kreisen» herumtreibe. Das Jugendamt nahm sich des Falles an «und musste bald erkennen, dass der Bursche bereits deutliche Zeichen von Verwahrlosung aufw[eise]». Ziemlich schnell stellte der Fürsorger «ein krankhaftes Verhalten» des Jungen fest, weshalb man ihn in der Psychiatrischen Universitätsklinik Friedmatt «freiwillig hospitalisierte».[61]

Das Zitat zu Moritz Halter zeigt, wie die Behörde versuchte, ein angeblich deviantes Verhalten medizinisch-psychiatrisch zu begründen und in einem zweiten Schritt die «Störung» durch die Einweisung in eine psychiatrische Klinik zu «heilen». Bereits 1945 argumentierte das Jugendamt in Basel mit der psychiatrischen Fachsprache, die jedoch eigenwillig interpretiert wurde. Aussagen wie «unberechenbare Psychopathin», «in der geistigen Entwicklung zurückgeblieben», aber auch Pathologien wie «Idiotie» dienten der Charakterisierung der Betroffenen. Mit dem Gebrauch dieser Termini suggerierten die Behördenmitarbeiterinnen und -mitarbeiter, dass die attestierte Devianz objektiv-messbaren Kriterien entsprach und auf wissenschaftlicher Grundlage beruhte. Sie sollten ihren Entscheiden Autorität verleihen.[62] Die psychiatrisch-psychologischen Zuschreibungen überlagerten ab den 1960er-Jahren moralisch-sittliche Bedenken wie etwa «ausschweifende Sexualität» oder «mangelnde Ordnungsliebe». Dieser Prozess setzte in Appenzell später und in geringerem Ausmass ein als in Basel oder Zürich und Winterthur.[63]

In beiden Kantonen betraf der Verweis auf erzieherische Schwierigkeiten Mädchen und Buben gleichermassen. Die geschlechtsspezifischen Deutungen verliefen ähnlich wie bei den Eltern: Bei Mädchen wurde oft auf die Sexualität referiert, bei Jungen auf Renitenz oder Alkohol- und Drogenmissbrauch – wobei zumindest in Basel Drogenmissbrauch auch bei den Mädchen ein Thema wurde. Seit den 1970er-Jahren spielen in Basel im Unterschied zu Appenzell Jugendkulturen eine Rolle. Weiter problematisierten beide Amts-

61 Die «freiwillige Platzierung» meinte die Einwilligung der Mutter. KESB BS, Vormundschaftsprotokolle, 1970, Nr. 683.

62 Wie Galle betont, lehnten sich Psychiaterinnen und Psychiater für die Beschreibung von abweichendem Verhalten an einen Alltagswortschatz an, weshalb ihre Deutungen von medizinischen Laien wie Amtsvormunden oder Sozialarbeiterinnen übernommen wurden. Vgl. Galle 2016, S. 627. Siehe auch Bernet 2013, S. 304; Lutz 1996.

63 In Periode 1 wurde in einem Fall (von 37), in Periode 2 in zwei Fällen (von 27) und in Periode 4 und 5 in je einem Fall (von zehn und 6) psychiatrisch argumentiert.

stellen psychische Störungen, Schulschwierigkeiten und Ungehorsam. Wie bei den Erwachsenen, bei denen das Sexualverhalten in der Stichperiode 5 nicht mehr als Begründung diente, verlor es auch bei den Jugendlichen an Virulenz. 1977–1979 ging die Behörde in Basel in zwei Fällen auf Homosexualität ein, in Appenzell taucht Sexualität in den Vormundschaftsprotokollen nicht mehr auf. Dieser Befund deckt sich mit den Resultaten zu Winterthur und Zürich.

Appenzell, Basel und Zürich im Kontext sozialstaatlicher Bestrebungen

Schweizerische Sozialpolitik im 20. Jahrhundert stellte nach politisch umkämpften Gerechtigkeitsprinzipien einen sozialen Ausgleich her. Die Sozialversicherungen federten auf der einen Seite erwerbsbedingte Risiken ab. Die Bezügerinnen und Bezüger hatten einen Rechtsanspruch auf unterstützende Leistungen. Die kommunale Sozialhilfe und mit ihr das Vormundschaftswesen auf der anderen Seite leiteten seit 1900 zunächst in Industriestädten wie Basel, Winterthur und Zürich eine Professionalisierung der Fürsorge ein. Im Zuge des behördlichen Ausbaus konsolidierte sich die Fremdplatzierungspraxis der öffentlichen Hand, die, wie auch im milizbehördlich organisierten Appenzell, eine disziplinierende Stossrichtung hatte. Mit Lessenich lässt sich das Desiderat formulieren, beide Seiten des Wohlfahrtsstaats zu betrachten, im schweizerischen Kontext die befähigende und unterstützende der Sozialversicherungen als auch die bevormundende der Behörden in den Gemeinden. Diese Sicht ermöglicht es, so Lessenich, Sozialpolitik nicht einseitig als zivilisatorische Errungenschaft aufzufassen.[64]

Was beide Seiten des Wohlfahrtsstaats verbindet, ist das Ziel, Individuen produktiv zu machen und sie in den Arbeitsmarkt zu integrieren. Im vormundschaftsbehördlichen Vokabular zwischen den 1940er- und 1960er-Jahren hiess dies, nicht nur Familienväter an ihrer Arbeitsbereitschaft zu messen, sondern auch Jugendliche beider Geschlechter «tüchtig» und zu «nützlichen Mitgliedern» der Gesellschaft zu machen, indem man ihnen durch Heim- respektive strenge sogenannte Nacherziehung eine äusserliche Verhaltensanpassung abverlangte. Das ZGB zielte in Art. 284 mit der Terminologie der «Gefährdung» auf den Zustand des Kindes, der im Gegensatz zu Art. 283 kein «pflichtwidriges Verhalten» der Eltern voraussetzte.[65] Gleichwohl stellten die Behörden in den drei untersuchten Kantonen selten den Rechtsbegriff des Kindeswohls,

64 Lessenich 2008, S. 14 ff., 74 ff., 131; Lessenich 2012. Vgl. auch Ewald 1991; Foucault 2004; Castel 2000; Brückweh et al. 2012.

65 Lehmann 1949, S. 13 f.

sondern häufig ein Fehlverhalten, das sie Eltern und Jugendlichen unterstellten, ins Zentrum ihrer Abklärungen.

In den 1970er- und 1980er-Jahren entfalteten in den Städten Basel, Winterthur und Zürich psychologische Betrachtungsweisen ihre Wirkungsmacht, die «Verhaltungsstörungen» bei Kindern und Jugendlichen von deren Innerem her zu bearbeiten suchten.[66] Erklären lässt sich diese markante Zunahme mit der Professionalisierung psychotherapeutischer Angebote und dem gleichzeitig ansteigenden gesellschaftlichen Interesse an Psychologie.[67] Entsprechende Expertise anerbot sich in Form von neu geschaffenen schulpsychologischen Diensten. Die städtischen Vormundschaftsbehörden begrüssten die Deutungsvorschläge dieser Stellen, denn ihr herkömmlicher professioneller Begründungsrahmen war zu diesem Zeitpunkt partiell erodiert.

Der Eingriff in die Familie orientierte sich noch in den 1950er- und 1960er-Jahren, auch im ländlichen Appenzell, an einem geschlechtsspezifisch geprägten bürgerlichen Modell der Familie, in dem die Rolle des Vaters als Ernährer und diejenige der Frau als Hausfrau und Mutter konzipiert waren. Die damit verbundenen rigiden Idealvorstellungen eines sittlichen, arbeitsamen und enthaltsamen Lebens standen im Vordergrund. Dies zeigt sich am Beispiel der weiblichen Jugendlichen, die von den Behörden in einer stigmatisierenden Weise permanent eines sexuell abweichenden Verhaltens verdächtigt wurden. In den Städten geschah dies unter dem Vorzeichen einer als gefährdend erachteten Jugendkultur, in Appenzell dominierten religiöse Verhaltensimperative. Die Tatsache, dass auch die Mütter auf bürgerliche Sittlichkeitsvorstellungen behaftet wurden, untermauert diesen kantonsübergreifenden Befund. Der Vorwurf eines nonkonformen Sexuallebens war seit den Anfängen der Jugendfürsorge um 1900 eine konstant gewichtige Deutungsweise der Behörden.[68]

Begründungen einer Heimplatzierung, die sich am bürgerlichen Familienleitbild orientierten, waren seit den 1970er-Jahren teilweise der Boden entzogen. Amtsvormunde im Kanton Zürich zum Beispiel griffen nunmehr für ihre Platzierungsanträge vermehrt auf die Expertise der schulpsychologischen und jugendpsychiatrischen Dienste zurück. Sie hatten noch vor dem Umbruch von 1968 Heimplatzierungen zumeist ohne Einbezug weiteren Fachwissens legitimiert. Ihre juristische Ausbildung, das paternalistische Selbstverständnis als Autoritätsperson und die bürokratische Routine einer seit einem halben Jahrhundert bestehenden Mandatsinstanz reichten aus, um eine Kindswegnahme zu rechtfertigen. Im Unterschied dazu stützte in Basel bereits in den früheren

66 Vgl. auch Luchsinger 2016, S. 173–178.
67 Hörmann/Nestmann 1985, S. 258; Elberfeld 2015, S. 52–56.
68 Vgl. für die erste Hälfte des 20. Jahrhunderts zum Beispiel Gehltomholt/Hering 2006; Hauss 2007; Jenzer 2014.

Jahrzehnten psychiatrisches Wissen Fremdplatzierungsentscheide. In Appenzell war entsprechende Expertenschaft kaum von Bedeutung. Dies hängt damit zusammen, dass die Behördenstrukturen in ländlichen Gebieten wenig ausgebaut und Arbeitsteilungen nicht gängig waren. Zudem lagen Universitäten und mit ihnen wissenschaftliche Gutachten weit weg, hingegen waren nahräumliche persönliche Beziehungen wichtig. In allen drei Kantonen beeinflussten dieser unterschiedliche professionelle Hintergrund der Akteurinnen und Akteure, ihre Zuständigkeiten sowie die Verwaltungsorganisation die behördlichen Begründungszusammenhänge und öffneten oder schlossen die Spielräume der betroffenen Personen.

Namentlich Ämterdoppelungen waren problematisch für die Familien. In Appenzell mussten Eltern, die mit der Wegnahme ihrer Kinder nicht einverstanden waren, ihren Rekurs an eine Behörde richten, deren oberstes Mitglied gleichzeitig die entscheidfällende Verwaltungsstelle präsidierte.[69] Entscheidungs-, Rekurs- und Aufsichtsfunktionen überlagerten sich auch im städtischen Kontext. Der Bezirksrat in Zürich ist dafür ein Beispiel. Zudem kam es gerade im stärker professionalisierten Umfeld oftmals unter dem Schlagwort der Vorbeugung zu nicht verhältnismässigen Einweisungen in Zwangserziehungsanstalten oder kinder- und jugendpsychiatrische Kliniken. Basel-Stadt und Zürich verfügten im Unterschied zu Appenzell über kantonale, spezifisch auf die Jugend ausgerichtete Gesetze, die massive Eingriffe begünstigten.

Die Argumentation von Lessenich fortführend könnte man abschliessend anfügen, dass es für eine angemessene Bewertung sozialstaatlicher Entwicklungen in der Schweiz auch die normierenden und normalisierenden Effekte der Sozialversicherungen sowie die unterstützenden des sozial- und vormundschaftsbehördlichen Handelns in ihrem Wechselspiel zu beachten gilt. Noch zwischen den 1940er- und 1960er-Jahren stand die Verbesserung der Lebensbedingungen in den Herkunftsfamilien nicht im Fokus der Zürcher, Basler und Appenzeller Vormundschaftsbehörden. Im Gegenteil hatten Fremdplatzierungen gerade eine Entfernung der Minderjährigen aus dem angestammten Milieu zu leisten. Je «schwieriger» die Jugendlichen, so die erzieherische Devise zum Beispiel im Kanton Zürich, umso weiter weg lag das ausgewählte Heim. Erst seit den 1970er-Jahren ergänzten in den Städten Basel, Winterthur und Zürich Familienberatungsangebote die gesetzliche Fürsorge der Vormundschaftsbehörden. Die neuen Anlaufstellen wurden so konzipiert, dass sie dem zivilrechtlichen Kinderschutz vorgelagert waren. Es stellte einen Paradigmenwechsel in der Sozialen Arbeit dar, dass über Familien neu nicht mehr primär verfügt, sondern mit ihnen zusammengearbeitet wurde. Die Beratungsstellen schwächten den

69 Locher 1964, S. 119.

Zugriff über Kindswegnahmen ab, was sich in allen drei Kantonen in einem Rückgang der Fallzahlen bei den Vormundschaftsbehörden manifestierte.

Umgekehrt sind auch die normierenden und normalisierenden Züge der Sozialversicherungen unverkennbar. Die Alters- und Hinterbliebenenversicherung von 1948 etwa oder die Arbeitslosenversicherung von 1977 diskriminierten Frauen, insbesondere erwerbstätige Mütter. Auch der lange Weg zur Mutterschaftsversicherung von 2005 verweist auf die geschlechtsspezifische Normativität der Sozialversicherungen.[70] Letztlich stützten beide wohlfahrtsstaatlichen Pfeiler, die Sozialversicherungen sowie die kommunale Sozial- und Vormundschaftspolitik, das bürgerliche Familienmodell und transportierten entsprechende gesellschaftliche Ordnungsvorstellungen. Auch in den Begründungen von Fremdplatzierungen zeigt sich diese Orientierung in allen drei Kantonen, Appenzell, Basel und Zürich, bei geringfügigen regionalen Variationen zwischen Stadt und Land sowie über den zeitlichen Verlauf.

Quellen- und Literaturverzeichnis

Ungedruckte Quellen

Kindes- und Erwachsenenschutzbehörde Basel-Stadt (KESB BS)
Vormundschaftsprotokolle (ohne Signatur).
Jahresberichte der Vormundschaftsbehörde (ohne Signatur).

Landesarchiv Appenzell Innerrhoden (LAAI)
E.22.02.01. Vormundschaftsbehörde Inneres Land. Protokolle.
N.001/001. Rechtserlasse. 1803–1973.
N.013/001. Staatskalender.

Staatsarchiv Basel-Stadt (StABS)
JD-REG 11. Ratschlag (Nr. 3996) und Gesetzesentwurf über die Organisation der Vormundschaftsbehörde und den behördlichen Jugendschutz. Dem Grossen Rate des Kantons Basel-Stadt vorgelegt am 13. Mai 1943.

Stadtarchiv Winterthur (STAW)
NB 95–NB 98. Waisenamt Protokolle. Januar–Dezember 1954.
Aufsicht Degen-Kinder*. Etat-Nr. 4207.
Aufsicht Frida Opfiger*. Etat-Nr. 4444.

70 Vgl. Studer 1998; Togni 2015; Wecker 1996; Wecker et al. 1999.

Stadtarchiv Zürich (StArZH)

V.K.a.4:698–V.K.a.4:709. Vormundschaftsbehörde der Stadt Zürich. Protokolle der Kammer I. Januar–Dezember 1954.

V.K.a.4:710–V.K.a.4:721. Vormundschaftsbehörde der Stadt Zürich. Protokolle der Kammer II. Januar–Dezember 1954.

V.K.a.4:938–V.K.a.4:949. Vormundschaftsbehörde der Stadt Zürich. Protokolle der Kammer I. Januar–Dezember 1964.

Gedruckte Quellen

Baldegger, Werner (1970). *Vormundschaftsrecht und Jugendfürsorge*. Freiburg: Rechts-, wirtschafts- und sozialwissenschaftliche Fakultät.

Bundesamt für Statistik (1941–1980). *Statistische Jahrbücher*.

Ebneter, Guido (1946). *Das Armenwesen des Kantons Appenzell I-Rh*. Appenzell: Genossenschafts-Buchdruckerei.

Lehmann, Walter (1949). *Die Einschränkung der elterlichen Gewalt durch Massnahmen gemäss Art. 283 und 284 des schweizerischen Zivilgesetzbuches*. Bern: Juristische Fakultät.

Locher, Kurt (1964). *Die Staats- und Gemeindeverwaltung im Kanton Appenzell Innerrhoden unter besonderer Berücksichtigung der verwaltungsorganisatorischen, rechtlichen und finanziellen Aspekte einer Neuordnung*. Zürich: Polygraphischer Verlag.

Gesetze

Einführungsgesetz zum Schweizerischen Zivilgesetzbuch (EG zum ZGB) vom 2. April 1911. Offizielle Sammlung der seit 10. März 1831 erlassenen Gesetze, Beschlüsse und Verordnungen des Eidgenössischen Standes Zürich, 29. Band: 1910–1913, S. 145–203.

Gesetz über die Versorgung von Jugendlichen, Verwahrlosten und Gewohnheitstrinkern vom 24. Mai 1925. In: Offizielle Sammlung der seit 10. März 1831 erlassenen Gesetze, Beschlüsse und Verordnungen des Eidgenössischen Standes Zürich, 33. Band, Zürich 1927, S. 136–144.

Gesetz über die Vormundschaftsbehörde und den gesetzlichen Jugendschutz (Basler Gesetzessammlung SG 212.400) vom 13. April 1944.

Schweizerisches Zivilgesetzbuch vom 10. Dezember 1907. Schweizerisches Bundesblatt, 58. Jahrgang VI. Nr. 54, 21. Dezember 1907, S. 589–889.

Literatur

Akermann, Martina, Furrer, Markus und Jenzer, Sabine (2012). *Bericht Kinderheime im Kanton Luzern im Zeitraum von 1930–1970. Schlussbericht zuhanden des Regierungsrats des Kantons Luzern, unter der Leitung von Markus Furrer.* Luzern: Gesundheits- und Sozialdepartement des Kantons Luzern, www.kinderheime-schweiz.ch. Zugegriffen: 27. September 2016.

Bernet, Brigitta (2013). *Schizophrenie. Entstehung und Entwicklung eines psychiatrischen Krankheitsbilds um 1900.* Zürich: Chronos.

Brückweh, Kerstin, Schumann, Dirk, Wetzell, Richard F. und Ziemann, Benjamin (Hg.) (2012). *Engineering Society. The Role of the Human and Social Sciences in Modern Societies, 1880–1980.* Basingstoke: Palgrave Macmillan.

Castel, Robert (2000). *Die Metamorphosen der sozialen Frage. Eine Chronik der Lohnarbeit.* Konstanz: UVK.

Elberfeld, Jens (2015). Befreiung des Subjekts, Management des Selbst. Therapeutisierungsprozesse im deutschsprachigen Raum seit den 1960er Jahren. In: Eitler, Pascal und Elberfeld, Jens (Hg.), *Zeitgeschichte des Selbst. Therapeutisierung – Politisierung – Emotionalisierung* (Histoire 79). Bielefeld: Transcript, S. 49–83.

Ewald, François (1991). Insurance and risk. In: Burchell, Graham, Gordon, Colin und Miller, Peter (Hg.), *The Foucault Effect. Studies in Governmentality.* Chicago: The University of Chicago Press, S. 197–210.

Foucault, Michel (2004). *Geschichte der Gouvernementalität II. Die Geburt der Biopolitik. Vorlesung am Collège de France (1978–1979).* Frankfurt am Main: Suhrkamp.

Foucault, Michel (2014). *Der Wille zum Wissen* (Sexualität und Wahrheit, Bd. 1). Frankfurt am Main: Suhrkamp.

Furrer, Markus, Heiniger, Kevin, Huonker, Thomas, Jenzer, Sabine und Praz, Anne-Françoise (Hg.) (2014). *Fürsorge und Zwang. Fremdplatzierung von Kindern und Jugendlichen in der Schweiz, 1850–1980.* Basel: Schwabe.

Galle, Sara (2016). *Kindswegnahmen. Das «Hilfswerk für die Kinder der Landstrasse» der Stiftung Pro Juventute im Kontext der schweizerischen Jugendfürsorge.* Zürich: Chronos.

Galle, Sara und Meier, Thomas (2009). *Von Menschen und Akten. Die Aktion «Kinder der Landstrasse» der Stiftung Pro Juventute.* Zürich: Chronos.

Gehltomholt, Eva und Hering, Sabine (2006). *Das verwahrloste Mädchen – Diagnostik und Fürsorge in der Jugendhilfe zwischen Kriegsende und Reform (1945–1965).* Opladen: Budrich.

Hauss, Gisela (2007). Norm und Ausschluss in Vormundschaft und Psychiatrie. Zum institutionellen Umgang mit jungen Frauen. In: Mottier, Véronique und Mandach, Laura von (Hg.), *Pflege, Stigmatisierung und Eugenik. Integration und Ausschluss in Medizin, Psychiatrie und Sozialhilfe.* Zürich: Seismo, S. 63–75.

Höpflinger, François (1999). Gesellschaft im Umbau. In: Leimgruber, Walter und Fischer, Werner (Hg.), *«Goldene Jahre». Zur Geschichte der Schweiz seit 1945*. Zürich: Chronos, S. 133–149.

Hörmann, Georg und Nestmann, Frank (1985). Die Professionalisierung der Klinischen Psychologie und die Entwicklung neuer Berufsfelder in Beratung, Sozialarbeit und Therapie. In: Ash, Mitchell G. und Geuter, Ulfried (Hg.), *Geschichte der deutschen Psychologie im 20. Jahrhundert*. Opladen: Westdeutscher Verlag, S. 252–285.

Jenzer, Sabine (2014). *Die «Dirne», der Bürger und der Staat. Private Erziehungsheime für junge Frauen und die Anfänge des Sozialstaates in der Deutschschweiz, 1870er bis 1930er Jahre*. Köln: Böhlau.

Joris, Elisabeth und Witzig, Heidi (Hg.) (1991). *Frauengeschichte(n). Dokumente aus zwei Jahrhunderten zur Situation der Frauen in der Schweiz*. Zürich: Limmat Verlag Genossenschaft.

Lessenich, Stephan (2008). *Die Neuerfindung des Sozialen. Der Sozialstaat im flexiblen Kapitalismus*. Bielefeld: Transcript.

Lessenich, Stephan (2012). *Theorien des Sozialstaats zur Einführung*. Hamburg: Junius.

Leuenberger, Marco und Seglias, Loretta (2015). *Geprägt fürs Leben. Lebenswelten fremdplatzierter Kinder in der Schweiz im 20. Jahrhundert*. Zürich: Chronos.

Leuenberger, Marco, Mani, Lea, Rudin, Simone und Seglias, Loretta (2011). *«Die Behörde beschliesst» – zum Wohl des Kindes? Fremdplatzierte Kinder im Kanton Bern 1912–1978*. Baden: hier + jetzt.

Luchsinger, Christine (2016). *«Niemandskinder». Erziehung in den Heimen der Stiftung Gott hilft 1916–2016*. Chur: Kommissionsverlag Desertina.

Lutz, Raphael (1996). Die Verwissenschaftlichung des Sozialen als methodische und konzeptuelle Herausforderung für eine Sozialgeschichte des 20. Jahrhunderts. *Geschichte und Gesellschaft*, 22, S. 165–193.

Magnin, Chantal (2002). Der Alleinernährer. Eine Rekonstruktion der Ordnung der Geschlechter im Kontext der sozialpolitischen Diskussion von 1945 bis 1960 in der Schweiz. In: Gilomen, Hans-Jörg, Guex, Sébastien und Studer, Brigitte (Hg.), *Von der Barmherzigkeit zur Sozialversicherung. Umbrüche und Kontinuitäten vom Spätmittelalter bis zum 20. Jahrhundert*. Zürich: Chronos, S. 387–400.

Matter, Sonja (2011). Das Wohnort- und Heimatprinzip in der Fürsorge vor 1975. Integrationsbestrebungen unter Vorbehalt. In: Mooser, Josef und Wenger, Simon (Hg.), *Armut und Fürsorge in Basel. Armutspolitik vom 13. Jahrhundert bis heute*. Basel: Merian, S. 239–248.

Meier, Marietta, Tanner, Jakob, Hürlimann, Gisela und Bernet, Brigitta (2002). *Zwangsmassnahmen in der Zürcher Psychiatrie 1870–1970. Bericht im Auftrag der Gesundheitsdirektion des Kantons Zürich*. Zürich: Forschungsstelle für Sozial- und Wirtschaftsgeschichte der Universität Zürich.

Steinhausen, Hans-Christoph (Hg.) (1992). *Festschrift. 70 Jahre Kinder- und Jugendpsychiatrischer Dienst des Kantons Zürich (1921–1991)*. Zürich: Kinder- und Jugendpsychiatrischer Dienst des Kantons Zürich.

Studer, Brigitte (1998). Der Sozialstaat aus Geschlechterperspektive. Theorien, Fragestellungen und historische Entwicklung in der Schweiz. In: Studer, Brigitte, Wecker, Regina und Ziegler, Béatrice (Hg.), *Frauen und Staat. Berichte des Schweizerischen Historikertages in Bern, Oktober 1996*. Basel: Schwabe, S. 184–208.

Studer, Brigitte (2008). Biographische Erfassungslogiken: Akten, Menschen und die Geschichtsschreibung. In: Kaufmann, Claudia und Leimgruber, Walter (Hg.), *Was Akten bewirken können. Integrations- und Ausschlussprozesse eines Verwaltungsvorgangs*. Zürich: Seismo, S. 139–149.

Tanner, Jakob (2009). Ordnungsstörungen – Überlegungen zur Geschichte der Psychiatrie. In: Grunder, Hans-Ulrich (Hg.), *Dynamiken von Integration und Ausschluss in der Schweiz*. Zürich: Seismo, S. 142–146.

Togni, Carola (2015). Arbeit und Geschlechterordnung. Zur Normalisierung der Lohnarbeit in der Arbeitslosenversicherung des 20. Jahrhunderts. In: Bernet, Brigitta und Tanner, Jakob (Hg.), *Ausser Betrieb. Metamorphosen der Arbeit in der Schweiz*. Zürich: Limmat, S. 91–108.

Wecker, Regina (1996). Staatsbürgerrechte, Mutterschaft und Grundrechte. *Schweizerische Zeitschrift für Geschichte*, 46, S. 383–410.

Wecker, Regina, Studer, Brigitte und Sutter, Gaby (1999). *Die «schutzbedürftige Frau». Zur Konstruktion von Geschlecht durch Mutterschaftsversicherung, Nachtarbeitsverbot und Sonderschutzgesetzgebung im 20. Jahrhundert*. Zürich: Chronos.

Zaft, Matthias (2011). *Der erzählte Zögling. Narrative in den Akten der deutschen Fürsorgeerziehung*. Bielefeld: Transcript.

Eltern – Kinder – Erziehungspersonal – Institutionen

Eine unmögliche Beziehung?

MARKUS BOSSERT, VÉRONIQUE CZÁKA

Im 19. Jahrhundert waren die meisten Heimkinder Waisen oder von ihren Eltern verlassene Kinder. Dies änderte sich im Verlauf des 20. Jahrhunderts grundlegend. Der Anteil an Waisenkindern in den Heimen ging deutlich zurück. Bestehen blieben die Kinder von unverheirateten Müttern, während die bis dahin marginale Gruppe der Kinder geschiedener Eltern ausgeprägt zunahm. Im Ergebnis dieser Entwicklung hatte in der Schweiz in der zweiten Hälfte des 20. Jahrhunderts die Mehrheit der in Heimen fremdplatzierten Kinder wenigstens einen lebenden Elternteil. Nur eine Minderheit dieser Fremdplatzierungen wurde von den Eltern selbst initiiert. In der Mehrzahl der Fälle wurde den Eltern der Platzierungsbeschluss von öffentlichen Institutionen (Jugendgerichte, Jugendämter usw.) auferlegt.

Erst vor Kurzem hat die Forschung im Bereich der Erziehungswissenschaften und der Sozialen Arbeit damit begonnen, den Eltern der fremdplatzierten Kinder eine Stimme zu geben.[1] In der Geschichtswissenschaft dagegen sind die Familien und Eltern die grossen Vergessenen der seit drei Jahrzehnten betriebenen Forschung zur Fremdplatzierung von Kindern in der Schweiz.[2]

Vor diesem Hintergrund fragt der folgende Beitrag nach der Stellung, die den Eltern fremdplatzierter Kinder eingeräumt wurde, und danach, wie sich diese im zeitlichen Verlauf entwickelt hat. Welche Arten von Beziehungen konnten die Eltern zu ihrem Kind erhalten, während es nicht bei ihnen lebte? Konnten die Eltern mit den Fachleuten auf Augenhöhe verhandeln oder befanden sie sich im Gegenteil in einer Position der Schwäche oder gar der Schuld? Unser Beitrag verfolgt nicht das zugegebenermassen ehrgeizige Ziel, die Gesamtheit dieser Fragen fundiert zu behandeln. Wir möchten lediglich einige Perspektiven aufzeigen, indem wir uns auf vorhandenes Quellenmate-

1 Delens-Ravier (2001); Sécher (2010).
2 Ein Kapitel der Dissertation von Yves Collaud (im Druck), die im Rahmen des SNF-Sinergia-Projekts verfasst wurde, befasst sich damit, wie die Eltern der Heimkinder in den Arbeitsnotizen und dem Briefverkehr der Sozialarbeiterinnen und -arbeiter dargestellt wurden.

rial stützen. Die Quellengrundlage setzt sich aus Fachzeitschriften der West- und Deutschschweiz sowie Diplomarbeiten der Ausbildungsinstitutionen für Heimerzieherinnen und -erzieher[3] zusammen. Folglich werden in ihnen die Eltern immer im – selten neutralen – Blick von professionellen Sozialarbeitern, Heimerziehern und Ärzten sichtbar.

Der Untersuchungszeitraum reicht von der unmittelbaren Nachkriegszeit bis in die 1970er-Jahre. In dieser Zeit veränderte sich die Stellung, die den Eltern zugedacht war, stark. Dieser Wandel und seine Chronologie waren in der West- und Deutschschweiz ähnlich, was es erlaubt, beide Regionen gemeinsam darzustellen und allfällige Unterschiede gesondert anzumerken.

Die Eltern – ein unvermeidliches Übel?

Die Erziehungsheime in der Schweiz betrachteten bis Mitte des 20. Jahrhunderts die Beziehung zu den Eltern der Heimkinder als ein unvermeidliches Übel. Kinder sollten von ihrem Herkunftsmilieu, das bisher schädlich auf sie gewirkt hatte, möglichst isoliert werden. Nur in dieser Isolation waren für die Heimerzieherinnen und -erzieher die Bedingungen für eine erfolgreiche Um- oder Nacherziehung gegeben. Im Kontakt der Heimkinder mit ihren Eltern und ihrem Herkunftsmilieu sahen sie eine Bedrohung für die bisherigen Erziehungsbemühungen: «Unsere Aufgabe ist es, die Kinder umzuerziehen, ihre guten Anlagen zu entwickeln, die schlechten niederzuhalten, ihnen die Augen für ihre Schwächen zu öffnen. Wir glaubten nun oft die Erfahrung gemacht zu haben, dass man einen gewissen Grad der Umerziehung erreicht hatte, der Aufenthalt der Kinder im Elternhaus machte die Mühe zu nichte.»[4] Bei einer temporären Rückkehr ins Herkunftsmilieu wurde befürchtet, dass Kinder wieder alte Gewohnheiten aufnähmen oder neue schädliche Verhaltensweisen erlernten und diese danach ins Heim einschleppten.

In der unmittelbaren Nachkriegszeit war der gesamte Bereich der «Anstalten» starker Kritik ausgesetzt und stand unter hohem Reformdruck. Die Schweizerische Landeskonferenz für Soziale Arbeit richtete verschiedene Studienkommissionen ein mit dem Ziel, Richtlinien – im Sinne einer «best practice» – für alle Aspekte des Heimwesens (Architektur und Innenausstattung, Anforderungsprofil des Erziehungspersonals usw.) und für den Schutz der Heimkinder auszuarbeiten. Trotz dieser fundamentalen Infragestellung

3 In diesem Beitrag werden die Begriffe Heimerzieherin und -erzieher synonym mit den in der Westschweiz geläufigen Bezeichnungen *éducateur spécialisé, éducatrice spécialisée* verwendet.

4 VSA-Fachblatt, 13 (2), 1942, S. 41.

des Anstaltswesens wurde den leiblichen Eltern der Heimkinder wenig Raum gewährt. Bestenfalls wurden Elternbesuche unter Auflagen gestattet, um den Anschein einer Beziehung zwischen Kindern und ihren Eltern zu wahren.[5] Oder man forderte von den für die Betreuung zuständigen Personen, so gut wie möglich mit den Familien der Kinder zusammenzuarbeiten, um so zu verhindern, dass das Kind zwischen verschiedenen Beziehungen «gespalten» würde.[6] Was die mögliche Rolle der Eltern im (Um-)Erziehungsprozess betraf, begnügte man sich mit dem lapidaren Satz: «Der Einfluss der Eltern kann eine wirkungsvolle Unterstützung sein.»[7]

Anfang der 1950er-Jahre wurde die Praxis der möglichst vollständigen Isolierung vom Herkunftsmilieu während des Heimaufenthalts zunehmend infrage gestellt. Heimplatzierungen waren auch bei noch so starker Isolierung in der Regel temporäre Massnahmen, an deren Ende das Ziel der «Rückführung in den normalen sozialen Zusammenhang»[8] stand. Diese Rückführung klappe oft nicht, da entweder der Heimaufenthalt zu kurz sei für eine grundlegende Wesensänderung oder das Heimmilieu sich vom Herkunftsmilieu zu stark unterscheide, um auf eine erfolgreiche «Wiedereingliederung» vorzubereiten:[9] «In der Erkenntnis dieser Tatsache ist man in den letzten Jahren dazu übergegangen, einen Ausgleich zu suchen. Man lockerte die Anstaltserziehung auf, indem man den Kontakt mit der Aussenwelt sucht und die Verbindung mit den Eltern aufrecht erhält oder sogar fördert.»[10] Die Eltern sollten «zur Mitarbeit» herangezogen werden, weil man «den Einfluss der Eltern kaum ausschalten» könne und sie die «negative Einstellung» der Kinder gegenüber dem Heim zu mildern vermöchten.[11]

War diese Öffnung eine Reaktion auf die Forschung zur Bedeutung der affektiven Mutter-Kind-Beziehung und den verhängnisvollen Folgen, die eine durch einen Heimaufenthalt verursachte Trennung auf die Entwicklung des Kindes hat?[12] Auf dem Jahreskongress des Groupe romand en faveur des enfants difficiles im Oktober 1953 in Sitten standen die Beziehungen zwischen Eltern und Heimkindern beziehungsweise zwischen Eltern und Heimen oder Vormundschaftsbehörden im Mittelpunkt der Debatte.[13] Maurice Veillard

5 L'information au service du travail social, 18 (5), 1949, S. 68.
6 L'information au service du travail social, 20 (7), 1951, S. 100.
7 Ebd., S. 100.
8 VSA-Fachblatt, 24 (8), 1953, S. 355.
9 Ebd.
10 Ebd.
11 Ebd., S. 356.
12 Bowlby 1951.
13 Die Beiträge zum Kongress wurden in *L'Information au service du travail social*, 22 (9), 1953 und 23 (1), 1954 veröffentlicht.

(1894–1978), der Vorsitzende des Jugendgerichts des Kantons Waadt, begann seinen Vortrag mit einer Feststellung, die ihn zwar nicht zu freuen schien, die er aber doch für begründet hielt: «Ausser wenn sich die Eltern vollständig von ihrem Kind zurückziehen, existieren diese Beziehungen, ob man will oder nicht.»[14] Des Weiteren zeigte sich der Richter erstaunt darüber, dass sich die Eltern genau dann um jeden Preis am Anspruch auf ihren Nachwuchs festklammerten, wenn sie das Sorgerecht über ihn verloren. Man kann dieses Erstaunen als eine Art Weigerung oder Unfähigkeit interpretieren, die Wirklichkeit der Bindung zwischen Eltern und ihren Kindern anzuerkennen, möglicherweise hervorgerufen durch die Vorstellung, die der Richter von diesen Personen hatte, die oft aus den am meisten benachteiligten Schichten der Bevölkerung stammten. Tatsächlich duldete das Urteil, das er über diese Eltern fällte, keinen Widerspruch und gründete auf einer Rhetorik, die uns heute extrem erscheinen mag, jedoch für den damals herrschenden Diskurs repräsentativ ist. Für Veillard waren diese Eltern grundsätzlich «mangelhafte Charakter: trinkende, egoistische, engstirnige Väter, dumme, schlampige, faule, leichtlebige Mütter».[15] Und die schlimmsten unter ihnen «haltlos», «debil», «schwere Psychopathen» oder «amoralisch». Es überrascht daher kaum, dass die Erwartungen, die an in solcher Art negativ beurteilte Personen gerichtet wurden, sehr gering waren. Veillard verfolgte zwei Ziele: erstens den Widerstand der Eltern gegen die Heimunterbringung zu brechen, zweitens zu versuchen, die Eltern selbst zu ändern, was für ihn der einzige Weg war, um eine erfolgreiche Rückkehr des Kindes in sein Herkunftsmilieu überhaupt in Erwägung zu ziehen.

Der auf demselben Kongress gehaltene Vortrag von Jacques Bergier (1911 bis 2002), Leiter des medizinisch-pädagogischen Diensts des Kantons Waadt, fiel nuancierter aus und stützte sich vorwiegend auf die Praxis der Leitungspersonen und des Erziehungspersonals der verschiedenen waadtländischen Einrichtungen.[16] Sehr deutlich wurde dabei, dass die Fachleute unterschiedlicher Meinung waren über die zum Erreichen ihrer Ziele einzusetzenden Mittel. Die Ziele selbst aber blieben mehr oder weniger unverändert: jeglichen Widerstand der Eltern zu brechen, sich sodann ihrer Mitarbeit zu versichern und, idealerweise, direkt auf ihr Verhalten einzuwirken. Die dafür einzusetzenden Mittel waren umstrittener. So hielten es manche Heimerzieher für geboten, während der Gespräche den Eltern ihre Fehler vorzuhalten, während andere im Gegenteil erklärten, eher beschwichtigend auf sie einwirken zu wollen. Auch hinsichtlich der Besuche und Kontakte zwischen den Eltern und den Heimkindern erklärten einige, dass diese

14 L'information au service du travail social, 22 (9), 1953, S. 148.

15 Ebd., S. 148 f.

16 Le Bercail, Les Mayoresses, Maison d'éducation de Vennes, Le Châtelard, alle in Lausanne, Ecole Pestalozzi in Echichens, sowie die Einrichtung von Serix sur Oron.

zu unterbinden seien, um die vom Kind empfundenen Trennungsschmerzen nicht weiter zu verstärken, wohingegen andere die Eltern-Kind-Beziehung zu fördern wünschten. Für den künftigen Leiter des waadtländischen Jugendamtes blieb zwar das Wie noch zu klären, sein Standpunkt schien indes bereits festzustehen:[17] «Die Zeiten, in denen der Erzieher die unmittelbaren Verwandten als Störenfriede, ja als seine Feinde ansah, die er systematisch auszugrenzen trachtete, sind endgültig vorbei. Der Auftrag des Erziehers hat sich erheblich erweitert. Er kann das Kind nicht mehr ausserhalb seines Familienkomplexes betrachten, als wäre es von ihm isoliert, und sein Handeln muss zwangsläufig auch auf die Eltern einwirken.»[18]

Trotzdem scheint die Idee weitergelebt zu haben, dass die natürlichen Eltern in manchen Fällen vollständig aus dem Leben ihres Kindes verschwinden müssten, sei es, weil sie es völlig vernachlässigt hätten und ihre Rückkehr ins Leben des Kindes zu viel Aufregung verursachen würde, sei es, weil sie dem Kindeswohl zu abträglich wären und ihnen daher der Kontakt zum Kind nicht mehr gestattet werden könne.[19] Daran anschliessend stellte sich die Frage nach der für die Entwicklung des Kindes unabdingbaren Eltern-Kind-Beziehung. In der Westschweiz befürworteten einige Experten wie der Kinderpsychiater René Henny[20] (1923) eine radikale Massnahme: den Transfer der emotionalen Bindung auf die Ersatzeltern, zum Beispiel auf ein Mitglied des Erzieherteams, das den abwesenden Elternteil des Kindes ersetzen sollte.[21] Das war zwangsläufig nur in einer sehr kleinen Zahl von Fällen möglich. Die Frage, ob Heimerzieherinnen oder -erzieher die Rolle von Ersatzmüttern oder -vätern spielen sollten oder konnten, wurde ausführlich diskutiert. Im Jahr 1966 entschieden die Heimerzieher der Westschweiz auf ihrer Jahresversammlung in La Chaux-de-Fonds schliesslich zugunsten einer klaren Trennung zwischen der Eltern-Kind-Beziehung und der Erzieher-Kind-Beziehung: «Weil der Erzieher weder ‹das Herz› noch die Rechte echter Eltern hat und sein Handeln oft zeitlich begrenzt ist (es gibt keine Kontinuität). Eltern können eine negative oder positive Realität sein, in jedem Fall sind sie eine Realität, der Rechnung getragen werden muss. Die Liebe der Eltern unterscheidet sich von derjenigen des Erziehers.»[22]

17 Der Kinderdienst wurde 1957 gegründet und ging aus dem medizinisch-pädagogischen Büro, dem Kantonalbüro für Minderjährige und der Jugendstrafkammer hervor.
18 L'information au service du travail social, 23 (1), 1954, S. 12.
19 L'information au service du travail social, 22 (9), 1953, S. 150 f.
20 Henny war zu diesem Zeitpunkt ärztlicher Stellvertreter im medizinisch-pädagogischen Büro der Waadt, dessen Leitung er 1956 übernahm.
21 L'information au service du travail social, 23 (1), 1954, S. 12–18.
22 Ensemble, 34, 1966, S. 14.

Die moderate Lösung, auf die man sich schliesslich sowohl in der West- als auch in der Deutschschweiz immer öfter einigte, bestand in der Bildung von Kleingruppen mit mehreren Kindern (nicht mehr als etwa zehn), die von einem «Erzieherpaar» geleitet wurden, bei dem jeder Partner den Auftrag hatte, die traditionell von der Mutter beziehungsweise dem Vater erwartete Rolle auszufüllen. Es handelte sich in diesen Fällen eher um ein «elterliches Vorbild» und im erweiterten Sinn um normierte männliche und weibliche Rollenvorbilder, an denen sich die Kinder orientieren oder mit denen sie sich identifizieren konnten, als um Ersatzeltern. Generell kann festgehalten werden, dass der Professionalisierungsprozess es den Heimerzieherinnen und -erziehern ermöglichte, ihre Rolle gegenüber den Kindern besser zu definieren, was ihnen wiederum erlaubte, ihre Rolle umso klarer von derjenigen der Eltern zu unterscheiden und jede Vermischung zu vermeiden.

1956 fand in Fontainebleau (Frankreich) der dritte Kongress der Association internationale des éducateurs de jeunes inadaptés (AIEJI, Internationale Vereinigung von Erziehern nicht angepasster Jugend) statt. An ihm versammelten sich «rund 400 in der Jugendhilfe tätige Menschen aus 35 Ländern aller Kontinente», um in Zusammenarbeit mit der UNO und der UNESCO aktuelle fachliche Fragen zu diskutieren.[23] Das dritte Kongressthema behandelte dabei «die Zusammenarbeit zwischen dem Erziehungsheim und den Familien der Heimkinder». Auch in der Deutschschweiz wurde der Kongress wahrgenommen und das *Fachblatt des Vereins für Schweizerisches Heim- und Anstaltswesen* (VSA-Fachblatt) berichtete ausführlich darüber. Am Kongress wurde argumentiert, dass das Kind den Kontakt zur Familie während des Heimaufenthalts behalten solle, um die Wiedereingliederung nach Beendigung der Massnahme zu erleichtern. Als Hilfsmittel hierfür erachtete man Elternbesuche, Ferien oder die briefliche Korrespondenz.[24]

Im Fachdiskurs des VSA-Fachblatts spiegelt sich die Vielfalt der Lösungen für den Umgang mit den Eltern der Heimkinder.[25] Je nach Heimtypus und oft auch abhängig von der Einstellung des jeweiligen Heimleiters wurden andere Umgangsformen gewählt. Befürworter einer Öffnung der Heime standen dabei Anhängern des Isolationsprinzips gegenüber. Auch wenn, wie die Wortmeldungen im VSA-Fachblatt zeigen, in der Praxis noch mancher Heimleiter einer Öffnung des Heims und dem stärkeren Einbezug der Eltern eher skeptisch gegenüberstand, bestand im Diskurs der Fach- und Interessenorganisationen der Heimlandschaft in der Deutschschweiz die Tendenz zur Öffnung.[26] Kon-

23 VSA-Fachblatt, 27 (12), 1956, S. 487–489.
24 Ebd., S. 488 f.
25 VSA-Fachblatt, 32 (11), 1961, S. 371–379.
26 Ebd.

kret fassbar wird dies in den *Richtlinien für die Organisation von Heimen zur Erziehung von Kindern und Jugendlichen*, welche die Schweizerische Landeskonferenz für Soziale Arbeit 1959 erliess.[27] Erstmals wurden darin Empfehlungen für den Kontakt mit der Aussenwelt, insbesondere der Herkunftsfamilie des Heimkindes, gemacht. Der Kontakt zur Familie soll «so weit als möglich» aufrechterhalten werden.[28] Explizit wurde aber auch eine Beeinflussung der Herkunftsfamilie gefordert: «Heimleitung und Versorger sollen während der Dauer der Heimerziehung versuchen, das Milieu, wohin die Zöglinge nach der Entlassung kommen (eigene Familie, Arbeitsort usw.), in günstigem Sinne zu beeinflussen.»[29]

Angelegt in der Öffnung der Heime und der Zusammenarbeit mit den Eltern der Heimkinder war auch immer die Instrumentalisierung der Eltern. Der Grund, sie mit einzubeziehen, lag vor allem darin, die Akzeptanz für die Massnahme bei ihnen und dem Heimkind zu erhöhen und die Erfolgschance einer Wiedereingliederung zu verbessern. Jedoch blieben Eltern von Kindern im Erziehungsheim nach wie vor negativ konnotiert. Sie galten als schwierig und ihnen lastete in der Erziehung der Makel des Versagens an. Kaum gefragt bei der Zusammenarbeit war daher die pädagogische Perspektive der Eltern, die vom Erziehungspersonal als Laienwissen betrachtet wurde.

Die Eltern als Partner im Umerziehungsprozess?

Im November 1969 wählte der Schweizerische Hilfsverband für Schwererziehbare (SHVS) für seine Fortbildungstagung das Thema «Die Heime und die Familien der Heimkinder».[30] An der Tagung tritt nochmals deutlich der Spagat zwischen Öffnungsabsichten der Heime und Skepsis gegenüber den Herkunftsfamilien der Heimkinder zutage. Tagungsleiter Fritz Schneeberger stellte fest, dass die Referenten der Tagung «Eltern und Kind» gegenüber den Erziehern einen «negativen Status» verleihen.[31] Er erteilte den Rat: «Trotz diesem Unterschied ist Partnerbeziehung auf gleicher Gesprächsebene nötig. Das bedeutet Achtung und Ernstnehmen, unbesehen einer allfälligen Lebens- oder Erziehungsuntüchtigkeit bei den Eltern. Verständnis ist aber nicht zu verwechseln mit unbeschränktem Akzeptieren ohne entschiedene Haltung.»[32]

27 Schweizerische Zeitschrift für Gemeinnützigkeit, 98 (12), 1959, S. 268–276.
28 Ebd., S. 269.
29 Ebd., S. 269.
30 VSA-Fachblatt, 41 (2), 1970, S. 73–76.
31 Ebd., S. 75.
32 Ebd., S. 75 f.

Äusserst präsent in der Fachdebatte um die Zusammenarbeit mit den Eltern in den Heimen ist die Schule für Soziale Arbeit Zürich. Einerseits sind viele Artikel im VSA-Fachblatt zum Thema von Exponenten und Exponentinnen aus dem Umfeld der Schule verfasst, andererseits schreiben zahlreiche Abgänger und Abgängerinnen der Schule Diplomarbeiten zum Thema, auf die im VSA-Fachblatt ebenfalls hingewiesen wird. Insbesondere in den 1970er-Jahren griff die Schule neue Konzepte auf, die eine Professionalisierung der Beziehung zu den Herkunftsfamilien der Heimkinder anstrebten. Dazu gehörte beispielsweise die Familientherapie, die unter anderem von Virginia Satir (1916–1988)[33] begründet wurde. Für Eltern entstanden zusätzliche Schulungsangebote und im Rahmen von Gruppengesprächen wurden sie zum Objekt therapeutischer Verfahren.[34] Als Oberbegriff für die Zusammenarbeit mit den Eltern bildete sich im deutschen Sprachraum der Begriff Elternarbeit heraus.[35] Vor dem Hintergrund der Heimkampagne und der Institutionenkritik der frühen 1970er-Jahre wurden neue Wege gesucht, um Heimaufenthalte zu verkürzen. Eine intensivere Zusammenarbeit mit den Eltern und die Stützung der Familien im Alltag boten sich als Alternative zur Heimunterbringung an. Der bisherigen «individualpsychologischen Orientierung» wurden vermehrt systemische Betrachtungsweisen der Familie entgegengesetzt.[36] Damit setzte sich die Tendenz fort, in der Sozialen Arbeit nicht nur auf einzelne Individuen – insbesondere Kinder – abzuzielen, sondern die ganze Familie in den Fokus der Massnahme zu rücken.

Auch in der Westschweiz bestand im gesamten Untersuchungszeitraum die Tendenz, die Betreuung der ganzen Familie – und nicht nur die des Kindes – durch Fachleute (Sozialarbeiter, Heimleiterinnen, Heimerzieher) als ideale Lösung der Erziehungsprobleme zu betrachten. Offenbar hat es in der Westschweiz keine mit der Deutschschweiz vergleichbare «Elternarbeit» gegeben. Aber ähnliche Zielstellungen wurden in gewisser Weise mit der Entwicklung der ersten Elterngesprächsgruppen[37] beziehungsweise Gesprächsgruppen mit Eltern und Jugendlichen[38] in den 1970er-Jahren und anschliessend durch die ers-

33 Satir 1973.
34 VSA-Fachblatt, 47 (10), 1976, S. 334–337.
35 Homfeldt/Schulze-Krüdener 2007.
36 Conen 1990, S. 16; Krähenbühl 1975.
37 *Le groupe de discussion avec les parents d'adolescents en observation dans un centre fermé pour mineurs.* Zur Entstehung dieses Ansatzes und der Darstellung der in La Clairière in Genf seit Januar 1969 bestehenden Gruppe siehe Ensemble, 3–4, 1971, S. 2–13.
38 In der Maison de Chevrens (Genf) seit Ende der 1970er-Jahre zunächst Diskussionsgruppen für Eltern und Jugendliche, anschliessend Familientherapie. Vgl. Di Stefano 2011, S. 69–72.

ten familientherapeutischen Angebote verwirklicht.[39] Die Wunschvorstellung, Eltern und Kinder gemeinsam in einer Umerziehungsanstalt unterzubringen, scheint in der Westschweiz nicht umgesetzt worden zu sein, auch wenn Beispiele dieser Art aus dem Ausland bekannt waren.[40] Parallel zur Entwicklung dieser Angebote drängte die Frage der Beziehungen zwischen Eltern, Kindern und Heimen mit Macht auf die Agenda zurück, wie zahlreiche Diplomarbeiten und Fachdebatten belegen. Im Mai 1971 stand «die Beziehung zu den Eltern des Heimkindes» im Mittelpunkt der von den Westschweizer Sektionen der Association suisse des assistants sociaux (ASAS) und der Association romande des éducateurs de jeunes inadaptés (AREJI) veranstalteten Studientagung. An diesem Anlass kamen in Neuenburg mehr als 300 Heimerzieherinnen und -erzieher sowie Sozialarbeiterinnen und -arbeiter zusammen.[41] Die Zeitschrift *Ensemble* veröffentlichte im Vorfeld vier persönliche Berichte, um die Kongressteilnehmerinnen und -teilnehmer zu Überlegungen anzuregen.[42] Neben den Einschätzungen von Fachleuten – einer Internatserzieherin, eines Sozialarbeiters einer Vormundschaftsbehörde und eines Sozialarbeiters in einem Heim – befand sich unter den Beiträgen auch der persönliche Bericht der Mutter eines Heimkindes. Der Abdruck dieses Textes, der den anderen vorangestellt war, scheint auf einen grundlegenden Wandel hinzudeuten: die Anerkennung der Eltern als Mitverantwortliche für die Erziehung ihres Kindes während des Heimaufenthalts und, daraus folgend, die Neubewertung ihrer bis dahin untergeordneten Position, die sie gegenüber den anderen beteiligten Stellen und Akteuren (Vormundschaftsbehörde, Heime und Heimerzieher) hatten.

Zudem schien immer klarer zu sein, dass der Heimaufenthalt zeitlich begrenzt werden musste und das Kind folglich eines Tages wieder zu den Eltern zurückkehren sollte. Die Eltern in den Umerziehungsprozess mit einzubeziehen war also nur vernünftig, um so die Rückkehr des Kindes zu seiner Familie vorzubereiten und zu erleichtern. Die Analyse der Tagungsdiskussionen und einer vor der Studientagung durchgeführten Untersuchung bekräftigte diesen Eindruck. Die Eltern sollten an der Auswahl des Heims beteiligt werden, in das ihr Kind untergebracht wurde; die Fremdplatzierung sollte bis auf wenige Ausnahmen immer mit ausdrücklicher Zustimmung der Eltern vorgenommen

39 Ein Beispiel für die Einführung dieser Art von Praktiken seit 1980 ist die Einrichtung von Pierre-Grise in Genf. Vgl. Rodari 1982.

40 Für ein Beispiel einer französischen Einrichtung, die auf diese Weise Eltern und Kinder für Aufenthalte zwischen sechs und zwölf Monaten zusammen aufnahm, siehe Riegert 1977. In der zweiten Hälfte ihrer Arbeit spricht die Erzieherin die Leiter von Heimen in der Westschweiz auf das genannte Modell an, aber diese scheinen wenig Interesse daran gezeigt zu haben.

41 Ensemble, 1, 1971, S. 2.

42 Ebd., S. 2–13.

werden und Letztere sollten die Beweggründe für die Heimunterbringung verstehen. Den Eltern sollte ihre Verantwortung bewusst gemacht werden, da die Heime allein keine Wunder vollbringen konnten. «Das Heim ist eine Dienstleistung, die den Eltern und Kindern zur Verfügung steht, und die Eltern müssen sich weiter für ihr Kind einsetzen.»[43] Mehrere Arbeitsgruppen stimmten in der «Notwendigkeit» überein, «die Eltern als Partner des Erziehungshandelns zu betrachten» und deshalb Vorurteile und vorgefasste Ansichten so weit wie möglich zu vermeiden.[44] In dieselbe Richtung wies der feierliche Wunsch der Teilnehmerinnen und Teilnehmer, jede «rigide und paternalistische Haltung gegenüber den Eltern» aufzugeben, die in manchen Heimen noch vorhanden war.[45] Diese Tendenz wird in den Diplomarbeiten auszubildender Heimerzieherinnen und -erzieher Ende der 1970er-Jahre bekräftigt, in denen immer öfter Eltern zur Sprache kamen und persönliche Berichte oder Stellungnahmen von Eltern neben denjenigen von Erzieherinnen, Erziehern und manchmal auch von Kindern auftauchten.[46] So lassen sich für denselben Zeitraum ähnliche Beobachtungen in den Diplomarbeiten an der Schule für Soziale Arbeit Zürich machen. Beispielsweise hielt Dora Loosli in ihrer Diplomarbeit «Elternarbeit im Heim» von 1972 fest: «Mit Hilfe der Elternarbeit sollten die Eltern generell in die Erziehungsaufgaben einbezogen werden, statt ausgeklammert zu werden wie bisher.»[47]

Allerdings scheint es schwierig gewesen zu sein, den Wandel, der sich in der Bewertung der Stellung und der Rolle der Eltern abzeichnete, in die Realität umzusetzen. 1977 wurden die in der Association romande des travailleurs de l'éducation spécialisée (ARTEJ, vormals AREJI) organisierten Heimerzieherinnen und -erzieher von den Veranstaltern der in Lausanne stattfindenden Jahresversammlung aufgefordert, über die provokant formulierte Frage zu diskutieren: «Die Eltern, Mitglieder des Erziehungsteams?»[48] Die Wahl war auf dieses Thema gefallen, nachdem eine Umfrage unter waadtländischen Heimerzieherinnen und -erziehern ergeben hatte, dass die Beziehungen zu den Familien in der pädagogischen Arbeit zeitlich und sachlich grossen Raum einnahmen. Offenbar blieb die Art und Weise der Beteiligung der Eltern am Erziehungsprozess schwierig zu definieren.

43 Ensemble, 3–4, 1971, S. 23.
44 Ebd., S. 25.
45 Ebd., S. 29.
46 Unter anderem Felix et al. 1979; Gfeller 1980.
47 Loosli 1972.
48 Ensemble, 2, 1977, S. 1.

Praktische Umsetzungen

Abseits der Theorie, die den Erhalt der Eltern-Kind-Beziehung oder die Kooperation der Eltern befürwortete, stellte sich die alles andere als geklärte Frage nach der konkreten Umsetzung in der Praxis. Für die Fachkräfte – Heimleiterinnen, Sozialarbeiter und Heimerzieherinnen – ging es unter anderem darum, Mittel und Wege zu finden, mit denen die Eltern-Kind-Beziehung erhalten oder wiederhergestellt werden konnte. Im VSA-Fachblatt erschienen in den 1950er-Jahren in loser Folge Artikel, die den Umgang mit Elternbesuchen, Ferien und brieflicher Korrespondenz diskutierten.[49] Um dasselbe Thema ging es in der ersten Diplomarbeit, die am Centre de formation des éducateurs spécialisés in Lausanne vorgelegt wurde.[50] In der Deutschschweiz befürworteten die Heimleiterinnen und Heimleiter grundsätzlich eine Lockerung und individuellere Lösungen. So sollte etwa vermehrt auf Briefzensur verzichtet und eine grössere Flexibilität bei Besuchstagen eingeführt werden. Die Überlegungen, die der Heimerzieher aus der Westschweiz in seiner Diplomarbeit anstellte, wiesen in dieselbe Richtung, auch wenn seine Ansichten zur Korrespondenz und Zensur durch eine gewisse Ambivalenz geprägt waren. Der Briefwechsel stellte für ihn das ideale Mittel für Eltern und Kinder dar, miteinander in Kontakt zu bleiben, vor allem dann, wenn die Entfernung oder die berufliche Tätigkeit der Eltern regelmässige Besuche erschwerten. Briefzensur und systematische Öffnung der in Heimen ein- und ausgehenden Post lehnte er zwar ab, schlug aber eine sanftere Kontrollmethode vor.[51] Wenn das Vertrauensverhältnis zwischen Heimerzieher und Kind tief genug sei, würde das Kind dem Heimerzieher seine Briefe aus eigenem Antrieb zeigen, bevor es sie an die Eltern abschickte. Notfalls, so seine Empfehlung, sollten die Eltern beraten werden, damit sie die Zusendung beunruhigender oder unerwünschter Inhalte an das Kind unterliessen. Die empfohlenen Abschwächungen bedeuteten also keineswegs die Aufhebung sämtlicher Formen von Kontrolle. Allerdings tendierte der Heimerzieher ebenfalls zu einem monatlichen Rhythmus der Elternbesuche beziehungsweise zu punktuellen Besuchen des Kindes in seiner Familie (Wochenende, Ferien), um kein Gefühl der Verlassenheit aufkommen zu lassen oder die Rückkehr in die Familie am Ende des Heimaufenthalts zu unterstützen.[52]

Uneinig war man sich hingegen bei der Mindesteinweisungsdauer. Während manche Heimleiter auf individuelle, dem Kind und der Situation angepasste Lösungen setzten, beharrten andere auf einer Mindesteinweisungsdauer

49 VSA-Fachblatt, 28 (5), 1957, S. 170–172; VSA-Fachblatt, 28 (7), 1957, S. 247–252.
50 Michel 1959.
51 Ebd., S. 20 f.
52 Ebd., S. 19 f.

von zwei Jahren als nötiger Voraussetzung, damit die Erziehungsmassnahme Wirkung zeige. Ebenfalls sollte nach dem Heimeintritt eine Wartefrist von mindestens zwei Monaten bis zum ersten Elternbesuch eingehalten werden, damit die Kinder sich ans Heim gewöhnen und ihren Trennungsschmerz überwinden könnten. Im Heim Chez Nous in der Umgebung von Lausanne wurde diese Wartefrist – sie betrug hier vier bis sechs Wochen – Ende der 1950er-Jahre aufgehoben. Es war nämlich festgestellt worden, dass das Kind sich in seinem neuen Lebensumfeld umso sicherer fühlte, je häufiger es Elternbesuch bekam, und so seinen Trennungsschmerz abmildern konnte.[53] Mit demselben Ziel forderten einige Einrichtungen konsequent, dass das Kind bei seinem Heimeintritt von den Eltern begleitet werde.

Die Quellen erlauben keine generellen Aussagen über die Erziehungspraktiken der Heime und ihre Entwicklung. Die mehrheitlich privaten Einrichtungen wurden von einem Direktor oder einer Direktorin geleitet und von einer Kommission beaufsichtigt, die sich hauptsächlich mit allgemeinen Fragen beschäftigte. Doch grundsätzlich erlebte jedes Heim seine ganz eigene Entwicklung. Mehrere zeitgenössische Diplomarbeiten geben Aufschluss über konkrete Verhältnisse. Das pädagogische Zentrum von Malvilliers im Kanton Neuenburg etwa wurde gleich in zwei Diplomarbeiten und einem Zeitschriftenartikel in *Ensemble* dargestellt.[54] Vermutlich rührt die Begeisterung für diesen speziellen Fall vor allem daher, dass sich dieses Heim in besonderer Weise um das Problem der Eltern-Kind-Beziehung kümmerte. Diese Annahme wird durch den persönlichen Bericht einer der beiden Autorinnen der Diplomarbeit bestätigt, die, bevor sie als Heimerzieherin in Malvilliers arbeitete, in zwei Einrichtungen für «Sozialfälle» angestellt war, die über keine systematischen Regelungen der Beziehungen zwischen Kindern und Eltern verfügten.[55]

Wie in vielen anderen Einrichtungen dieser Zeit waren in dem in den 1930er-Jahren gegründeten Heim von Malvilliers Besuche der Eltern nur am Nachmittag jedes ersten Sonntags im Monat vorgesehen. Ein Leitungswechsel im Jahr 1959 scheint jedoch einen Wandel bewirkt zu haben. In einem ersten Schritt wurden 1960 die Besuchszeiten auf drei Sonntage im Monat ausgeweitet und ein regelmässiger Telefonkontakt zwischen Heimerzieherinnen, Heimerziehern und Eltern eingerichtet. Bemerkenswert ist, dass auf diesen ersten von der Leitung und dem Erzieherteam ausgehenden Impuls umgehend Änderungsforderungen von den Heimkindern und ihren Eltern erhoben wurden,

53 Ebd., S. 24.
54 Ensemble, 1, 1971, S. 6–9; Francillon 1970; Gfeller 1980.
55 Gfeller 1980, S. 2.

denen die Leitung nachgab.[56] Es folgte eine ganze Reihe von Anpassungen, die 1966 dazu führten, dass Heimkinder alle zwei Wochen das Wochenende bei ihrer Familie verbringen durften beziehungsweise sogar jedes Wochenende, wenn keine Verhaltensprobleme festgestellt wurden. Gespräche zwischen Eltern, Heimerziehern, Lehrern und dem Heimleiter (beziehungsweise einem untergeordneten Stellvertreter) fanden zunächst samstags vormittags statt, wurden im Lauf der 1970er-Jahre jedoch von quartalsweise stattfindenden Gesprächen abgelöst, die abwechslungsweise im Heim und bei den Eltern stattfanden. Die letzte Neuerung bestand in der den Eltern eröffneten Möglichkeit, unter der Woche während des offenen Unterrichts einen Vormittag im Zentrum zu verbringen.[57] Diese Angebote waren freilich keine Wundermittel und die beiden angehenden Heimerzieherinnen stellten in ihrer Diplomarbeit selbst fest, dass sie nicht in der Lage seien, in den Familien selbst existierende Probleme zu lösen, sei es, dass sie nicht über die entsprechende Ausbildung oder angemessene Instrumente verfügten, sei es, dass dies ganz einfach ihre rechtlichen Kompetenzen überschritt.

Auch Faktoren praktischer Natur konnten die Betreuung der Eltern-Kind-Beziehungen beeinträchtigen: Fahrtkosten für die Reise zwischen dem Heim und dem Wohnort der Familie zum Beispiel wurden von der Invalidenversicherung nur einmal im Monat übernommen.[58] Auch die Mutter eines Heimkindes, die man 1971 zu Wort kommen liess, machte auf die praktischen Schwierigkeiten aufmerksam, mit denen die Eltern konfrontiert waren: auf die bisweilen grosse Entfernung zwischen Erziehungsheim und Wohnort, auf Geschwister, die nicht unbedingt jeden Sonntag damit zubringen mochten, ihre fremdplatzierten Geschwister zu besuchen.[59] Auf diese Weise trugen die praktischen Schwierigkeiten zum strengen Reglement der Erziehungsheime bei.

Schlussfolgerungen

Die Rolle, die Eltern während der Heimunterbringung ihres Kindes spielen sollten, ist bis heute Gegenstand fachlicher Debatten. Die Kontaktpflege mit den Eltern wird vom Erziehungspersonal im Heim oft als zusätzliche Belastung empfunden. Insbesondere in Erziehungsheimen gelten Eltern von Heimkindern als schwierig und sind oft noch mit dem Makel des Versagens behaftet.

56 Beginn des monatlichen Urlaubs am Sonntagmorgen mit der Möglichkeit, in den Haushalt der Familie zurückzukehren. Gfeller 1980, S. 8.

57 Ebd., S. 10.

58 Francillon 1970, S. 11.

59 Ensemble, 1, 1971, S. 4.

Sie in die Erziehung ihrer Kinder mit einzubeziehen und ihnen mehr Mitsprache zu verschaffen, ist nach wie vor eine Herausforderung.

In der Praxis zeigt sich in der Nachkriegszeit eine grosse Vielfalt im Umgang mit den Eltern von Heimkindern. In vielen Heimen hielt das Leitungs- und Erziehungspersonal den Kontakt zwischen Kindern und leiblichen Eltern nach wie vor für schädlich. Er wurde bewusst eingeschränkt oder unterbunden. Anstrengungen, den Kontakt zwischen Eltern und Kindern aufrechtzuerhalten, variierten von Heim zu Heim stark. Sie reichten von strikt regulierten Besuchszeiten und zensierten Briefkontakten bis hin zu individualisierten Lösungen. Die Gewohnheit, Heime, insbesondere Erziehungsheime, in ländlicher Abgeschiedenheit zu errichten, stellte ärmere Eltern aufgrund der Distanz vor eine zusätzliche Hürde. Grundsätzlich nahm das Bewusstsein für die Notwendigkeit, den Kontakt zwischen Kindern und Eltern aufrechtzuerhalten, jedoch zu. Argumentiert wurde mit der grösseren Erfolgswahrscheinlichkeit der Erziehungsmassnahme und einer erleichterten Rückführung in die Herkunftsfamilie nach dem Heimaustritt. Gemeinsam war den Bemühungen der Heime, dass sie meist sehr punktuell und informeller Natur waren, ohne dass dahinter ein übergeordnetes Konzept stand.

In den 1970er-Jahren verschärfte sich die Kritik an der Praxis, Kinder isoliert von ihren Familien zu behandeln. Vermehrt wurden Familien unter einem systemischen Gesichtspunkt als Ganzes betrachtet. Damit verbunden waren erzieherische Massnahmen, welche die Eltern einbanden und sie teilweise zum Objekt pädagogischer Bemühungen machten. Pädagogische und therapeutische Ansätze wie Elternbildung oder Gruppentherapie wurden auf die Eltern der Heimkinder übertragen und angewendet – in der Regel jedoch auf freiwilliger Basis. Dieses neue Interesse an den Eltern löste sie einerseits aus ihrer bisherigen Marginalisierung, anderseits brachte es die Gefahr mit sich, sie zu objektivieren und zu instrumentalisieren, ohne auf ihre eigentlichen Bedürfnisse und Wünsche einzugehen.

Die historische Forschung zur Fremdplatzierung von Kindern hat noch keineswegs alle Perspektiven ausgelotet. Insbesondere scheint es wichtig, das Schicksal und die Erfahrungen der Eltern, denen die Kinder weggenommen wurden, genauer zu untersuchen. Zeugenberichte von Eltern über das Verfahren, das zum Platzierungsentscheid führte, über ihre Möglichkeiten, sich dem Beschluss zu widersetzen oder zumindest sich zum Ort der Platzierung zu äussern, über die Gelegenheiten, mit ihren Kindern oder der Vormundschaftsbehörde in Kontakt zu bleiben – all dies sind Aspekte, die bis heute grösstenteils im Dunkeln liegen. Es scheint deshalb unerlässlich, dass künftige auf Oral History basierende Untersuchungen um die Dimension der Familienangehörigen ergänzt und neben den Kindern auch Eltern als Zeitzeugen befragt werden, um unser Wissen über und unsere Anerkennung der spezifischen, oft traumatischen Erfahrungen zu vervollständigen, die mit den häufig erzwungenen Fremdplatzierungen und Trennungen einhergingen.

Quellen- und Literaturverzeichnis

Quellen

Ensemble. L'information d'action sociale. Lausanne: Ensemble, l'information d'action sociale.
L'information au service du travail social. Lausanne: Centre vaudois d'aide à la jeunesse.
Schweizerische Zeitschrift für Gemeinnützigkeit. Zürich: Schweizerische Gemeinnützige Gesellschaft.
VSA-Fachblatt. *Fachblatt des Vereins für Schweizerisches Heim- und Anstaltswesen*. Zürich: Verein für Schweizerisches Anstaltswesen (VSA).

Literatur

Collaud, Yves (im Druck). *Placement des enfants. Comparaison entre les cantons de Vaud et de Fribourg (1940–1980)*. Thèse de doctorat, Université de Fribourg.
Conen, Marie-Luise (1990). *Elternarbeit in der Heimerziehung. Internationale Gesellschaft für Heimerziehung*. Regensburg: Walhalla und Praetoria Verlag.
Delens-Ravier, Isabelle (2001). *Le placement d'enfants et les familles. Recherche qualitative sur les parents d'enfants placés*. Liège: Jeunesse et Droit.
Di Stefano, Sebastiano Fabio (2011). *L'intégration sociale de jeunes en rupture entre 1960 et 1985. L'expérience de Chevrens dans les archives de Louis Emery*. Université de Genève, mémoire de licence, S. 69–72.
Felix, Diane, Larpin, Michel und Angst, Serge (1979). *Questions sur le placement. Les rapports de l'enfant placé en institution avec sa famille et ses éducateurs*. Genève: Institut d'études sociales.
Francillon, Denise (1970). *Les relations «éducateurs – parents» dans le cadre de l'internat*. Lausanne: EESP, CFES.
Gfeller, Liliane (1980). *Réflexions sur les contacts avec les parents des enfants placés en institution*. Fribourg: ESSF.
Homfeldt, Hans Günther und Schulze-Krüdener, Jörgen (Hg.) (2007). *Elternarbeit in der Heimerziehung*. München: Ernst Reinhardt Verlag.
Krähenbühl, Verena (1975). *Familienbehandlung*. Zürich: Schule für Soziale Arbeit.
Loosli, Dora (1972). *Elternarbeit im Heim*. Diplomarbeit Schule für Soziale Arbeit Zürich.

Michel, S. (1959). *La collaboration des maisons d'éducation avec les parents des enfants qui y sont placés*. Mémoire de fin d'études, CFES, Lausanne.

Riegert, Denis (1977). *Enfants – parents. Une seule et même institution*. Fribourg: EESF.

Rodari, Riccardo (1982). *Rendre la parole à la famille. Réflexions sur l'introduction de l'approche systémique dans une petite institution*. Fribourg: EESF.

Satir, Virginia (1973). *Familienbehandlung. Kommunikation und Beziehung in Theorie, Erleben und Therapie*. Übers. Maria Bosch et al. Freiburg im Breisgau: Lambertus.

Sécher, Régis (2010). *Reconnaissance sociale et dignité des parents d'enfants placés. Parentalité, précarité et protection de l'enfance*. Paris: L'Harmattan.

«Die wussten einfach, woher ich komme»

Staatliche Eingriffe und ihre Auswirkungen auf das Leben ehemaliger Heimkinder

CLARA BOMBACH, THOMAS GABRIEL, SAMUEL KELLER

Die subjektiven und oft subtilen Erfahrungen ehemaliger Heimkinder mit als staatlich wahrgenommenen Interventionen stehen im Zentrum dieses Beitrags. Die Datenbasis bilden biografisch-narrative Interviews mit Menschen, die zwischen 1940 und 1990 im Kanton Zürich in einem Kinder- und Jugendheim gelebt haben. Der Eintritt ins Heim, der Heimaufenthalt sowie die Zeit danach stellen Phasen dar, in denen Kinder und Jugendliche sich immer wieder konfrontiert sehen mit Repräsentanten staatlicher Macht. Diese stehen zumeist noch weit über den Heimaustritt hinaus für einen allwissenden, kontrollierenden und stigmatisierenden Staat, der wenig Privatheit zulässt und in verschiedenen Lebensphasen aus der Sicht der interviewten Menschen immer wieder im Verdacht steht, in Privatheit einzugreifen.

Die hier gewählte Forschungsperspektive des interpretativen Paradigmas geht von der Prämisse aus, dass in der sozialen Welt die Wirklichkeitsdeutungen der Subjekte für ihr Handeln von entscheidender Bedeutung sind. Die Rekonstruktion der Wirklichkeitserfahrung der Subjekte ist zentraler wissenschaftlicher Ansatzpunkt, um die soziale Welt im Heim und nach dem Heimaufenthalt zu verstehen.[1] Damit werden nicht nur individuelle Erfahrungen des Aufwachsens in Erziehungsheimen hermeneutisch rekonstruiert, sondern auch deren Auswirkungen auf das weitere Leben. Das Erkenntnisinteresse beschränkt sich jedoch nicht auf Einzelfälle oder auf das deskriptive Nacherzählen von Geschichten. Vielmehr fokussiert es intersubjektive Erfahrungen in Bezug auf Bilanzierungen des gelebten Lebens, auf Sinnzusammenhänge, auf Lebensthemen, -pfade und -wendepunkte. Die Datengrundlage der nachfolgenden Ausführungen besteht aus 37 biografischen narrativen Interviews. Vom Feldzugang bis zur Fragestruktur und zu den Zeitebenen im Interview wurde ein problemorientierter Zugang vermieden und ein offener Zugang ohne Präformierung durch wertbezogene Annahmen angestrebt. Die Interviews haben mit ihren offenen Fragen somit viel Raum für Narrationen, für ein nicht sugge-

1 Vgl. Gabriel/Keller, S. 4.

riertes Erinnern und Erzählen von Erfahrungen eröffnet. Durch die qualitative Analyse, basierend auf der *grounded theory*, gelang es, zentrale Themen und Fragen aus den Daten herauszuarbeiten, indem anhand der transkribierten Erzählungen Biografien in Analyseteams hermeneutisch rekonstruiert und zirkulär ausdifferenziert wurden.[2]

Die damaligen Erfahrungen wie auch die im späteren Leben stellen Schlüsselerlebnisse dar, in welchen sich intersubjektive Wahrnehmungen und Gefühle ehemaliger Heimkinder gegenüber staatlicher Verantwortung und Verortung verdichten. Auf der Basis ausgewählter Fälle werden enge Zusammenhänge zwischen der Erfahrung damaliger Interventionen und Massnahmen und der heutigen Selbstwahrnehmung als Bürgerin und Bürger festgestellt. Diese Selbstwahrnehmung wird gerade dann besonders deutlich, wenn staatliche oder staatlich anerkannte Macht verkörpert wird durch Polizisten, Beamte oder auch durch Ärzte oder Wissenschaftler. Sie können einerseits für Erfahrungen von Abhängigkeit oder Ohnmacht stehen, aber auch für eine Gelegenheit, um sich Gehör zu verschaffen – beispielsweise im Rahmen einer Wiedergutmachung.

Dieser Beitrag fragt danach, durch wen ehemalige Heimkinder den Staat repräsentiert sehen, wer also «die» sind, welche im Titelzitat «Die wussten einfach, woher ich komme»[3] angesprochen sind, und welche Erfahrungen in der Begegnung mit solchen Repräsentanten reproduziert oder reaktiviert werden. Die biografisch dichten Zitate von Betroffenen in den Titeln dieses Beitrags sollen die Thematisierung in der Fachsprache ergänzen und vertiefen.

«Also uns hat man nie etwas geglaubt»: Interventionen und staatliche Eingriffe im Heim

Zwischen 1950 und 1990 mündeten viele Kindesschutzmassnahmen, teils auch Zwangsfürsorgemassnahmen in den Justizvollzug, teilweise sogar in den Strafvollzug für Erwachsene, was eine gängige behördliche Praxis war.[4] Dies erfuhren einige der im Rahmen des Sinergia-Projekts interviewten Frauen. Sie wurden nach «Trebegängen», also unerlaubtem Weggehen und Fernbleiben vom Heim, polizeilich gesucht und danach häufig, gemäss einer Logik zunehmender Härte der Bestrafung, Restriktionen unterworfen und in einer mehr und mehr

2 Vgl. Glaser/Strauss 2010; Rosenthal 1993; Schütze 2004.

3 «Diä händ eifach gwüsst, woher ich chume.» Die Interviews, die zwischen zwei und sechs Stunden dauerten, wurden in schweizerdeutscher Sprache geführt und transkribiert. Im Folgenden werden die Zitate im Text in hochdeutscher Übersetzung aufgeführt und in den Anmerkungen in der Transkription des Originals nachgewiesen. Die Interviews wurden anonymisiert, Namen durch Pseudonyme ersetzt.

4 Vgl. Rietmann 2013; Germann 2016.

geschlossenen Umgebung untergebracht. Sie konnten so, wie im nachstehenden Fall gezeigt wird, sogar als Minderjährige im Frauengefängnis Hindelbank landen. Nach der gemeinsamen Flucht mit anderen jungen Frauen aus einer geschlossenen Unterbringung, einer Flucht, die sie nach der Verhaftung der Mitfliehenden anschliessend für drei Monate alleine fortsetzte, wurde Laura L. Mitte der 1970er-Jahre in einer letzten möglichen Steigerung der Bestrafung ins Frauengefängnis Hindelbank eingesperrt: «Als wir am Stadttor [dem zuvor vereinbarten Ort] ankommen, habe ich schon viele Polizisten gesehen und bin nur noch gerannt. Alle haben sie erwischt, nur mich nicht. Dann war ich eben weiter auf Kurve und war das auch ziemlich lange und dann eben: Damals hat es um sieben Uhr in der Schweiz die *Antenne* gegeben. Dort war ich ausgeschrie/ also dort haben sie ein Bild von mir gezeigt und eben dann einfach wahrscheinlich wieder gesagt, ich sei gemeingefährlich: ‹Passt auf, wenn ihr die trefft!› Ungefähr drei Monate bin ich weg gewesen. Und dann, als ich zurückkam, musste ich ins Frauengefängnis, da bin ich nicht mehr in die Jugendabteilung gekommen. Das hat sie, die Frau Huber [die Heimleiterin], die wollte das nicht mehr, dass ich dort bin, und dann bin ich zu den Mördern und zu den Verbrechern gekommen. Mit 15 oder 16, ja 15 war ich, in meinem 16. Lebensjahr. Und dort war ich dann 13 Monate.»[5]

In solchen und ähnlichen Fällen bezogen sich Begründungen der Behörden für eine geschlossene Unterbringung beziehungsweise für die Einweisung in eine Anstalt nicht auf einen expliziten Gesetzesverstoss, sondern auf die aus Behördensicht fehlende Disziplin und mangelnde Anpassung der Jugendlichen ans Heimsetting. Ausserdem ging man davon aus, dass man nur mit einer solchen Massnahme das Risiko eines erneuten Fortlaufens ausschalten könne. Im zeitgenössischen deutschsprachigen Fachdiskurs wurden den jugendlichen «Trebegängern» oft psychologisierende oder romantisierende Motive zugeschrieben,[6] um das Entweichen zu erklären. In der Vielzahl der überwiegend defizitorientierten Zuschreibungen, wie etwa «Mangel an Bindungsfähigkeit», ging die Frage verloren, ob die Kinder und Jugendlichen nicht plausible Gründe

5 «Wo mer am Stadttor [dem vereinbarten Ort] achömed, han ich scho jeni Poliziste gseh und denn bin ich gsebeled. All heds verwütscht, nur mich nöd. Und denn bini halt wieder uf de Kurve gsi und denn bini zimli lang uf de Kurve gsi und das isch denn ebe. dezmol hätts am 7i ide Schwiiz d'*Antenne* [Nachrichtensendung] gäh. Dett bini usgschrie/ aso dett hends denn es Bild vo mir zeiged und ebe, de, äh, und eifach wohrschinlich wieder gseit, ich segi gemeingefährlich, ‹Passed uf wenn ihr, wenn ihr die treffed!› Das isch glaub öbbe/ 3 Mönet bini ewäg gsi. Und denn, woni retour cho bin, hani müese is Frauegfängnis, bini nümme id Jugendabteilig cho. Das het die Fraue Huber [die Heimleiterin] hätt das nümme wele, dass ich dett bin und denn bin ich zude Mörder und zude Verbrecher cho. Mit 15i oder 16i, jo 15i bini gsi, im 16. Lebensjohr. Und dett bini denn 13 Mönet gsi.»

6 Exemplarisch Trauernicht 1989.

hatten, sich der institutionellen Erziehung zu entziehen. Dazu gehörten etwa Misshandlung oder Missbrauch durch Gleichaltrige oder durch das Personal. Die grundlegende Frage, warum das Heim keinen attraktiven Lebensort darstellte, an dem es sich lohnt zu bleiben, wurde nicht gestellt. Damals wie heute legen geschlossene Unterbringungen eine direktive und vergeltende Disziplinierungslogik des Jugendstrafrechts- und Jugendhilfesystems offen, das auf jugendliches Verhalten primär reagiert, statt dass es versucht, es zu verstehen. Aus sozialpädagogischer Sicht wird es hierfür seit den 1970er-Jahren aber auch stark kritisiert.[7] Professionelles sozialpädagogisches Handeln habe sich für die Perspektive der Kinder und Jugendlichen und demzufolge bei wiederholtem Entweichen primär für die Gründe dafür zu interessieren. In den Interviews werden solche Gründe aus der subjektiven Sicht ehemaliger Heimkinder deutlich sichtbar und nachvollziehbar, wie das folgende Beispiel zeigt.

Jan J. kommt 1964 im Alter von zehn Jahren ins Heim und erfährt die Platzierung als völlig unerwarteten, subjektiv nicht nachvollziehbaren Bruch mit der Herkunftsfamilie. Er erlebt Gewalt der Heimmitarbeitenden gegen die Kinder und auch der Kinder untereinander. Ein Lichtblick in der Zeit ist sein Kontakt mit im Heim lebenden Mädchen, mit denen er sich nachts heimlich im Wald verabredet. Er besitzt eine Taschenlampe, mit der er auch nachts den Weg findet. Als ihm ein Heimerzieher die Taschenlampe, die für ihn einen Spielraum selbstbestimmten Handelns symbolisiert, wegnehmen will, verliert Jan die Kontrolle und bedroht den Heimerzieher mit einem Messer, worauf ihn dieser heftig verprügelt. Da Jan J. hofft, bei der Polizei durch das Vorzeigen seiner blauen Flecken Anzeige erstatten zu können, läuft er mit anderen Jugendlichen aus dem Heim ins Dorf zur Polizeistation, die aber über Mittag geschlossen ist. Die Gruppe möchte nicht mehr ins Heim zurückkehren und zieht weiter, stiehlt ein Boot am See, fantasiert über eine Schifffahrt ins ferne Indien, klaut Esswaren, wird dabei von der Polizei erwischt und – nun nicht mehr als Opfer, sondern als Täter – auf den Polizeiposten verbracht. Dort holt der Heimleiter die Jugendlichen ab: «Und dort haben wir dann ein Blatt Papier bekommen, ein Glas Wasser, einen Bleistift und dann mussten wir aufschreiben, warum wir auf Kurve gingen. Und danach mussten wir das dann unterschreiben, so um sich abzusichern, dass er fein raus ist, der Heimleiter, weil es ist immer tabu gewesen, wir Kinder sind Lügner, wir lügen immer, also uns hat man nie etwas geglaubt. Und ja, weil wir das unterschrieben haben und aufgeschrieben haben weshalb, haben wir uns eigentlich selber beschissen, aber für den Oberchef dort ist das natürlich gut gewesen.»[8]

7 Vgl. Peters 2014.
8 «Und det händ mir denn es Blatt Papier übercho, es Glas Wasser, en Bleistift und den händ mir müäsä schribä, worum mer uf de Kurve sind gsi. Und denn nochene händ mir

Auch in diesem Beispiel zeigt sich in aller Deutlichkeit, dass die Bedürfnisse der Kinder und deren Gründe für nichtkonformes Verhalten keinerlei Rolle spielten, das Aufrechterhalten einer scheinbaren Konformität und der Machtverhältnisse dahinter hingegen umso mehr. Mit ihrem delinquenten Verhalten und den unterstellten Lügen entsprachen sie den Erwartungen der agierenden Autoritäten (Polizei und Heimleitung) und wurden bestraft und gedemütigt. Das Geschehen folgte der Logik derjenigen, die im System Macht und Autorität besassen, deren unrechtes Handeln (Gewaltanwendung gegen Kinder) nicht sanktioniert wurde und die sich ihre unanfechtbare Position wie im vorliegenden Fall auch noch schriftlich bestätigen liessen. Durch diese rituelle Unterwerfung wurden die Jugendlichen in die Schranken gewiesen. In Anlehnung an Foucault kann dies als Geständnisritual verstanden werden, mit dem diskursiv Wahrheiten über die Jugendlichen erzeugt werden, die dazu dienen, sie der normativen Ordnung zu unterwerfen.[9] Die Erfahrung von Ohnmacht, von Einsamkeit in einer grossen Gruppe und das Gefühl der Wertlosigkeit werden dadurch massiv verschärft. Bedenkt man Jans ursprünglichen Grund für das Aufsuchen der Polizei, wird deutlich, dass kindzentriertes Handeln, Hilfe und Austausch auf Augenhöhe auch von vermeintlich zuständigen Personen nicht zu erwarten ist. Dies verbindet Jan mit dieser Erfahrung, die bis heute sehr präsent ist und seine Kontakte mit Autoritäten (zum Beispiel Vorgesetzten, Polizei, Ärzten) nach wie vor negativ prägt.

Auch im Fachdiskurs über die Definition gelungener Heimerziehung stellen zumeist nicht die subjektiven Sinnzusammenhänge und Begründungen der Kinder und Jugendlichen selbst, sondern das quantitativ nachweisbare Ausbleiben von Kontakten mit dem staatlichen Justizsystem harte Faktoren dar.[10] Belege dieser Art sind als Grundlage für sozialpolitische Entscheidungen sehr beliebt. Kontakte mit dem Justizsystem können in einigen Verläufen darauf zurückgeführt werden, dass Delinquenzmuster von Peers im Heim sozialisatorisch gelernt wurden oder auch gelernt werden mussten.[11] In einigen Fällen scheint die Kombination von Unterdrückung und Anhalten zu Gehorsam und Sparsamkeit im Heimalltag die Bedürfnisbefriedigung und das Erreichen gesellschaftlicher Ziele mit illegitimen Mitteln begünstigt zu haben.[12] Bedürfnisse und Ziele wa-

das jo müäsä unterschribä, so zum sich absichere, dass er fein raus isch dä Heimleiter, will es isch immer tabu gsi, mir Chind mir sind Lügner, mir lüged immer, also eus hät mer nie öppis glaubt. Und äh, jo mit dem dass mir das den unterschribä händ und ufgschribä händ worum, händ mir eigentlich eus sälber äh bschisse eigentlich, aber äh für dä, dä Oberchef dötä isch das natürli guet gsi.»

9 Vgl. Foucault 1983, 1989.
10 Vgl. Carr/McAlister 2016; Cusick/Courtney 2007; Schofield et al. 2015.
11 Vgl. Bandura 1997; Polsky 1962; Shaw 2014.
12 Vgl. Merton 1938.

ren unter anderem, gegenüber den Peers im Heim Status zu gewinnen oder zu erhalten, sich frei und autonom zu bewegen oder Konsumgüter zu besorgen, wie im Beispiel von Alex A.: «Und so hat man halt alles gelernt, Schusswaffen und Drogen, Autos aufknacken, einfach alles. Ich konnte sagen, nach zwei Jahren [im Heim] war ich so gut ausgebildet, ich hatte vor nichts mehr Respekt. Dem Erzieher zum Beispiel haben wir den Schlüssel weggenommen und gesagt: ‹Ich muss da mal schnell aufschliessen, kannst du mir schnell den Schlüssel geben?› Und dann sind wir um die Ecke und haben davon einen Abdruck gemacht. Danach haben wir den Schlüssel zurückgebracht und dann haben wir den Abdruck genommen und sind in die mechanische Werkstatt unten, die hatten wir ja. Ein paar haben ja Mechanikerlehre gemacht. Dort sind wir hingegangen, haben den Schlüssel eingespannt, dann haben wir den neuen Schlüssel gebohrt und konnten dann durch jede Tür rein und raus, wann immer wir wollten. So sind wir dann auch ab und an abgehauen, auch mal nachts feiern gegangen.»[13]

Die gängigen Erklärungen, die damals wie heute oft die delinquenten Handlungen selbst fokussieren und den Entstehungszusammenhang ausblenden, verfehlen meist den damit verbundenen subjektiven Sinn, die dahinterliegende Bedeutung. Diese beruht, wie das Interviewmaterial eindrücklich zeigt, auf erworbenen Erfahrungen der Wirklichkeit, die nicht nur individuell, sondern auch kollektiv biografisch verarbeitet werden.

«Ich war einfach eine Schlange»: gelernte Abwehrmechanismen gegen Eingriffe, Regeln und Strafen

Jede Heimplatzierung – sehr häufig wird von den Betroffenen Gefängnisvokabular verwendet: «eingesperrt», «eingewiesen», «eingeliefert» – stellt einen staatlichen Eingriff in das Leben eines jungen Menschen dar. Gründe, die zur Massnahme führen, können von den Kindern und Jugendlichen selten auch nur im Ansatz nachvollzogen werden. Die damit verbundenen Handlungen werden deshalb als willkürlich, ja als bösartig erlebt. Umso schmerzhafter ist es für die Betroffenen, wenn sie dann später für ihre Heimvergangenheit mit-

13 «Und so hät mer alles glehrt, Schusswaffe und Droge, Auto ufmache, eifach alles, ich ha chöne säge, nach 2 Jahre [im Heim] bin ich so guet usbildet, ich ha vor nüt Respäkt gha. Am Erzieher z. B. hämmer de Schlüssel wäg gno und gseit: ‹Ich muess da schnäll ufbschlüsse chasch mer schnäll de Schlüssel gä?› und simmer um der Egge händ en Abdruck gmacht. Wo mer abdruckt hämmer e Schlüssel hämmer zrugg bracht na hämmer der Abdruck gnu und sind ide mechanische Werchstatt dunne hämmer ja händs ja e sönig wo d'Mechanikerlehr gmacht. Det ane gange und de Schlüssel igspannt oder nachher hämmer en neue Schlüssel bohred, na simmer gange und denn hämmer chöne dür d'Tür ine und usse wenn mer häd welle. So simmer amel uf d'Kurve. Simmer z'Nacht a mal in Usgang.»

verantwortlich gemacht werden. So sah sich im nachfolgenden Beispiel Alex A. plötzlich mit dem entsprechenden Vorwurf eines Bekannten konfrontiert: «Ich hatte einen Freund. Und der hat kürzlich mal zu mir gesagt: ‹Ja, du warst dort in dem Heim, da bist du doch auch wieder selber Schuld dran, du hast sicher irgendwas angestellt.› Da hab ich zu ihm gesagt: ‹Jetzt hörst du aber mal ganz schnell auf mit dem Thema, jetzt müssen wir das Thema wechseln, weil du gar nicht weisst, wovon du da sprichst. Du weisst nicht, was du damit auslöst, es ist jetzt besser, wir wechseln das Thema und du bist ruhig. Weil du kannst da gar nicht mitreden. Weil du müsstest quasi dort gewesen sein und das erlebt haben, was ich erlebt habe und andere, und dann würdest du nicht so einen Scheiss erzählen.›»[14]

Auf solche von aussen herangetragene abwertende Zuschreibungen, wie sie Alex A. erfuhr und auch heute noch erfährt, können (ehemalige) Heimkinder oft in keiner Weise Einfluss nehmen. Das hat weitreichende Konsequenzen für das Aufwachsen und das Selbstempfinden in späteren Lebensabschnitten. Nicht nur damals wurden erwachsene Menschen, beispielsweise auch Vormundinnen, Aufsichtskommissionsmitglieder oder Vertreter von privaten Wohltätigkeitsvereinen, die im Zeitraum der Platzierung auftauchten, von den Kindern meistens diffus als Repräsentanten einer irgendwie und irgendwo über sie bestimmenden Allmacht wahrgenommen. Gerade weil Zuständigkeiten, Begründungen und Zielsetzungen im Prozess der Fremdplatzierung fast immer undurchschaut blieben, baute sich eine enorme Verunsicherung und Skepsis gegenüber allen regulierend Wirkenden auf, eine Einstellung, die sich später häufig verfestigte.

Den staatlichen Entscheidungen und Handlungen fühlten sich die Kinder und Jugendlichen nicht immer nur hilflos ausgeliefert, sie lernten bewusst oder unbewusst oft auch mit den Disziplinierungsmechanismen umzugehen – ganz im Sinne von Goffmans «sekundärer Anpassung»: «Darunter verstehe ich ein Verhalten, bei welchem das Mitglied einer Organisation unerlaubte Mittel anwendet oder unerlaubte Ziele verfolgt, oder beides tut, um auf diese Weise die Erwartungen der Organisation hinsichtlich dessen, was er tun sollte und folglich was er sein sollte, zu umgehen. Sekundäre Anpassung stellt eine Mög-

14 «I han e Kolleg. Und er hät chürzlich mal zu mier gseit: ‹Ja, we du da bisch so, bisch dete im Heim gsi, da bisch dänn au wieder sälber tSchuld, häsch sicher igendöpis agstellt.› De hani zu ihm gseit: ‹Jetz tuesch ganz gschnäll das wieder höre, das Thema, mer mönd 's Thema wächsle, will du weisch gar nöd, was du da verzellsch. Und du weisch gar nöd, was du mit dem uslösisch, es isch jetzt besser mier wächsled 's Thema und du bisch ruhig. Oder will, will du chasch da gar nöd mitrede. Will du müesstisch quasi dete gsi si, und erläbt ha, was i ha erläbt u anderi vo mier u de würsch nöd eso e Seich verzapfe.›»

lichkeit dar, wie das Individuum sich der Rolle und dem Selbst entziehen kann, welche die Institution für es für selbstverständlich erachtet.»[15]

Das beschriebene Verhalten steht gemäss Goffman im Gegensatz zur «primären Anpassung», wo ein Mensch auf kooperative Art und Weise eine verlangte Tätigkeit für eine Organisation leistet. Diese Organisation werde «unterstützt durch die institutionalisierten Standards der Wohlfahrt» sowie durch einen durch Belohnungen, gemeinsame Werte und angedrohte Strafen geschaffenen Antrieb. Die Tatsache, einen Teil seiner Kindheit im Heim verbracht zu haben, erschwert eine «primäre Anpassung» jedoch grundlegend. Diese würde es den ehemaligen Heimkindern nämlich erlauben, auf einfachem Weg zu «normalen», erfahrbar dazugehörigen und anerkannten Mitgliedern der Gesellschaft zu werden.

Wie hier exemplarisch illustriert, zeigt das empirische Material übergreifend, dass das Erlernen der «sekundären Anpassung» zumeist schon während des Heimaufenthalts stattfand, in einer in den Interviews als in den 1950er- bis 1970er-Jahren durchweg sehr hierarchisch und organisiert beschriebenen Peerkultur jenseits der institutionellen Kontrolle. Polsky beschreibt ihr Gefüge als dynamischen Diamanten, wo sich die Anführer (*leader*) ganz oben und die Sündenböcke (*scapegoats*) ganz unten befinden.[16] Während Kinder mit wenigen Ressourcen sich den Machtmechanismen des formellen und informellen Heimalltags unterwerfen mussten, versuchten andere ihn zum eigenen Vorteil zu nutzen oder sich ihm zu widersetzen beziehungsweise zu entziehen.[17] Sie erschufen sich so in den restriktiven und kontrollierenden Heimstrukturen eigene Handlungsspielräume. Zahlreiche ehemalige Heimkinder berichten davon, wie sie im Heim gelernt haben, sich in eigene Welten wie zum Beispiel Bücher oder Träume zurückzuziehen, um sich wenn nicht physisch, so doch wenigstens gedanklich und emotional zu entfernen. Es zeigt sich in den biografischen Interviews deutlich, dass viele diese erlernten Strategien im weiteren Lebensverlauf weiterhin für sich zu nutzen versuchten. Olaf O. berichtet zum Beispiel, dass sich sein «Durchschlängeln» auch im Leben nach dem Heimaustritt, als er nur auf sehr wenige Ressourcen zurückgreifen konnte, als nützlich erwiesen hat: «Ich hatte einfach einen Weg gefunden, ich war einfach eine Schlange. Ich hab immer gewusst, wo ich lang muss.»[18]

Weil vor allem bei körperlichen Bestrafungen ein Sichentziehen nur selten möglich war, entwickelten beinahe alle Kinder und Jugendlichen zunehmend

15 Goffman 1961, S. 183.
16 Vgl. Polsky 1962.
17 Vgl. Wolf 1999.
18 «Ich han eifacht en Wäg gfunde, ich bi eifacht e Schlange gsi oder. Ich ha immer gwüsst, woni muess dure oder.»

eine vordergründige innere Resistenz gegen körperliche Strafen, um sich während des Zufügens von Schmerzen zumindest psychisch distanzieren zu können. Damit entzogen sie der körperlichen Bestrafung eine zentrale Wirkmacht. Weil es aber keine offene Opposition darstellte, könnte das Verhalten auch dazu geführt haben, dass die strafende Person es nur als Apathie zur Kenntnis nahm: «Mit Strafen hat man mich und viele andere Kinder eigentlich nicht plagen können, wenn eine gewisse Anzahl Strafen durch waren. Ich bin ja vom [eigenen] Vater schon ein bisschen geplagt worden, da machen mir Strafen gar nichts, eigentlich nicht speziell, nein, das tut mir auch nicht weh, das kann man mir sagen, man kann mir auch drohen, das macht mir eigentlich nicht viel so. Das heisst nicht, dass es auch im Kopf vielleicht nichts machen würde, aber körperlich macht mir das sowieso nichts.»[19]

«Und jetzt plötzlich geht die Türe auf»: von der «Versuchung» zur Delinquenz im und nach dem Heim

Dass man über eine lange Zeit das Heim nicht ohne offizielle Bewilligung verlassen durfte und am Ende der Intervention dann plötzlich gehen musste, erlebten die Jugendlichen fast immer als hoch paradox. Diese Unvereinbarkeit zwischen der so aufgebauten und erfahrenen Innen- und Aussenwelt des Heims verschärfte sich durch die ausbleibende Unterstützung und Begleitung sowie durch fehlende finanzielle, soziale und räumliche Ressourcen. In der Zeit nach dem Heimaufenthalt musste man sich deshalb quasi selbst zu «normalisieren» versuchen. In dem folgenden Zitat von Alex A., der 1978 das Heim verliess, zeigt sich deutlich, dass er sich in der Welt im Heim, dem Ort seines Aufwachsens, isoliert und nicht als Teil der «Welt dort draussen» wahrnahm. Entsprechend hatte er nach seinem Austritt Mühe, die zwei Welten zusammenzuführen: «Also wenn du jahrelang eingesperrt bist und jetzt plötzlich geht die Türe auf, bist du völlig unfähig, bist du handlungsunfähig, weil du kommst raus und du siehst zwar, dass alles da ist, aber du kannst dich nicht normalisieren.»[20] Jan J. verlässt 1976 das Heim und berichtet in diesem Zusammenhang Ähnliches: «Das war

19 «Mit Strafe hät mer mich eigentlich und viili Chind äbe mit Strafe nid chönne plage wänn mer, wänn e gwüssis Azahl Strafe durre gsi sind, ich bi ja vom [eigenen] Vater scho bizzeli plaget gsi, da machet mir Strafen eigentlich machet mir gar nüt, eigentlich nid speziell, nei, das tuet mir au nid weh, das das chan mer mir säge, das mer chan au drohe, das macht mir eigentlich nüt viil so, das haisst nid, dass im Chopf villiicht nüt oder, aber körperlich macht mir das sowieso nüt.»

20 «Also wänn du Jahre igsperrt bisch und etz plötzlich gad Tür uf, bisch du völlig unfähig, bisch handligsunfähig will du chunsch use und du gsehsch zwar, also das alles da isch, aber du chasch dich nid normalisiere.»

dann eigentlich so, da habe ich halt gedacht: ‹Gut, dann schau ich selbst, dass ich zu dem komm, was ich will und brauche, und dann fängst du halt an mit Klauen und Machen und irgendwann fängst du noch an mit Dealen.»[21]

Fast alle Interviewten berichten in diesem Zusammenhang von anderen ehemaligen Heimkindern, die nach dem Heimaustritt «abstürzten», im Gefängnis waren oder sind, die, vor allem in den 1980er- und 1990er-Jahren, an Drogen starben oder die sich das Leben nahmen. Diesen Berichten folgt häufig die Bilanz, dass man selber Glück gehabt und trotz den schwierigen Umständen des Aufwachsens und den bis in die Gegenwart reichenden Folgen die machtvolle staatliche Intervention der Heimerfahrung vergleichsweise gut überstanden beziehungsweise überlebt habe. Wenige berichten von eigenen Erfahrungen mit dem Justizvollzug oder davon, wie sie sich knapp einer Verhaftung entziehen konnten.

«Du gerätst in ein schlechtes Licht»: der Rechtsstaat als steter, allwissender und ungerechter Gegenspieler

Die Erfahrung eines undurchsichtigen und widersprüchlichen Apparats, der für die Betroffenen auf unklare Weise sowohl für die Platzierung in einem oder mehreren Heimen und das dort Erlebte als auch für Kontrolle ohne Unterstützung nach dem Heimaufenthalt verantwortlich zu sein scheint, hat langfristige Konsequenzen für die Selbstverortung als erwachsene Person, als Bürgerin oder Bürger im «Leben danach». So fühlen sich viele ehemalige Heimkinder auch heute noch in verschiedenen Formen von Kontakten mit staatlichen oder staatlich wirkenden Vertreterinnen und Vertretern schnell persönlich gedemütigt, unterdrückt, angegriffen und überwacht. In den Interviews wurden auffällig häufig Situationen beschrieben, in denen solche Erfahrungen gemacht wurden. Viele fühlen sich dann unmittelbar zurückversetzt in den Heimkontext, ganz unabhängig davon, ob objektive Parallelen feststellbar sind. Als Konsequenz folgt für viele die Erfahrung, konstant Gegenspielerin beziehungsweise Gegenspieler dieses staatlichen Konstrukts zu sein oder werden zu müssen, wie David D. berichtet: «Ich ertrage absolut keine Autoritätspersonen. Jemand, der mir was sagen will, Ämter, Polizei, alles, was irgendwie damit zu tun hat, damit hab ich ein riesiges Problem.»[22]

21 «Das isch eigentlich den so gsi, den han ich halt denkt: ‹Guet, denn mached mer lueg ich sälber dass ich zu mim Zügs chume und den fangsch halt a chlaue und machä und irgendwenn chunsch den no äh, fangsch no a dealä.›»

22 «Ich verträge absolut e kei Autoritätspersone. Öbber wo mir öbbis wett säge, Ämter, Polizei, alles, was irgendwie mit dem ztue hätt, han ich riise Problem.»

Auch Sebastian S. erinnert sich an den als ungleich wahrgenommenen Kontakt mit der Behörde nach dem Austritt und zieht seine Bilanz für Ämter, die nicht unterstützten, sondern ignorant agierten: «Was ich heute noch an den Behörden kritisiere, allgemein, wenn etwas falsch läuft in so einem Heim, sie melden sich immer erst, wenn die Fristen abgelaufen sind, dass man sie ja nicht greifen kann. Also müssen wir mal den Sauhaufen ausmisten dort in den Sozialämtern, weil das ist ein totaler Filz.»[23]

Noch verletzender wird es für Menschen mit Heimerfahrungen in der Kindheit, wenn wie in den nachstehenden Zitaten die Handlungen eines Amtes ihre Prekarität und Abhängigkeit in der aktuellen Lebenslage unterstreichen und verfestigen: «Was mich krank macht, ist die Behörde. Ich bin ja in dem Dings drin, in dem vom Sozialamt, komme mir vor wie früher, wie im Gefängnis. Da heisst es, du musst dort arbeiten gehen, also dass sie einen Einsatzplatz haben. Wenn du nicht gehst, gibt es Sanktionen. Und jetzt habe ich Magengeschwüre bekomme und das find ich viel schlimmer. Die bestimmen, ich habe 670 Franken im Monat zum Leben. Die bestimmen, wo ich arbeiten muss und wie viel ich arbeiten muss. Du darfst kein Auto haben, solltest keinen Hund haben. Und jeden Monat musst du Rechenschaft ablegen auf der Gemeinde.»[24]

Das Gefühl, seit der Kindheit, sprich seit mehreren Jahrzehnten, nicht mehr von Abhängigkeiten, Vorschriften und Überwachung loszukommen, führt in vielen Fällen zu Frustration und Wut, wie bei David D.: «Ich habe schon gedacht, man sollte doch da beim Sozialamt eine Bombe unten reinhauen.»[25] Andere ehemalige Heimkinder berichten vom Gefühl ohnmächtiger Resignation in einem aussichtslosen, unablässigen Kampf gegen ein staatliches Konstrukt. Alex A. gibt darin irgendwann auf: «Der Staat hat gewonnen.»[26] Das kann so weit führen, dass das grosse, allwissende System als lebenslanger Gegenspieler erfahren wird, der in verschiedenen Lebenssituationen erwartet und unerwartet agiert. Jeder weitere Kontakt beispielsweise mit dem Justizsystem wird dann als Beleg dafür gesehen, dass man auch Jahrzehnte nach dem Heimaustritt noch nicht als vollwertiges Mitglied der Gesellschaft akzeptiert

23 «Was ich hüt na dBehörde kritisiere allgemein, wenn öpis falsch lauft isome Heim, sie tüend sich erst immer melde, wenn dFriste abgloffe sind, dass mer sie nöd chan packe. Also muessmer mal de Sauhuufe usmiste da i dene Sozialämter, wil das isch en totale Filz.»

24 «Was mich chrank macht, isch Behörde. Ich bi jo wieder i dem Dings ine, i dä vom Sozialamt oder, chumer vor wie früehner wie im Gfängnis. Da heissts, du muesch dett go schaffe, aso dass en Isatzplatz hend, wennd nid gosch gits Sanktione, äh, und etz, etz ja, hani Mageschwüür übercho und das findi viel schlimmer. Will die bestimmet, die, ich, ich ha 670 Franke im Monet zum lebe. Die bestimmet, won ich mues schaffe und, und, äh, wieviel dassi mues schaffe, äh, dörfsch keis Auto ha, dörfsch, äh, söttsch kein Hund ha. Und jede, und jede Monet muesch do go recheschaft ablege uf de Gmeind.»

25 «Ich ha scho dänkt, me setti doch da bim Sozialamt e Bombe undeinne gheie.»

26 «De Staat hed gwunne.»

und zu Unrecht bestraft wird. Im nachfolgenden Beispiel trifft dies umso deutlicher zu, als der Entzug des Fahrausweises nach einem Selbstunfall das grosse Symbol von Jonas J.s endlich erreichter Unabhängigkeit nach dem Heimaustritt zerstörte und ihn um viele Jahre zurückwarf: «Der Jugendtraum ist Motorradfahren, schon als Kind. Ich bin eigentlich andauernd Motorrad gefahren, obwohl ich mal einen schweren Unfall hatte. Da haben sie mir dann sechs Jahre den Führerschein weggenommen, weil ich einen Selbstunfall gemacht hatte. Aber die kannten natürlich meine Geschichte, dass es zu Hause scheisse war oder du bist im Heim gewesen oder so, das ist eine schlechte Sache, da kommst du in ein schlechtes Licht. Ja, du bist natürlich nicht so viel wert als uneheliches Heimkind.»[27]

Aus diesem Vorfall resümiert Jonas J.: «Die wussten einfach, woher ich komme, und das war dann eigentlich eine Fortsetzung gewesen vom Heim.»[28]

Aus den Interviews wird klar, dass, solange sozial- und rechtsstaatliche Handlungen und Interventionen als entmündigende Demütigungen erfahren werden, es ehemaligen Heimkindern nicht möglich ist, im Falle von kritischen Lebensereignissen Unterstützungsangebote zur Ermöglichung von Veränderungen anzunehmen. Viel eher scheint dadurch die Position als isolierte Aussenseiterin beziehungsweise isolierter Aussenseiter zementiert zu werden. Dabei spielt die Qualität und subjektive Sinngebung der Erinnerung an die erste Intervention, die zumeist im Kontext der Heimplatzierung selbst stattgefunden hatte, eine relevante Rolle. Im Falle von bestrafenden Eingriffen gemäss dem Jugendstrafrecht – von Strafen über Gerichtsverhandlungen bis zum Freiheitsentzug – wird ebendiese Position zementiert und werden Ohnmachts- und Wuterfahrungen aktualisiert und biografisch gefestigt.

Besonders zu bedenken sind demnach bei den Wiedergutmachungsvorhaben in verschiedenen Ländern im Rahmen der Aufarbeitung der Geschichte der Fremdplatzierung von Kindern, dass, falls Menschen mit Heimerfahrung im Zuge einer Wiedergutmachung ihre schweren und weitreichenden negativen Erfahrungen gegenüber Autoritäten rechtfertigen und den Grad ihres Leidens belegen müssen, die Gefahr einer Restigmatisierung als sehr hoch einzuschätzen ist. In der Schweiz kann derzeit (2017) ein Gesuch um einen «Solidaritätsbeitrag» von Personen eingereicht werden, die vor 1981 von für-

27 «De Jugendtraum isch Motorradfahre, scho als Chind. Ich bin eigentlich dauernd Töff gfahre, obwohl i mol no en schwäre Umfall gha han. Do händs mir den 6 Johr dä Brief ewäggno, wil ich en Sälbstunfall gmacht han. Aber die händ natürli mini Gschicht au gwüsst, dass es Dihai schaisse gsi isch oder du bisch im Heim gsi oder eso, das isch e schlächti Sach, do chunsch ines schlächts Liecht. Ja, du bisch natürli nöd eso viel wärt, eso es Heimchind, unehelich.»

28 «Diä händ eifach gwüsst, woher ich chume und s isch eigentlich denn en Witerfolg gsi vom Heim.»

sorgerischen Zwangsmassnahmen und Fremdplatzierungen betroffen waren. Auf einem Formular des Bundesamtes für Justiz muss ein ehemaliges Heimkind schriftlich darlegen, weshalb es «sich als Opfer im Sinne des Gesetzes» betrachtet.[29] Diese Formalisierung kann als Beweispflicht erfahren werden, eine Situation, in der biografisch gewordene Themen von ehemaligen Heimkindern aktualisiert werden. Uns wurde von ehemaligen Heimkindern häufig die Erfahrung geschildert, *als* ehemaliges Heimkind der Lüge bezichtigt zu werden und in Notlagen selten ein offenes Ohr zu finden. Das Beweisen der «Opfereigenschaft» kann vor diesem Hintergrund Stigmatisierungserlebnisse verstärken.

«Du, der kann eigentlich zum Bauer, der muss gar nicht in die Schule»: Schule als frühe Instanz einer staatlichen Bewertung

Stellt die Einweisung in ein Heim für viele Ehemalige eine Lebenszäsur dar, wo das Private plötzlich verstaatlicht wurde, scheint die Schule, die bei den meisten Interviewten nach der Platzierung in einem Heim begann, diese Erfahrungen sehr häufig wiederholt beziehungsweise bestätigt und verfestigt zu haben.

Aus Langzeitstudien sowie aus biografischen Studien mit ehemaligen Heimkindern ist bekannt, dass fehlende Erwartungen an schulische Leistungen und die ausbleibende Unterstützung beim Vorhaben, höhere Bildungswege zu beschreiten, berufliche Perspektiven verbauen und Karrieren im späteren Leben systematisch verhindern können.[30] Dabei geht es nicht nur um den Ausschluss aus Berufsständen und Lohnsegmenten, sondern um die viel weitreichendere Konsequenz, dass die oft niedrigen Bildungsabschlüsse langfristig auch zu sozialem Ausschluss führen können. Das erhöhte Risiko des Ausschlusses hängt mit den durch Bildungswege verursachten Chancenungleichheiten zusammen. Trotz materiellem Wohlergehen und guten generellen Lebensumständen von Jugendlichen in der Schweiz stellt die soziale Exklusion als Manifestation nicht überwundener Barrieren beim Zugang zu Ausbildung und Arbeitsmarkt auch heute eine der grossen Belastungen vieler Menschen, vor allem auch vieler Familien und ihrer Kinder, dar.[31] Den Ursachen sozialer Exklusion entgegenzuwirken bildet deshalb eine zentrale Herausforderung für den Sozialstaat – erst recht, wenn die Ursache wie bei der Heimunterbringung eine Intervention des Sozialstaats selbst darstellt.[32] Besonders herausfordernd für die jungen

29 Vgl. Bundesamt für Justiz 2017.
30 Vgl. Köngeter et al. 2016; Okpych/Courtney 2015; Jackson/Cameron 2014.
31 Vgl. UNICEF 2013; Committee on the Rights of the Child 2015.
32 Vgl. Otto/Ziegler 2012.

Menschen ist ihr Übergang aus der Heimerziehung in den Alltag. Für die sogenannten *care leaver*[33] kommt hinzu, dass sie nebst den altersbedingten Entwicklungsaufgaben (Adoleszenz) den gleichzeitigen, prozessual und emotional aufwändigen Bruch beim Verlassen von Schule und Heim bewältigen müssen.[34] Ungenügende oder fehlende Begleitung und Unterstützung in diesen hochsensiblen Phasen können Unsicherheiten verstärken, die sich in späteren Übergangsphasen wieder bemerkbar machen.[35]

In den Interviews wird deutlich, dass weder Heime noch heiminterne oder -externe Schulen von den Kindern schulische Leistungen erwarteten, wie sich David D. erinnert: «Und dann bin ich ja nach der sechsten Klasse in die Oberschule gekommen und dann hätte ich in die zweite Oberschule kommen sollen wegen dem Alter und dann waren nicht genügend Oberschüler da, dann habe ich die Klasse einfach nochmal wiederholt. Man hat gesagt: ‹Ja, das kommt nicht darauf an, machst du die erste nochmal.› So war es einfach völlig unwichtig, die hätten ja auch sagen können: ‹Du, der kann eigentlich zum Bauer, der muss gar nicht in die Schule.› Weil irgendwie war das einfach völlig unwichtig, man hat einfach versucht, die Leute ruhigzustellen.»[36] Auch Rafael R. erwähnte trotz seinem Besuch einer Sonderschule – im untersuchten Zeitraum sehr oft die den Heimkindern zugewiesene Schulstufe – höhere Berufsziele, worüber jedoch nur gelacht wurde: «Ich habe eben als Kind schon immer gesagt: ‹Ich werde Architekt.› Und sie haben immer gelacht, weil ich ja in einer Sonderschule war mit geistig Behinderten.»[37]

Förderung und Unterstützung in formellen (Schulfächer) und informellen (Entwicklung von sozialer oder Selbstkompetenz) Bildungsbereichen fehlte genauso. Was das Heim bereits vermittelt hatte, bestätigte die Schule: Kaum jemand fühlte sich für die Bedürfnisse, das Wohlergehen und die positive (schulische) Entwicklung der Kinder verantwortlich. Laura L. erzählt: «Ja, und schlimm finde ich auch, dass weder die Behörde noch sonst jemand dafür

33 Vgl. Gabriel/Keller 2015.

34 Vgl. Köngeter et al. 2016; Stauber/Walther 2006; Refaeli et al. 2016.

35 Vgl. den Beitrag von Bombach/Bossert/Gabriel/Keller, Übergänge ins Leben nach der Heimerziehung.

36 «Und denn häsch du, ebe denn bin ich jo noch dä Sächste i di erst Oberschuel cho und denn het ich selä i di zweit Oberschuel cho wägem Alter und denn häts aber kei gha, Oberschüäler, denn han ich eifach di erst nomol gmacht. S'hät gheisse: ‹Jo chunt nöd drufaa, machsch di erst nomol.› Jo 's isch eifach völlig unwichtig gsi, si heted jo au chönä sägä: ‹Du dä chan eigentlich zum Buur, dä mues garnöd id Schuel.› Wil äh, irgendwie isch das eifach völlig unwichtig gsi, mir hät eifach irgendwie versuecht äh d'Lüt ruhig zstellä.»

37 «Ich han ebe als Chind scho immer gseit: ‹Ich wird Architekt.› Und sie händ immer glachet, wil ich bi ja ine Sonderschuel mit geischtig Behinderte.»

schaute, dass ich eine Ausbildung bekomme, eine richtige, nicht mal die Schule habe ich fertig gemacht!»[38]

Entweder übernahmen die Kinder diese von der Schule bestätigten negativen Zuschreibungen und fühlten sich zunehmend «dumm», «nutzlos» oder «unfähig» – im Sinne einer selbsterfüllenden Prophezeiung, «a false definition of the situation evoking a new behavior which makes the originally false conception come true»,[39] oder aber sie nahmen die schlechte schulische Ausgangslage und die niedrigen Erwartungen als Motivation, um sich mit viel Energieaufwand zumindest in die grosse Mitte oder, wie Franz F. es formuliert, ins «Mittelmass» und später dann in die sozioökonomische Mittelschicht hochzukämpfen. Franz F. fasst seine Erinnerungen an die Zeit nach der Lehre so zusammen: «Eigentlich eine erlösende Zeit, ich war halt befreit, ich habe mal was geschafft, ich hatte das Gefühl, etwas erreicht zu haben. Aber ich konnte doch eine Lehre machen vier Jahre lang. Am Anfang war ich einer der Schlechtesten, ich hatte natürlich nicht so viel Schule wie die anderen, eine Zeit lang, im Heim. Ich hab mich dann aber im Sog von den anderen auch dann ein wenig ins Mittelfeld arbeiten können in der Gewerbeschule. Und war dann dort im grossen Haufen drin, sicher hab ich nicht zu den Besten gehört, so zu den Besten zwei, drei, die waren unerreichbar. Die sind dann in die Berufsmittelschule, ist natürlich für mich in weiter Ferne gewesen. Das war unerreichbar für mich, das war einfach nicht möglich, aber doch, der Lehrabschluss hatte eigentlich eine grosse Bedeutung für mich.»[40]

Das Interviewmaterial zeigt auf, wie viele ehemalige Heimkinder ihre Bildungsbemühungen zu einem späteren Zeitpunkt noch einmal aufnahmen und sich für Ausbildungen entschieden, die ihren tatsächlichen Interessen und Fähigkeiten entsprachen. Bei einigen wird deutlich, wie sie mit grossem emotionalem, finanziellem und zeitlichem Aufwand beispielsweise die Berufsmatura nachholten und nachträglich noch studierten oder eine ganz andere Ausbildung aufnahmen als die, die ihnen im Jugendalter von Heim und Behörde

38 «Ja, und schlimm find ich au, dass Behörde und niemert glueget hätt, dass ich en Usbildig überchume e rechti. Nöd emol d'Schuel hani fertig gmacht!»

39 Merton 1948, S. 196.

40 «Eigentlich en erlösendi Ziit, so wie äh äh ich bi halt befreit gsi, ich han e mal öppis gschafft, ich has Gfühl gha ich hägi öppis erreicht, au wänn die andere gholfe händ aber äh so. Aber ich ha doch e Lehr chönne mache vier Jahr und zum Teil durrehäbe. Am Afang bin i eine vo de Schächtischte gsi, ich ha natürli nid so viil Schuel gha wie die andere, e Moment lang, im Heim. Und ha mi dänn aber äh im Sog vo den andere au dänn e chlii chönne es Mittelma/ Mittelfäld schaffe e so, äh, i d'Gwärbschuel. Und bi dänn deite im grosse Hufe inne gsi, sicher han i nie zu de Bäschte ghört, so de Bäschte zwei, drei, die sin unereichbar gsi. Die sind dänn i de Bruefsmittelschuel. Isch natürli für mich i waiter Färne gsi. Säb isch äh unereichbar gsi für mich, wil es isch eifach nid möglich gsi, aber äh doch, d Lehrabschluss äh isch doch no eigentlich e äh hät e grossi Bedütig gha für mich eigentlich.»

vorgeschlagen beziehungsweise zugetraut worden war. Viele ehemalige Heimkinder hatten erlebt, dass sie von Lehrpersonen unterschätzt, abgewertet und anders behandelt wurden als diejenigen Schulkinder, die nicht im Heim lebten. Nicht selten zitieren sie Heimleitende und Lehrpersonen mit Aussagen, die ihnen eine düstere Zukunft voraussagten, zum Beispiel mit dem häufig genannten Satz «Aus dir wird nichts». Erfolgsgeschichten hinsichtlich Ausbildung, beruflichen Engagements und guter finanzieller Situation wurden nicht selten abgeleitet aus dem Wunsch, diese negativen Aussagen zu widerlegen.

Die meisten Kinder nahmen die Schule als einen Ort wahr, wo nicht nur die vom Heim vermittelte Perspektivlosigkeit bestätigt wurde, sondern auch zusätzliche Stigmatisierungserfahrungen durch Lehrpersonen und andere Kinder zu bewältigen waren. Sie fühlten sich, wie David D., «von Anfang an ganz anders behandelt»,[41] und ihre Bemühungen wurden, wie im Falle von Franz F., nicht (an)erkannt, die «Akzeptanz war nicht gross».[42] Schliesslich wurden sie häufig als «Heimkinder» oder «Waisenhäusler»[43] etikettiert und damit auf den Ort reduziert, wo sie aufwuchsen, wodurch ihnen eine Individualität und ein Anrecht auf ein davon losgelöstes Selbstbewusstsein aberkannt wurden. Die folgende Schilderung von David D. zeigt, dass Lehrpersonen diese Herkunft als Legitimation für willkürliche Behandlung sahen: «Es war schon eher der Eindruck, dass von dort, wo man herkam, dass das einfach einen Einfluss hatte: ‹Das ist sowieso Abschaum, mit denen können wir machen, was wir wollen.›»[44]

Wenn, wie in wenigen Schulerfahrungen beschrieben, sich unabhängig von den defizitären Zuschreibungen eine erwachsene Person für ein Kind einzusetzen begann, änderten sich sogleich die Selbstwahrnehmung des Kindes wie auch seine Möglichkeiten. Im Beispiel von Rafael R. wird deutlich, wie erwachsene *significant others*[45] es schafften, die stigmatisierenden Wirkmechanismen aufzubrechen: «Und da gibt es eine Person, die Frau, die meine Lehrerin war, das war eine ganz liebe Frau, die hat es gewusst, die hat es durchschaut, nicht mich, sondern die Situation, und sie hat mir auch gezeigt: ‹Schau, du kannst [es] mit Förderung. Weil ich bin Lehrerin und will euch was beibringen.›»[46]

Viele der interviewten ehemaligen Heimkinder arbeiten heute als selbständig Erwerbende, als Künstler oder Handwerker mit eigenem Geschäft; sie

41 «vo Afang ah ganz andersch behandlet.»

42 «Akzäptanz isch nid so gross gsi.»

43 «Waisehüler.»

44 «Es isch scho ehner de Idruck, dass vo dett womer hercho isch, dass das eifach en Ifluss gha hätt. ‹Das isch sowieso Abschuum oder, mit dene chömer mache wasmer wend.›»

45 Vgl. den Beitrag von Bombach/Gabriel/Galle/Keller, Die «neuen Praktikanten».

46 «Und äh da gits e Person, die Frau, wo mini Lehrerin gsi isch, do, das isch ganz e liebi Frau gsi, die häts gwüsst, sie häts durschaut, nöd mich sondern d Situation und sie hät mir au zeiget: ‹Lug du chasch [es] mit Förderig. Wil ich bin Lehreri und will eu öppis bibringe.›»

sind bei ihrer Arbeit, zum Beispiel als Lastwagenfahrer oder Monteur, oft alleine unterwegs oder haben ein Leben lang ihre Anstellung in regelmässigen Abständen gewechselt. Man könnte das diesen Berufstätigkeiten gemeinsame Streben nach Unabhängigkeit und das Meiden einer Unterstellung unter Vorgesetzte als Versuch deuten, ohne Direktive, möglichst frei und unkontrolliert zu leben und zu arbeiten.

Dadurch kann die Arbeit als Fortführung der Erfahrung, sich auf sich selbst verlassen und sich gegenüber andern legitimieren zu müssen, eine existenzielle Bedeutung erhalten.[47] Umso gravierender wirkt sich dann auch Arbeitslosigkeit aus oder wenn die Kompetenz von anderen mangels «Papier» beziehungsweise mangels kulturellen und symbolischen Kapitals infrage gestellt wird.[48] So bemängelt Rafael R., dass er nach seinem Heimaufenthalt weder eine seinen Fähigkeiten angemessene Ausbildung mit Diplom noch Geld zur Verfügung hatte und dass diese Defizite auch heute noch, also 35 Jahre später, bestünden, bloss weil diese zwei Formen von Papier zwischen ihm und seinen Möglichkeiten stehen: «Und wenn sie das anschauen, ist alles Papier, Papier zu Papier. Und dazwischen ist der Mensch. Und wir sind eine Papiergesellschaft geworden. Also wenn ich elf Zentimeter mit dem richtigen Aufdruck und einem Siegel habe, dann habe ich eine Million, dann sollte ich auch weniger Probleme haben.»[49]

Besonders in biografischen Krisen fühlen sich ehemalige Heimkinder durch das Auftreten staatlicher Instanzen, die durchaus die Absicht haben können, zu beraten und zu unterstützen, wieder auf ihre als defizitär bewertete Herkunft reduziert und bleiben oft darin gefangen. Weil die Ressourcen für die proaktive Bewältigung dieser späteren Abhängigkeiten oder Krisen häufig fehlten, empfingen einige der ehemaligen Heimkinder zum Zeitpunkt des Interviews Arbeitslosengeld, Sozialhilfe und/oder Invalidenrente. Nicht selten erfuhren sie die erneuten staatlichen Eingriffe fast in gleicher Weise wie damals, als sie ohne weitere Informationen in ein Heim kamen oder als man ihnen im Heim nicht zuhörte oder glaubte. Entsprechend häufig stellen sich wieder Ohnmachtserfahrungen ein.

47 Vgl. den Beitrag von Bombach/Gabriel/Keller, «Legitimieren» und «integrieren».

48 Vgl. Bourdieu 1986.

49 «Und wänn sie das alueged, isch alles Papier, Papier zu Papier. Und dezwüschet isch de Mänsch, oder. Und mir sind e Papiergsellschaft worde, oder. Aso wänn ich elf Centimeter mit em richtige Ufdruck und em Sigel ha, da han ich Million, dänn sött ich au weniger Problem ha.»

Schlussfolgerungen

Mit Blick auf Erfahrungen von Handlungsspielräumen und Legitimationsdruck lässt sich die Relevanz staatlicher Interventionen im Leben ehemaliger Heimkinder in Verbindung mit ihren Heimaufenthalten besser verstehen.

In den Narrationen ehemaliger Heimkinder wird deutlich, dass Kontakte mit dem Justizsystem ebenso wie mit anderen als direktiv erfahrenen staatlichen Interventionen (Sozialhilfe, Invalidenversicherung, Steuerbehörde, Betreibungsamt) primär die erneute Erfahrung einer Einschränkung der Autonomie und der Handlungsfähigkeit mit sich bringen, ein erneutes Verwaltetwerden.

Die hier nachgezeichneten Zusammenhänge von Heimerziehung und Kontakten mit staatlichen Instanzen im weiteren Lebensverlauf verdeutlichen, dass prägende Heimerfahrungen latent vorhanden bleiben, sich in bestimmten Situationen unerwartet und plötzlich manifestieren und sich handlungseinschränkend sowie selbstabwertend auswirken. Gerade weil die eigene Position im staatlichen und gesellschaftlichen Gefüge immer wieder als eingeschränkt erlebt wird, sehen sich viele ehemalige Heimkinder im Erwachsenenalter einem verstärkten Legitimationsdruck ausgesetzt. Die Zwänge einer disziplinierenden Erziehung wandeln sich nicht selten um in einen selbstauferlegten Zwang, die eigenen leidvollen Kindheitserfahrungen und deren Auswirkungen auf das gesamte Leben nach aussen erkennbar und glaubwürdig zu machen. Andere hingegen verschweigen, tabuisieren oder verdrängen allerdings ihre Vergangenheit gegenüber Dritten komplett; so erzählten einige in den Interviews zum ersten Mal von ihrer Heimgeschichte.

Die Legitimation der (wider die Erwartungen anderer) erbrachten Leistungen, das stete Vergleichen mit Nichtheimkindern und das Suchen nach Anerkennung führen oft zu einer persönlichen Performanz, bei der Vulnerabilität und Resilienz eng beieinanderliegen. Dies verstärkt den Eindruck der Betroffenen, dass ihnen nicht die Anerkennung durch andere Menschen oder den Staat zuteilwird, die sie anstreben. Dieser Eindruck wiederum fördert Abhängigkeiten, zum Beispiel von den Meinungen und Bewertungen anderer, die über eine bestimmte Diskurs- beziehungsweise Legitimationsmacht verfügen, wie Anwältinnen, Ärzte, Wissenschaftlerinnen oder Politiker. Das widerspricht nicht der häufigen Erfahrung ehemaliger Heimkinder, nur für sich selbst verantwortlich zu sein und sich auf niemanden verlassen zu können. Denn Letzteres bezieht sich auf das «Sich-durchs-Leben-Kämpfen» und Ersteres auf ein glaubwürdiges Sichtbarmachen dieses schwierigen Kampfs. Diese verschiedenen Dimensionen von Abhängigkeiten verweisen nicht zuletzt Wissenschaft und Forschung deutlich auf ihre ambivalente Rolle zwischen Ermächtigung und Entmächtigung ehemaliger Heimkinder und damit auf die nötige Sensibilität in diesem Feld.

Vor dem Hintergrund der historischen Befunde und der exemplarisch diskutierten Bezüge zwischen staatlichem Handeln und den betroffenen Individuen ist auch für die aktuelle Kinder- und Jugendhilfe eine kritische Diskussion angezeigt. Demnach ist es Aufgabe der Heimerziehung, Perspektiven für Kinder und Jugendliche auszugestalten und Handlungsspielräume für selbstbestimmte Biografien zu öffnen, anstatt diese institutionell zu verengen oder gar zu schliessen. In diesem Sinne bleibt es eine aktuelle Herausforderung stationärer Kinder- und Jugendhilfe, die individuellen Bedeutungen von Herkunft und Zugehörigkeit trotz dem einschneidenden staatlichen Eingriff im Einzelfall anerkennend mit einzubeziehen. Werden die betroffenen Menschen und ihr Umfeld in der Ausgestaltung von Perspektiven nach dem Heimaufenthalt beteiligt, werden Übergänge aus dem Heim anschlussfähiger. Entsprechend wären so auch die Kontakte zu sozialstaatlichen Instanzen weniger vorbelastet und könnten bei Bedarf als unterstützend wahrgenommen und mit weniger Vorbehalten aufgesucht werden.

Quellen- und Literaturverzeichnis

Quellen

Bundesamt für Justiz (2017). *Gesuchsformular Solidaritätsbeitrag*, www.bj.admin.ch/dam/data/bj/gesellschaft/fszm/gesuch-d.pdf. Zugegriffen: 28. Februar 2017.

Literatur

Bandura, Albert (1997). *Self-Efficacy. The Exercise of Control.* New York: Worth Publishers.

Bourdieu, Pierre (1986). The Forms of Capital. In: Richardson, John (Hg.), *Handbook of Theory and Research for the Sociology of Education.* New York: Greenwood Press, S. 241–258.

Carr, Nicola und McAlister, Siobhán (2016). The Double-Bind: Looked After Children, Care Leavers and Criminal Justice. In: Mendes, Philip und Snow, Pamela (Hg.), *Young People Transitioning from Out-of-Home Care. International Research, Policy & Practice.* London: Palgrave MacMillan. S. 3–22.

Cusick, Gretchen R. und Courtney, Mark E. (2007). *Offending During Late Adolescence. How Do Youth Aging Out of Care Compare with Their Peers?* Issue brief. Chicago: Chapin Hall Publications.

Foucault, Michel (1983). *Der Wille zum Wissen* (Sexualität und Wahrheit, Bd. 1). Frankfurt am Main: Suhrkamp.
Foucault, Michel (1989). *Überwachen und Strafen. Die Geburt des Gefängnisses.* Frankfurt am Main: Suhrkamp.
Gabriel, Thomas und Keller, Samuel (2015). Editorial. Care Leaver: Übergänge nach Ende der Jugendhilfe. *Schweizerische Zeitschrift für Soziale Arbeit*, 16, S. 3–5.
Germann, Urs (2016). Entwicklungshilfe im Innern. Die Heimpolitik des Bundes im Zeichen sich wandelnder Staatlichkeit, 1960–1990. In: Criblez, Lucien, Rothen, Christina und Ruoss, Thomas (Hg.), *Staatlichkeit in der Schweiz. Regieren und verwalten vor der neoliberalen Wende*. Zürich: Chronos, S. 57–84.
Glaser, Barney und Strauss, Anselm (2010). *Grounded Theory. Strategien qualitativer Forschung*. Bern etc.: Huber.
Goffman, Erving (1961). *Asyle. Über die soziale Situation psychiatrischer Patienten und anderer Insassen*. Frankfurt am Main: Suhrkamp.
Jackson, Sonia und Cameron, Claire (2014). *Improving Access to Further and higher Education for Young People in Public Care: European Policy and Practice.* London: Kingsley.
Köngeter, Stefan, Schröer, Wolfgang und Zeller, Maren (2016). The Drawback of Getting By – Implicit Imbalances in the Educational Support of Young People in and Leaving Care in Germany. In: Mendes, Philip und Snow, Pamela (Hg.), *Young People Transitioning from Out-of-Home Care. International Research, Policy & Practice*. London: Palgrave MacMillan, S. 173–196.
Merton, Robert K. (1938). Social Structure and Anomy. *American Sociological Review*, 3 (5), S. 672–682.
Merton, Robert K. (1948). The self-fulfilling prophecy. *The Antioch Review*, 8, S. 193–210.
Okpych, Nathaniel J. und Courtney, Mark E. (2015). Relationship between adult outcomes of young people making the transition to adulthood from out-of-home care and prior residential care. In: Whittaker, James K., Valle, Jorge Fernandez del und Holmes, Lisa (Hg.), *Therapeutic Residential Care for Children and Youth. Developing Evidence-Based International Practice*. London: Kingsley.
Otto, Hans-Uwe und Ziegler, Holger (Hg.) (2012). *Das Normativitätsproblem in der Sozialen Arbeit. Zur eigenen und gesellschaftlichen Begründung gesellschaftlichen Handelns*. Lahnstein: Verlag neue Praxis.
Peters, Friedhelm (2014). Alternativen zur «geschlossenen Unterbringung»? Ein nicht nur polemisch gemeinter Zwischenruf. *Sozial Extra*, 38 (2), S. 43–46.
Polsky, Howard W. (1962). *Cottage Six. The Social System of Delinquent Boys in Residential Treatment*. New York: Wiley.
Refaeli, Tehila, Mangold, Katharina, Köngeter, Stefan und Zeira, Anat (2016). Continuity and discontinuity in the transition from care to adulthood. Challenges for social work research and practice. In: *British Journal of Social Work*, 47 (2), S. 1–18.

Rietmann, Tanja (2013). *«Liederlich» und «arbeitsscheu». Die administrative Anstaltsversorgung im Kanton Bern (1884–1981).* Zürich: Chronos.

Rosenthal, Gabriele (1993). Reconstruction of Life Stories. Principles of selection in generating stories for narrative biographical interviews. *The Narrative Study of Lives*, 1 (1), S. 59–91.

Schofield, Gillian, Biggart, Laura, Ward, Emma und Larsson, Birgit (2015). Looked after children and offending: An exploration of risk, resilience and the role of social cognition. *Children and Youth Services Review*, 51, S. 125–133.

Schütze, Fritz (2004). Biography analysis on the empirical base of autobiographical narratives. How to analyse autobiographical narrative interviews. Part I. *European Studies on Inequalities and Social Cohesion*, 1–2, S. 153–242.

Shaw, Julie (2014). Why do young people offend in children's homes? Research, theory and practice. *British Journal of Social Work*, 44 (7), S. 1823–1839.

Stauber, Barbara und Walther, Andreas (2016). Lebensweltorientierung in der Gestaltung biografischer Übergänge. In: Grunwald, Klaus und Thiersch, Hans (Hg.), *Praxishandbuch Lebensweltorientierte Soziale Arbeit. Handlungszusammenhänge und Methoden in unterschiedlichen Arbeitsfeldern*. Weinheim: Beltz Juventa, S. 559–570.

Trauernicht, Gitta (1989). *Ausreisserinnen und Trebegängerinnen. Theoretische Erklärungsansätze, Problemdefinitionen der Jugendhilfe, strukturelle Verursachung der Familienflucht und Selbstaussagen der Mädchen*. Münster: Votum.

UNICEF Office of Research (2013). *Child Well-Being in Rich Countries. A Comparative Overview*. Florence: Innocenti Report Card 11.

Wolf, Klaus (1999). *Machtprozesse in der Heimerziehung. Eine qualitative Studie über ein Setting klassischer Heimerziehung*. Münster: Votum.

II Pädagogik für das Heim – Ausbildung, Praxis und Theorie

Heimerziehung in der Schweiz

Denkfiguren und Entwicklungslinien

GISELA HAUSS

Die Institutionalisierung von Kindheit als eigene Lebensphase gilt als ein Phänomen der Moderne.[1] Kindheit wurde als Lebensphase wahrgenommen, in der ein Mensch vor Gefährdung zu schützen sei, was im Übergang zum 19. Jahrhundert zunehmend auch im Hinblick auf arme Bevölkerungsschichten an Bedeutung gewann. Hier war es vor allem Heinrich Pestalozzi, der eine «Armenerziehung» im Sinne einer Erziehung von Kindern verarmter Familien zu «ehrbarer Armut» entwarf. Seine Anstalten in Stans und Yverdon stehen für Konzepte der Erziehung und schulischen Bildung, doch gleichzeitig für erste Konturen eines Berufsbildes des Armenerziehers. So schrieb er 1805 in Bezug auf die Armenerziehungsanstalt: «Neu ist der Zweck, Erzieher zu bilden.»[2] Es komme ihm darauf an, «viel [...] Menschen zu bilden, die allgemein bilden und versorgen können».[3] Dabei ging Pestalozzi von einem universalen und polyvalenten Pädagogen aus, den man sowohl unterrichtlich wie auch allgemein erzieherisch einsetzen konnte. Seine Überlegungen zur Armenerziehung und zu Armenerziehern sollten in den zahlreichen Anstaltsgründungen des 19., des sogenannten Anstaltsjahrhunderts – zwischen 1830 und 1865 wurde durchschnittlich etwa jedes Jahr eine Anstalt eröffnet – weiterwirken.[4] In den Wellen von Gründungen des 19. Jahrhunderts lässt sich der vom Berner Patrizier Philipp Emanuel von Fellenberg 1810 gegründete «Erziehungsstaat» Hofwil als ein in der gesamten Schweiz und darüber hinaus einflussreiches Zentrum ausmachen. Hofwil war mit einem landwirtschaftlichen Ausbildungs- und Musterbetrieb verbunden und zog als modellhafte Anstalt aus ganz Europa Persönlichkeiten an, die sie besuchten und besichtigten.[5] Die hier entwickelte Pädagogik strahlte in die Westschweiz ebenso aus wie in die Deutschschweiz. In der Deutschschweiz war es vor allem Johann Jakob Wehrli, der Leiter der Armenschule in Hofwil, der mit der Ausbildung von Armenschullehrern zahlreiche weitere

1 Ariès 1992.
2 Pestalozzi 1978 (1943), PSW 18, S. 3.
3 Ebd.; vgl. dazu auch Pestalozzi 1995 (1927), PSW 1.
4 Tuggener 1973, 1985, S. 2–4; Chmelik 1978.
5 Schoch et al. 1989, S. 24–31.

Gründungen beeinflusste. In der Westschweiz wurden nach dem Vorbild Hofwils die Ecole rurale in Genf sowie verschiedene «colonies agricoles» gegründet. Eine wichtige Rolle spielte dabei Charles Pictet de Rochemont, der in Genf und Paris gut vernetzt war.[6]

Wurde Kindheit im 16. und 17. Jahrhundert als eigene Lebensphase entdeckt, gewann sie mit der Aufklärung an Bedeutung. Die Gesellschaft musste Antworten finden auf die Frage, wie mit Kindern und Jugendlichen umzugehen sei, die, aus welchen Gründen auch immer, nicht in ihrer Familie aufwachsen konnten oder sollten. Wie im 19. Jahrhundert bereits angelegt, bestand die Antwort auf diese Frage in der Einrichtung von Institutionen, die ein durchgängig anderes Programm anbieten mussten als Institutionen für Erwachsene. Die Idee einer spezifischen Natur des Kindes, verbunden mit «natürlichen» Gesetzen des Aufwachsens, erforderten eine besondere Erziehung mit besonderen Erziehenden und die Einrichtung von Anstalten, die diesen Gesetzen Rechnung trugen. Im 20. Jahrhundert verschärfte sich der Blick auf das Kind und die damit einhergehende zunehmende Kategorisierung der kindlichen Entwicklung zog eine Diversifizierung der traditionellen Anstalten nach sich. Diese wurden zu «pädagogischen Sonderorten», in denen verschiedene Akteure aus Wissenschaft, Gesellschaft und Religion ihre Interessen durchzusetzen versuchten.[7]

Der folgende Beitrag macht es sich zum Ziel, diese spezifische Fokussierung des Blicks auf das Kind beziehungsweise auf den Jugendlichen in Kinderheimen in der Zeit von 1945 bis 1990 zu untersuchen. Das soll anhand von drei Codierungen von Heimerziehung geschehen, die den diskursiven Raum zu ordnen versuchen, in welchem sich Akteure positionierten beziehungsweise sich die auf das Kind gerichtete Linse scharf stellen liess. Der erste Code lässt Kinder- und Jugendheime als Orte der «Rettung» für «gefährdete» Kinder erscheinen. Mitte des 19. Jahrhunderts verstärkten religiöse Kräfte zunehmend ihren Einfluss im Feld der Heimerziehung und füllten damit eine Lücke im staatlichen Versorgungs- und Erziehungssystem. Diese religiös orientierte Heimerziehung stellte die «Rettung» von Kindern und Jugendlichen in Sinne der Hinführung zu einem christlichen Leben ins Zentrum ihrer Bestrebungen. Der zweite Code macht Heime als «Laboratorien des Experimentierens, der Beobachtung und Behandlung» delinquenter oder «verwahrloster» Kinder und Jugendlicher sichtbar. Diese Perspektive der Behandlung lässt sich mit den bürgerlichen Sozialreformen des frühen 20. Jahrhunderts verbinden, etwa der Hygienebewegung und der Jugendgerichtsdebatte. In diesem Zusammenhang gewannen Wissenschaften wie Medizin, Heilpädagogik und Recht vermehrt Einfluss im

6 Vgl. dazu Ruchat 1993, 2003, dort insbesondere S. 15–20.
7 Ralser/Leitner/Reiterer 2015.

bisher stark pädagogisch ausgerichteten Diskursfeld der Heimerziehung. Eine dritte Codierung von Kindheit lässt Heime als «Räume sozialer Ordnungs- und Normierungskonflikte» sichtbar werden. Die Kritik an der Heimerziehung ist schon so alt wie die Heimerziehung selbst. In dem hier untersuchten Zeitraum gerieten die Heime bereits 1940 in die öffentliche Kritik, in sozialkritischen Reportagen wurden die kargen Lebensumstände, Gewalt und Arbeitsausbeutung in den Institutionen skandalisiert. In den 1970er-Jahren verband sich eine umfassende Gesellschafts- und Institutionenkritik mit dem Kampf um die Abschaffung der Heime. Diese drei Codierungen von Heimerziehung entwerfen eine Struktur, mit dem Anliegen, Heimerziehung fassbar zu machen. Weder stellen sie ein Nacheinander dar, noch erheben sie den Anspruch auf Vollständigkeit. Vielmehr skizzieren sie einen heterogenen Diskursraum, der auf den Ebenen von Ausbildung, Organisation und Praxis in unterschiedlicher Weise und oft in zeitlichen Verschiebungen wirkmächtig wurde.

Kinder- und Jugendheime als «Orte der Rettung» – katholisch und pietistisch orientierte Erziehung

Die Codierung «Rettung gefährdeter Kinder» gehört seit dem Anfang des 19. Jahrhunderts[8] zur Heimerziehung und lässt sich in der Jugendhilfe der Schweiz auch heute noch finden.[9] Vorherrschend war sie jedoch vor allem in der zweiten Hälfte des 19. Jahrhunderts. Kinderschutz und Jugendfürsorge bildeten eine der Antworten auf die soziale Frage, die Auswirkungen von Industriearbeit und die miserablen Lebensbedingungen des Proletariats.[10] Auch wenn von staatlicher Seite Regelungen zur Fabrikarbeit und Kinderarbeit eingeführt wurden, blieb die Frage der Erziehung von Kindern, die nicht in ihrer Familie aufwuchsen, vonseiten des Staates ungelöst, was dazu führte, dass philanthropische und kirchliche Akteure die damit entstandene Lücke in der staatlichen Versorgung für sich nutzten.

Aus der Sicht eines sozial engagierten Christentums waren die sozialen Verschiebungen, die mit den Industrialisierungsschüben einhergingen, gleichzusetzen mit einer Gefahr für eine von Gott vorgesehene, heilsgeschichtliche Ausrichtung der Menschheit. Diese Ausrichtung fand zum Beispiel im Leben der christlichen Familie ihren Ausdruck, die in den Verwerfungen der Industrialisierung bedroht schien. Die Antwort christlicher Kreise war die Einrichtung

8 Etwa im Begriff der pietistisch orientierten Rettungshäuser, vgl. Hauss 1995.
9 Schallberger/Schwendener 2017, S. 62 ff.
10 Zur sozialen Frage in der Schweiz vgl. Maissen 2010, S. 208–237; zum Bezug zur Heimerziehung vgl. Furrer et al. 2014.

von Heimen, in denen Kinder aus «Verwahrlosung» und «Armut»[11] gerettet und in sich an bürgerlichen Familienmodellen orientierenden «Familiengruppen» religiös und sittlich erzogen werden sollten.

Als Beispiel für Bewegungen, die dieses Deutungsmuster voranbrachten, soll hier die der Diakonie zuzuordnende Basler Christentumsgesellschaft genannt werden sowie die Caritas der katholischen Kirche, die vor allem in den katholischen, deutschsprachigen Kantonen die Heimerziehung stark beeinflusste.

Die Basler Christentumsgesellschaft war eine in der Deutschschweiz bis weit ins 20. Jahrhundert hinein einflussreiche Initiative, die soziale und pädagogische Anliegen des frühen Pietismus des 17. Jahrhunderts aufnahm. Sie stand in Verbindung mit den von pietistischen Kreisen getragenen «Rettungshausbewegung» im süddeutschen Raum sowie mit dem Rauhen Haus in Hamburg, einer Ausbildungs- und Erziehungseinrichtung, in welcher der Gründer und langjährige Leiter Johann Hinrich Wichern bereits 1833 das Modell der Familiengruppen eingeführt hatte.[12] Das in diesen diakonischen Netzwerken portierte Modell der Heime als «Rettungshaus» mit der Orientierung an Familiengruppen blieb bis weit ins 20. Jahrhundert hinein in der schweizerischen Heimerziehung handlungsleitend. So erzog die in Zizers angesiedelte Stiftung «Gott hilft», am Ende des Zweiten Weltkriegs verantwortlich für dreizehn Kinderheime mit 300 Kindern, Kinder und Jugendliche auf der Grundlage einer pietistisch inspirierten Pädagogik.[13] Der langjährige Leiter des Basler Waisenhauses Hugo Bein verwies im Kontext der Einrichtung von Familiengruppen im Basler Waisenhaus auf Johann Hinrich Wichern in Hamburg,[14] was die Schlussfolgerung nahelegt, dass das Modell des «Rettungshauses» nicht nur eine streng pietistische oder diakonische Heimerziehung prägte, sondern Eingang fand in die sich in der Heimerziehung engagierenden bürgerlichen Kreise.

Der Katholizismus reagierte auf die «Verwandlung der Welt»[15] im 19. Jahrhundert mit Neugründungen von Lehr- und Erziehungskongregationen, wie zum Beispiel der von Don Bosco in Italien gegründeten Genossenschaft der Salesianer. In der Schweiz wurden vor allem Frauenkongregationen, die nicht in geschlossenen, traditionellen Klöstern lebten und ihre Tätigkeit auch auf die Welt ausserhalb der Gemeinschaft ausrichteten, in der Heimerziehung aktiv.[16] Zu nennen sind hier die Schwestern von Baldegg (1830) und die von Theodosius

11 Chemlik 1978, S. 37–51.
12 Hauss 1995, S. 27–38. Die Basler Christentumsgesellschaft ging später in der «Inneren Mission» und dem Diakonischen Werk der Evangelischen Kirche auf.
13 Luchsinger 2016, S. 142–147.
14 Vgl. den Beitrag von Collaud/Janett, Familie im Fokus.
15 Osterhammel 2009.
16 Zur katholischen Heimerziehung vgl. Ries/Beck 2013, darin vor allem Seglias 2013, S. 33 bis 40; und Alzinger/Frei 1987.

Florentine gegründeten Institute Menzingen (1844) und Ingenbohl (1855/56). Für die Erziehung in Heimen der katholischen Kirche nahmen die Kongregationen eine zentrale Stellung ein, insbesondere in den Kantonen Luzern, Freiburg, Uri, Schwyz, Ob- und Nidwalden, Zug und Wallis.[17] Die Kongregationen boten Frauen – meist aus ländlichen, katholisch geprägten Gegenden und aus kinderreichen Familien – einen interessanten, wenn auch oft unter schwierigen Umständen zu bewältigenden Aufgabenbereich und berufliche Unterweisung, die ihnen sonst nicht offengestanden hätten. Sie wurden in Erziehung und Haushaltsführung ausgebildet, wobei die Ausbildung stark religiös geprägt war. Für Kirche und Staat waren die Schwestern funktional. Sie waren einerseits «Garantinnen des Katholizismus», andererseits kostengünstige Arbeitskräfte.[18] Die Bestrebungen einer katholischen Erziehung gingen jedoch weit über die Kongregationen hinaus und führten zu Gründungen zahlreicher katholischer Heime. Zu einer ersten Gründungswelle kam es in der zweiten Hälfte des 19. Jahrhunderts, zu einer zweiten in den ersten zwanzig Jahren des 20. Jahrhunderts. Mit dem Ziel, eine «schmerzliche Lücke» in der «katholischen Anstaltsfürsorge» zu schliessen – katholische Kinder waren immer noch in einem beachtlichen Ausmass in reformierten oder interkonfessionellen Heimen untergebracht –, wurde Anfang der 1930er-Jahre eine katholische Heilpädagogik den starken liberal-reformierten Einflüssen in der Kinder- und Jugendfürsorge entgegengestellt.[19] Sie gewann ihre institutionelle Gestalt zunächst mit dem Institut für Heilpädagogik in Luzern, zwei katholischen Beobachtungsheimen in Wangen bei Olten und in Knutwil, zwei sozialpädagogischen Schwestern- und Fürsorgerinnenseminaren in Basel beziehungsweise Solothurn und dem Heilpädagogischen Seminar an der Universität Freiburg.[20]

Vor allem in den ländlichen Regionen der Deutschschweiz blieb die Denkfigur des Rettungshauses bis in die zweite Hälfte des 20. Jahrhunderts eine wichtige Orientierung in der Heimerziehung. Die kleineren Ausbildungsinstitutionen für Heimerziehung zum Beispiel in Zizers (Graubünden) oder in den Kongregationen der Ingenbohler oder Baldegger Schwestern bildeten Heimerzieherinnen aus, die mit einem religiösen Auftrag ihre Arbeit antraten. Diese Ausbildungen waren vorwiegend praxisorientiert und kaum bestrebt, wissenschaftliches Wissen zu vermitteln. Erst in den 1970er-Jahren öffneten sie ihre Ausbildungskurse auch für Männer.[21]

17 Seglias 2013, S. 33–40.
18 Akermann et al. 2012, S. 26–28.
19 Wolfisberg 2002, S. 109.
20 Ebd., S. 114–117.
21 Es gab Ausnahmen, zum Beispiel die 1965 gegründete Schule in Gwatt, die für verschiedene Berufsfelder ausbildete und die als religiös-sozial und sozialistisch ausgerichtet galt.

Heime als «Laboratorien des Experimentierens, Beobachtens und Behandelns» – neue Allianzen zwischen Pädagogik, Recht und Medizin

Die von bürgerlichen Kräften getragenen Sozialreformen im Übergang zum 20. Jahrhundert zeichneten sich aus durch ihre wissenschaftliche Orientierung und beflügelten die Kindheitsforschung sowie die medizinische und juristische Aufklärung der Bevölkerung. Damit wurden Bereiche, die sich bis dahin deutlich ausserhalb der Pädagogik verortet hatten, in das Engagement für Kinderschutz und ausserfamiliäre Erziehung hineingenommen, was neue Verbindungen zwischen Pädagogik, Heilpädagogik, Medizin, Psychiatrie, Psychologie und Strafrecht zur Folge hatte.[22] Tragende Kraft für diese Entwicklung im ausgehenden 19. Jahrhundert war ein zunehmend verunsichertes Bürgertum, für dessen Selbstverständnis die Fürsorge für Kinder und Jugendliche als konstitutiv beschrieben werden kann. Die bürgerliche Sozialreform als «fortdauerndes, generationsübergreifendes gemeinbürgerliches Projekt»[23] wurde geradezu originärer Bestandteil der sozialen Praxis und gab dem Bürgertum eine Plattform zur Selbstinszenierung und Identitätsprofilierung.[24] Drei Themen innerhalb der Reformbestrebungen lassen sich direkt mit der Heimerziehung in Verbindung bringen: erstens der wissenschaftliche Blick auf das Kind und der Kampf um Hygiene, zweitens internationale pädagogische Reformbewegungen und drittens die Diskussionen um ein Jugendstrafrecht in den 1940er-Jahren.

Ausgangspunkt für die Bemühungen um die Durchsetzung von Hygiene in der Bevölkerung und Kindererziehung war eine anhaltend hohe Kindersterblichkeit, welche die Frage nach dem Zusammenhang zwischen sozialstrukturellen Gegebenheiten und der ungleichen Verteilung von Morbidität und Mortalität in der Bevölkerung und damit die Frage nach Hygiene und Prävention in verarmten Familien, Arbeiterfamilien, aber auch in Säuglings- und Kleinkinderheimen ins Zentrum des Interesses rückte. Eine Vorreiterrolle im Kampf um «Psychohygiene» spielte die Stadt Genf. Hier war bereits 1901 eine Sozial- und Gesundheitseinrichtung für Säuglinge und Kleinkinder eingerichtet worden. 1912 wurde das Institut Jean-Jacques Rousseau gegründet, das sich als Forschungszentrum für Kinderpsychologie und experimentelle Pädagogik verstand und eine pädagogische Ausbildung sowie eine eigene Schule anbot.[25] Hier waren namhafte Ärzte und Pädagogen tätig, so zum Beispiel Jean Piaget,

22 Tuggener 1981; zu St. Gallen vgl. Hauss/Ziegler 2010.
23 Gräser 2009, S. 61.
24 Esser 2013, S. 60 f.; Gredig/Goldberg 2010.
25 Hofstetter 2010.

Paul Bovet, Adolphe Ferrière und Edouard Claparède.[26] In Zürich sollte es noch bis in die 1950er-Jahre dauern, bis Marie Meierhofer mit Unterstützung der Leiterin der Schule für Soziale Arbeit, Margrit Schlatter, das Institut für Psychohygiene gründete und Vernachlässigung und Hospitalismus von Säuglingen und Kleinkindern auch in der Sozialen Arbeit in Zürich zum Thema machte.[27] Mit dem wissenschaftlichen Blick auf das Kind und im Kampf um Hygiene eröffnete sich ein Zwischenbereich praktischer und theoretischer Zuständigkeit zwischen Pädagogik, Medizin und Psychiatrie. In diesem intermediären Raum wurde Gesundheit im umfassenden Sinne als physisches und psychosoziales Wohlergehen zum medizinischen, sozialpolitischen und pädagogischen Zielbegriff.[28] Die damit einhergehende Wissenschaftsorientierung fand vor allem in grösseren Städten, erst in Genf und dann in Zürich, Eingang in die Heimerziehung, wobei die räumliche Nähe von Universitäten (zum Beispiel in Zürich) oder Forschungszentren (zum Beispiel in Genf) eine nicht zu unterschätzende Rolle spielte.

Die Verbindung der Experten am Institut Jean-Jacques Rousseau zur internationalen schulpädagogischen Reformbewegung eröffnete für die Heimerziehung eine weitere, zweite Thematik. Um das Institut Jean-Jacques Rousseau bildete sich ein Milieu, in dem reformpädagogische Ansätze florierten[29] und das auch für die Kinderfürsorge ein Denkfeld eröffnete, das spezifische Assoziationen, Werte und Ideen nahelegte.[30] Die schulpädagogische Reformbewegung orientierte sich am Kind mit dem Ziel, die Industriegesellschaft ausgehend von Bildung und Erziehung zu demokratisieren (*éducation nouvelle*). Diese Reformbewegung strahlte auf andere pädagogische Handlungsfelder aus, etwa auf die Säuglingspflege, die Vorschulpädagogik und nicht zuletzt auf die 1918 ins Leben gerufene Ausbildungsinstitution für Soziale Arbeit in Genf.[31] Heimerzieherinnen und -erzieher erhielten in dieser Ausbildung eine wissenschaftlich orientierte Ausbildung mit medizinischen und pädagogischen

26 Vgl. den Beitrag von Czáka/Droux, Die berufliche Tätigkeit im Heim.
27 Nufer 2007.
28 Die Zusammenarbeit von Fürsorge und Medizin zeigte zum Beispiel auch die Tuberkulosefürsorge, vgl. dazu Gredig 2002, S. 221–241. Inwieweit sich der medizinisch-pädagogische Zugang zum Kind auch mit eugenischem Denken verband, soll hier offenbleiben, dazu wären weiterführende Forschungen nötig. Vgl. dazu Hauss et al. 2012; Wolfisberg 2002, S. 183–200.
29 Lenhart/Wehr 2013, S. 81.
30 Oelkers 2007.
31 Das Institut Jean-Jacques Rousseau war weniger auf die deutsche Reformbewegung ausgerichtet (zum Beispiel Herman Nohl) als mit dem französischsprachigen Raum verbunden (Célestin Freinet, Frankreich; Ovide Decroly, Belgien). Während die Reformbewegung in Frankreich proletarisch-sozialistisch ausgerichtet war, lässt sie sich für die Schweiz und Belgien als liberal beschreiben, vgl. Lenhart/Wehr 2013, S. 81.

Inhalten, die sie, teils ohne Erfolg, in ihren Berufsfeldern umzusetzen versuchten.[32] Dieses für internationale Kontakte offene und demokratischer Erziehung verpflichtete Milieu ermöglichte es, nach dem Zweiten Weltkrieg zahlreiche Kinder aus den vom Krieg und Nationalismus zerstörten Regionen Europas aufzunehmen. Ein entsprechendes grenzüberschreitendes Engagement für eine demokratische Erziehung nach dem Zweiten Weltkrieg findet sich für Zürich im Umfeld von Marie Meierhofer.[33] Auch das Heilpädagogische Seminar, hier vor allem die Konzepte von Paul Moor, gewannen in einem vom Krieg zerstörten Deutschland an Bedeutung und unterstützten den Wiederaufbau einer wissenschaftlichen Heilpädagogik.[34]

Während die in den protestantischen Kantonen Genf, Waadt und Zürich in den urbanen Zentren verorteten Schulen für Heimerziehung unter den Einfluss der reform- und wissenschaftsorientierten Denkfelder wie Heilpädagogik, Medizin oder *éducation nouvelle* gerieten, blieben die zahlreichen kleinen und ländlichen Schulen stärker und länger in der Tradition des «Rettungshauses», was sich auf ganz konkreter Ebene auswirkte. So hatten zum Beispiel in Genf, Lausanne und Zürich Männer früher Zutritt zu den zuvor ausschliesslich von Frauen besuchten Schulen. Die akademische Ausrichtung war vor allem in Genf und Lausanne stärker, die Unterrichtenden waren vorwiegend Fachleute und Experten des Kinderschutzes, etwa Juristen, Kinderärzte und Fürsorgerinnen, und repräsentierten ein breites Spektrum an Fachlichkeit und Wissenschaftlichkeit. In den praxisnahen Ausbildungen der kleinen Schulen der Deutschschweiz hingegen war die Verwurzelung der Ausbildung in den Milieus von Handwerk und Landwirtschaft ausgeprägter. Zwar waren unter den Unterrichtenden auch Akademikerinnen und Akademiker, doch ebenso Fachleute aus der Praxis und aus religiösen Gemeinschaften.

Eine dritte Thematik bürgerlicher Sozialreformen, mit der sich neue Wissensbereiche in die bis anhin pädagogisch orientierte Heimerziehung schoben, war die Jugendgerichtsdebatte in der ersten Hälfte des 20. Jahrhunderts. 1896 wurde vom Bundesrat der Entwurf für ein schweizerisches Strafgesetzbuch

32 Vgl. den Beitrag von Czáka/Droux, Die berufliche Tätigkeit im Heim.

33 Marie Meierhofer forschte zu frühkindlicher Vernachlässigung und Hospitalismus und gründete 1957 das Institut für Psychohygiene. Gleichzeitig setzte sie sich für den Aufbau des Pestalozzidorfes in Trogen ein, das Kindern aus kriegsgeschädigten Ländern Europas eine psychosoziale und medizinische Betreuung sowie eine demokratische Erziehung und Bildung bot. Trogen gewann international an Bedeutung, als es 1948 als Gründungsort der unter der Schirmherrschaft der UNESCO stehenden Fédération internationale des communautés éducatives ausgewählt und zum Sitz der Vereinigung bestimmt wurde. Vgl. Gardet/Ruchat 2014.

34 Berger 1999.

in Auftrag gegeben, 1942 trat es in Kraft.[35] Die damit einhergehende Jugendgerichtsdebatte befasste sich mit dem, was Kinder und Jugendliche bedrohte (die «gefährdete» Kindheit) und mit dem, was sie gefährlich machte (die «gefährliche» Jugend), und führte beides im Begriff der Verwahrlosung zusammen. Verwahrlosung wurde zur Bezeichnung von Jugendlichen im Zwischenraum zwischen verschiedenen Wissens- und Zuständigkeitsbereichen. Im Umgang mit der «Gefährdung» der Kinder und der «gefährlichen» Jugend verschmolzen medizinisches, psychiatrisches, kriminologisches, pädagogisches und psychoanalytisches Wissen. Das progressive Jugendstrafrecht verabschiedete sich endgültig vom «Tatstrafrecht», das heisst, «Strafen und Massnahmen» wurden nicht länger «primär nach der Straftat bemessen, sondern aufgrund der Persönlichkeit und Erziehungsbedürftigkeit des Jugendlichen».[36] Dieser historisch bedeutsame Schritt lässt sich als eine Verknüpfung des fürsorgerischen und des strafrechtlichen Regimes interpretieren.[37] Die damit per Gesetz vorausgesetzte Beurteilung der Persönlichkeit erforderte Gutachten, das heisst heilpädagogische, psychiatrische, medizinische und pädagogische Diagnosen, Klassifikationen und Beobachtungen zu Entwicklungsstand, persönlichen Lebensverhältnissen, Gefährdung, und darauf gründende Prognosen. Diese Verknüpfung von Wissenssystemen mit Handlungsstrategien in Strafvollzug und Erziehung war – in regional unterschiedlicher Gewichtung – verbunden mit einer Psychiatrisierung, Pädagogisierung, Psychologisierung, Heilpädagogisierung und Medikalisierung des straffälligen, «verwahrlosten» Jugendlichen.[38] Der vergleichende Blick auf zwei Städte und Sprachregionen verdeutlicht exemplarisch diese unterschiedlichen Gewichtungen.

Im Kanton Genf traf das nationale Gesetz auf eine bereits fest institutionalisierte medikopädagogische Expertise in der Rechtsprechung zur Jugenddelinquenz. Hier forderten die 1935 vorgenommenen Veränderungen in der kantonalen Rechtsprechung für delinquente Kinder und Jugendliche bereits sieben Jahre zuvor die Anhörung von pädagogischen und medizinischen Experten in der Beurteilung von delinquenten Jugendlichen. Vor allem hier, in der französischsprachigen, von Akteuren des protestantischen Kantons Genf getragenen Jugendgerichtsdebatte, verweisen einschlägige Forschungsarbeiten darauf, dass die Rechtsprechung nicht nur die Art des Delikts oder ausschliesslich die Persönlichkeit des «verwahrlosten» Jugendlichen, die Familiengeschichte oder das Milieu in die Erwägung der Rechtslage einbezog, sondern auch des-

35 StGB 1942, Art. 83, 84, 90 f.
36 Tanner 1998, S. 191.
37 Germann 2015, S. 127, 157.
38 Wilhelm 2005.

sen körperliche Verfasstheit.[39] Mit Blick auf Genf lässt sich die Verknüpfung verschiedener Regime, die sich unter je unterschiedlicher Perspektive mit dem «verwahrlosten» oder «kriminellen» Jugendlichen befassten, auch interpretieren als eine Medikalisierung und Biologisierung[40] der gesellschaftlichen Antwort auf «Jugendverwahrlosung» und «Jugendkriminalität». Damit gewann im Zwischenraum zwischen Strafrecht und Erziehung eine biologisch orientierte, medikopädagogische Expertise an Einfluss.

Anders als in Genf verweisen die fachlichen Diskurse in den heilpädagogischen Netzwerken in Zürich auf eine stärkere (Heil-)Pädagogisierung der Jugendgerichtsdebatte, wobei die Konzepte von Paul Moor (1899–1977) in der Heimerziehung an Einfluss gewannen. Moor wurde 1933 Assistent bei Heinrich Hanselmann, übernahm 1940 die Leitung des Heilpädagogischen Seminars und 1951 den Lehrstuhl für Heilpädagogik.[41] Als Pädagoge, ehemaliger Lehrer und Heimleiter sowie als Vorstandsmitglied des Schweizerischen Hilfsverbands für Schwererziehbare (1939–1958) verortete Moor die Heilpädagogik nicht als medizinische «Heilgehilfenschaft»,[42] sondern als Pädagogik. Er sprach von einer «vertieften Pädagogik»,[43] die sich «allerdings unter erschwerten Bedingungen»[44] vollziehe, und verband sein Konzept des «inneren Haltes»[45] mit psychoanalytischem Wissen.[46] Die Zürcher Heilpädagogik wurde in ihrer Bedeutung für die Heimerziehung in der Nachkriegszeit auch über die nationalen Grenzen hinaus in Deutschland wahrgenommen und rezipiert.[47] Auch wenn sie in den 1930er- und 1940er-Jahren in die eugenischen Netzwerke eingebettet war, entwickelte sie nach 1939 eine kritische Haltung gegenüber eugenischen Prämissen und Forderungen und wurde damit zu einem wichtigen Ansprechpartner für Einrichtungen der öffentlichen Erziehung

39 Vgl. Droux/Kaba 2006.
40 Ebd., S. 78.
41 Die Zürcher Heilpädagogik war mit der Zürcher Schule für Soziale Arbeit über verschiedene Kontakte verbunden, so hielten Heinrich Hanselmann und Paul Moor dort regelmässig Lehrveranstaltungen. Beide publizierten über ein Dutzend Mal in der Fachzeitschrift des Vereins für Schweizerisches Anstaltswesen (VSA).
42 Berger 1999, S. 16.
43 Moor 1969, S. 260, zitiert nach Berger 1999, S. 17.
44 Eitle 1996, S. 65, zitiert nach Berger 1999, S. 17.
45 Moor 1965. Der «innere Halt» ist ein Kernkonzept in der heilpädagogischen Theorie Paul Moors. Der «innere Halt» steht in einem Spannungsverhältnis zum «äusseren Halt»; das Verhältnis zwischen beiden entwicklungsfördernd zu gestalten, ist Grundlage heilpädagogischen Handelns.
46 Hier sind zum Beispiel August Aichhorn und Hans Zulliger zu nennen, vgl. Fatke/Scarbath 1995; vgl. dazu auch Mehringer 1977 und seine Bezüge zur psychoanalytischen Pädagogik von Aichhorn und Zulliger.
47 Kuhlmann 2010, S. 12–14; Berger 1999.

in Deutschland.[48] Mit Blick auf die deutschsprachige, von liberal-protestantischen Kräften vorwärtsgebrachte Jugendgerichtsdebatte lässt sich damit nicht eindeutig von einer «Medikalisierung» sprechen. Hier wurde der sich in der Annährung von Strafrecht und Erziehung ergebende Zwischenraum vielmehr von einer medizinisch und vor allem psychiatrisch informierten, doch pädagogisch ausgerichteten Heilpädagogik okkupiert. Auch wenn die Annäherung der verschiedenen Wissensbereiche mit einer psychologischen und psychiatrischen Ausdifferenzierung der Diagnostik einherging, blieben die Behandlung und Erziehung deutlich pädagogisch ausgerichtet. Die rege Debatte in Fachkreisen der Heimerziehung darüber, wo die pro Jahr schätzungsweise 600 bis 700 Jugendlichen im Alter von elf bis achtzehn Jahren, die bisher in Institutionen des Erwachsenenstrafrechts eingewiesen worden waren, aufgenommen werden sollten, und die Verhandlungen über eine Ausdifferenzierung der Erziehungsanstalten für «verwahrloste» und delinquente Jugendliche belegen diese Entwicklung.[49]

Die hier dargestellten Diskurse belegen neue Allianzen zwischen Pädagogik, Recht und Medizin in den ersten Jahrzehnten des 20. Jahrhunderts, die mit einem Zuwachs wissenschaftlichen Wissens im Bereich der Heimerziehung verbunden waren. Das Feld der Heimerziehung bezog sich zunehmend auf «hohe symbolische Teil-Sinnwelten»[50] anerkannter, aber auch junger Professionen und Disziplinen, wie zum Beispiel Medizin, Psychiatrie und Heilpädagogik. Neben die langen Traditionen der Armenerziehung des 19. Jahrhunderts und neben die Figur des «Rettungshauses» traten medizinische Diagnosen und heilpädagogische Handlungsmodelle. Auch wenn diese «Teilsinnwelten» in Genf und Zürich andere waren, zeigt sich in beiden Städten der wissenschaftliche Blick auf das Kind und den «verwahrlosten» Jugendlichen. Diese wurden zu Objekten wissenschaftlicher Analysen und fachlicher Diagnosen. Die Heimerziehung als spezifisches Berufs- und Arbeitsfeld wurde jedoch erst mit der Einrichtung der Lehrstühle für Pädagogik mit Schwerpunkt Sozialpädagogik und Sozialarbeit Anfang der 1970er-Jahre an den Universitäten in Zürich und Freiburg zum Thema einer eigenen Fachdisziplin. Bis dann waren Medizin, Psychiatrie und Heilpädagogik Leitwissenschaften und der in Deutschland bereits vor dem Ersten Weltkrieg engagiert geführte akademische Diskurs zur Sozialpädagogik wurde in der Schweiz kaum rezipiert.[51] Zurückkommend auf die bürgerliche Sozialreform als «fortdauerndes, generations-

48 Wolfisberg 2002, S. 335.
49 Schoch et al. 1989, S. 59.
50 Schütze 1992, S. 135.
51 Bäumer 1929; Natorp 1894; Nohl 1965 (1924).

übergreifendes gemeinbürgerliches Projekt»[52] lässt sich feststellen, dass sich dieser wissenschaftsoffene Diskurs besonders deutlich in den Netzwerken der grösseren protestantischen Städte und im Umfeld grösserer Universitäten und Forschungsinstitute beobachten lässt.

Heime als Räume sozialer Ordnungs- und Normierungskonflikte – Heime im Kontext von Gesellschafts- und Institutionenkritik

Mit der dritten hier gewählten Codierung kommen Momente in den Blick, in denen das Heim gesellschaftliche oder fachliche Kritik auf sich zog. Es wurde zum Kristallisationspunkt sozialer Ordnungs- und Normierungskonflikte und zum Ort des Kampfes gegen Ungleichheit und Missstände. Kritik am Heim stand stellvertretend für eine umfassende Institutionen- und Gesellschaftskritik und für den Kampf gegen Gewalt. Hier wurden Auseinandersetzungen um Erziehung, Gehorsam, Strafe sowie um sozialstaatliche Verantwortlichkeiten und Subventionen ausgetragen.[53] Eine erste Welle der Kritik in unserem Untersuchungszeitraum lässt sich in der «Anstaltskrise» der 1940er-Jahre ausmachen. Ende der 1930er-Jahre und Anfang der 1940er-Jahre erschienen in verschiedenen Zeitschriften (*Die Nation*, *Vorwärts* und *Schweizerischer Beobachter*) kritische Sozialreportagen über die Zustände im schweizerischen Heimwesen. Mit der medialen Aufarbeitung erreichte die Kritik eine breite Öffentlichkeit und gab der sich in dieser Zeit in der Öffentlichkeit formulierenden Kritik an einer überhöhten Arbeitsbelastung der Kinder in Heimen, einer mangelhaften Ernährung, einer harten Strafpraxis mit Prügelstrafe, Dunkelarrest und Essensentzug ein Gesicht. Ein zweiter Konflikt lässt sich im Fachdiskurs sowie in der Praxis der 1960er-Jahre ausmachen; er manifestiert sich als «Personalnot» und verbindet sich mit vehementen Forderungen aus Fachkreisen nach einer qualifizierten Ausbildung des Personals. In der Zeit der Hochkonjunktur (1954–1971) erhöhte sich die Nachfrage nach Arbeitskräften, und die Heimerziehung konnte ihr Personal kaum noch in den benachbarten pädagogischen Berufsfeldern oder anderen Berufssparten rekrutieren. Gleichzeitig kam es sukzessive zu einem langsamen Ausbau des Sozialwesens, der sich im Heimbereich als Phase des Erweiterns und Neubauens konkretisierte. Verbunden damit war eine strukturelle innere Differenzierung der Heime, so zum Beispiel die Einführung von Familien- und Gruppensystemen, die zwangsläufig mehr Personal erforderten. Um diesem Bedarf gerecht zu werden, forderten die bis dahin zum grossen Teil

52 Gräser 2009, S. 61; vgl. oben, S. 146.
53 Hauss/Bossert 2018.

privaten und gemeinnützigen Heime von den Behörden in Bund, Kantonen, Städten und Gemeinden mit Nachdruck vermehrt finanzielle Mittel.[54] In dieser Situation wurden die Heime schon lange vor den Umbrüchen der 1970er-Jahre selbst zur kritischen Stimme gegenüber einem bisher schwach ausgebauten Sozialstaat. Sie forderten Subventionen der öffentlichen Hand im bisher vor allem gemeinnützig und kirchlich finanzierten Heimbereich. Dabei verknüpften sie die Forderungen nach Ausbildung, Qualifizierungsstandards und staatlichen Geldern und nahmen so den Staat zur Sicherstellung der fachlichen Qualität in die Pflicht. Die grundlegenden gesellschaftlichen Umstrukturierungen im Kontext der 68er-Bewegung trafen in den französischsprachigen Schulen in Genf und Lausanne und den deutschsprachigen Schulen in Zürich, Basel und Bern auf unterschiedliche Situationen. Dementsprechend unterschiedlich gestaltete sich der Protest. In Genf und Lausanne wurden die Studentinnen und Studenten selbst zu Trägern der Kritik und kämpften für bessere Arbeitsbedingungen in den Heimen. In Zürich und Basel wurde die Heimkampagne in Deutschland als Impuls von aussen genutzt, und mit teils illegalen Protestaktionen wurde die Abschaffung der Heime gefordert.[55] Damit wurde die bereits in den 1960er-Jahren in Bewegung geratene Heimerziehung in den 1970er-Jahren zu einem Kristallisationspunkt der Gesellschafts- und Institutionenkritik. Skandalisiert wurden einerseits die subjektiv erlebten und erlittenen Bedingungen des Aufwachsens ausserhalb der Familie, andererseits die systematische Verletzung der Menschenwürde von Heimkindern und -jugendlichen.[56] In dieser Situation stand die Heimerziehung mitten in einer konfliktiv zwischen Generationen und sozialen Gruppen ausgetragenen Neuverhandlung gesellschaftlicher Ordnung. Soziologische Themen wie Ungleichheit, Arbeitsbedingungen und Klassenkonflikt weckten die Soziale Arbeit und damit auch das Berufsfeld der Heimerziehung nun endgültig – auch in den ländlichen Schulen der Deutschschweiz – aus ihrer «politisch ahnungslosen, tiefen Bürgerlichkeit».[57] Die 68er-Bewegung wurde zum Katalysator der Veränderungen, wobei sie jedoch auf Strukturen traf, die schon in Bewegung waren und noch weiter in Bewegung bleiben sollten.[58] Konzepte der Ungleichheit und der Blick auf Gesellschaftsstrukturen wurden in den 1980er-Jahren zunehmend zum Bestandteil sozialpädagogischer Theorien. Der Wandel von der Gehorsams- zur Aushandlungspädagogik begann sich – in verschiedenen Regionen ungleichzeitig – durchzusetzen.[59]

54 Germann 2016, S. 62–68.
55 Galle/Hauss 2016; Schär 2008.
56 Schrapper 2014, S. 340; Schoch et al. 1989, S. 99.
57 Giovannelli-Blocher 1999, S. 13.
58 Schär 2008.
59 Vgl. den Beitrag von Bombach/Gabriel/Galle/Keller, Die «neuen Praktikanten».

Zwischen Diversität und Schulterschluss – Heimerziehung im Wandel

Heinrich Tuggener, 1972–1994 Professor für Sozialpädagogik an der Universität Zürich, schreibt 1981: «Sozialpädagogik hat sich als neuer theoretischer Bereich in die Nachbarschaft verschiedener anderer vor allem traditionsreicher Wissenschaften eingeschoben wie zum Beispiel die Theologie, die Jurisprudenz, die Medizin und die überlieferte Unterrichtspädagogik. Sie hat Elemente und Begriffe aus diesen Bereichen aufgenommen, ist jedoch mit keinem identisch. Über diese vielgestaltigen Verflechtungen der Sozialpädagogik als Wissenszusammenhang scheint offenbar eine gewisse internationale Einigkeit zu bestehen […]. Dies erschwert auch die Strukturierung der für die berufliche Ausbildung wesentlichen Inhalte, denn der eigentliche ‹focus imaginarius› der Sozialpädagogik als Theorie und Praxis muss erst noch oder immer wieder neu gesucht und gefunden werden.»[60]

Auch die hier vorliegende Forschung konnte den «focus imaginarius» nicht enthüllen, doch sie konnte folgende Grundstrukturen in der Entwicklung der Heimerziehung herausarbeiten:

Vor allem in den ländlichen Gebieten der Deutschschweiz zeigt das Modell des «Rettungshauses» eine lange Kontinuität, vielfach bis in die 1970er-Jahre hinein. In diesem Modell war Heimerziehung ein göttlicher Auftrag. Ziel war es, Kinder aus dem Milieu ihrer Herkunft zu retten und ihnen ein Leben in der gottgefälligen Gemeinschaft eines Heims zu ermöglichen. Die Gemeinschaft im Heim wurde als Schutzburg verstanden gegen eine Gesellschaft, die aufgrund der Auflösung der christlichen Familie und grundlegender christlich-bürgerlicher Werte als gefährdend und schädigend galt. Einige dieser Heime im Modell des «Rettungshauses» waren mit Ausbildungsinstitutionen für Heimerzieherinnen und später auch Heimerzieher verbunden. Bis in die 1970er-Jahre grenzten sich diese Ausbildungen gegen wissenschaftliche Konzepte ab und bewahrten traditionelle Rollenmodelle, etwa die Geschlechter oder die familiären Strukturen betreffend.

Interessanterweise ist es der Vergleich mit der Westschweiz, der im oben beschriebenen Zusammenhang die Bedeutung grösserer Städte mit einer zugänglichen Wissensinfrastruktur sichtbar macht. Anders als in den Heimen und kleinen Ausbildungsinstitutionen in den ländlichen Gebieten wurden in Genf und Lausanne die Ausbildungen zur Heimerziehung durch wissenschaftliche Perspektiven auf das Kind und durch internationale reformpädagogische Bewegungen beeinflusst. Genderrollen veränderten sich und schon früh wurden beide Geschlechter im Beruf der Erzieherin beziehungsweise des Erziehers

60 Tuggener 1981, S. 29.

ausgebildet. Eine vergleichbare Entwicklung lässt sich in Zürich feststellen, wo Heilpädagogik und Psychohygiene des Kindesalters in Forschung und Universität vertreten waren und wissenschaftliche Konzepte direkt in die Ausbildung zur Heimerziehung vermittelt wurden. Doch auch da hemmte das Stadt-Land-Gefälle die Verbreitung des Wissens um Kindheit und Erziehung, da es kaum gelang, dieses Wissen in den ländlichen Gegenden in die Praxis der Heimerziehung einfliessen zu lassen.[61]

Die Landschaft der Heimerziehung lässt sich bis in die 1970er-Jahre als heterogen und fragmentiert beschreiben, wobei sich deutlich lokal geprägte Denkräume ausmachen lassen. Den liberal-protestantischen Erziehungsmodellen in den grösseren Städten stand zum Beispiel die katholische Pädagogik der Innerschweiz gegenüber. Auch diese war auf mehreren Ebenen organisiert, das heisst mit Universitätslehrstuhl (Freiburg), Beobachtungsheimen, einer Ausbildungsstätte für Heimerzieherinnen (Luzern) und einem ganzen Netzwerk von damit verbundenen Heimen. Im Gegenzug zu diesen sich grundsätzlich selbst genügenden und sich voneinander abgrenzenden Denkräumen und Handlungsmustern lassen sich verstärkt seit den 1970er-Jahren Bemühungen um eine übergreifende Standardisierung und einen fachlichen Austausch beobachten. Hierbei spielten die Schulen für Heimerziehung sowie die Verbände mit ihren Jahrestagungen und Zeitschriften eine wichtige Rolle. So einigten sich die Schulen 1970 auf gemeinsame Grundanforderungen für die Ausbildung, 1982 wurden diese in einer überarbeiteten zweiten Version nochmals herausgegeben.[62]

Heime standen in Zeiten wirtschaftlicher oder sozialer Krisen und im Kontext sozialer Bewegungen seit ihrem Bestehen immer wieder in öffentlicher und fachlicher Kritik. In vielen Fällen steht diese am Ausgangspunkt von Veränderungsprozessen. Gemeinhin gilt «1968» als Chiffre für eine grundsätzliche Umstrukturierung gesellschaftlicher Ordnung, sei es zwischen den Geschlechtern, zwischen den Generationen oder in Kultur und Lebensformen. Die hier zugrunde liegende Forschung zeigt, dass in der Heimerziehung die Wandlungsprozesse unter einer weiteren zeitlichen Perspektive beschrieben werden müssen. So trugen bereits in den 1960er-Jahren jüngere in Heimerziehung oder Sozialpädagogik ausgebildete Mitarbeitende neue berufliche Standards sowie den Ruf nach besseren Arbeitsbedingungen in die Heime. Auch wenn diese oft nicht gehört wurden, wuchs ihre Zahl in den 1960er-Jahren beständig, und neben Frauen betraten zusehends auch Männer das Feld. Am anderen Ende muss

61 Vgl. den Beitrag von Czáka/Droux, Die berufliche Tätigkeit im Heim.
62 Vgl. den Beitrag von Galle, Die Bildung der «geeigneten Erzieherpersönlichkeit».

festgestellt werden, dass auch in den 1970er-Jahren vieles beim Alten blieb und erst in den 1980er-Jahren tiefer greifende Reformen umgesetzt wurden.

Die folgenden Beiträge in Teil II des vorliegenden Bandes untersuchen Pädagogik für das Heim auf der Ebene der Ausbildung, der institutionellen Praxis sowie aus der Sicht von ehemaligen Heimkindern. Die unterschiedlichen Ebenen – Wissen, Ausbildung, Praxis und Erleben – ermöglichen einen multiperspektivischen Blick auf das Heim als Erziehungsraum, wobei deutlich wird, dass theoretische Konzepte, Praxis und die Erfahrung der Kinder oft erheblich auseinanderklafften. Die Beiträge nehmen verschiedene Zeiträume in den Blick, wobei die 1960er- und 1970er-Jahre bei allen in die Untersuchung einbezogen werden. Véronique Czáka und Joëlle Droux untersuchen in ihrem Beitrag «Die berufliche Tätigkeit im Heim. Kontext, Ausbildungsstätten und die Entstehung einer eigenständigen Berufsgruppe in der Westschweiz (1950 bis 1980)» die Entstehung und Ausgestaltung des Berufsbildes in der Heimerziehung im Kontext des für Genf charakteristischen wissenschaftlichen Interesses am Kind. Am Schluss setzten sie ihre Ergebnisse vergleichend in Bezug zu den Schulen in der Deutschschweiz. Hier schliesst Sara Galle an mit ihrem Beitrag «Die Bildung der ‹geeigneten Erzieherpersönlichkeit›. Gründungen, Organisation und Konzeption der Schulen für Heimerziehung in der Deutschschweiz». Sie stellt den Ergebnissen aus der Westschweiz die Untersuchung der Ausbildungslandschaft in der Deutschschweiz gegenüber. Dabei werden sprachregionale Unterschiede deutlich und gleichzeitig weitere differenzierende Dimensionen wie zum Beispiel Religion beziehungsweise Stadt und Land. Yves Collaud und Mirjam Janett untersuchen in ihrem Beitrag «Familie im Fokus. Heimerziehung in der Schweiz im 20. Jahrhundert» die Praxis beziehungsweise die Erziehungs- und Heimkonzepte in vier unterschiedlichen Heimen. Dabei richten sie einen spezifischen Fokus auf die in der Heimerziehung virulenten Familienmodelle. Clara Bombach, Thomas Gabriel, Sara Galle und Samuel Keller runden mit ihrem Beitrag «Die ‹neuen Praktikanten›. Perspektiven auf sich verändernde Beziehungsformen im Heim der 1960er- und 1970er-Jahre» das Kapitel zur Erziehung im Heim ab. Sie verbinden in ihrem Beitrag die Ausbildung, die Erzählungen ehemaliger Heimkinder und die Praxis der Erziehungsarbeit. Die verschiedenen Perspektiven erlauben einen differenzierten Blick auf Paradoxien, die gerade in Veränderungsprozessen entstehen können.

Literaturverzeichnis

Akermann, Martina, Furrer, Markus und Jenzer, Sabine (2012). *Bericht Kinderheime im Kanton Luzern im Zeitraum von 1930–1970. Schlussbericht zuhanden des Regierungsrats des Kantons Luzern, unter der Leitung von Markus Furrer.* Luzern: Gesundheits- und Sozialdepartement des Kantons Luzern, www.kinderheime-schweiz.ch. Zugegriffen: 27. September 2016.

Alzinger Barbara und Frei, Remi (1987). *Die katholischen Erziehungsheime im 19. Jahrhundert in der deutschsprachigen Schweiz.* Lizenziatsarbeit, Brugg: Selbstverlag.

Ariès, Philippe (1992). *Geschichte der Kindheit.* München: DTV.

Bäumer, Gertrud (1929). Die sozialpädagogische Erzieherschaft und ihre Ausbildung. In: Nohl, Herman und Pallat, Ludwig (Hg.), *Handbuch der Pädagogik.* Langensalza: Belz, S. 209–226.

Berger, Manfred (1999). *Paul Moor sein Leben und Wirken*, www.archiv-heilpaedagogik.de/down/Medien/Kurzbiographien-Berger/Moor,%20Paul.pdf. Zugegriffen: 12. August 2017.

Chmelik, Peter (1978). *Armenerziehungs- und Rettungsanstalten. Erziehungsheime für reformierte Kinder im 19. Jahrhundert in der deutschsprachigen Schweiz.* Zürich: Selbstverlag.

Droux, Joëlle und Kaba, Mariama (2006). Le corps comme élément d'élaboration de nouveaux savoirs sur l'enfance délinquante. *Revue d'histoire de l'enfance «irrégulière»*, 8, S. 63–80.

Esser, Forian (2013). *Das Kind als Hybrid. Empirische Kinderforschung (1896–1914).* Weinheim: Beltz Juventa.

Fatke, Reinhard und Scarbath, Horst (1995). *Pioniere Psychoanalytischer Pädagogik.* Frankfurt am Main etc.: Peter Lang.

Furrer, Markus, Heiniger, Kevin, Huonker, Thomas, Jenzer, Sabine und Praz, Anne-Françoise (2014). Einleitung. In: dies. (Hg.) (2014), *Fürsorge und Zwang. Fremdplatzierung von Kindern und Jugendlichen in der Schweiz, 1850–1980.* Basel: Schwabe, S. 7–23.

Galle, Sara und Hauss, Gisela (2016). Les Scandales des placements d'enfants. Les maisons d'éducation sous les feux de la critique publique au début des années 1970. In: Mazbouri, Malik und Vallotton, François (Hg.), *Scandale et histoire.* Lausanne: Editions Antipodes.

Gardet, Mathias und Ruchat, Martine (2014). Le Village Pestalozzi, un modèle de communauté d'enfants pour l'Europe. Entre utopie pédagogique et propagande politique, 1944–1954. In: Furrer, Markus, Heiniger, Kevin, Huonker, Thomas, Jenzer, Sabine und Praz, Anne-Françoise (Hg.), *Fürsorge und Zwang. Fremdplatzierung von Kindern und Jugendlichen in der Schweiz 1850–1980.* Basel: Schwabe, S. 123–138.

Germann, Urs (2015). *Kampf dem Verbrechen. Kriminalpolitik und Strafrechtsreform in der Schweiz 1870–1950.* Zürich: Chronos.

Germann, Urs (2016). *Entwicklungshilfe im Innern. Die Heimpolitik des Bundes im Zeichen sich wandelnder Staatlichkeit, 1960–1990*. Zürich: Chronos, S. 57–84.

Giovannelli-Blocher, Judith (1999). Aus Geschichte lernen. *SozialAktuell*, 13, S. 10–16.

Gräser, Marcus (2009). *Wohlfahrtsgesellschaft und Wohlfahrtsstaat. Bürgerliche Sozialreform und Welfare State Building in den USA und in Deutschland 1880–1940*. Göttingen: Vandenhoeck & Ruprecht.

Gredig, Daniel (2002). Von der Gehilfin des Arztes zur professionellen Sozialarbeiterin. Professionalisierung in der Sozialen Arbeit und die Bedeutung der Sozialversicherungen am Beispiel der Tuberkulosefürsorge Basel (1911–1961). *Zeitschrift für Wirtschafts- und Sozialgeschichte*, 18, S. 221–241.

Hauss, Gisela (1995). *Retten, Erziehen, Ausbilden. Zu den Anfängen der Sozialpädagogik als Beruf. Eine Gegenüberstellung der Entwicklungsgeschichte der Armenschullehrer-Anstalt Beuggen und des Brüderinstitutes am Rauhen Haus in Hamburg*. Bern etc.: Peter Lang.

Hauss, Gisela und Bossert, Markus (2018). Konflikte in Zeiten der Veränderung. Die fachlichen Diskurse um Heimerziehung zwischen sozialen Bewegungen, Recht und Öffentlichkeit. In: Franke-Meyer, Diana und Kuhlmann, Carola (Hg.), *Soziale Bewegungen und Soziale Arbeit*. Wiesbaden: VS Verlag, S. 183–195.

Hauss, Gisela und Ziegler, Béatrice (Hg.) (2010). *Helfen, Erziehen, Verwalten. Beiträge zur Geschichte der Sozialen Arbeit in St. Gallen*. Zürich: Seismo.

Hauss, Gisela, Ziegler, Béatrice, Cagnazzo, Karin und Gallati, Mischa (Hg.) (2012). *Eingriffe ins Leben. Fürsorge und Eugenik in zwei Schweizer Städten (1920–1950)*. Zürich: Chronos.

Hofstetter, Rita (2010). *Genève: creuset des sciences de l'éducation (fin du XIXe–première moitié du XXe siècle)*. Genève: Librairie Droz.

Kuhlmann, Carola (2010). *Expertise für den Runden Tisch «Heimerziehung in den 50er und 60er Jahren». Erziehungsvorstellungen in der Heimerziehung der 50er und 60er Jahre. Massstäbe für angemessenes Erziehungsverhalten und für Grenzen ausgeübter Erziehungs- und Anstaltsgewalt*, www.rundertisch-heimerziehung.de/documents/RTH_Expertise_Erziehungsvorstellungen.pdf. Zugegriffen: 12. August 2017.

Lenhart, Volker und Wehr, Helmut (2013). Die deutsche Reformpädagogik im internationalen Diskurs. In: Hornberg, Sabine, Richter, Claudia und Rotter, Carolin (Hg.), *Erziehung und Bildung in der Weltgesellschaft*. Münster: Waxmann, S. 75–96.

Luchsinger, Christine (2016). *«Niemandskinder». Erziehung in den Heimen der Stiftung Gott hilft 1916–2016*. Chur: Kommissionsverlag Desertina.

Maissen, Thomas (2010). *Geschichte der Schweiz*. Baden: hier + jetzt.

Mehringer, Andreas (1977). *Heimkinder. Gesammelte Aufsätze zur Geschichte und zur Gegenwart der Heimerziehung*. Basel: Ernst Reinhard.

Moor, Paul (1965). *Heilpädagogik. Ein pädagogisches Lehrbuch*. Bern, Stuttgart: Huber.

Natorp, Paul (1894). *Religion innerhalb der Grenzen der Humanität. Ein Kapitel zur Grundlegung der Sozialpädagogik*. Freiburg im Breisgau: J. C. B. Mohr.

Nufer, Heinrich (2007). Psychohygiene im Kindesalter. Die Entwicklung der Grundidee und deren Verwirklichung im Institut für Psychohygiene im Kindesalter. Ein Interview von Heinrich Nufer mit Marie Meierhofer. *«undKinder»*, 79, S. 83–91, www.mmi.ch/files/downloads/83f89f9930ca6a6e9e2d7c824bce23fa/Interview_Meierhofer.pdf. Zugegriffen: 12. August 2017.

Nohl, Herman (1965 [1924]). Die Ausbildung der Sozialpädagogen durch die Universität. In: ders., *Aufgaben und Wege der Sozialpädagogik. Vorträge und Aufsätze von Herman Nohl.* Weinheim: Belz, S. 71–76.

Oelkers, Jürgen (2007). *Die Reformpädagogik und das Kind.* Vortrag an der Pädagogischen Hochschule Zug am 30. November 2007, www.ife.uzh.ch/dam/jcr:00000000-4a53-efb2-ffff-ffffba1b656d/302_ZugReformpaedagogik.pdf. Zugegriffen: 12. August 2017.

Osterhammel, Jürgen (2009). *Die Verwandlung der Welt. Eine Geschichte des 19. Jahrhunderts.* München: Beck.

Pestalozzi, Johann Heinrich (1978 [1943]). Schriften aus der Zeit von 1805–1806. In: ders., *Sämtliche Werke. Kritische Ausgabe*, Bd. 18, hg. von Buchenau, Arthur, Spranger, Eduard und Stettbacher, Hans, Berlin: De Gruyter.

Pestalozzi, Johann Heinrich (1995 [1927]). Schriften aus der Zeit von 1766–1780. In: ders., *Sämtliche Werke. Kritische Ausgabe*, Bd. 1, hg. von Buchenau, Arthur, Spranger, Eduard und Stettbacher, Hans, Berlin: De Gruyter.

Ralser, Michaela, Leitner, Ulrich und Reiterer, Martina (2015). Die Anstalt als pädagogischer Sonderort. Das Landerziehungsheim am Jagdberg. *Zeitgeschichte*, 3, S. 179–195.

Ries, Markus und Beck, Valentin (Hg.) (2013). *Hinter Mauern. Fürsorge und Gewalt in kirchlich geführten Erziehungsanstalten im Kanton Luzern.* Zürich: Theologischer Verlag.

Ruchat, Martine (1993). *L'oiseau et le cachot. Naissance de l'éducation correctionnelle en Suisse romande 1800–1913*. Genève: Zoé.

Ruchat, Martine (2003). Modèles, systèmes et méthodes dans l'éducation correctionnelle en Suisse romande, 1820–1914. *Revue d'histoire de l'enfance «irrégulière»*, 5, S. 15–26.

Schallberger, Peter und Schwendener, Alfred (2017). *Erziehungsanstalt oder Fördersetting. Kinder- und Jugendheime in der Schweiz heute.* Konstanz: UEK Verlag.

Schär, Renate (2008). «Die Winden sind ein Graus: Macht Kollektive draus!». Die Kampagne gegen Erziehungsheime. In: Hebeisen, Erika, Joris, Elisabeth und Zimmermann, Angela (Hg.), *Zürich 68. Kollektive Aufbrüche ins Ungewisse*. Baden: hier + jetzt, S. 86–97.

Schoch, Jürg, Tuggener, Heinrich und Wehrli, Daniel (Hg.) (1989). *Aufwachsen ohne Eltern. Verdingkinder, Heimkinder, Pflegekinder, Windenkinder. Zur ausserfamiliären Erziehung in der deutschsprachigen Schweiz*. Zürich: Chronos.

Schrapper, Christian (2014). Systematisches Unrecht im sozialen Rechtsstaat? Zur Auseinandersetzung um die Heimerziehung der 1950er und 1960er Jahre in (West-)Deutschland. In: Ralser, Michaela und Sieder, Reinhard (Hg.), *Die Kinder des Staates. Österreichische Zeitschrift für Geschichtswissenschaften*, 25 (1–2), S. 331–344.

Schütze, Fritz (1992). Sozialarbeit als «bescheidene» Profession. In: Dewe, Bernd, Ferchhoff, Wilfried und Radtke, Frank-Olaf (Hg.), *Erziehen als Profession. Zur Logik professionellen Handelns in pädagogischen Feldern*. Opladen: Leske + Budrich.

Seglias, Loretta (2013). Gewalt gegen Kinder in Obhut der Kirche. In: Ries, Markus und Beck, Valentin (Hg.), *Hinter Mauern. Fürsorge und Gewalt in kirchlich geführten Erziehungsanstalten im Kanton Luzern*. Zürich: Theologischer Verlag, S. 19–79.

StGB – Schweizerisches Strafgesetzbuch (1942). Zürich: Schulthess Polygraphischer Verlag.

Tanner, Hannes (1998). Die ausserfamiliäre Erziehung. In: Hugger, Paul (Hg.), *Kind sein in der Schweiz. Eine Kulturgeschichte der frühen Jahre*. Zürich: Offizin, S. 185–196.

Tuggener, Heinrich (1973). Bemerkungen zur Ausbildung von Heimerziehern. Referat an der 6. Delegierten Versammlung des Schweizerischen Berufsverbandes der Sozialarbeiter, 23. Juni 1973 in Bern. *Sozialarbeit*, 5 (9), S. 10–15.

Tuggener, Heinrich (1981). Sozialpädagogik als Beruf. Historischer Überblick. In: Fédération internationale des communautés éducatives (Hg.), *Leben mit anderen als Beruf. Der Sozialpädagoge in Europa*. Zürich: Zentralstelle der Studentenschaft der Universität Zürich, S. 11–39.

Tuggener, Heinrich (1985). Vom Armenerzieher zum Sozialpädagogen. *SKAV Fachblatt des Schweizerischen Katholischen Anstalten-Verbandes*, 47 (5), S. 301–325.

Wilhelm, Elena (2005). *Rationalisierung der Jugendfürsorge. Die Herausbildung neuer Steuerungsformen des Sozialen zu Beginn des 20. Jahrhunderts*. Bern: Haupt.

Wolfisberg, Carlo (2002). *Heilpädagogik und Eugenik. Zur Geschichte der Heilpädagogik in der deutschsprachigen Schweiz (1800–1950)*. Zürich: Chronos.

Die berufliche Tätigkeit im Heim

Kontext, Ausbildungsstätten und die Entstehung einer eigenständigen Berufsgruppe in der Westschweiz (1950–1980)

VÉRONIQUE CZÁKA, JOËLLE DROUX

Der folgende Beitrag stellt die Fachpersonen, die mit fremdplatzierten Kindern und Jugendlichen arbeiteten, ins Zentrum. Der Beruf der Heimerzieherin beziehungsweise des Heimerziehers (*éducatrice spécialisée*, *éducateur spécialisé*) bildete sich sehr viel später heraus als die Institutionen der Heimerziehung selbst, in der Deutschschweiz lassen sich die ersten Ausbildungsinstitutionen in den ersten Jahrzehnten des 20. Jahrhunderts finden, in der Westschweiz in den 1950er-Jahren.[1] Im Folgenden geht es in einem ersten Schritt um die Herausarbeitung des Kontextes, in dem gesellschaftliche Kräfte eine spezifische Ausbildung für die Betreuung von Heimkindern forderten. In einem zweiten Schritt untersuchen wir die Gründung verschiedener Ausbildungsstätten, die dort angebotene Berufsausbildung, das damit verbundene Anforderungsprofil sowie die Bewerbungsverfahren und die Auswahl der künftigen Heimerzieherinnen und -erzieher. Im letzten Teil wird die Entwicklung der Ausbildungsgänge in den 1970er- und 1980er-Jahren herausgearbeitet. Dabei werden der überaus langsame Professionalisierungsprozess im Bereich der Heimerziehung (*éducation spécialisée*) sowie die verschiedenen Verzögerungen und Hindernisse in diesem Prozess in den Blick genommen. Grundsätzlich sollen Faktoren herausgearbeitet werden, die erklären können, warum die Veränderung zum Positiven, die von der Entstehung einer eigenständigen Berufsgruppe im Feld der Heimerziehung potenziell schon früher hätte ausgehen können, erst gegen Ende der 1970er-Jahre vollumfänglich zum Tragen kam.

1 Die historische Entwicklung von Berufsausbildung und Berufsprofil im Bereich der Heimerziehung unterschied sich in den Sprachregionen der Schweiz massgeblich. Um auf diesen Unterschied hinzuweisen, wird für die Westschweiz jeweils die französische Bezeichnung in Klammern eingefügt.

Das Kind und seine institutionelle Betreuung – Aufschwung eines Tätigkeitsbereichs, Aufschwung einer Berufsausbildung

Das Anliegen, Kinder vor Risiken, die ihre physische und psychische Gesundheit gefährden, zu bewahren, manifestierte sich in der Westschweiz, ähnlich den Entwicklungen in Westeuropa, bereits in den letzten Jahrzehnten des 19. Jahrhunderts. Dieses Anliegen stand am Anfang einer Vielzahl diverser Institutionen, welche für alle Altersstufen auf medizinischer, erzieherischer, aber auch auf rechtlicher Ebene geschaffen wurden. Die entstehenden Institutionen trugen nicht zuletzt zur Ausgestaltung neuer wissenschaftlicher und beruflicher Expertisen bei (Kindergarten, Kinderarztpraxen und Pädologen). Wissenschaft und Profession vertraten zum einen die Auffassung, dass die Praktiken den Besonderheiten des Kindes als sich stets entwickelndes Wesen angepasst werden mussten, zum anderen, dass die verschiedenen Phasen der kindlichen Entwicklung dringend erforscht werden müssten. Das Ineinandergreifen von Kindheitsforschung und neu entstehenden Praxisfeldern zeigte sich an gewissen Orten beziehungsweise in gewissen Regionen der Westschweiz in einer Diversifizierung institutioneller Angebote, die sowohl die sozialen und gesundheitlichen Bedürfnisse der Kinder als auch die notwendige Ausgestaltung einer Ausbildung des Betreuungspersonals berücksichtigten. Diesbezüglich nahm der Kanton Genf eine Vorreiterrolle ein: Hier wurde die damals bestehende Lücke zunächst von der Medizin besetzt. Zwischen 1901 und 1905 gründete Dr. Marguerite Champendal (1870–1928) die Pflegerinnenschule Ecole des infirmières du Bon Secours, die mit einem ganzen Archipel von Pflegeeinrichtungen für Kleinkinder vernetzt war. Wiederum in Genf wurde einige Jahre später (1912) auf Initiative des Arztes Dr. Edouard Claparède (1873–1940)[2] die Akademie für Erziehungswissenschaften (Ecole des sciences de l'éducation) eröffnet, besser bekannt unter dem Namen Institut Jean-Jacques Rousseau. Diese Einrichtung verfolgte das ehrgeizige Vorhaben, Lehre und Berufsausbildung, Forschung, Information und Öffentlichkeitsarbeit in einer einzigen auf das Kind zentrierten Institution zu vereinen. Eine der von Anfang an angebotenen Ausbildungen war der *protection de l'enfance* gewidmet.[3] Von Bedeutung war zudem 1918 die Eröffnung einer Schule für Soziale Arbeit (Ecole d'études sociales pour femmes),[4] gegründet von einer Gruppe von Philanthropen, Fe-

2 Hofstetter et al. 2012.

3 *Protection de l'enfance* wird im französischen Sprachraum weiter gefasst als der Begriff Kinderschutz im deutschen. Während Kinderschutz rasch mit der Kinderschutzbehörde gleichgesetzt wird, umfasst *protection de l'enfance* den gesamten Bereich der Kinder- und Jugendfürsorge.

4 Cattin 2008.

ministinnen und Universitätsangehörigen mit Unterstützung des Institut Jean-Jacques Rousseau. Diese Schule hatte das Ziel, spezialisiertes Personal für eine Vielzahl unterschiedlicher Dienste wie Sozialdienste oder Hilfswerke auszubilden, und war in mehrere Bereiche gegliedert, von denen zwei, Sozialarbeit (*assistance sociale*) und Krankenhausleitung (*direction d'établissements hospitaliers*), ins Feld *protection de l'enfance* einführten. Zur gleichen Zeit wurde an der theologischen Fakultät der Universität Genf ein Institut für Gemeindehelferinnen eröffnet. Hier wurden Gemeindehelferinnen ausgebildet, die nach einer auf vier Semester angelegten Studienzeit an der Seite des Gemeindepfarrers als «auxiliaires pour tout ce qui concerne l'enfance et l'assistance»[5] arbeiten sollten. Ähnliche Ausbildungsgänge wurden in der unmittelbaren Nachkriegszeit im benachbarten Kanton Waadt entwickelt. In den anderen französischsprachigen Kantonen entwickelten sich entsprechende Strukturen sehr viel später. Eine Ausnahme bildet das 1935 gegründete Institut für Heilpädagogik (Institut de pédagogie curative) an der Universität Freiburg.[6]

Diese Expansion der Ausbildungseinrichtungen antwortete auf die wachsende Nachfrage nach spezifisch für die Arbeit mit Kindern ausgebildetem Personal. Auch wenn der in der Schnittmenge von Institutionen der Pflege, Erziehung und Nacherziehung angesiedelte Tätigkeitsbereich sich durch Wachstum auszeichnete, wurde sein Aufschwung durch den Mangel an ausgebildetem Personal gebremst. Zwar antworteten die bestehenden religiösen, katholischen oder protestantischen Orden auf verschiedene Bedürfnisse; doch konnten in Kantonen, in denen auf private oder öffentliche Initiative im Sozial- und Gesundheitswesen eine Vielzahl neuer Einrichtungen entstanden war, die Orden und Kongregationen der Aufgabe nicht mehr gerecht werden (so etwa in den Kantonen Genf und Waadt). Des Weiteren legte die Öffnung der Grundschulbildung für breite Bevölkerungskreise sowie der seit dem letzten Drittel des 19. Jahrhunderts verbesserte Zugang zur Sekundarschule für Mädchen den Aufbau von speziell an Frauen gerichteten Berufsausbildungsangeboten nahe, vor allem in einem Bereich, der damals als ihr natürliches Betätigungsfeld galt – die Kinderbetreuung. Die nachdrückliche Betonung der weiblichen Natur ging einher mit der Forderung nach Wissenschaftlichkeit, was durch Kurse mit biomedizinischen Inhalten realisiert wurde. Wie im Medizinstudium war die Ausbildung alternierend angelegt, das heisst im Wechsel zwischen theo-

5 Journal de Genève, 19. März 1922: «Institut des ministères féminins».
6 Die Gründung dieses Instituts war eine Reaktion auf den Bedarf der katholischen Schweiz (für die Protestanten wurde 1924 das Zürcher Institut gegründet). Das Institut in Freiburg bot zweisprachige Bildungsgänge an, die sich an den Bereich der Sonderpädagogik richteten, und arbeitete eng mit dem Luzerner Institut für Heilpädagogik zusammen. Vgl. Lussi Borer 2007.

retischen Kursen und Berufspraktika. Diese ersten Initiativen boten jungen, meist aus der Mittelschicht stammenden Frauen die Möglichkeit, ihr Bildungsbedürfnis in einem Bereich zu stillen, in dem vor allem Fachkräfte mit einer säkular angelegten Ausbildung relativ leicht Arbeit finden konnten, dies vor allem aufgrund einer breiten Diversifizierung philanthropischer Institutionen im Bereich der auf Kinder zentrierten Erziehungs- und Fürsorgeeinrichtungen. Der Aufschwung im sozialen und erzieherischen Bereich, an dem diese neue Generation von diplomierten Fachkräften, wohlgemerkt insbesondere in leitenden Positionen, wachsenden Anteil hatte, stand jedoch auf unsicherem Grund: Die Institutionen der ausserfamiliären Erziehung, ohne ausreichende finanzielle Unterstützung durch die öffentliche Hand und abhängig von einer willkürlichen privaten Wohltätigkeit, stellten in der alltäglichen Erziehungsarbeit zum grossen Teil Personal ohne jede Ausbildung zu Hungerlöhnen an.

Neue Herausforderungen in der Nachkriegszeit

In der Zeit unmittelbar nach dem Zweiten Weltkrieg wurde der Bereich der Heimerziehung in der Westschweiz grundlegend infrage gestellt. Skandale in den Medien in unterschiedlicher Aufarbeitung und Reichweite (besonders Kindesmisshandlungen) liessen den Ruf nach einer Reform der Erziehungsheime und nach einer Professionalisierung des Erziehungspersonals laut werden. Getragen war diese Bewegung hauptsächlich von Vereinen. Wie in anderen Ländern auch spielten Vereine in der Schweiz in der Koordination und Verwaltung im Bereich der Heimerziehung eine wichtige Vermittlerrolle zwischen den privaten Hilfswerken und den Behörden.[7] Ziel der Reformbewegung war es, über die blosse Überwachung von Kindern und Jugendlichen im Heim hinauszugehen und für Kinder eine wirklich pädagogische Betreuung zur Verfügung zu stellen. In diesem Zusammenhang machten sich in den folgenden Jahren die verschiedensten Vereinigungen die Problematik der Erziehungsheime zu eigen. Sie versuchten Reformprogramme auszuarbeiten, machten Vorschläge zur Koordination oder arbeiteten Standards für die Ausbildung oder die Einstellung von Erzieherinnen und Erziehern aus. Pro Juventute, Pro Infirmis und die Schweizerische Gemeinnützige Gesellschaft (SGG) gaben dabei auf nationaler Ebene Orientierungen vor (besonders als Mitglieder der Schweizerischen Landeskonferenz für Soziale Arbeit).[8] Auf lokaler Ebene wurden die Aktionen der Verbände von regionalen Sektionen bekannt gemacht, von denen einer der

7 Für den französischen Fall vgl. Gardet/Vilbrod 2004.
8 L'information au service du travail social 1946, «La réforme des asiles», S. 3675–3683.

einflussreichsten zweifellos der 1926 in der Westschweiz gegründete Groupe romand en faveur de l'éducation des enfants difficiles war.[9] Diese Gruppierung vereinte Vertreter der wissenschaftlichen Welt (vor allem Ärzte und Psychologen des Institut Jean-Jacques Rousseau), Juristen, verantwortungsvolle Persönlichkeiten der Öffentlichkeit sowie Vertreter aus dem Leitungsbereich der Heime. Im Verlauf der 1940er-Jahre wurde die Förderung der Ausbildung des Erziehungspersonals zu einem der wichtigsten Anliegen dieser Gruppierungen. Die Verbände und Vereine arbeiteten bei der Organisation jährlicher Kongresse sowie an mehrtägigen Weiterbildungskursen mit, die ans Erziehungspersonal gerichtet waren.[10] Die Treffen verfolgten einen doppelten Zweck, einerseits die verschiedenen Expertinnen und Experten sowie Fachleute des Feldes miteinander in Verbindung zu bringen, andererseits das Personal und die Führungskräfte weiterzubilden.

Das neue Interesse an der Ausbildung der Erzieherinnen und Erzieher wurde durch Bestimmungen des 1942 in Kraft tretenden Schweizerischen Strafgesetzbuches verstärkt, das die Möglichkeit vorsah, jugendliche Delinquente unter Beobachtung zu stellen. In Erziehungsheimen Mitarbeitende wurden damit zu im Erziehungsalltag positionierten Hilfen für die Expertinnen und Experten, die von den Richtern mit der Begutachtung der pädagogischen Fortschritte des platzierten Kindes beauftragt wurden. Das setzte freilich voraus, dass die Erziehenden das existierende Wissenskorpus zur kindlichen Entwicklung beherrschten und bereit waren, sich neues Wissen anzueignen. So waren etwa die Theorien über den psychogenetischen Charakter von Verhaltensstörungen bei Kindern seit Ende der 1940er-Jahre beziehungsweise Anfang der 1950er-Jahre weit verbreitet.[11] Auf der gesellschaftlichen Ebene wurden in allen europäischen Ländern Befürchtungen hinsichtlich der Auswirkungen des Krieges auf die Sittlichkeit der Kinder und Jugendlichen laut. Die Verlängerung der Schulzeit verpflichtete die Erziehungsheime, die Schulung der «sensiblen» Altersklasse der Adoleszenz sicherzustellen. An der sozialen Integration dieser «Risikogruppe» zu arbeiten, hiess fortan auch, sie auf ihre künftige Rolle als Bürgerinnen und Bürger in einer Welt vorzubereiten, in der Menschenrechte stärker respektiert wurden.

Die oben genannten Entwicklungen zeigten sich auf der konkreten Ebene in der Entstehung einer Reihe neuer Ausbildungsangebote, die sich an Bewerber richteten, die in die pädagogische Arbeit einsteigen wollten. Die männliche Form wird hier nicht zufällig verwendet, denn tatsächlich interessierten sich auch zahlreiche junge Männer für die Ausbildung in dieser Nische erziehe-

9 Praz 2016.
10 ACV, S 41 D/9, Association suisse en faveur des enfants difficiles.
11 Vicedo 2011.

rischer Tätigkeit, wobei bei einigen dieses Interesse durch die Beteiligung an Gruppen der Jugendbewegung geweckt worden war, die sich den 1930er-Jahren vervielfachten. Pfadfinder, christliche Jugendgruppen und andere Jugendvereine weckten das Interesse für die Aktivitäten der offenen Jugendarbeit und Volksbildung.[12] Die Öffnung für die Rekrutierung männlicher Arbeitskräfte kündigte neue Zeiten an: Der Erziehungsauftrag zog – vielleicht auch, weil er mit einer Nachfrage nach medizinisch-pädagogischer Expertise verflochten war – immer mehr männliche Bewerber an.

Das Kriegsende mit der Öffnung der Grenzen für Flüchtlinge, die Opfer des Krieges geworden waren und in mehreren Wellen ihr Land verliessen, trug dazu bei, das Anliegen der Erziehung wachzuhalten. Hunderte elternlose Kinder und Jugendliche kamen über die Grenze und mussten betreut werden; ihre Erziehung zu demokratischen Werten (Autonomie, Verantwortung, Staatsbürgerschaft) veranlasste Ausbildende, neue Unterrichtsmodelle, oft inspiriert von der Reformpädagogik (das heisst mit einer Betonung von Selbsthilfe und Selbstbestimmung), zu entwickeln. In diesem Geist wurden in der Nachkriegszeit in Genf zum Beispiel kurze Ausbildungen in Schulen ohne interne Wohnmöglichkeiten eingerichtet, bestimmt für Kandidatinnen und Kandidaten aus wenig vermögenden Schichten, die sich nicht unbedingt eine teure Internatsausbildung leisten konnten. Es gab Semaines internationales d'études pour l'enfance victime de la guerre (SEPEG) und Lehrgänge für Gehilfen in der Sozialarbeit mit Flüchtlingen. Neben dem Institut Jean-Jacques Rousseau und der Sozialen Frauenschule beteiligten sich daran viele örtliche Nichtregierungsorganisationen.[13] Die Lehrgänge dauerten meist nur wenige Monate, bewahrten die alternierende Ausbildungsform und boten eine Einführung in die grundlegenden Bezugswissenschaften der Sozialarbeit, mit einem besonderen Schwerpunkt auf der Zielgruppe der Kinder (insbesondere durch Praktika in den Heimen und in Häusern für Flüchtlingskinder).[14] Eine vergleichbare Entwicklung lässt sich zu dieser Zeit in Frankreich beobachten. Dort wurden gemischte Ausbildungsstrukturen geschaffen, bestimmt für die Ausbildung für die erzieherische Arbeit in Ferienkolonien. Die Ausbildung wurde unter der Bezeichnung CEMEA (Centre d'entraînement aux méthodes de l'éducation active) bekannt und war ein Teil der vielgestaltigen Bewegung der *éducation nouvelle*.

Diese Ausbildungen stehen für Kontinuität, aber auch für einen Bruch in den bis anhin bestehenden Kursen: Kontinuität zeigte sich in den unter-

12 Palluau 2013.
13 Archives de la HETS, Genève: Cours de formation d'auxiliaires pour le travail social d'après-guerre, 1944/45.
14 Archives de la HETS, Genève: «Plan d'enseignement», um 1944.

richteten Inhalten (Recht und Medizin machten den Hauptteil aus) sowie in der alternierenden Ausbildungsform; der Bruch lässt sich anhand der Öffnung für Männer und Frauen und in der sozialen Durchmischung aufzeigen sowie an der Konzentration auf die spezifischen Bedürfnisse der Jugendlichen (und nicht nur der Kinder). Diese Erfahrungen im pädagogischen Bereich bereiteten den Boden für die Institutionalisierung des Berufs Heimerziehung.

Aufbau von Schulen und Kursen in der Heimerziehung (*éducation spécialisée*)

Die oben beschriebenen Entwicklungen stellen den Kontext dar, in dem die ersten auf die Ausbildung von Heimerzieherinnen und Heimerzieher (*éducatrices et éducateurs spécialisés*) spezialisierten Schulen in der Westschweiz gegründet wurden. Unter der Ägide der Genfer Ecole d'études sociales öffnete 1954 in Lausanne das Centre de formation des éducateurs spécialisés (CFES) seine Tore.[15] Von Anfang an war diese Schule auf die gesamte Westschweiz ausgerichtet und nahm Studierende aus den Kantonen Waadt, Genf und Neuenburg, in geringerer Zahl auch aus Bern, Freiburg und Wallis auf, wobei die Studierenden verschiedenen Konfessionen angehörten. Die zunächst vom Kanton Genf finanzierte Einrichtung erhielt bald auch Zuschüsse der anderen Kantone, die die Ausbildungsmöglichkeit in Lausanne nutzten. Seit den 1960er-Jahren beteiligte sich im Rahmen der Invalidenversicherung und des Bundesgesetzes über Bundesbeiträge an Strafvollzugs- und Erziehungsanstalten vom 6. Oktober 1966[16] auch der Bund wesentlich an der Finanzierung des CFES. Das Schulgeld stellte indes für viele der hauptsächlich aus der Mittelschicht stammenden Studierenden eine Hürde dar und sie waren auf Darlehen oder Stipendien angewiesen.[17]

Als Internat organisiert – Schülerinnen und Schüler sowie das Direktorenehepaar und dessen Kinder wohnten im selben Haus, in dem der Unterricht stattfand –, konnte die Schule zunächst nur etwa zehn Studierende aufnehmen, obwohl sie Studierenden aus der gesamten Westschweiz offenstand. In Lausanne wurden 1964 das CFES mit der Ecole d'assistantes sociales et d'éducatrices[18] zur Ecole d'études sociales et pédagogiques (EESP) zusammengelegt. Dieses Ausbildungszentrum wurde in den folgenden Jahren durch weitere

15 Heller et al. 2004.
16 Bundesgesetz über Bundesbeiträge an Strafvollzugs- und Erziehungsanstalten, Artikel 4, 6. Oktober 1966.
17 Heller et al. 2004, S. 177–180.
18 Diese Schule bildete Sozialarbeiterinnen und Kindergärtnerinnen aus.

Ausbildungsangebote erweitert, zum Beispiel mit den Ausbildungen in Ergotherapie und soziokultureller Animation.

Während der 1960er- und 1970er-Jahre entstanden in der Westschweiz weitere Ausbildungsangebote. In Lausanne erweiterte das CFES 1960 seine Angebote durch einen dreijährigen berufsbegleitenden Ausbildungsgang für Frauen und Männer, die bereits in Erziehungsheimen arbeiteten. Im Tessin, wo es bis 1980 keine entsprechende Ausbildungsstätte gab, bot das Zentrum ebenfalls einen solchen Kurs an.[19] 1970 und 1972 wurden in Genf an der Ecole d'études sociales nacheinander sowohl Vollzeit- als auch berufsbegleitende Ausbildungsgänge eingeführt. In Freiburg gründeten Erziehungseinrichtungen selbst eine Schule, an der das Personal der Kinder- und Jugendheime ab 1972 berufsbegleitend eine Ausbildung machen konnte. Das Angebot berufsbegleitender Kurse wurde schliesslich durch die Ausbildung in Sitten, im Centre de formation pédagogique et sociale abgerundet. Dieser überregionale Ausbau der Angebote für bereits im Beruf tätige Personen zeigt die bedeutende Rolle, die der berufsbegleitende Ausbildungstyp im Prozess der Herausbildung des Berufsbildes weit über die 1970er-Jahre hinaus spielte. Er spielte eine ebenso wichtige Rolle wie die Vollzeitausbildung – wenn nicht sogar die wichtigere. In der ganzen Schweiz arbeitete 1985 die Hälfte (49,3 Prozent) der Schülerinnen und Schüler, die ein Diplom in Heimerziehung anstrebten, bereits in ihrem Beruf; in der Westschweiz lag dieser Anteil sogar bei 58,9 Prozent.[20]

Ziele und Organisation der Ausbildung

Wie in den Schulen für Sozialarbeit und Krankenpflege der damaligen Zeit üblich, war die Ausbildung alternierend als Praktikum in der Berufspraxis und als Theoriekurs an den Schulen organisiert. Die Ausbildung dauerte drei Jahre. Die erste in Lausanne eingeführte Ausbildungsstruktur war unmittelbar von den Programmen der französischen Schulen für Heimerzieherinnen und Heimerzieher inspiriert, deren Gründung auf die 1940er-Jahre zurückgeht. Von Anfang an wurde viel Wert auf die Gewinnung praktischer Erfahrung an unterschiedlichen Orten und in unterschiedlichen Einrichtungen gelegt. Tatsächlich ging es nur im ersten Studienjahr um Theorie. Das zweite Jahr gliederte sich in zwei Praktika und das dritte Jahr war einem Berufspraktikum gewidmet, das mit der Abgabe der Diplomarbeit abgeschlossen wurde. Die Lehrinhalte des ersten Studienjahres am CFES in Lausanne waren entweder auf Theorie

19 Die erste dauerte von 1963 bis 1966, die zweite von 1969 bis 1972. EESP, Rapport d'activité 1969/70, S. 15.

20 Stand am 1. November 1985. CSEES, Rapport annuel 1985, S. 13.

oder auf Praxis ausgerichtet. Zur ersten Gruppe zählten, ähnlich wie bei der in Genf angebotenen Ausbildung für Sozialarbeiterinnen, Fächer wie Recht, Soziologie, Psychopathologie, Pädagogik, Psychologie und Geschichte der Erziehung. Zur zweiten Gruppe gehörten Fächer, in denen handwerklich-künstlerische oder sportliche Fertigkeiten vermittelt wurden, etwa Holzarbeiten, Bastelarbeiten mit Papier, aber auch Turnübungen, Gesang und künstlerischer Ausdruck.[21] Von Bedeutung war das CEMEA-Praktikum, das obligatorisch vor Antritt der Ausbildung absolviert werden musste. Das aus Versatzstücken zusammengestellte Curriculum veranschaulicht die Phase des Suchens und Ausprobierens von angemessenen Methoden und Arbeitstechniken, in der sich die Ausbildung zur Heimerziehung damals befand. Mit Ausnahme des Ehepaares in der Leitung der Schule war keine Lehrkraft an der Schule fest angestellt. Vielmehr unterrichteten Fachleute und Expertinnen und Experten (unter anderem Juristinnen, Kinderpsychiater, Psychologinnen, Sozialfürsorgerinnen und Lehrer), die an der Schule jeweils die Themenfelder übernahmen, für die sie als kompetent ausgewiesen waren. Neben den theoretisch orientierten Fächern und dem Erlernen von Fertigkeiten gab es ein drittes Element der Ausbildung, das für die Vorbereitung auf das Arbeiten und Wohnen im Heim als grundlegend angesehen wurde und so auch im ersten Jahr integraler Bestandteil der Ausbildung war: das Zusammenwohnen im Internat. Bis auf wenige Ausnahmen war im ersten Ausbildungsjahr für die Auszubildenden das Wohnen im Internat obligatorisch, sie sollten sich im gemeinsamen Wohnen mit der Lebensweise vertraut machen, die sie in den Erziehungsheimen erwartete. Im hier zugrunde liegenden Untersuchungszeitraum waren die Arbeitszeiten im Heim nach traditionellen Familienstrukturen organisiert, das heisst die Erzieherinnen und Erzieher waren sieben Tage in der Woche, von morgens bis abends, während der Wochenenden und in den Ferien für die Kinder zuständig. Ausnahmen waren lediglich die Zeiten, in denen sich die Kinder in der Schule oder in der Ausbildung befanden. Diese Arbeitszeit ohne Ende erfüllte die Forderung nach einer ununterbrochenen Präsenz der Erzieherin beziehungsweise des Erziehers, die zudem in der Einrichtung wohnten und bestenfalls über ein eigenes Zimmer verfügten. Das CFES war die einzige unter den französischsprachigen Schulen für Heimerziehung, die über ein Internat verfügte; dieses wurde jedoch 1979 aufgehoben. Diese erste Organisationsform der Ausbildung blieb mit einigen kleineren Anpassungen etwa fünfzehn Jahre unverändert.

21 Pahud 1956, S. 32.

Auswahl und Profil der Studierenden

Bereits als die Diskussionen über die Einrichtung des CFES 1953 in Lausanne begannen, wurde der Beschluss gefasst, dass die Anwärterinnen und Anwärter einem strikten Auswahlverfahren unterworfen werden sollten. Personen, die sich für die Ausbildung interessierten, mussten vom ersten Jahrgang an folgende Voraussetzungen erfüllen:[22] mindestens neunzehn Jahre alt sein, einen Lebenslauf, drei Empfehlungsschreiben und ein ärztliches Attest vorlegen. Bewerberinnen und Bewerber, die nicht über den Abschluss einer Sekundarschule oder über eine Lehre verfügten, mussten eine Prüfung in Allgemeinbildung ablegen. Zur Bewerbung gehörte ein Gespräch mit dem Leiter der Schule, in dem dieser die Aspirantinnen und Aspiranten mit den Realitäten des Berufs konfrontierte. Anschliessend mussten sie einen psychologischen Test über sich ergehen lassen. Wer diese verschiedenen Hürden erfolgreich genommen hatte, absolvierte im Anschluss daran ein Probepraktikum in einer Einrichtung, bevor sie oder er endgültig zur Ausbildung zugelassen wurde. Das Ergebnis dieses Verfahrens war, dass es zwar viele Bewerbungen, aber nur wenige Zulassungen zur Ausbildung gab. Die Zulassungsquote lag in den ersten fünf Jahren des Bestehens der Schule bei etwa fünfzig Prozent,[23] Ende der 1960er-Jahre bei etwa 63 Prozent.[24] Diese Zahlen berücksichtigen noch nicht die vielen Personen, die sich zwar für den Beruf interessierten, sich nach dem Gespräch mit einer Lehrperson aber zurückzogen.[25]

Da die französischsprachigen Schulen in der Schweiz eng zusammenarbeiteten, wurden in den während der 1970er-Jahre gegründeten Schulen und Kursen der Westschweiz grundsätzlich ähnliche Verfahren eingeführt, wenn auch mehr oder weniger ausdifferenziert und mit gewissen Anpassungen, wenn es sich um berufsbegleitende Ausbildungen handelte. An der Schule in Freiburg, die ihre Pforten 1972 öffnete und ausschliesslich ein berufsbegleitendes Studium anbot, mussten die Bewerberinnen und Bewerber das dreiundzwanzigste Lebensjahr abgeschlossen haben, über ein Diplom oder eine abgeschlossene Lehre verfügen, ein mindestens achtzehnmonatiges Praktikum in einer Einrichtung absolviert haben und über die Zusage der Einrichtung verfügen, an der sie angestellt waren, um sich überhaupt bewerben zu können. Das Auswahlverfahren bestand aus verschiedenen Prüfungen, die sowohl die Persönlichkeit als auch die intellektuellen Fähigkeiten der Bewerbenden testen sollten.

22 Pahud 1956.
23 ACV, Fonds EESP, N9/207, «Statistiques des élèves du centre au 15. 10. 58».
24 Berechnet auf der Grundlage der Jahresberichte der EESP für die Jahre 1967/68, 1968/69, 1969/70 und 1970/71.
25 117 im Jahr 1969, EESP, Rapport d'activité 1969/70, S. 11.

Sie bestanden aus einem Gespräch mit einem Ausbildenden, einer Prüfung der kognitiven Fähigkeiten (bestehend aus zehn Tests), einem Persönlichkeitstest (Zulliger-Test), einer Prüfung der Fähigkeit, in einer Gruppe zusammenzuarbeiten, sowie einem Test des Leseverständnisses.[26]

Anders als die ersten Fachschulen für Sozialarbeit, die unmittelbar nach dem Ersten Weltkrieg gegründet wurden und sich speziell an Frauen richteten, nahmen das CFES und die anderen hier beschriebenen Ausbildungsstätten sowohl männliche als auch weibliche Bewerber auf. Man kann sogar sagen, dass dieser neue, gerade entstehende Beruf besonders für Männer attraktiv gemacht werden sollte, während das Personal im Bereich der Heimerziehung noch mehrheitlich aus Frauen bestand.[27] Tatsächlich strebten die Fachleute seit den 1950er-Jahren eine grössere geschlechtliche Durchmischung sowohl der Heimpopulation[28] als auch des Erzieherpersonals an. Hier zeigt sich das Bestreben, das Leben in den Heimen zu reformieren. Dieses wurde als unnatürlich kritisiert und damit als schädlich für die Entwicklung der in den Heimen lebenden Kindern und Jugendlichen. Angestrebt wurde eine Lebensweise nach familiärem Ideal, das ab den 1960er-Jahren gewöhnlich von einem Erzieherpaar verkörpert wurde: Eine Erzieherin und ein Erzieher leiteten eine kleine Gruppe von Kindern, die idealerweise geschlechtlich gemischt sowie bezüglich des Lebensalters heterogen war; man sprach von einer vertikal differenzierten Gruppe im Gegensatz zur horizontalen, altershomogenen.

Zwischen den Aspirantinnen und den Aspiranten für die Schulen gab es Unterschiede. Männliche Bewerber verfügten öfter über eine abgeschlossene Berufsausbildung als weibliche, während Bewerberinnen öfter eine abgeschlossene oder abgebrochene Sekundarschulbildung vorzuweisen hatten.[29] Eine unterschiedliche Verteilung ist auch bezüglich der Ausbildungsform zu erkennen. Waren Frauen im Vollzeitstudium überrepräsentiert, galt dies in den 1970er- und 1980er-Jahren umgekehrt für die Männer im berufsbegleitenden Studium.[30]

26 ACV, Fonds EESP, N9/99, Conditions d'admission à l'école d'éducateurs spécialisés de Fribourg, 16. Februar 1977.

27 77 Prozent des Heimpersonal in den Einrichtungen der Westschweiz waren 1959 Frauen. L'Information au service du travail social, Januar/Februar 1960, S. 25.

28 Nicht davon betroffen waren vor den 1970er- beziehungsweise 1980er-Jahren die Bewohnerinnen und Bewohner der Heime für Straffällige im nicht mehr schulpflichtigen Alter.

29 Die Jahresberichte der Ecole d'études sociales et pédagogiques EESP enthalten in der Regel Informationen zum ursprünglichen Bildungsstand der zugelassenen Bewerberinnen und Bewerber.

30 Neunzig Männer und sechzig Frauen im berufsbegleitenden Studium in Heimen der Westschweiz 1979; 1984 86 beziehungsweise 62; 1990 45 beziehungsweise 40 (CEREES, CRDIE, FERTES FRAJI 1985; Alder et al. 1991).

Entwicklung der Bildungsgänge und der Lehrinhalte (1970er- und 1980er-Jahre)

Wie oben gezeigt, waren die 1970er-Jahre in der Westschweiz durch eine Vervielfältigung der Ausbildungsstätten, aber auch durch eine Weiterentwicklung der Lehrinhalte gekennzeichnet. Der Persönlichkeitsentwicklung der künftigen Erzieherinnen und Erzieher wurde mehr Raum gegeben. In der 1972 eröffneten Schule in Freiburg stand die Persönlichkeitsentwicklung auf der Liste der Ausbildungsziele sogar an erster Stelle, noch vor der Vermittlung theoretischer und praktischer Kenntnisse.[31] So wurde zum Beispiel Supervision zu einem geläufigen methodischen Werkzeug und 1982 mit dreissig Pflichtstunden in die von der Schweizerischen Arbeitsgemeinschaft der Heimerzieherschulen (SAH) verabschiedeten Mindestanforderungen aufgenommen,[32] die fürs Curriculum aller Schulen der Schweiz verbindlich waren. Tatsächlich lässt sich die Phase vom Ende der 1970er- bis zum Anfang der 1980er-Jahre als der Beginn einer Koordination zwischen den verschiedenen Schulen und einer gewissen Harmonisierung der Ausbildungsgänge beschreiben. Die französischsprachigen Schulen durchliefen diesen Prozess auf zwei Ebenen: Einerseits organisierten sie sich 1973 untereinander an einer gemeinsamen Konferenz im Comité d'entente romand des écoles supérieures d'éducateurs spécialisés (CEREES), um ihre Zulassungsverfahren und Ausbildungsgänge zu koordinieren, andererseits beteiligten sie sich an den im Rahmen der 1970 gegründeten SAH entstehenden Bestrebungen, auf gesamtschweizerischer Ebene zusammenzuarbeiten. Die Westschweizer Schulen für Heimerziehung standen also nicht zueinander in Konkurrenz, im Gegenteil, sie arbeiteten zusammen, und die Schulen in Genf und Freiburg fragten die Schule in Lausanne um Rat, bevor sie in den 1970er-Jahren ihre eigenen Schulen eröffneten.

Die Nachfrage nach Personal: stetig wachsend, aber nicht zu befriedigen

Der Bereich der Heimerziehung war in den hier untersuchten Jahrzehnten durch eine wachsende Nachfrage nach qualifiziertem Personal gekennzeichnet. Für dieses Phänomen gibt es verschiedene Gründe. Dazu gehört die Verkleinerung der Kindergruppen bei gleichzeitiger Erhöhung der Zahl der Mitarbeitenden. Diese Erhöhung war notwendig, wenn die qualifizierte Erziehungsarbeit

31 EESF, Flyer d'information sur la formation professionnelle de l'éducateur spécialisé en cours d'emploi, November 1974.

32 CSEES 1982, S. 10, § 3.2.5.

gewährleistet werden sollte, die mit der Reform der Erziehungsmethoden und der Schaffung neuer, kleinerer Einrichtungen gefordert war. Die gemeinsame Lebensweise und die damit verbundenen belastenden Arbeitszeiten führten zu Kräfteverschleiss und veranlassten viele Erzieherinnen und Erzieher nach einigen Praxisjahren zur Aufgabe ihres Berufs und zur Neuorientierung in benachbarten Bereichen, zum Beispiel in der Sonderpädagogik oder in der soziokulturellen Animation. Schliesslich gab ein Teil der Erzieherinnen ihren Beruf mit der Eheschliessung auf, denn mit dem Familienleben war der Beruf im Heim nicht zu vereinbaren. Ein weiterer Grund war die Ende der 1960er-Jahre einsetzende Verringerung der Zahl der konfessionellen Mitarbeitenden in den von katholischen Kongregationen getragenen Heimen aufgrund des fortgeschrittenen Alters der Mitarbeiterinnen sowie aufgrund einer Abnahme von neuen Berufungen in den Kongregationen. Diese Situation war einer der am häufigsten genannten Gründe für die Schaffung einer Schule für Heimerziehung in Freiburg Anfang der 1970er-Jahre.[33] Zur selben Zeit verpflichtete das Inkrafttreten der Invalidenversicherung die Heime und Anstalten, die Unterstützung vom Bund erhalten wollten, zur Erfüllung eine Reihe von Bedingungen, unter anderem eine ausgewiesene Spezialisierung des Heims und die Beschäftigung von qualifiziertem Personal. Zudem verbesserten sich die Arbeitsbedingungen im Feld der Heimerziehung dank der Unterzeichnung eines Tarifvertrags im Jahr 1962 im Kanton Waadt. Ausgehend von diesem Vertrag verbesserten sich in den Jahren 1969–1972 die Arbeitsbedingungen in allen Kantonen der Westschweiz; dazu trugen auch die kantonalen Berufsverbände bei, die auf politischer Ebene verhandelten. Die Zahl der Wochenarbeitsstunden wurde verringert, Urlaubszeiten wurden zugesichert, Berufsgenossenschaften und Rentenkassen gegründet. Diese Veränderungen verursachten Kosten, denn die Begrenzung der Arbeitszeit erforderte die Einstellung zusätzlicher Mitarbeitender.

Trotz der Vervielfältigung der Ausbildungsangebote in den 1970er-Jahren blieb die Zahl der diplomierten Berufsleute für die Arbeit im Heim zu klein, um dem Personalmangel abzuhelfen. Das kann nicht auf einen Mangel an Interesse zurückgeführt werden, vielmehr gab es stets mehr Bewerberinnen und Bewerber, als an den Schulen zugelassen wurden. Der Mangel an Personal hing damit zusammen, dass ein Teil der Bewerbungen als unzulänglich eingeschätzt wurde und nicht genügend Ausbildungsplätze zur Verfügung standen. In der Westschweiz führte diese Ausgangslage dazu, dass 1979 42 Prozent Männer und 20 Prozent Frauen, die als Erzieherinnen und Erzieher in Heimen arbeiteten, über ein Diplom in Heimerziehung verfügten, 1984 waren es fünfzig

33 ACV, Fonds EESP, N9 99, Rapport à l'intention de Monsieur le Conseiller d'Etat Pierre Dreyer, Directeur du Département de l'Intérieur et des affaires sociales concernant la création à Fribourg d'un centre de formation d'éducateurs spécialisés, s. d.

Prozent beziehungsweise 38 Prozent[34] und 1990 schliesslich 58 Prozent beziehungsweise 46 Prozent.[35] Insgesamt stieg der Anteil des diplomierten Erziehungspersonals von 36 Prozent im Jahr 1979 auf 51 Prozent im Jahr 1990. Daraus lässt sich folgern, dass Ende des 20. Jahrhunderts fünfzig Prozent der Mitarbeitenden in Heimen entweder über gar keine oder eine andere Qualifikation verfügten (zum Beispiel Lehramt, Heilpädagogik, Krankenpflege).

Vergleichende Diskussion: West- und Deutschschweiz

Im Vergleich der West- mit der im folgenden Beitrag von Sara Galle untersuchten Deutschschweiz[36] fällt zunächst für die Deutschschweiz der Einfluss konfessioneller Milieus auf die Ausbildungsstrukturen auf. Die Konfessionen standen in Verbindung mit den christlichen und christlich-sozialen Traditionen, die in den Bereichen Soziales und Gesundheit lange wirksam waren. Allerdings ist zu beobachten, dass sich die Westschweiz schneller als die katholischen Kantone der Deutschschweiz von dieser konfessionellen Verankerung emanzipierte, insbesondere dadurch, dass den religiösen Kräften in der Verwaltung und Leitung der Schulen und Ausbildungszentren nur ein marginaler Raum zugestanden wurde. Besonders deutlich ist das zum Beispiel in der Ecole sociale de Genève oder am Institut Jean-Jacques Rousseau zu beobachten.

Im Wissen darum, dass der Protestantismus sich früher als der Katholizismus mit der Säkularisierung verband und Bewegungen der Säkularisierung begleitete, lässt sich diese Entwicklung erklären mit der führenden Position des Protestantismus in Genf und in der Waadt. In diesen beiden Kantonen zeigte sich der Professionalisierungsprozess in den Bereichen des Sozialen und der Gesundheit häufig und frühzeitig im Gleichklang mit einer Laisierung der Institutionen und des Personals. Im Fall der beiden katholischen Kantone der Westschweiz, Freiburg und Wallis, war eine Verankerung im Katholizismus nicht mehr aktuell, da die Ausbildungsstätten erst in den 1970er-Jahren ihre Tore öffneten. In dieser Zeit war es das zentrale Anliegen der neu gegründeten Ausbildungsstätten, die überalterten und in ihrer Anzahl abnehmenden konfessionell orientierten Mitarbeitenden durch laizistisches und qualifiziertes Personal zu ersetzen. Ein anderes Bild zeigt sich in Luzern, wo bereits im ersten Jahrzehnt des 20. Jahrhunderts eine katholisch orientierte Schule gegründet worden war in bewusster Abgrenzung von der vorwiegend reformierten Heimerziehung zum Beispiel in Zürich und Basel.

34 CEREES, CRDIE, FERTES, FRAJI 1985.
35 Alder et al. 1991.
36 Vgl. den Beitrag von Galle, Die Bildung der «geeigneten Erzieherpersönlichkeit».

Die konfessionelle Orientierung ging einher mit der ungleichen Vertretung von Männern und Frauen im Bereich der Ausbildung: In den deutschsprachigen Kantonen, in denen die katholischen Frauenorden das Feld der Berufsausbildung dominierten, war die Schülerschaft vorwiegend weiblich, ein Ausbildungsprofil, das bis in die 1960er-Jahre in den ländlichen Gebieten und katholischen Kantonen der Deutschschweiz Bestand hatte.[37] In den Kantonen der Westschweiz war das nicht der Fall. Hier öffnete sich der Beruf aufgrund der frühzeitigen Säkularisierung der Ausbildungsstätten schneller und umfassender für Männer, dies lässt sich bereits mit der Gründung der Schulen für Heimerziehung in den 1950er-Jahren zeigen. Eine entsprechende Entwicklung lässt sich für Zürich aufzeigen. In der liberal-protestantisch geprägten Ausbildung der Zürcher Schule waren Männer, vergleichbar mit Genf und Lausanne, bereits seit 1946 als Auszubildende zugelassen.[38] In den 1960er-Jahren ging die langsame Öffnung für eine gemischtgeschlechtliche Ausbildung in den religiös orientierten Schulen der ländlichen Kantone einher mit einer Lockerung der religiösen Ausrichtung beziehungsweise der konfessionellen Verankerung.[39]

Die Phase der Professionalisierung der Heimerziehung während der 1960er-Jahre scheint der Erhöhung des Anteils der Männer in diesem Bereich Vorschub geleistet zu haben (1979 stellten sie in der Westschweiz 50,3 Prozent des Personals, in der Deutschschweiz betrug der Anteil der männlichen Schulabgänger in der Zeit von 1978 bis 1982 43 Prozent).[40] In den 1980er-Jahren war diese Entwicklung in der Westschweiz indes rückläufig (1984 waren 52 Prozent der Angestellten in diesem Bereich Frauen). Eine Untersuchung in der Westschweiz von 1984 verweist in dieser Frage auf Unterschiede zwischen den Kantonen: im Wallis (54 Prozent), in Genf (51 Prozent) und in Neuenburg (50 Prozent) waren beim Erziehungspersonal die Männer knapp in der Mehrheit; im Jura (34 Prozent), in der Waadt (43 Prozent) und in Freiburg (45 Prozent) traf das Gegenteil zu.[41] Die zum Zeitpunkt der Untersuchung als Heimerzieher beschäftigten Männer verfügten zu fünfzig Prozent über einen entsprechenden Abschluss, im Vergleich zu 38 Prozent der Heimerzieherinnen. Mit anderen Worten: als Erzieherin arbeitende Frauen hatten öfter als Männer ursprünglich eine andere oder gar keine Ausbildung. Die bereits erwähnte Untersuchung in der Deutschschweiz verweist auf einen Unterschied zwischen ländlichen und städtischen Schulen. In der Zeit zwischen 1978 und 1982 waren in Zürich 73 Prozent der Schulabgänger männlich, gefolgt von Basel (61 Prozent). Eine

37 Vgl. ebd., S. 184 f.
38 Vgl. ebd., S. 183.
39 Vgl. ebd., S. 185.
40 Lanz/Schoch 1985, S. 101.
41 CERES, CRDIE, FERTES, FRAJI 1985.

Ausnahme machte Solothurn mit 59 Prozent, in allen anderen ländlichen oder kleinstädtischen Schulen waren Männer stark untervertreten (zum Beispiel Luzern 32 Prozent und Rorschach 27 Prozent).[42]

Zweifellos hatten die geschlechtsspezifische Ausgestaltung der Aufnahmepraxis sowie die geschlechtsspezifischen Ausprägungen der Berufsausübung Einfluss auf das Bild, das Heimerzieherinnen und -erzieher von ihrem Beruf vermitteln wollten, und auf die Art und Weise, wie der Beruf erlebt wurde: Während die Arbeit im Heim im Kontext der katholischen Heimerziehung bis in die 1960er-Jahre als (weitgehend weibliche) Berufung erlebt wurde und dem Ideal der Caritas folgte,[43] wurde sie in der Westschweiz seit den 1950er-Jahren bereits als eigentlicher Beruf angesehen (verstanden in Abgrenzung zur Berufung). In diesem Beruf nahm der Anteil der Männer bis Ende der 1970er-Jahre kontinuierlich zu. Verbunden damit war eine berufspolitische Profilierung des Berufsstandes durch Aktionen auf der Ebene von Verbänden und Gewerkschaften, wobei vor allem Männer in den Vordergrund traten, da sie im Vergleich zu Frauen in den verschiedenen Gewerkschaften stärker vertreten und aktiver waren. Im Unterschied dazu befand sich der Berufsstand der Heimerzieherinnen und -erzieher in der Deutschschweiz bis in die 1990er-Jahre hinein in einem berufspolitischen Vakuum. Im Schweizerischen Berufsverband Soziale Arbeit (SBS) wurden Heimerzieherinnen und -erzieher nur unter bestimmten Voraussetzungen aufgenommen, andere Vereine waren vorwiegend auf Heimleitende ausgerichtet. Erst 1994 gründete man einen eigenen Berufsverband für Sozialpädagogik (SBVS), der mehr als zehn Jahre später mit dem älteren, bereits 1957 gegründeten Berufsverband der Westschweiz (AREJI) und mit den Berufsverbänden für Sozialarbeit im Verein Avenir Social fusionierte.[44]

In der Westschweiz neigten die Heimerzieherinnen und -erzieher dazu, sich zu organisieren und die Interessen ihres Berufsstands zu verteidigen, also eine kritische Haltung in ihrer beruflichen Praxis einzunehmen. Das könnte eine Erklärung für eine weitere Besonderheit in der Westschweiz sein, nämlich den Kampf um bessere Arbeitsbedingungen für die Berufsangehörigen (einschliesslich relativ militanter Mittel in den 1970er-Jahren, insbesondere Streiks mit hoher Beteiligung). Auf der Seite der Deutschschweiz waren hingegen die Bedingungen, unter denen Kinder und Jugendliche im Heim lebten, Ziel des Engagements und Ausgangspunkt für angestrebte Reformen. In der Westschweiz lässt sich eine kritische Haltung feststellen gegenüber Autoritäten

42 Lanz/Schoch 1985, S. 101.

43 Vgl. den Beitrag von Galle, Die Bildung der «geeigneten Erzieherpersönlichkeit».

44 Die Association romande des éducateurs de jeunes inadaptés (AREJI, ab 1971 ARTES) wurde 1977 zur Fédération romande de travailleurs et travailleuses de l'éducation sociale (FERTES).

sowie in Bezug auf die Anforderung, soziale Kontrolle auszuüben. Diese kritische Haltung fand ihren Ausdruck in einer kritischen Position der Schulen, das zeigt sich zum Beispiel im Austausch unter den Direktoren der schweizerischen Ausbildungsinstitutionen in den 1970er-Jahren, wo die Identität der Schule für Sozialarbeit in Genf, die damals ihre Kurse für Erzieher öffnete, als «gauchiste» bezeichnet wurde.

Spielte diese vergleichsweise frühe, kritische Haltung (seit Ende der 1950er-Jahre) auch eine Rolle in Bezug auf einen anderen Unterschied zwischen den west- und deutschschweizerischen Konfigurationen in den Ausbildungen der Heimerziehung, nämlich die grössere Offenheit für Methoden der aktiven Erziehung (*éducation active*), die das Kind in den Mittelpunkt stellten (beziehungsweise dies zumindest vorgaben)? Einiges deutet darauf hin, so boten die Schulen seit den 1940er-Jahren (in zeitlich begrenzten Kursen) beziehungsweise seit den 1950er-Jahren (in mehrjährigen Kursen) Ausbildungen an, die sich den Methoden der aktiven Erziehung öffneten. Die Überführung dieser Methodik in die Praxis der Heimerziehung wurde erleichtert durch die Realisierung von kleineren Institutionen mit weniger Plätzen, die potenziell offener waren gegenüber einer Erziehung zu Autonomie, Verantwortungsbewusstsein und Staatsbürgerschaft. Diese Offenheit für reformpädagogische Bewegungen unterschied die im städtischen Einflussbereich liegenden französischsprachigen Ausbildungsinstitutionen von den ländlichen und konfessionellen Schulen der Deutschschweiz, in denen bis in die 1980er-Jahre hinein reformpädagogische, das autonome Kind in den Mittelpunkt stellende Konzepte kaum rezipiert wurden.

Die 1970er-Jahre markieren sowohl in der Deutsch- als aus in der Westschweiz einen grundlegenden Wandel der Perspektiven in der Ausbildung. Sie stehen für eine neue Gewichtung der persönlichen Entwicklung der künftigen Erzieherinnen und Erzieher. Diese Entwicklung auf den Weg zu bringen wurde als ebenso wichtig, wenn nicht sogar als wichtiger angesehen als der Erwerb theoretischen und praktischen Wissens. In den 1970er-Jahren organisierten die Schulen der Schweiz ihre Zusammenarbeit und formulierten ein erstes Programm mit Mindestanforderungen für eine Ausbildung in Heimerziehung in der Schweiz. Im weiteren Verlauf der 1970er-Jahre wurde eine neue Version des Programms erarbeitet, das 1982 verabschiedet wurde: *Grundanforderungen für die Erzieherausbildung an den Mitgliedschulen der Schweizerischen Arbeitsgemeinschaft der Heimerzieherschulen* beziehungsweise *Exigences de base pour la formation d'éducateur*. Mit diesem Programm wurden theoretische Kenntnisse, erzieherische Fähigkeiten und Methoden sowie die Anforderung, die eigene Persönlichkeit zu kennen und weiterzuentwickeln, als gleichgewichtig ausgewiesen. Die 1970er-Jahre lassen sich darüber hinaus als Zeit einer Vernetzung der Ausbildungsstätten beschreiben, was in der Westschweiz und in Basel auch zur Zusammenführung von Schulen führte. Im Kontext dieser zunehmenden Zusammenarbeit wurden Auswahlverfahren für die Zulassung zur Ausbildung für alle Schulen der Schweiz zur Grundlage. Auf der Ebene der französischsprachigen Kantone einigten sich die Schulen auf ein übereinstimmendes Auswahlverfahren.

Ein Unterschied zwischen den Schulen lässt sich im Profil der Unterrichtenden feststellen. So unterrichteten in den ländlichen und konfessionell orientierten Schulen der Deutschschweiz bis in die 1960er-Jahre zum grossen Teil Personen, die Erfahrung in der Arbeit mit Kindern und Jugendlichen mitbrachten. In den städtisch orientierten Schulen, zu denen hier auch Zürich gezählt werden soll, scheinen wissenschaftliche Expertinnen und Experten sowie Fachleute, die im Kinder- und Jugendschutz involviert waren (Juristen, Kinderpsychiater, Sozialarbeiterinnen), eine entscheidende Rolle gespielt zu haben. In diesen Schulen stieg die Zahl der Unterrichtenden aus dem eigenen Berufsfeld in den theoretischen Fächern erst später an. Diese Gegebenheit erklärt zweifellos einige der Schwierigkeiten, die die Absolventinnen und Absolventen der städtischen Schulen hatten, mit den Realitäten des Berufsfeldes zurechtzukommen, auch dann, wenn sie während ihrer Ausbildung Praktika absolviert hatten. Erklären lässt sich auf diesem Hintergrund zudem auch der hohe Anteil derjenigen, die ihren Beruf mittelfristig aufgaben. Offensichtlich war der Abstand zwischen den im Unterreicht vermittelten Theorien und der Praxis in den Einrichtungen zu gross.

Das zentrale Thema im Bereich Heimerziehung, in den Schulen nicht genug qualifiziertes Personal ausbilden zu können, um die Nachfrage zu decken, machte an den Sprachgrenzen nicht halt. Um diesen Mangel an qualifiziertem Personal zu beheben, entwickelte man in den Jahren 1960–1970 in der Deutschwie in der Westschweiz parallel zur Vollzeitausbildung berufsbegleitende Ausbildungsgänge. Der chronische Mangel an qualifizierten Arbeitskräften brachte es mit sich, dass die Erziehungseinrichtungen in hohem Masse auf Personal zurückgriffen, das entweder unqualifiziert war oder einen anderen Abschluss mitbrachte (unter anderem Krankenpflege, Kindergärtnerinnen), was der pädagogischen Betreuung von Kindern und Jugendlichen zweifellos geschadet hat. Auf der Grundlage unserer Forschungen ist es allerdings nicht möglich, Aussagen zu machen über die konkrete Wirkung dieses Phänomens. Und dennoch scheint es legitim festzustellen, dass die beschriebene Situation zweifellos auf die eine oder andere Weise zur chronischen Dysfunktionalität des Berufsfeldes der Heimerziehung beigetragen hat.

Quellen- und Literaturverzeichnis

Ungedruckte Quellen

Archives Avenir Social, Lausanne

Alder, Mireille, Brulhart, Benjamin, Jecker-Parvex, Maurice und Quéru, Stéphane (1991). *Enquête sur la situation de l'emploi des éducateurs dans les établissements spécialisés de Suisse romande*. Etat de situation au 1er septembre 1990. Fribourg, Juni 1991.

Conférence suisse des écoles d'éducateurs spécialisés (CSEES) (1982). Exigences de base pour la formation d'éducateurs des écoles membres de la Conférence suisse des écoles d'éducateurs spécialisés.

Comité d'entente romand des écoles supérieures d'éducateurs spécialisés (CEREES), Conférence romande des directeurs d'institutions d'éducation (CRDIE), Fédération romande de travailleurs et travailleuses de l'éducation sociale (FERTES), Fédération romande des associations de jeunes inadaptés (FRAJI) (1985). Questionnaire sur la situation actuelle de l'emploi des éducateurs dans les institutions d'éducation en Suisse romande au 30 juin 1984: résultats de l'enquête. Lausanne.

Archives cantonales vaudoises (ACV)

S 41 D/9, Association suisse en faveur des enfants difficiles.

Fonds Ecole d'études sociales et pédagogique (EESP), N9/99, Conditions d'admission à l'école d'éducateurs spécialisés de Fribourg, 16. Februar 1977.

Fonds EESP, N9/99, Rapport à l'intention de Monsieur le Conseiller d'Etat Pierre Dreyer, Directeur du Département de l'Intérieur et des affaires sociales concernant la création à Fribourg d'un centre de formation d'éducateurs spécialisés, s. d.

Fonds EESP, N9/207, «Statistiques des élèves du centre au 15. 10. 58».

Archives de la Haute école de travail social (HETS), Genève

Cours de formation d'auxiliaires pour le travail social d'après-guerre, 1944/45.

«Plan d'enseignement», um 1944.

Gedruckte Quellen

CSEES, *Rapport annuel* 1985.

Bundesgesetz über Bundesbeiträge an Strafvollzugs- und Erziehungsanstalten, Artikel 4, 6. Oktober 1966, www.amtsdruckschriften.bar.admin.ch/viewOrigDoc.do?id=10043418. Zugegriffen: 20. Februar 2018.

EESP, *Rapport d'activité* 1969/70.

L'information au service du travail social. Lausanne: Centre vaudois d'aide à la jeunesse.
Journal de Genève.
Lanz, Andreas und Schoch, Jürg (1985). *Heimerzieher im Beruf. Eine Untersuchung zur beruflichen Laufbahn von Heimerzieherinnen und Heimerziehern in den ersten Jahren nach ihrer Diplomierung*. Unveröffentlichte Lizenziatsarbeit. Pädagogisches Institut der Universität Zürich.

Literatur

Cattin, Didier (2008). *Les trente premières années de l'Ecole d'études sociales pour femmes de Genève (1918–1948). Eléments d'une histoire*. Mémoire de fin d'études, Haute école de travail social, Genève.
Gardet, Mathias und Vilbrod, Alain (2004). Une décentralisation avant la lettre? Les coordinations pour l'enfance et l'adolescence inadaptées. *Revue française des affaires sociales*, 4, S. 173–195.
Heller, Geneviève, Pahud, Claude, Brossy, Pierre und Avvanzino, Pierre (2004). *La passion d'éduquer. Genèse de l'éducation spécialisée en Suisse romande 1954–1964*. Lausanne: EESP.
Hofstetter, Rita, Ratcliff, Marc und Schneuwly, Bernard (2012). *Cent ans de vie 1912–2012. La Faculté de psychologie et des sciences de l'éducation héritière de l'Institut Rousseau et de l'ère piagétienne*. Chêne-Bourg: Georg.
Lussi Borer, Valérie (2007). La pédagogie curative, un champ spécifique. In: Hofstetter, Rita und Schneuwly, Bernard (Hg.), *Emergences des sciences de l'éducation en Suisse à la croisée de traditions académiques contrastées*. Bern: Peter Lang, S. 265–289.
Pahud, Claude (1956). L'éducateur spécialisé. *Etudes pédagogiques*, 47, S. 71–72.
Palluau, Nicolas (2013). *La fabrique des pédagogues. Encadrer les colonies de vacances, 1919–1939*. Rennes: PUR.
Praz, Damien (2016). *Le groupe romand en faveur de l'éducation des enfants difficiles. Etude des dix premières années d'un mouvement associatif (1926–1936)*. Mémoire de Master, Université de Genève.
Vicedo, Marga (2011). The social nature of the mother's tie to her child. John Bowlby's theory of attachment in post-war America. *The British Journal for the History of Science*, 44 (3), S. 401–426.

Die Bildung der «geeigneten Erzieherpersönlichkeit»

Gründungen, Organisation und Konzeption der Schulen für Heimerziehung in der Deutschschweiz

SARA GALLE

«Es steht heutezutage ausser Zweifel, dass […] eine viel gründlichere, einsichtigere und sozial wirklich fördernde Arbeit geleistet werden könnte, wenn die Mitarbeit geschulter Kräfte ermöglicht würde, die neben dem guten Willen zur Sache auch über ein bestimmtes Mass von Wissen und Können verfügen.»[1] Die 1908 geäusserte Forderung nach einer Ausbildung für in sozialen Institutionen tätige Personen liess sich in der Schweiz nur zögerlich umsetzen. Der folgende Beitrag gibt einen Überblick über die Möglichkeiten der Heimerziehungsausbildung in der Deutschschweiz, die sich seit Beginn des 20. Jahrhunderts an verschiedenen Orten zu unterschiedlichen Zeiten eröffneten, bis 1990, als die Schulen in Fachschulen transformiert und später in Fachhochschulen integriert wurden.[2]

Im Zentrum des Beitrags steht die Frage, wie es zu den Gründungen der Ausbildungsstätten kam, wer daran beteiligt war und wie sich die Ausrichtung der Heimerziehungsausbildung, die Zusammensetzung der Klassen, insbesondere hinsichtlich der sozialen Herkunft und des Geschlechts, veränderten. Ich untersuchte auch, mit welchen Motiven Frauen und Männer sich für eine Ausbildung in Heimerziehung entschieden und welche Aufnahmebedingungen und Selektionskriterien die Schulen aufstellten. Schliesslich interessierte mich in diesem Zusammenhang, wie sich die Organisationformen der Schulen und die Gestaltung des Unterrichts veränderten.[3]

1 Zitiert in Schlatter 1958, S. 21.
2 Zur Geschichte der Heimerziehungsausbildung in der Schweiz vgl. Hofer 1950; Hofer 1984; Tuggener 1981; Tuggener 1985.
3 Als Quellen für diesen Beitrag dienten unter anderem Jahresberichte, Broschüren, Festschriften, Schulkonzepte, Lehr- und Stundenpläne, Kursunterlagen, Praktikumsberichte, Aufnahmeverfahren, Schülerkarteien und Personendossiers. Diese Materialien, Letztere hauptsächlich ab den 1970er-Jahren überliefert, befinden sich in den Archiven der Nachfolgeinstitutionen der Schulen und waren zum Zeitpunkt der Einsichtnahme (2014/15) nur grob, grösstenteils gar nicht inventarisiert und trugen keine Signaturen. Deshalb wird darauf verzichtet, die unpublizierten Quellen im Anhang zu verzeichnen.

Véronique Czáka und Joëlle Droux zeigen in ihrem Beitrag auf, wie sich in der Westschweiz mit der Etablierung der Ausbildung von *éducatrices et éducateurs spécialisés* die erzieherische Tätigkeit im Heim zum Beruf entwickelte.[4] In der Deutschschweiz setzte sich Mitte des 20. Jahrhunderts die Bezeichnung «Heimerziehung» durch. Die Anstaltsgehilfin wurde von der Heimerzieherin und später auch vom Heimerzieher abgelöst. Erst seit den 1970er-Jahren werden an einzelnen Schulen Ausbildungsgänge in Sozialpädagogik angeboten.[5]

Die Verankerung der Ausbildung in den Fachhochschulen für Soziale Arbeit erfolgte in der Schweiz Ende der 1990er-Jahre, das heisst dreissig Jahre später als in Deutschland. Damit wurde die seit Langem erhobene, aber nicht unumstrittene Forderung einer Akademisierung eingelöst.[6]

Die Verknüpfung von Theorie und Praxis bildete in der West- wie in der Deutschschweiz indes von Beginn an ein wichtiges Anliegen der Ausbildung für die Tätigkeit in der offenen und der geschlossenen Fürsorge, wobei mit Letzterer die Heimerziehung gemeint ist. Neben sogenannten Theorieblöcken bildeten mehrmonatige Praktika den Kern der Ausbildung. Dieses Modell entsprang nicht nur pädagogischen Überlegungen, sondern auch praktischen Interessen der Heime. Die Praktikantinnen und Praktikanten waren in den chronisch unterdotierten Heimen willkommene Arbeitskräfte.

An den Schulen stand die Frage im Zentrum, wie wissenschaftliche Erkenntnisse in die Praxis transferiert werden können. Das Praktikum galt als Anwendungstest für das an der Schule erworbene Wissen. Theorie und Praxis bildeten gleichwertige Teile der Ausbildung.

Etablierung der Heimerziehungsausbildung

Die Kurse und Schulen für Heimerziehung wurden nicht nur zu unterschiedlichen Zeiten gegründet, sie unterscheiden sich auch im Hinblick auf ihre Trägerschaft und ihren konfessionellen Hintergrund; sie sind in regional unterschiedlichen gesellschaftlichen, politischen und kulturellen Kontexten entstanden und weisen verschiedene Formen der Organisation und Vernetzung auf. In der Schweiz gab es im untersuchten Zeitraum 22 Schulen, die eine Aus-

4 Vgl. den Beitrag von Czáka/Droux, Die berufliche Tätigkeit im Heim. Die historische Entwicklung von Berufsausbildung und Berufsprofil unterschied sich in den Sprachregionen der Schweiz massgeblich, was durch die französische Bezeichnung deutlich wird.

5 Eine Ausnahme bilden die Fürsorgerinnenschulen des St.-Katharina-Werks Basel, des Theresianums Ingenbohl (Kanton Schwyz) und des Seraphischen Liebeswerks (der späteren Schule für Sozialarbeit Solothurn), die sich bis 1935 beziehungsweise 1958 und 1969 als Sozialpädagogisches Schwesternseminar bezeichneten.

6 Matter 2011b, S. 16 f.

bildung für Heimerziehung anboten. Davon befanden sich achtzehn in der Deutsch- und vier in der Westschweiz.

Zu den ersten Schulen, die in der Deutschschweiz neben der Sozialarbeit eine Ausbildung in Heimerziehung anboten, gehören die sozialen Frauenschulen, die zu Beginn des 20. Jahrhunderts gegründet wurden. Die erste soziale Frauenschule wurde 1918 vom Schweizerischen Katholischen Frauenbund und den Menzinger Schwestern in Luzern gegründet.[7] Die zweite, 1921 in Zürich eröffnete Schule war aus Kursen für Kinderfürsorge hervorgegangen, die seit 1908 angeboten wurden. Die Schule war konfessionell neutral, öffnete ihre Türen als Erste bereits 1946 für Männer und war international vernetzt.[8] Die Ausbildung für die offene und die geschlossene Fürsorge, das heisst für die Sozialarbeit und die Heimerziehung, erfolgte im Unterschied zur Luzerner Schule von Beginn an in zwei getrennten Abteilungen.

Die erste Schule in der Deutschschweiz, die ausschliesslich Heimerzieherinnen und -erzieher ausbildete, ging aus den seit 1914 in Basel durchgeführten Kursen zur Einführung in soziale Tätigkeit hervor. Ab 1929 wurden die Kurse auf die Heimerziehungsausbildung begrenzt und 1962 öffnete die Basler Berufsschule für Heimerziehung, die spätere Erzieherschule Basel, ihre Tore. Ebenfalls 1962 etablierten in Basel Heimleiter eine Berufslehre für Heimerziehung. Ihr Ziel war es, die Ausbildung stärker auf die Bedürfnisse der Praxis auszurichten. Zudem führten die in Basel domizilierten Katharinenschwestern seit 1934 ein Fürsorgerinnenseminar, dessen Absolventinnen ebenfalls in den Heimen arbeiteten. Erst 1971 erhielt Basel als letzte Deutschschweizer Stadt eine Schule für Soziale Arbeit.[9]

Eine räumliche Konzentration von Schulen lässt sich auch in der Stadt Luzern beobachten, die seit 1961 ebenfalls über drei Ausbildungsstätten für Heimerzieherinnen verfügte und in der zwei der drei Institutionen eine katholische Organisation als Trägerschaft aufwiesen.

Im Unterschied zur Westschweiz waren in der Deutschschweiz viele Schulen von religiösen Gemeinschaften gegründet worden. Sie waren vornehmlich im ländlichen Raum situiert. Ihr Interesse war es, Personal für die eigenen Heime sowie für ihre weiteren karitativen Tätigkeiten auszubilden. Gleichzeitig war es ein primäres Anliegen dieser Schulen, christliche Werte in der Gesellschaft zu verbreiten und zu verankern.

Zu den wichtigsten katholischen Gemeinschaften gehören neben den Menzinger die Ingenbohler und die Baldegger Schwestern. Ihre Fürsorgerinnenschulen waren Instituten für die Ausbildung junger Frauen angegliedert.

7 Matter 2011a.
8 Matter 2011b.
9 Piñeiro 2009.

Eine sozialpädagogische Ausbildung bot zudem das Seraphische Liebeswerk, ein katholisches Kinderhilfswerk des Kapuzinerordens, in Solothurn an. Daraus ist später die Schule für Sozialarbeit entstanden. Andere Ausbildungsstätten wie diejenigen der Katharinen- und der Ingenbohler Schwestern schlossen 1968 ihre Tore. Der in den Nachkriegsjahren einsetzende Rückgang der Ordenseintritte führte nicht nur zur Schliessung von sozialen Werken, sondern trug auch massgeblich zur Etablierung einer Erziehungsausbildung für weltliches Personal durch katholische Organisationen bei, zum Beispiel in Luzern 1959 durch den Schweizerischen Katholischen Anstaltenverband, der Träger war von nicht weniger als 150 Kinderheimen. Die Ausbildung der Schwesterngemeinschaften, die Teil des Noviziats war, wurde nach dem Zweiten Weltkrieg auch Laien zugänglich.

Die wichtigste Ausbildungsstätte in der Deutschschweiz mit protestantischem Hintergrund war die 1956 in Zizers von der Stiftung «Gott hilft» gegründete evangelische Mitarbeiterschule für Heimerziehung und innere Mission.[10] Die Stiftung leitete mehrere Kinderheime in verschiedenen Kantonen und führt noch heute eine Höhere Fachschule für Sozialpädagogik.[11]

In der Deutschschweiz lassen sich zwei gegenläufige Tendenzen in der Entwicklung der Heimerziehungsausbildung beobachten. Zum einen entwickelten sich die von Exponentinnen der Frauenbewegung und konfessionell ausgerichteter Organisationen initiierten Kurse zur Vollzeitausbildung, beispielsweise in Luzern und Zürich. Zum anderen kam es in den 1960er- und 1970er-Jahren zur Gründung von berufsbegleitenden Ausbildungen, die, wie in Zürich, von Heimen initiiert wurden oder, wie in Basel, Heime als Trägerschaft aufwiesen. Ab den 1970er-Jahren boten einige Schulen sowohl eine Vollzeit- wie auch eine Teilzeitausbildung und vermehrt auch Fort- und Weiterbildungsmöglichkeiten an. Die berufsbegleitenden Ausbildungsangebote waren eine Antwort auf die Forderung der Heime nach einer praxisnahen Ausbildung und den verschärften Personalmangel in den Heimen.[12]

Diese neuen Ausbildungsgänge standen wie in der Westschweiz von Beginn an auch Männern offen, im Gegensatz zu den etablierten Angeboten, die, mit Ausnahme der Schule in Zürich, Männern erst ab den 1960er-Jahren zugänglich waren. Gleichzeitig verlor der konfessionelle Hintergrund der

10 Von den 134 Absolventinnen und Absolventen der 1965 gegründeten Schule für Sozialarbeit der Reformierten Heimstätte Gwatt im Kanton Bern, die 1976 mit der Schule für Sozialarbeit der Stadt Bern fusionierte, trat nur jede beziehungsweise jeder Fünfte nach der Ausbildung eine Stelle in einem Heim oder einem Internat an. In den 1980er-Jahren, als eine Befragung durchgeführt wurde, arbeitete gerade noch eine Person in einem Heim. Vgl. Passavant 1983.

11 Vgl. Luchsinger 2016.

12 Vgl. den Beitrag von Bombach/Gabriel/Galle/Keller, Die «neuen Praktikanten».

Schulen zunehmend an Bedeutung. Das zeigt sich daran, dass die Konfessionszugehörigkeit auch an den bestehenden Schulen kein Aufnahmekriterium mehr darstellte, sowie an der Angleichung der Curricula der Schulen.

Erst 1972 wurde eine Ausbildung für Sozialpädagogik auf Hochschulebene geschaffen. Heinrich Tuggener erhielt am Pädagogischen Institut der Universität Zürich den ersten Lehrstuhl für Pädagogik mit besonderer Berücksichtigung der Sozialpädagogik in der Schweiz und trieb die wissenschaftliche Fundierung der Disziplin voran.[13] Tuggener hatte bereits in den 1960er-Jahren als Dozent an der Schule für Soziale Arbeit in Zürich mit Absolventinnen und Absolventen soziologische Untersuchungen zu Berufskarrieren sowie zum Selbst- und Fremdbild des Heimerziehers durchgeführt.[14] Die Ausbildung an der Universität beschränkte sich im Unterschied zu den bereits erwähnten Schulen indes nicht auf die Erziehung im Heim und zählte in den im Untersuchungszeitraum publizierten Informationsbroschüren auch nicht zu den Ausbildungsstätten für Heimerziehung. Die lizenzierten Pädagoginnen und Pädagogen waren aber genauso wie die Absolventinnen und Absolventen des Seminars für Heilpädagogik willkommene Arbeitskräfte im Heim.[15] Zudem erweiterten sich ab den 1970er-Jahren die Ausbildungsangebote an den bestehenden Schulen. So wurde etwa in Basel 1977 die Ausbildung für Heilpädagogik im Vorschulbereich in die Berufsschule für Heimerziehung integriert. Die Ausbildung für Heimerziehung wurde ausserdem sukzessive, bis spätestens in den 1990er-Jahren, in Sozialpädagogik umbenannt und auf ambulante Bereiche ausgedehnt. Erst 1994 erfolgte die Gründung des Schweizerischen Berufsverbandes für Sozialpädagogik (SBVS).

Ausbildungskonzepte, Aufnahmebedingungen und Berufswahlmotive

Die Gliederung der Ausbildung in Theorie und Praxis gestaltete sich an allen Schulen gleich. Die Ausbildungskonzepte bestanden in der Deutschschweiz im gesamten Untersuchungszeitraum im Wesentlichen aus drei Teilen: der Vermittlung von Wissen, der Entwicklung von Können und der Förderung der

13 Furrer 2015.
14 Vgl. zum Beispiel Albisser 1967; Jantzen 1968.
15 Die auf Heilpädagogik ausgerichteten Ausbildungsmöglichkeiten, die seit 1924 an der Universität Zürich und seit 1948 in Dornach sowie später auch an weiteren Institutionen bestanden, wurden für die Untersuchung nicht berücksichtigt, da sie sowohl auf die Volksschule als auch auf Heime ausgerichtet waren. Der weitaus kleinere Teil der Absolventinnen und Absolventen arbeitete nach der Ausbildung in einem Heim. Vgl. Bitterlin et al. 1964, S. 4, 12. Zur Abgrenzung beziehungsweise Überschneidung von Heimerziehung, Sozialpädagogik, Heilpädagogik und Sozialer Arbeit vgl. Gerber 1988, S. 20.

Persönlichkeit.[16] Betrachtet man die Fächer, die an den Schulen unterrichtet wurden, wird zudem deutlich, dass diese vor allem auf die praktische Berufstätigkeit ausgerichtet waren. Das Fächerangebot wurde im untersuchten Zeitraum stetig erweitert. Der Anspruch der Schulen bestand darin, sich auf das für die Berufspraxis theoretisch relevante Wissen zu beziehen.

Die Entwicklung des Arbeitsfeldes stellte die Schulen vor mehrere Herausforderungen: Durch den steigenden Einfluss insbesondere psychiatrischer und psychologischer Expertinnen und Experten in der Kinder- und Jugendhilfe stellte sich die Frage nach dem Grad des Einbezugs wissenschaftlicher Kenntnisse neu. Gleichzeitig erfolgte ein Ausbau der offenen Fürsorge, der eine Spezialisierung der Heimerziehung nach sich zog. Das gestiegene ambulante Angebot verstärkte die bereits vorhandene Vorstellung, dass nur noch schwererziehbare Kinder und Jugendliche in Heime eingewiesen würden.

Die Folge dieser Entwicklung war, dass die Anforderungen an die Ausbildung und die Auszubildenden stiegen: Der ideale Praktikumsleiter sollte nicht nur beruflich tüchtig, sondern wenn möglich für den Beruf des Heimerziehers geschult sein. Zugleich galt es, qualifiziertes Personal für den Unterricht an der Schule einzustellen. Mit der Zunahme der Fächervielfalt stieg auch die Zahl der spezialisierten Lehrpersonen. Die meisten von ihnen unterrichteten nebenamtlich. Die Ausbildungszeit wurde sukzessive auf drei bis vier Jahre verlängert und eine Berufslehre oder eine höhere Schulbildung wurden zur Voraussetzung für eine Aufnahme an den Schulen. Diese Forderung kollidierte indes mit der sich verbreitenden Vorstellung, dass Bewerberinnen und Bewerber aus sozial benachteiligten Familien vertrauter mit der Lebenswelt von Heimkindern und -jugendlichen seien und mehr Verständnis für deren Bedürfnisse aufbringen könnten.

Hatten die sozialen Frauenschulen zu Beginn des 20. Jahrhunderts noch weitgehend das Ziel, unverheirateten Töchtern aus dem Bürgertum ein standesgemässes Berufsfeld zu eröffnen,[17] adressierten Ausbildungsstätten für Heimerziehung wie in Basel und Luzern Frauen aus einfacheren Verhältnissen und schliesslich auch Männer. In Zürich besuchten zunehmend Personen mit einer Berufsausbildung die Schule für Soziale Arbeit, dafür weniger solche mit einer Matura. Insbesondere in der Abteilung für Heimerziehung kamen Schülerinnen und Schüler immer öfter aus dem gewerblichen oder landwirtschaftlichen Milieu, vereinzelt auch aus der Arbeiterschaft. Diese Entwicklung ist bei allen

16 Vgl. zum Beispiel Bitterlin et al. 1964, S. 64; Hungerbühler 1967, S. 21; Gerber 1988, S. 21; Bürgisser/Krummenacher 1988, S. 9.
17 Matter 2011b, S. 519.

Schulen zu beobachten.[18] Die Anzahl männlicher Absolventen nahm in Zürich deutlich zu, von knapp 9 Prozent 1964 bis auf knapp 38 Prozent 1967, und war in der Abteilung für Heimerziehung höher als in der Abteilung für Sozialarbeit. Bemerkenswert ist, dass bis Ende der 1960er-Jahre kaum jemand aus den katholischen Landesgegenden der Schweiz die Schule in Zürich besuchte.[19]

Die Gründe für eine Bewerbung an den Schulen wurden vielfältiger, wie aus den Unterlagen der Schulen in Basel, Luzern und Zürich hervorgeht. Bewerberinnen und Bewerber begründeten die Wahl der Ausbildung nicht selten mit christlichen Glaubensgrundsätzen. Der helfende Aspekt der Tätigkeit blieb insbesondere für Frauen wichtig. Sie führten auch an, dass sie bereits im familiären Umfeld Erfahrungen in der Kinderpflege und -erziehung sammeln konnten. Männer waren dagegen häufiger bestrebt, die freiwillige Jugendarbeit zum Beruf zu machen. In den 1970er-Jahren kam ein gesellschaftsverändernder Impetus dazu. Als weiteren Grund gaben sowohl Männer wie Frauen mangelnde berufliche Befriedigung in der aktuellen Tätigkeit an. Ausschlaggebend für eine Bewerbung waren auch fehlende Arbeitsmarktchancen im Erstberuf.

Eine eigentliche Selektion der Bewerberinnen und Bewerber wurde erst ab den 1970er-Jahren möglich und erfolgte somit deutlich später als in der Westschweiz. Massgebend für die steigende Nachfrage an der Heimerziehungsausbildung war – neben dem tiefgreifenden soziokulturellen Wandel Ende der 1960er-Jahre, der die Arbeit mit Menschen als sinnstiftende Tätigkeit aufwertete – der durch die grosse Krise von 1974/75 ausgelöste Konjunktureinbruch und die damit einhergehende Arbeitslosigkeit, von der junge Menschen und Frauen besonders betroffen waren.

Die Untersuchung der Bewerbungsverfahren aus den 1970er-Jahren der Schulen in Basel, Luzern und Zürich zeigt, dass neben der Prüfung der intellektuellen Fähigkeiten die Persönlichkeit der Bewerberinnen und Bewerber und damit verbunden ihre Motivation für die Ausbildung die wichtigsten Kriterien bildeten. Um diese zu prüfen, hatte man immer aufwendigere Verfahren entwickelt. Die Ausbildung wurde wie in der Westschweiz als Persönlichkeitsbildung verstanden und die Berufsidentität an die persönliche und soziale Identität gebunden.[20] Die Ausbildung zur Heimerzieherin umfasste mehr als die Aneignung von Wissen und die Entwicklung von Können. Geprüft wurde immer wieder, so auch in den Praktika, die «persönliche Eignung» für die Tätigkeit im Heim, welche die Einordnung und das Bestehen in einer Gemeinschaft

18 Bitterlin et al. 1964, S. 19 f. Die Entwicklung setzte sich in den 1970er-Jahren fort, wie eine qualitative Auswertung der Personendossiers an den Schulen in Basel, Luzern und Zürich zeigt.

19 Hanhart 1968.

20 Vgl. dazu auch Hauss (im Druck).

beinhaltete und besondere Eigenschaften (neben kognitiven Fähigkeiten auch charakterliche Qualifikationen, körperliche Kräfte und psychische Belastbarkeit) voraussetzte.[21] Die Ausbildung beschränkte sich nicht auf die Formung des professionellen Habitus, sondern erforderte das Einbringen der gesamten Person. Das galt auch für das Praxisfeld. Davon zeugen die langen Arbeitszeiten, die beschränkte oder gar fehlende Freizeit und Privatsphäre sowie die stete Forderung nach Reflexion über die Beziehung zu den Kindern und zur Gemeinschaft im Heim.

Die Schulen beanspruchten, wie Carola Meier-Seethaler, Dozentin an der Frauenschule der Stadt Bern, 1976 formulierte, «die Initialzündungen bzw. Katalysatoren für einen psychischen Prozess [zu] bieten, in dessen Verlauf sich die geeignete Erzieherpersönlichkeit erst bilden kann».[22] Die Schulen sind im Sinne von Ulrich Oevermann als «kollegiales Noviziat» zu verstehen, in denen die Berufseignung und -fähigkeiten geprüft und das Berufsverständnis entwickelt werden sollten.[23]

Die Gestaltung des Unterrichts in den Schulen veränderte sich im untersuchten Zeitraum stark: von der gemeinsamen Arbeit in Haus und Garten über den Frontalunterricht bis hin zur Auflösung traditioneller Rollen von Lehrenden und Lernenden in den 1970er-Jahren. Die Ergänzung oder gar Ablösung der Theologie und Heilpädagogik als dominierende Leitwissenschaften durch soziologische und psychologische Theorien änderten indes nichts daran, dass, wie Heinz Zindel, Leiter der Evangelischen Heimerzieherschule in Zizers, sich ausdrückte, «die Entfaltung, Bereicherung und Ausformung der Gesamtpersönlichkeit» im Zentrum der Ausbildung stand.[24] Diese war zweifelsohne bestimmt durch die weltanschaulichen Positionen der Schulen. Gemeinsam war den Schulen, dass sie für die Entwicklung der Persönlichkeit das «Erleben der sozialen Gruppe» als wesentlich erachteten. In der Schule erfolgte dies durch die Arbeit in Gruppen (*group work*), die von der Sozialpsychologie inspiriert war, und im Wohnen im Heim während der Praktika oder gar im Zusammenleben in einer Wohngemeinschaft wie in der Heimerzieherschule der Stiftung «Gott hilft» in Zizers.

Geht man davon aus, dass es zum Wesen des Berufs gehört, eine den Lebensunterhalt sichernde Tätigkeit zu sein, ist es fraglich, seit wann Heimerziehung als Beruf gelten kann. Die prekäre finanzielle Entlohnung war unter anderem ein Grund, weshalb Heimerziehung für Männer lange Zeit keine attraktive Tätigkeit darstellte. Für die meisten Frauen war die Tätigkeit im Heim,

21 Schlatter et al. 1950.
22 Meier-Seethaler 1976, S. 160.
23 Oevermann 2000, S. 75. Vgl. auch Becker-Lenz/Müller 2009, S. 15–18.
24 Zindel 1976, S. 161.

wie in vielen anderen Berufen, bis zur Heirat befristet. Neben dem geringen Verdienst war die Erziehungstätigkeit im Heim verbunden mit einem hohen Arbeitspensum, das sich nicht mit einer Familie vereinbaren liess. Anders als bei Männern erachtete man die Ausbildung für Frauen trotzdem als nützlich und sinnvoll, da sie die Frauen auf ihre prädestinierte Aufgabe als Ehefrau und Mutter vorbereitete. Für Männer stellte die Ausbildung in den 1970er-Jahren mehr eine Chance für den Ausstieg aus ihrem zumeist kaufmännischen, handwerklichen oder technischen Erstberuf denn als eine Aufstiegschance dar. In der berufsbegleitenden Ausbildung in Zürich überwog der Männeranteil gar, während er an anderen Schulen gering blieb.

Wie nahe am Ideal der Caritas die Vorstellung der erzieherischen Tätigkeit im Heim blieb, zeigt sich insbesondere in den konfessionellen Heimen. In den von der Stiftung «Gott hilft» geführten Heimen wurde noch bis ins Jahr 2003 ein sogenannter Bedürfnislohn entrichtet. Anders als in katholischen Orden war der Eintritt in die Kommunität indes mit einem bewussten Entscheid für die Tätigkeit im Heim verbunden.[25] Die Zahl der Ausbildungsplätze stand in keinem Verhältnis zur Zahl der in Kinderheimen tätigen und benötigten Personen. Mitte der 1960er-Jahre wiesen die von Kongregationen geführten Schulen zwischen vier und elf Schülerinnen pro Klasse auf. An den Schulen für Soziale Arbeit Luzern, St. Gallen und Zürich und an der Erzieherschule Basel waren fünfzehn bis 24 Schülerinnen und Schüler in einer Klasse. Insgesamt waren nach Abschluss der Heimerziehungsausbildung im Jahr 1964 schätzungsweise hundert bis 120 Absolventinnen in Heimen tätig.[26]

Bezeichnenderweise sind statistische Angaben zur Personalsituation in den Heimen erst jüngeren Datums. Eine erste Erhebung für die Deutschschweiz veröffentlichte das Pädagogische Institut der Universität Zürich 1978. Sechzig Prozent der Erzieherinnen und Erzieher in Jugendheimen waren jünger als dreissig Jahre, 85 Prozent jünger als 35 Jahre. Von den rund 260 befragten Personen hatte rund jede vierte eine Ausbildung in Heimerziehung, Sozialarbeit oder Ähnlichem, wie es in der Publikation heisst. Drei von fünf Erziehenden in Leitungsfunktionen hatten eine entsprechende Ausbildung.[27] Nicht zufällig konzentrierte sich das Forschungsprojekt auf Jugendheime. Diese waren Anfang der 1970er-Jahre in die öffentliche Kritik geraten.

25 Luchsinger 2016, S. 64, 71 ff.; Akermann et al. 2015, S. 167–170.
26 Bitterlin et al. 1964, S. 14.
27 Schellhammer et al. 1978.

Entwicklung der Heimerziehungsausbildung seit den 1960er-Jahren

Zwei Ereignisse prägten in der Deutschschweiz die Entwicklung der Heimerziehungsausbildung nachhaltig: die «Anstaltskrise» Mitte der 1940er-Jahre, welche das ganze Land erfasste, und die «Heimkampagne» zu Beginn der 1970er-Jahre, die vor allem in Basel und in Zürich Wirkung zeigte. Diese beiden Ereignisse führten nicht nur zu einer verstärkten Kritik an den Heimen, sondern bewirkten auch Reformen in der Heimerziehungsausbildung.

Die Schweizerische Landeskonferenz für Soziale Arbeit entwarf Merkblätter und Richtlinien und setzte schliesslich 1961 eine die Sprachregionen übergreifende Arbeitsgruppe für die Schulung von Heimpersonal ein. Diese erarbeitete zusammen mit den Schulen von 1965 bis 1970 Grundanforderungen für die Heimerziehungsausbildung in der Schweiz.[28] Mit den Grundanforderungen erfolgte eine Standardisierung des vermittelten Wissens. Doch gerade die Beschränkung des Lehrplans auf Lehrstoffe galt gleichzeitig als ihr gravierendster Mangel. Die Bedeutung der Grundanforderungen lag vor allem darin, dass sie zu einer Koordination der Heimerziehungsausbildung beitrugen. Die Grundanforderungen sollten zum zentralen Instrument der Ausbildungs- und Berufspolitik werden. Die 1970 gegründete Schweizerische Arbeitsgemeinschaft der Heimerzieherschulen (SAH) hatte den Auftrag, die Einhaltung der Grundanforderungen durch die Mitgliedschulen zu überprüfen und ihre Weiterentwicklung sicherzustellen. Zu den Mitgliedern zählten Mitte der 1970er-Jahre neben zwölf Ausbildungsstätten in der Deutschschweiz auch diejenigen in Freiburg, Genf und Lausanne.[29]

In den Schulen wurden zunehmend alternative beziehungsweise die traditionelle Heimerziehung ergänzende Formen der Erziehung thematisiert, wie therapeutische Wohngemeinschaften, heilpädagogische Grossfamilien und sozialpädagogische Grossheime. Die Grundanforderungen für die Heimerziehungsausbildung wurden überarbeitet und erschienen 1982 in einer neuen Auflage, die bei den Schulen Anpassungen auf unterschiedlichen Ebenen erforderte: Konzepte, Reglemente und Organigramme mussten erstellt und Schulkommissionen eingerichtet werden, wo diese noch nicht bestanden. Zudem erfolgte eine vermehrte räumliche Vernetzung und Fusion der Schulen, die, beispielweise in Basel, ihre Lehrpläne bisher unabhängig voneinander entwickelt hatten.[30] Die Grundanforderungen wurden in den Kantonen massgebend für die Anerkennung und Subventionierung der Ausbildung. Mit der Gründung

28 Schweizerische Grundanforderungen für die Ausbildung von Heimerziehern 1971.
29 Die Ecole d'éducateurs spécialisés in Freiburg, die gleichnamige Schule in Genf und die Ecole d'études sociales et pédagogiques in Lausanne. Vgl. Hofer 1976.
30 Kohn 2004.

der Fachhochschulen in den späten 1990er-Jahren wurde die Heimerziehung beziehungsweise Sozialpädagogik grösstenteils mit der Sozialarbeit unter dem Dachbegriff Soziale Arbeit zusammengefasst.

Die Schulen für Heimerziehung entwickelten sich in der Deutschschweiz im untersuchten Zeitraum zu eigenständigen Institutionen mit gemeinsamen Standards und partizipativen Strukturen. Mit der neuerlichen Erweiterung des Spektrums der Wissensvermittlung wurden die Konturen des Berufs indes nicht schärfer. Die Heimerziehungsausbildung blieb im untersuchten Zeitraum auf die Persönlichkeitsbildung fokussiert.

Schlussfolgerungen

Die Ausbildung in der Deutschschweiz zeichnet sich durch eine Vielzahl unterschiedlicher Schulen aus, deren Curricula sich erst in den 1980er-Jahren anglichen. Viele Schulen waren von religiösen Gemeinschaften gegründet worden und im ländlichen Raum situiert. In den Städten war die Ausbildung mit Ausnahme Basels den Schulen für Soziale Arbeit angegliedert, die sowohl national wie international stärker vernetzt waren. In der Stadt Basel wurde 1962 das erste von Heimen initiierte Ausbildungsangebot geschaffen.

Das Fächerangebot an den Schulen wurde stetig erweitert. Mit der Fächervielfalt stieg auch die Zahl der spezialisierten Lehrpersonen, von denen die meisten im Nebenamt unterrichteten. Entsprechend vielgestaltig war der Unterricht. Alle Schulen fokussierten mangels eines kohärenten Berufsbildes auf die Persönlichkeitsbildung.

Die Schulen waren bestrebt, die Ausbildung stetig zu verbessern, entsprechend stiegen die Anforderungen an die Ausbildung. Eine Selektion der Bewerberinnen und Bewerber war in der Deutschschweiz aber erst seit den 1970er-Jahren möglich. Mit der Ausbildungsmöglichkeit für Männer und dem tief greifenden soziokulturellen Wandel Ende der 1960er-Jahre stieg die Nachfrage nach der Ausbildung, insbesondere während der wirtschaftlichen Krisenjahre. Auch wurden die Motive für die Ausbildung und die Zusammensetzung der Schülerschaft vielfältiger. Die Ausbildung stellte indes mehr eine Chance für den Ausstieg aus dem Erstberuf als eine Aufstiegschance dar.

Den Personalmangel in den Heimen konnten die Schulen nicht beheben. Auch blieb der Anteil an unqualifiziertem Personal hoch. Noch Ende der 1970er-Jahre wies lediglich eine Minderheit der in der Heimerziehung tätigen Personen eine einschlägige Ausbildung auf. Der Einfluss der Ausbildungsinstitutionen auf die Praxis in den Heimen blieb im untersuchten Zeitraum entsprechend beschränkt.

Das gesellschaftliche Beharren auf geschlechtsspezifischen Rollenbildern und die der Nachfrage nachhinkende Besetzung des Berufsfeldes mit ausgebildetem Personal hemmten die Entwicklung der Ausbildung. Die von den Schulen gemeinsam erarbeiteten Grundanforderungen führten aber zu einer Harmonisierung der Ausbildung und bildeten schliesslich die Grundlage für staatliche Subventionen, die es vielen Schulen ermöglichten, ihr Angebot qualitativ und quantitativ zu verbessern. Insbesondere gegen Ende des untersuchten Zeitraumes kam es neben der zunehmenden räumlichen Vernetzung auch zu Fusionen der Schulen.

Quellen- und Literaturverzeichnis

Quellen

Albisser, Kuno et al. (1967). *Das Selbstbild des Heimerziehers.* Gruppendiplomarbeit der Schule für Soziale Arbeit Zürich. Zürich: o. V.

Bitterlin, Ursula, Honegger, Lisbeth, Kessler, Vreni und Moser, Käthi (1964). *Die Ausbildung des Heimerziehers in der deutschen Schweiz.* Gruppendiplomarbeit der Schule für Soziale Arbeit Zürich. Zürich: o. V.

Bürgisser, Herbert und Krummenacher, Jürg (Hg.) (1988). *70 Jahre Schule für Sozialarbeit Luzern.* Luzern: Schule für Sozialarbeit Luzern.

Gerber, Marianne (1988). Die Ausbildung zum Sozialpädagogen/Erzieher. *SGAB Panorama*, 2, S. 19–24.

Hanhart, Dieter (1968). *Woher sie kommen, wohin sie gehen. Eine statistische Analyse der Studierenden der Schule für Soziale Arbeit Zürich 1908–1967.* Zürich: Schule für Soziale Arbeit Zürich.

Hofer, Anni (1950), Grundprobleme und Aufbau der Ausbildung für Heimerzieherinnen und Heimleiterinnen. *Schriftenreihe der Schweizerischen Vereinigung Sozialarbeitender*, Heft 8, S. 13–27.

Hofer, Paul (1976). Die schweizerischen Grundanforderungen für die Ausbildung von Heimerziehern. *VSA Fachblatt für Schweizerisches Heim- und Anstaltswesen*, 47 (5), S. 144–147.

Hofer, Paul (1984). Skizzen zur Geschichte der Erziehungsausbildung in der Schweiz seit 1900. In: Verein für Jugendfürsorge (Hg.), *Materialien zur Heimerziehung Jugendlicher aus den Jahren 1933–1984. Festschrift zum 80. Geburtstag von Ernst Müller.* Zürich: VSA Verlag, S. 227–244.

Hungerbühler, Gertrud (1967). *Der Sozialarbeiter, die Sozialarbeiterin. Ein Berufsbild.* Zürich: Schweizerischer Verband für Berufsberatung.

Jantzen, Roland, Lüchinger, Heinz, Raschle, Ursula, Ringgenberg, Vreni und Schär, Brigitte (1968). *Gestern Heimerzieher – heute nicht mehr. Eine Erhebung bei*

«Ehemaligen» des Kurses B. Diplomarbeit der Schule für Soziale Arbeit Zürich. Zürich: o. V.

Meier-Seethaler, Carola (1976). Motivationen. *VSA Fachblatt für Schweizerisches Heim- und Anstaltswesen*, 47 (5), S. 158–160.

Passavant, Christina von (1983). Gwatter Epilog. Oder: Was ist aus den an der Schule für Sozialarbeit Gwatt in Sozialer Gruppenarbeit Ausgebildeten geworden? In: Staub-Bernasconi, Silvia, Passavant, Christina von und Wagner, Antonin (Hg.), *Theorie und Praxis der Sozialen Arbeit. Entwicklung und Zukunftsperspektiven. Festschrift zum 75-jährigen Bestehen der Schule für Soziale Arbeit Zürich.* Bern: Haupt, S. 191–210.

Schellhammer, Edi, Gamma, Anna und Aeberli, Margrit (1978). *Arbeitsprobleme der Arbeitserzieher, Erzieher und Praktikanten in Jugendheimen. Dokumentation.* Zürich: Pädagogisches Institut der Universität Zürich.

Schlatter, Margrit (1958). Die Ausbildung im Wandel der Zeit. In: Schule für Soziale Arbeit Zürich (Hg.), *50 Jahre Schule für Soziale Arbeit Zürich. 1908–1958. Festschrift zum 50jährigen Bestehen im Frühjahr 1958.* Zürich: Schule für Soziale Arbeit, S. 21–45.

Schlatter, Margrit, Hofer, Anni und Lotmar, Paula (1950). *Das Praktikum im Rahmen der Ausbildung für Soziale Arbeit.* Zürich: Schweizerische Vereinigung Sozialarbeitender.

Schweizerische Grundanforderungen für die Ausbildung von Heimerziehern (1971). Verfasst von der Arbeitsgruppe für die Ausbildung von Heimpersonal der Schweizerischen Landeskonferenz für Soziale Arbeit. Zürich: Schweizerische Gemeinnützige Gesellschaft, S. 7.

Tuggener, Heinrich (1981). Sozialpädagogik als Beruf – Historischer Überblick. In: Fédération internationale des communautés éducatives (Hg.), *Leben mit andern als Beruf. Der Sozialpädagoge in Europa.* Zürich: Zentralstelle der Studentenschaft der Universität Zürich, S. 11–39.

Tuggener, Heinrich (1985). Vom Armenerzieher zum Sozialpädagogen. *SKAV Fachblatt des Schweizerischen Katholischen Anstalten-Verbandes*, 47 (5), S. 301–325.

Zindel, Heinz (1976). Ausbildung als Prozess. *VSA Fachblatt für Schweizerisches Heim- und Anstaltswesen*, 47 (5), S. 160 f.

Literatur

Akermann, Martina, Jenzer, Sabine, Meier, Thomas und Vollenweider, Janine (2015). *Kinder im Klosterheim. Die Anstalt St. Iddazell Fischingen 1879–1978.* Frauenfeld: Verlag des Historischen Vereins des Kantons Thurgau.

Becker-Lenz, Roland und Müller, Silke (2009). *Der professionelle Habitus in der Sozialen Arbeit. Grundlagen eines Professionsideals.* Bern: Peter Lang.

Furrer, Max Edwin (2015). Heinrich Tuggener. *Historisches Lexikon der Schweiz (HLS)*. Version vom 18. November 2015, www.hls-dhs-dss.ch/textes/d/D34200.php. Zugegriffen: 22. Februar 2018.

Hauss, Gisela (im Druck). «Rüstzeug für die Heimerziehung». Ein historischer Beitrag zur Habitusformation in der Ausbildung. 1970–1975. In: Bender-Junker, Birgit, Hoff, Walburga und Kraimer, Klaus (Hg.), *Rekonstruktive Wissensbildung. Historische und gegenwärtige Perspektiven einer gegenstandsbezogenen Theorie der Sozialen Arbeit*. Bad Heilbrunn: Julius Klinkhardt.

Kohn, Johanna (2004). *Im Fluss. Stimmungsbilder – Zeitzeichen – Übergänge*. Basel: Fachhochschule für Soziale Arbeit beider Basel.

Luchsinger, Christine (2016). *«Niemandskinder». Erziehung in den Heimen der Stiftung Gott hilft 1916–2016*. Chur: Kommissionsverlag Desertina.

Matter, Sonja (2011a). Katholizismus, Frauenbewegung und soziale Sicherheit. Die Gründung der sozial-caritativen Frauenschule Luzern nach dem Ersten Weltkrieg. *Schweizerische Zeitschrift für Religions- und Kulturgeschichte*, 105, S. 509–522.

Matter, Sonja (2011b). *Der Armut auf den Leib rücken. Die Professionalisierung der Sozialen Arbeit in der Schweiz. 1900–1960*. Zürich: Chronos.

Oevermann, Ulrich (2000). Dienstleistungen der Sozialbürokratie aus professionalisierungstheoretischer Sicht. In: Harrach, Eva-Marie von, Loer, Thomas und Schmidtke, Oliver (Hg.), *Verwaltung des Sozialen. Formen der subjektiven Bewältigung eines Strukturkonflikts*. Konstanz: Universitätsverlag Konstanz, S. 57–78.

Piñeiro, Esteban (2009). *Die Einordnung der Zukunft. Zur Gründungsgeschichte der Schule für Sozialarbeit Basel (1962–1971)*. Basel: Edition Gesowip.

Familie im Fokus

Heimerziehung in der Schweiz im 20. Jahrhundert

YVES COLLAUD, MIRJAM JANETT

1928 forderte der soeben gewählte Direktor des Bürgerlichen Waisenhauses Basel, Hugo Bein, von der Aufsichtsbehörde einen Umbau seiner Anstalt.[1] An die Stelle der bisherigen, in der Tradition des 19. Jahrhunderts stehenden Massenerziehung müsse eine Erziehung treten, die sich an familialen Strukturen orientiere, und dafür brauche es bauliche Veränderungen. Kurz darauf führte Bein das von ihm als Familiensystem bezeichnete Modell ein, das die Erziehung der Kinder in familienähnlichen Kleingruppen vorsah: Wo einst die Kinder in Massenschlafsälen untergebracht waren, liess er Gruppenwohnungen einrichten, und wo geschäftige Kinderhände Körbe geflickt hatten, entstanden Aufenthaltsräume.[2] Zur gleichen Zeit, rund 140 Kilometer weiter östlich, kümmerten sich im ländlichen Appenzell im Waisenhaus Steig die barmherzigen Schwestern vom Heiligen Kreuz Ingenbohl in strikter Ordensmanier um rund achtzig «verwahrloste» und «geschädigte» Kinder.

Die Maison d'éducation in Vennes (MEV), einem Stadtteil von Lausanne, wurde im Lauf des 20. Jahrhunderts mehrmals reformiert. Die waadtländischen Behörden wollten das Heim modernisieren und durch den Bau von Pavillons nicht nur das Zusammenleben in Kleingruppen, sondern auch eine bessere Integration der dort platzierten Jugendlichen ermöglichen. Ein weiteres Beispiel aus dem Kanton Waadt ist das Wohnheim La Pommeraie in Lonay, einem Vorort von Lausanne. Es war in einem Gebäude untergebracht, das eigens zu dem Zweck errichtet wurde, eine kleinere Anzahl weiblicher Jugendlicher aufzunehmen und ihnen ein Leben in der Gruppe zu ermöglichen, welches dem Familienideal nahekommt. Trotz der räumlichen Nähe der beiden Heime sind grosse Unterschiede zwischen ihnen zu beobachten – nicht nur hinsichtlich der Bedeutung, die dem Familienmodell beigemessen wurde, sondern auch in dessen Umsetzung. In der MEV und in La Pommeraie wurden im Untersuchungszeitraum Jugendliche ab sechzehn Jahren fremdplatziert, die intern oder extern eine Berufsausbildung absolvieren konnten. Altersmässig zielte La Pommeraie

1 Das Waisenhaus wurde 1667 gegründet. Seit 1669 befindet es sich im ehemaligen Kartäuserkloster in Kleinbasel.
2 Vgl. Janett 2017, insbesondere S. 408–411.

auf Jugendliche am Ende der Schulpflichtzeit und beim Eintritt ins Berufsleben, während die MEV Jugendliche aufnahm, die nach dem Jugendstrafrecht zu einer Massnahme verurteilt worden waren.[3]

In Basel waren die Gruppen bis 1951 alters- und geschlechtergetrennt. Es gab sieben Gruppen für Kinder und Jugendliche bis zwanzig Jahre. 1969 waren es elf Gruppen zu acht bis zwölf Kindern und Jugendlichen, die nun altersgemischt und zum Teil auch geschlechtergemischt waren.[4] Im Kinderheim Steig in Appenzell erfolgte die Gruppeneinteilung ebenfalls nach Alter und Geschlecht; ab 1971 wurde erstmals eine geschlechtergemischte Gruppe geführt.[5] Wie in der Westschweiz stellt die Einteilung nach Altersstufen auch in der Deutschschweiz letztlich eine Grenzziehung dar, die in umfassender Weise die sozialen Beziehungen organisierte und Verhaltensweisen regelte.[6] Stärker als in Appenzell ging man in Basel von einer spezifischen Vorstellung von Kindheit aus, wo jede Altersstufe mit bestimmten Rechten und Pflichten in Verbindung gebracht wurde. In Appenzell gibt es keine Hinweise auf eine «altersgerechte» Beschäftigung der Kinder. Vielmehr mussten sich alle gleichermassen und unabhängig von ihrem Alter am Betrieb des Waisenhauses beteiligen.

Der Kontrast könnte grösser nicht sein: hier eine vermeintlich progressive, pietistisch angehauchte Pädagogik, dort ein katholisches, sich an Disziplin und Ordnung orientierendes Erziehungsprinzip. In der Westschweiz verschreibt sich gut vierzig Jahre später ein staatlich geführtes Heim einem Gruppenleben, das mit einem Pavillonsystem umgesetzt werden soll; das Heimleiterehepaar einer Erziehungseinrichtung für junge Mädchen wiederum will das Ideal einer intakten Familie vermitteln. Wie unterschiedlich diese Konzepte auch waren, eines haben sie gemein: die Auseinandersetzung mit der Frage nach der Bedeutung und dem Stellenwert der Familie in der Fremderziehung.

Das Wort «Familie» stammt vom lateinischen *familia* ab, das noch im 17. Jahrhundert die gesamte Hausgenossenschaft (Vater, Mutter, Gesinde etc.), aber auch das adlige Geschlecht oder die erbrechtliche Nachfolge bezeichnen konnte.[7] Mit der Durchsetzung des liberalen politischen Systems im 19. Jahrhundert etablierte sich der Begriff der Familie als Bezeichnung für das Zusammenleben von Eltern und ihren Kindern.[8] Neben einer emotionalen Bedeutungserweiterung, mit der die Familie zu einer Art Schutzraum wurde, wo Intimität und Gefühle ausgetauscht wurden, bekam die Institution eine

3 Für eine Diskussion über die Bedeutung des Alters siehe Paris 2008, S. 107 f.
4 Vgl. BWH, A 11, Waisenhaus.
5 Im Kinderheim Steig gab es drei Gruppen: eine Säuglings-, eine Mädchen- und eine Bubengruppe.
6 Vgl. Barth 1998.
7 Vgl. Köbler 1995.
8 Vgl. Gugerli 1991, S. 62.

ordnungspolitische Funktion. Die Familie hatte sich an einem übergeordneten Staatsinteresse auszurichten, in ihr sollten Normen und Werte verinnerlicht werden, welche die Aufrechterhaltung der gesellschaftlichen Ordnung garantierten. Zugleich war sie Ort für die Produktion und Reproduktion von sozialer Ungleichheit.[9] In der Folge etablierte sich ein patriarchales bürgerliches Familienmodell, das mit einer «Versittlichung» der Ehe einherging und durch ein rigides Familienrecht gestützt wurde.[10] Es förderte eine konservative Auffassung der Geschlechterrollen, die die Frau in den häuslichen Bereich zurückdrängte und den Mann, zumindest in der Theorie, als Alleinernährer vorsah.[11] Zu Beginn des 20. Jahrhunderts wurde die Familie zum Dreh- und Angelpunkt staatlicher Regulierung. Familien, die nicht dem etablierten Familienverständnis entsprachen, sei es, weil sie auf Unterstützung angewiesen, die Eltern geschieden oder alleinerziehend waren, oder auch, weil sie bürgerliche Ordnungsnormen verletzten, wurden zur Zielscheibe staatlicher Kontrolle. Im 20. Jahrhundert rissen in der Schweiz staatliche Behörden Tausende Familien auseinander, weil diese den hegemonialen Vorstellungen davon, was eine Familie sei und was sie zu leisten habe, nicht entsprachen.[12] In den Waisenhäusern und Erziehungsanstalten sollten die betroffenen Kinder einem gesellschaftlichen Normalitätsmassstab angepasst werden.

Die vorliegende Darstellung stützt sich auf Fallstudien aus zwei Promotionsvorhaben.[13] Diese untersuchen und vergleichen Institutionen aus mehreren Kantonen im Hinblick auf Kriterien wie Konfession, Stadt-Land-Unterschiede oder Sprache. Im Folgenden fassen wir einige Ergebnisse daraus zusammen. Thematisch konzentriert sich der Vergleich auf das genannte Familienmodell. Die Überlieferung in den Archiven sowie die Logik der ausgewählten Fälle führen zu einem relativ weiten Untersuchungszeitraum. So beginnt die Untersuchung der Deutschschweizer Fälle in den 1920er-Jahren, während diejenige der westschweizerischen in den 1940er-Jahren ansetzt. Der Untersuchungszeitraum endet in beiden Fällen in den 1980er-Jahren.[14] Gegenstand sind die vier genannten Heime in den Kantonen Waadt, Appenzell Innerrhoden und Basel-Stadt, die sowohl männliche als auch weibliche

9 Vgl. ebd.; Gestrich et al. 2003, S. 380.

10 Vgl. Gugerli 1991, S. 62. Tanner macht auf die geringe Resonanz von «Frauenfragen» im schweizerischen Sozialstaat aufmerksam, was ein patriarchales Familienverständnis begünstigt habe. Vgl. Tanner 2015, S. 317.

11 Vgl. Mesmer 1988, S. 27 f.; Leuenberger 2008, S. 20.

12 Vgl. Lengwiler et al. 2013, S. 14.

13 Dissertationen von Yves Collaud und Mirjam Janett.

14 In Basel fällt das Ende des Untersuchungszeitraums mit einem Direktorenwechsel zusammen. 1985 trat Christian Ramseyer sein Amt an. In Appenzell schloss das Kinderheim Steig im Jahr 1984 seine Tore.

Jugendliche aufnahmen. An ihnen soll die Funktionsweise des Familienmodells und die damit verknüpften Praktiken und Ideen herausgearbeitet werden. Obwohl dies im Fall des Kinderheims Steig in Appenzell nicht als Familienmodell bezeichnet wurde, kann davon ausgegangen werden, dass die leitenden Personen sich an einem Familienideal orientierten. Während einige dieses Modell implementierten, um die Jugendlichen dabei zu unterstützen, im gesellschaftlichen Kontext Selbständigkeit zu erlangen, sahen andere in ihm eher ein Mittel zur Kontrolle. Die Bildung von homogenen Kleingruppen – ob nach Alter oder nach Gründen für die Fremdplatzierung – erlaubt eine altersspezifische oder pädagogisch orientierte Beschreibung und Klassifikation der Jugendlichen.[15] Ungeachtet der zahlreichen Unterschiede gibt es von Fall zu Fall auch Gemeinsamkeiten, beispielsweise auf ideeller Ebene. Diese werden zum Schluss dargestellt.

Die Familienerziehung im Bürgerlichen Waisenhaus Basel

Das seit 1667 bestehende Bürgerliche Waisenhaus Basel diente bis Ende des 18. Jahrhunderts als Zucht- und Waisenhaus. Im 19. Jahrhundert stand das Haus im Zeichen eines kollektiven Anstaltssystems. Die Kinder waren in Grossgruppen zu zwanzig oder mehr eingeteilt und die Erziehung zielte auf Arbeit, Disziplin, Religion und Sittlichkeit.[16] Unter Hugo Bein, der von 1928 bis 1946 Direktor des Waisenhauses war, fand eine Abkehr von diesem System statt. 1929 erklärte er, das Heim habe die Familie zu ersetzen; folglich müsse sich das Heimleben möglichst dem Leben in einer Familie anpassen.[17] 1956 sprach er retrospektiv gar von der «Ersetzung des väterlichen und mütterlichen Verhältnisses».[18] Bein vertrat demnach die Überzeugung, dass Kinder und Jugendliche nur in einer Familie zu nützlichen Gliedern der Gesellschaft geformt werden könnten, was den Umkehrschluss nahelegt, dass ein Heim per se nicht für das Aufwachsen geeignet sei. Zu diesem Schluss kam 1933 ein Mitglied des Inspektionsrats,[19] indem es rhetorisch fragte, warum man denn nicht gleich ganz auf die Anstaltserziehung verzichte und

15 Hacking 2006, S. 23–26.
16 Vgl. Asal 1971. Einen Überblick über die Heimerziehung seit dem Mittelalter liefert Hafner 2011, insbesondere S. 35.
17 BWH, K33, Kreditbegehren der Inspektion an den Bürgerrat betr. Umbau, Februar 1928.
18 BWH, D2b, Verwaltungsbericht des Bürgerrats an den Weiteren Bürgerrat der Bürgergemeinde Basel, 1943, S. 79.
19 Die Inspektion war für die Leitung der Anstalt zuständig. Sie bestand aus einer siebenköpfigen Kommission, die dem Bürgerrat unterstellt war. Vgl. Frey 1919, S. 19; Vgl. auch BWH, B1ac, Statuten 1931, S. 10 f.

die Kinder in Pflegefamilien unterbringe.[20] Dieses Argument konterte Bein mit der Behauptung, dass das Heim sich durchaus familienähnliche Strukturen geben könne, ja, dass das Heim ein valabler Familienersatz sei. Die Familie zu ersetzen heisst aber auch, die leibliche Familie zu negieren. Der Umstand, dass die meisten Kinder bereits eine Familie hatten, ganz gleich, über welche Vorgeschichte diese verfügte, wurde von ihm in keiner Weise reflektiert.[21]

Im Gegensatz zu anderen Familiensystemen, in denen ein Ehepaar oder ein Erzieherpaar als «Mutter» und «Vater» gemeinsam eine Gruppe leiteten, wie beispielsweise in La Pommeraie, stand Hugo Bein als Waisenvater allein an der Spitze des Systems. Ihm folgten die Erzieherinnen und Erzieher, die für eine Gruppe von fünf bis sechs Kindern zuständig waren und Tante beziehungsweise Onkel genannt wurden.[22] Bein wachte mit Argusaugen über sie. Dem Familientopos entgegen stand die Tatsache, dass die «Familien» strikt geschlechtergetrennt geführt wurden. Erst nach Beins Amtszeit, 1951, wurde die Koedukation eingeführt mit der Begründung, dass nur so ein «wirkliches» Familienleben garantiert werden könne.

Bein sah sich als väterlich-autoritäre Person, in seinen Schriften verglich er seine Zöglinge gerne mit Pflanzen, die Licht und Liebe brauchten, um gesund heranzuwachsen, aber auch nach Autorität und Gehorsam dürsteten. Die Kinder mussten Bein mit «Vater» ansprechen. Er selbst verstand sich als ihr «Führer».[23] Das Familiensystem unter ihm hatte rationale Zwecke, nicht nur die Disziplinierung des Einzelnen, sondern auch die «Ermächtigung zur Selbstregierung» (Bröckling).[24] Neben der «Entwicklung des Individuums» verstand Bein selbst als zentrales Erziehungsziel die «Entwicklung der Eigenkräfte»,[25]

20 BWH, B1ab, Inspektionsprotokolle, Sitzung vom 20. Juni 1933.

21 Schallberger unterteilt das organisatorische Selbstverständnis der heutigen Heimerziehung in fünf Typen. Der erste ist das Heim als (christliche) Ersatzfamilie: das Heim bildet ein primärsoziologisches Milieu, das den Kindern und Jugendlichen die Herkunftsfamilie ersetzen soll und sich auf Repräsentationen moralischer Zerrüttung und sittlicher Verwahrlosung der Herkunftsfamilien stützt, die eine Unterbringung im Heim rechtfertigt und dem Selbstverständnis folgt, eine bessere Familie als die Herkunftsfamilie zu sein. Dabei zieht er Verbindungslinien zur pietistischen Rettungskonzeption, die die Rettungs- und Armenerziehungsanstalten im 19. und 20. Jahrhundert prägte. Er setzt sich aber nicht auseinander mit der katholischen Heimpädagogik, die, wie am Fallbeispiel Appenzell ersichtlich wird, das Heim ebenfalls als Ersatzfamilie begriff, jedoch unter anderen pädagogisch-theologischen Grundannahmen. Vgl. Schallberger 2011, S. 248 f.

22 Vgl. Janett 2017, S. 415. Zur Geschichte der Reformpädagogik siehe zum Beispiel Oelkers 2005 oder Tenorth 2000.

23 Bein 1944, S. 3.

24 Bröckling 2013, S. 40.

25 Bein 1956, S. 17.

um die Kinder, wie es die Statuten von 1931 verlangten, «zu rechtschaffenen und tüchtigen Gliedern des Gemeinwesens»[26] zu erziehen.

Das Familiensystem im Wandel

Auch nach Bein wurde in Basel am Familiensystem festgehalten. Der Jahresbericht von 1965 nennt das Ziel, den «heranwachsenden Jugendlichen innere Werte zu vermitteln» und ihnen «geistige[s] Rüstzeug mitzugeben».[27] Der scheidende Direktor Arnold Schneider (im Amt 1946–1966) sah 1966 die Aufgabe des Heims immer noch darin, «nach Möglichkeit die Elternstelle [zu] vertrete[n]».[28] Die Gruppen wurden weiterhin Familien genannt. Im Unterschied zur unmittelbaren Nachkriegszeit waren sie nun teilweise geschlechterdurchmischt und nicht mehr nach Alter getrennt.

Obwohl in den 1970er-Jahren mit der Thematisierung der Partizipation, der persönlichen Entfaltung des Kindes und der Achtung seiner Individualität ein diskursiver Wandel hin zu einer integralen Förderung der Persönlichkeit festzustellen ist, bestimmte die Orientierung am Familienideal nach wie vor die Erziehungspraxis. So sagte der Waisenhausvater Walter Asal (im Amt 1966 bis 1985) in einem Zeitungsinterview im Jahr 1975, er wolle die Kinder in einer möglichst familiären Atmosphäre betreuen. Zu dieser Zeit waren die Kinder in zwölf selbstständige Gruppen von je acht eingeteilt.[29] Der Direktor sprach nicht mehr von einem Familienersatz und sah in der Zusammenarbeit mit den Eltern oder anderen Angehörigen eine Voraussetzung für eine funktionierende Heimpädagogik. Auch wenn das Verhältnis zwischen Erzieherinnen und Erziehern und den Eltern oft konfliktreich sei, müsse der Kontakt mit den Eltern, soweit pädagogisch vertretbar, ermöglicht werden.[30] Dabei sei die Heimplatzierung «ultimo ratio». Besser sei es, bei «sozial auffälligen» Kindern zuerst «ambulante Massnahmen» zu versuchen.[31]

Die Liberalisierung der Gesellschaft in den 1960er-Jahren, also der abnehmende Konformitätsdruck und die damit zusammenhängende zunehmende Akzeptanz alternativer Lebensformen, aber auch die mit der Hochkonjunktur

26 BWH, B1ac, Statuten des Bürgerlichen Waisenhauses, 1931.
27 BWH, D2b, Verwaltungsbericht des Bürgerrats an den Weiteren Bürgerrat der Bürgergemeinde Basel, 1965.
28 BWH, D2b, Verwaltungsbericht des Bürgerrats an den Weiteren Bürgerrat der Bürgergemeinde Basel, 1966.
29 WAB, C3, Basler Nachrichten, 10. November 1975.
30 Vgl. KESB, Jahresbericht, 1975.
31 BWH, D2b, Verwaltungsbericht des Bürgerrats an den Weiteren Bürgerrat der Bürgergemeinde Basel, 1979.

der 1950er- und 1960er-Jahre zunehmende räumliche Mobilität resultierte in neuen Herausforderungen für die Heimerziehung.[32] In Basel wurde besonders die hohe Fluktuation der Mitarbeiterinnen und Mitarbeiter problematisiert. Im Gegensatz zur ersten Jahrhunderthälfte, als die Erzieherinnen und Erzieher ihre Stellen in der Regel jahrzehntelang behielten, wechselten nun die Heimerzieherinnen und -erzieher oft nach wenigen Jahren, wenn nicht gar Monaten ihre Stelle. Allein zwischen 1966 und 1971 mussten zwölf Gruppenleitungsstellen neu besetzt werden.[33] Auch hier kam der Familientopos zum Einsatz: Die «Basler Nachrichten» verglichen den Abgang einer Gruppenleiterin, die das «Herz der Gruppe sei», mit einer Ehescheidung. Der Verlust einer solch «geliebten Erzieherin» müsse bei den Kindern unweigerlich zu einer grossen Leere führen, was wiederum die Entstehung persönlicher Krisen begünstige.[34] Die Aufgabe des Waisenvaters beziehungsweise der Waiseneltern bestand nun darin, den Kindern einen beständigen Halt zu geben, und weniger darin, ihr «Führer» zu sein.

La Pommeraie: Selbständigkeit, Familienleben und berufliche Zwänge

Das Wohnheim La Pommeraie war eine private Einrichtung, die von einem Verein geführt wurde und weibliche Jugendliche ab sechzehn Jahren aufnahm, solange sie in die Lehre gingen. La Pommeraie nahm 1962 in zwei von der Leiterin gemieteten Wohnungen den Betrieb auf. Als diese aus Altersgründen ausschied, mussten neue Räumlichkeiten gesucht werden. Die Vereinsmitglieder baten den Kanton Waadt und den Bund um Subventionen, um ein in Lonay gelegenes Haus kaufen zu können, das Platz für acht bis zehn Mädchen bot.[35] Zur gleichen Zeit wurden die Statuten einer Revision unterzogen. Art. 1 legte fest, dass das Wohnheim weiblichen Jugendlichen gewidmet sei, die von den sozialen Diensten fremdplatziert wurden. Ziel sei es, ihnen einen «anregenden Lebensrahmen» zu bieten, damit sie «im Hinblick auf ihre gelingende soziale Eingliederung eine Berufsausbildung verfolgen»[36] könnten. Die überlieferten Quellen decken nur einen kurzen Zeitraum ab; für die Zeit vor 1974 fehlen

32 Vgl. Lengwiler et al. 2013, S. 4.
33 WAB, D2b, Verwaltungsbericht des Bürgerrats an den Weiteren Bürgerrat der Bürgergemeinde Basel, 1971.
34 Vgl. WAB, C3, Basler Nachrichten, 8. Oktober 1971.
35 ACV, S 41/D 158, Note à l'intention de Monsieur le Chef du Département, 7. Dezember 1972.
36 ACV, S 41/D 158, Statuts – Foyer pour jeunes filles «La Pommeraie», Lonay, Artikel 1, 4. Oktober 1973 (aus dem Französischen übersetzt).

die Akten. Vorhanden sind Personalakten, Kontrollbücher und Berichte der Leitung. Dem Folgenden liegen vor allem Letztere zugrunde, denn da hatte die Leitung Gelegenheit, ihre Ziele zu formulieren und Eindrücke wiederzugeben. Wir analysieren zunächst die pädagogischen Vorstellungen, die dem Diskurs der Wohnheimleitung zugrunde lagen. Anschliessend stellen wir diese Diskurse den praktischen Problemen gegenüber, mit denen sich die Leitung und das Team konfrontiert sahen.

La Pommeraie basierte auf der Idee des Wohnheims in einem doppelten Sinn: Es wurde ein gemeinsamer Haushalt geführt und ein familiäres Zusammenleben angestrebt. Das Wohnheim wurde, dies ist den Berichten der Leitung zu entnehmen, nach dem Modell einer «normalen» Familie konzipiert. Den Heimbewohnerinnen sollte ein auf einem traditionellen Familienverständnis basierendes emotionales Milieu geboten werden – eine Mutter am Herd, ein erwerbstätiger Vater. Damit sollte ihnen ein Bezugspunkt vermittelt sowie ihr inneres Gleichgewicht gestützt werden. Letztlich ging es darum, ihnen ein Vorbild für die eigene künftige Lebensgestaltung zu geben. Dem Bericht von 1987 zufolge teilte La Pommeraie den Raum in zwei Sphären, ein Innen und ein Aussen: «Der Rahmen der Heimerziehung sorgt für väterlichen Schutz. Er bewahrt das Innere vor den Aggressionen der Aussenwelt. Er ist aber auch mütterlich, er bietet mütterliche Arme, die halten, spendet Zärtlichkeit und Wärme. Er besteht, um es realistischer zu sagen, in den Hausregeln und der materiellen Einrichtung. Damit es sich im Inneren gut leben lässt, investieren die Erzieherinnen und Erzieher viel Zeit [...].»[37] La Pommeraie bot also zugleich mütterliche und väterliche Funktionen. Die mütterliche Funktion war in erster Linie die interne, gefühlsbezogene und regulierende, die väterliche die gegen aussen gerichtete schützende. Diese Aspekte finden sich nicht nur auf der programmatischen Ebene der Heimleitung, sondern auch im alltäglichen Wirken der Heimerzieherinnen und -erzieher. Im Wohnheim sollten die Jugendlichen die Regeln des Zusammenlebens lernen, die sie anschliessend in der Welt draussen anwenden konnten.

Die Einrichtung wurde von einem Ehepaar geleitet, dieses von zwei weiteren Ehepaaren, den Erzieherinnen und Erziehern, unterstützt. Diese Konstellation erlaubte es aus der Sicht der Leitung, den jungen Frauen «das Bild eines Ehepaares» zu bieten, das ihnen «seit ihrer frühen Kindheit gefehlt hat».[38] Obwohl dieses Argument für die Funktionsweise des Wohnheims erhebliches Gewicht hatte, gab es für die Einstellung von verheirateten Paaren auch einen pragmatischen Grund. Eine einzelne Person wäre durch den Umfang der Auf-

37 Pommeraie, Rapport, 1987, S. 1.
38 Pommeraie, Rapport, November 1979, S. 3.

gabe schnell überfordert gewesen. Auf ein Paar verteilt, schien die Arbeit besser zu gelingen.[39]

Die Einstellung des zweiten Erzieherpaares 1979 ist ein aufschlussreiches Beispiel. Die Ehefrau war zuvor Leiterin einer ähnlichen Einrichtung, der Ehemann arbeitete ausserhalb, als Stellvertreter des Amtsvormunds. Das Paar wurde zu einem Arbeitspensum von 120 Prozent eingestellt.[40] Während der Mann, der «Vater», ausserhalb des Wohnheims, aber ebenfalls in der Erziehung arbeitete, blieb seine Frau, die «Mutter», zu Hause im Binnenraum des Heims. Die Erzieherin repräsentierte die Hausfrau und Mutter, während der Erzieher die Verbindung zur Aussenwelt herstellte und die Rolle des Familienernährers übernahm. Diese «natürlichen» Rollen führten freilich zu einer Spannung zwischen Berufung und Erwerbsarbeit: Einerseits sollte die Erzieherin die «natürliche» Rolle der Familienmutter ausfüllen, andererseits sollte sie ihre professionellen Qualifikationen einbringen. Die Funktionsweise der Paare wird nirgends besser erläutert als im Bericht von 1983: «Das Team hat es geschafft, sich wechselseitig perfekt zu ergänzen, nicht nur zwischen Männern und Frauen, sondern zwischen allen, und sich dabei Kompetenzen jedes einzelnen optimal zunutze gemacht, um nicht nur ein realistisches [...] und geschütztes, familiäres und gemeinschaftliches, sondern auch therapeutisches Milieu zu schaffen.»[41]

Feministischen Theorien zufolge verweist die Vorstellung von einer Komplementarität der Geschlechter auf eine spezifische Aufteilung der sozialen Welt, welche die vermeintlich natürliche Fähigkeit der Geschlechter impliziert, bestimmte Rollen auszufüllen. Während die Männer einer ausserhäuslichen Erwerbsarbeit zugeordnet sind, kümmern sich die Frauen um die Hausarbeit.[42] Der Mann sichert so die Verbindung zur Aussenwelt, die Frau ist für den emotionalen Schutzraum zuständig, wie im obigen Zitat bezüglich des «Rahmens» beschrieben. Ein weiterer interessanter Begriff ist der des «realistischen Milieus». Vor dem skizzierten Hintergrund wird klar, dass «realistisch» die Orientierung am Modell der bürgerlichen Familie meint, und dies im Rahmen einer Organisation, die qua Definition keine Familie war. Diese Zuteilung der Geschlechterrollen war Teil einer modellhaften Pädagogik, die von einer geschlechtlichen Aufteilung der Erziehungsarbeit ausging und sich auf gleichsam «natürliche» Männer- und Frauenrollen stützte.[43]

39 Der zuvor zitierte Bericht erwähnt eine Person, die sich aus diesem Grund entschied, das Wohnheim zu verlassen.
40 Pommeraie, Rapport, 11. November 1979, S. 2.
41 Pommeraie, Rapport, 1983, S. 2.
42 Varikas 1987, S. 103.
43 Siehe Gatens 1998, S. 4.

Das Wohnheim stellte des Weiteren eine Vertretung auf Teilzeitbasis (fünfzig Prozent) ein. Den Posten übernahm eine unverheiratete Frau, die im Dorf und nicht im Heim wohnte. Sie brachte ins Wohnheim nicht nur ihre Mitarbeit ein, sondern auch ein anderes Modell, das einer «alleinstehenden, autonomen Frau».[44] In diesem Sinn funktionierte La Pommeraie nach einer Form der Erziehung durch Modelle, wobei Frauen und Männer auf Werte verpflichtet wurden, die mit Weiblichkeit und Männlichkeit assoziiert waren.[45] Die Paare und besonders die Ehefrauen hatten die Aufgabe, den jungen Frauen zu zeigen, wie ein Haushalt funktionierte, indem sie ihnen im Heim die Möglichkeit boten, ihr Zusammenleben als Paar zu beobachten. Erstaunlich ist indes, dass in dieser Form der Erziehung durch Vorbilder berufstätige Frauen als Vorbild dienten, wo doch La Pommeraie die Hausfrau als Rollenvorbild eindeutig privilegierte.[46] Die ausgewerteten Berichte, allen voran der von 1981, geben zuweilen sehr konkrete Hinweise auf die Organisation der Einrichtung. Sie helfen, die Probleme zu verstehen, auf die dieses Modell eines Leitungspaars und zweier Erzieherpaare in der Praxis stiess. Dem Bericht zufolge nahm sich das leitende Ehepaar sehr zurück und liess die beiden Erzieherpaare in Ruhe arbeiten. Die Dienstzeit eines Paars betrug jeweils eine ganze Woche; es wohnte vor Ort und teilte mit den Heimbewohnerinnen den Alltag. Montags trafen sich die beiden Teams und tauschten sich aus, bevor der Stab für die folgende Woche ans andere Paar übergeben wurde. Alle vierzehn Tage setzte sich das Erzieherteam mit den Heimbewohnerinnen zusammen, um über das Funktionieren der Gruppe zu diskutieren.[47] Schliesslich ist zu erwähnen, dass die nicht berufstätigen jungen Frauen keineswegs ohne Beschäftigung blieben. Das Erzieherteam betrachtete es im Gegenteil als normal, dass sie sich um bestimmte Aufgaben im Haushalt kümmerten.[48]

Dieses Modell war nicht ohne Zwänge. Zunächst war die Arbeitslast beträchtlich. Auch wenn jede zweite Woche dienstfrei war, umfasste die Arbeitszeit immerhin eine volle Woche, während der es faktisch keine Ruhepausen gab.[49] Folglich hatte die Arbeit in La Pommeraie starke Auswirkungen auf das Privatleben der betroffenen Familien, auf die Beziehungen zwischen den Erzieherinnen und Erziehern sowie auf die Beziehungen zu den Heimbewohnerinnen. Ausserdem war diese Lebens- und Arbeitssituation für den Ehemann, der ausserhäusliche Verpflichtungen hatte, oft schwer mit beruflichen Anforderun-

44 Pommeraie, Rapport, 1983, S. 2.
45 Vgl. Thomazeau 2005, S. 155 f.
46 Thomazeau 2005, S. 169.
47 Pommeraie, Rapport, 27. November 1981, S. 2.
48 Pommeraie, Rapport, November 1979, S. 3.
49 Pommeraie, Rapport, 27. November 1981, S. 1.

gen zu vereinbaren. Das war der Fall, als einer der Ehemänner zum Leiter einer anderen Einrichtung ernannt wurde; obwohl seine Frau gerne in La Pommeraie geblieben wäre, wurde ihr Vertrag aufgelöst, und die Leitung begab sich auf die Suche nach einem anderen Erzieherpaar.[50] Ein zweites Paar verliess das Wohnheim 1985, ebenfalls wegen der beruflichen Karriere des Ehemanns; nach seinem Weggang kündigte auch seine Frau, weil die Arbeit ihr zu viel wurde.[51]

Das in La Pommeraie seit dem Umzug nach Lonay 1979 vertretene Modell funktionierte bereits 1985 nicht mehr. Der Arbeitsumfang war aufgrund der durchgängigen Betreuung enorm; die organisatorische Unvereinbarkeit von persönlichem und beruflichem Leben wurde immer deutlicher. Das Wohnheim verstand sich zwar noch als Ort des Zusammenlebens, basierend auf einer ausgearbeiteten pädagogischen Idee, aber die «echten Paare»[52] verliessen es. Es nahm weiterhin kleine Gruppen weiblicher Jugendlicher auf und bot ihnen einen offeneren, aber immer noch als familiär gedachten Rahmen, der dem Erlernen von Selbständigkeit im beruflichen und sozialen Kontext dienen sollte.[53]

Die Maison d'éducation in Vennes (MEV): Anspruch und Scheitern der Reform

Unsere Untersuchung nimmt die zweite Hälfte der Entwicklung der MEV in den Blick, diejenige der 1940er- bis 1970er-Jahre. In dieser Phase befand sich die MEV ununterbrochen in einem Reformprozess. Dabei stützten sich die Reformen stets auf eine Kritik der früheren Verhältnisse und verfolgten alle das gleiche Ziel: die Umstellung vom sogenannten Kerkersystem auf ein pädagogisch qualifiziertes System. Die Akten der MEV sind im Archiv des Kantons Waadt zugänglich und decken die Zeit seit der Gründung ab. Auf dieser Grundlage können die Ziele, die Entscheidungen der Leitung, die mit den Reformen verbundenen Hoffnungen und auch ihr Scheitern herausgearbeitet werden. Für unsere Zwecke konzentrieren wir uns auf die Dokumente des Aufsichtsrats, der mit der Prüfung des Betriebs und der Abläufe beauftragt war, sowie auf die Berichte der Leitung. Wir stellen zunächst die Reformversuche der 1950er- und 1960er-Jahre dar und analysieren anschliessend die Gründe für ihr Scheitern.

50 Pommeraie, Rapport, 1982, S. 1.
51 Pommeraie, Rapport, 1985, S. 4 f.
52 Pommeraie, Rapport, 1988, S. 1.
53 Ebd.

Die MEV wurde 1846 als öffentliche Einrichtung des Kantons Waadt für Kinder und männliche Jugendliche gegründet.[54] Im Laufe der Geschichte veränderte sich der Name mehrmals: bis 1901 trug die Einrichtung den Namen Discipline des Croisettes, hiess dann bis 1941 Ecole de réforme, bevor sie in Maison d'éducation umbenannt wurde. Dieser Name war Ausdruck des neuen Selbstverständnisses, das erzieherisch und nicht strafend sein wollte, obwohl die Jugendlichen zum grossen Teil im Rahmen einer strafrechtlichen Massnahme dort fremdplatziert wurden. Zur selben Zeit erliess der Kanton Waadt eine Reihe von Gesetzen, die sich auf Kinder und Jugendliche mit Problemen bezogen.[55] Die Anstalt wurde nach dem Willen des damaligen Leiters, Henri Bourquin, architektonisch wie pädagogisch reformiert, soweit dies möglich war.[56]

Von den 1950er-Jahren an entsprach die Situation der MEV, bereits unter der Leitung von Eugène Rochat, nicht mehr dem Bedarf. Wie ein Bericht von 1952 erläutert, gab es zwei Hauptprobleme. Erstens entsprach die Architektur der Einrichtung nicht den Anforderungen. In der Tat erlaubte sie es nicht, homogene Gruppen auf der Grundlage der gesprochenen Massnahmen zu bilden und die Jugendlichen, die unter Beobachtung standen, von denen zu trennen, die einer Erziehungsmassnahme unterzogen wurden beziehungsweise im halboffenen Vollzug waren. Zweitens war die MEV zu klein, um die Nachfrage zu befriedigen. Die Leitung sah sich gezwungen, Anfragen für Einweisungen abzulehnen; gleichzeitig stieg der Anteil der betroffenen Jugendlichen an der Bevölkerung an. Um diese Probleme zu lösen, schlug der Bericht den Bau von fünf Pavillons mit je fünfzehn Plätzen vor. Geplant waren eine Beobachtungsstation, eine halboffene Station und drei Nacherziehungsstationen. So hätten insgesamt 75 statt der zu diesem Zeitpunkt vorhandenen fünfzig Plätze angeboten werden können.[57] Am 4. April 1957 forderte der Aufsichtsrat im Rahmen seiner Berichterstattung den Staatsrat auf, eine Bauplanung in Auftrag zu geben.[58] Die auf diesen Antrag folgenden Jahre sind von Auseinandersetzungen zwischen Kanton und Bund geprägt.

54 In den 1950er-Jahren spezialisierte sich die MEV auf Jugendliche und nahm keine Kinder im schulpflichtigen Alter mehr auf.

55 Heller 2012, S. 75.

56 ACV, SB 197/2, Bericht vom 24. Juli 1941.

57 ACV, SB 197/2, Développement et modernisation de la Maison d'éducation de Vennes pour garçons de l'Etat de Vaud à Vennes, Lausanne. Interessant ist, dass der Bau von Pavillons und der Aufbau eines Gruppensystems, das heisst eines Familienlebens, bereits in einem Bericht über die belgische Anstaltslandschaft von 1921 vertreten wird. Der Bericht, in dem es auch um den Nutzen geht, den man im Kanton Waadt aus diesem System ziehen könnte, stammt von Maurice Veillard, später erster Jugendrichter des Kantons. ACV, S 221/14, La réforme des établissements belges de correction pour la jeunesse et ses possibilités d'adaptation dans le canton de Vaud.

58 ACV, SB 197/2, Sitzung vom 4. April 1957.

Am 30. Januar 1959 prüfte der Aufsichtsrat ein erstes Projekt. Die ehrgeizigen Veränderungen sollten nicht nur das Äussere der Anstalt verwandeln, sondern auch das zahlenmässige Verhältnis von Erziehenden und Jugendlichen verbessern, was begrüsst wurde.[59] Allerdings mussten das waadtländische Kantonsparlament und der Bund, die über die Subventionen entschieden, von den Plänen überzeugt werden. In der folgenden Aufsichtsratssitzung vom 9. Juli 1959 wurde mitgeteilt, dass der Bundesbaudirektor die Vorschläge hart kritisiere und für zu kostspielig halte. Ungeachtet der Argumente, die vorgebracht wurden, lehnte die Bundesbaudirektion die Finanzierung des Projekts ab. Die dadurch notwendig gewordenen Planänderungen führten zu erheblichen Verzögerungen.[60] Eine wichtige Etappe war erreicht, als das Kantonsparlament am 15. Mai 1961 den von der Waadtländer Regierung geforderten Kredit bewilligte.[61] Der Bau konnte endlich beginnen und wurde 1967 offiziell abgeschlossen. Während der Umbauphase wechselte auch die Leitung. Neuer Direktor wurde Jacques Tuscher.[62] Insgesamt dauerten Renovierung und Umbau der MEV von den ersten Berichten bis zur Einweihung fast fünfzehn Jahre.

In den 1970er-Jahren geriet die MEV erneut in die Krise. Diese hing zum einen mit dem allgemeinen Zeitkontext zusammen, zum andern mit dem Zustand der Beziehungen zwischen dem Leiter, seinem Personal und Vertretern der beteiligten Behörden, vor allem des Jugendamts und des Jugendgerichts. Zwischen Mai 1977 und November 1979 ziehen sich verschiedene organisatorische Probleme wie ein roter Faden durch die Aufsichtsratsprotokolle. So stellte der Rat einen erheblichen Rückgang der Zahl der Heimbewohner fest. Lag sie in den Jahren nach 1970 nie über 30, stieg sie in den Jahren 1975 und 1976 auf 43, um dann 1977 (34) und 1978 (18) einzubrechen.[63] Darauf wurde die geschlossene Abteilung aufgehoben.[64] Ein internes Problem ergab sich aus den Beziehungen zwischen der Leitung und dem Personal. Ein erstes Anzeichen für Spannungen ist die Erwähnung der Kündigung eines Pavillonleiters in der Sitzung vom 13. Mai 1977 zu erkennen.[65] Schliesslich gab es erhebliche Spannungen zwischen dem Heimleiter und dem Jugendgericht beziehungsweise dem Jugendamt. Vom Konflikt betroffen waren insbesondere einige Sozialarbeiterinnen und Sozialarbeiter, denen verboten wurde, die MEV zu betreten.

59 ACV, SB 197/2, Sitzung vom 30. Januar 1959.
60 ACV, SB 197/2, Sitzung vom 9. Juli 1959.
61 Die Debatte ist im Bulletin des Grossen Rats abgedruckt, siehe Bulletin des séances du Grand conseil du canton de Vaud, Frühling 1961, S. 374 ff.
62 Compte-rendu du Conseil d'état vaudois, 1957, S. 37.
63 Die Zahlen sind den Protokollen des Conseil d'Etat entnommen.
64 ACV, SB 197/2, Sitzung vom 17. Januar 1978.
65 ACV, SB 197/2, Sitzung vom 13. Mai 1977.

Die Ursachen der Krise wurden in einem Bericht vom 19. Februar 1979, angefertigt von Kantonsrichter Bertrand de Haller im Rahmen einer behördlichen Untersuchung, offen dargelegt. Die wichtigste Feststellung betraf die erzieherische Behandlung der weiblichen Jugendlichen. Haller zufolge empfahl die Universitätspädagogik offenere, den Jugendlichen nähere Konzeptionen. Geschlossene Milieus wie die MEV gälten als streng beziehungsweise gefängnisartig. Der Rückgang der Platzierungen sei zumindest teilweise auf diese neue Art des Umgangs mit den Jugendlichen zurückzuführen. Im Übrigen stellte der Autor eine Verbindung zur «Heimkampagne» der Jahre 1968–1971 in der Deutschschweiz her. Demgegenüber vertrat Tuscher, der Heimleiter, ein Regime, das auf strenger Disziplin und auf Arbeitszwang beruhte.[66] Er sah sich jedoch einem Personal gegenüber, das unter der Bedingung eingestellt worden war, sich berufsbegleitend auszubilden. Die Folge war, dass die Lehrinhalte der Ausbildung und die in der MEV angewandten Methoden immer mehr voneinander abwichen, was zu zahlreichen Kündigungen führte. Die Spannungen zwischen dem Direktor, dem Jugendgericht und dem Jugendamt werden von Haller ebenfalls angesprochen. Der neue Amtsvorsteher habe die MEV zu Tuschers Verdruss stärker in seinen Einflussbereich ziehen wollen. Tuscher habe sich über die Überwachung und die Aktivitäten des Amtes beklagt, besonders über die Sozialarbeiterinnen und Sozialarbeiter. An diesen übt auch Richter Haller deutliche Kritik.[67]

Im Untersuchungszeitraum stellten verschiedene in der MEV mit Aufgaben und Funktionen betraute Personen sowie die waadtländischen Behörden ihre Absicht unter Beweis, alles zu unternehmen, um aus der Anstalt eine im Sinn des Schweizerischen Strafgesetzbuchs offenere und pädagogisch ausgerichtete Einrichtung zu machen, die sich von der Vergangenheit und ihren Vorstellungen von Verwahrung und Strafe abgrenzt. Besonders der Umbau der 1960er-Jahre veränderte das Gesicht der Einrichtung. Ziel war es, in mehreren Pavillons kleinere Gruppen unter je eigener Leitung zu bilden. Dies sollte einer kleinen Anzahl Jugendlicher unter der väterlichen Aufsicht eines Heimerziehers ein «Familienleben» ermöglichen. Hinter der Idee verbarg sich jedoch eher die sorgfältig durchdachte Zuordnung der Jugendlichen zu verschiedenen Kategorien als der Wille, eine familienähnliche Atmosphäre zu schaffen. Die Pavillons wurden so gebaut, dass sie Personen aufnehmen konnten, die denselben Massnahmen unterworfen waren (halboffener, geschlossener Vollzug, Be-

66 So liess Tuscher etwa die Gitterstäbe erneuern, nutzte Hafträume in Lausanne für getarnte Strafmassnahmen im Fall von Fluchtversuchen und ohrfeigte in mindestens einem Fall einen Heimschüler.

67 ACV, SB 197/48, Rapport au Conseil d'Etat du canton de Vaud, Bertrand de Haller, 19. Februar 1979.

obachtungsstation). Doch die MEV scheiterte letztlich an den eigenen Reformansprüchen. Die Umbauarbeiten dauerten viel zu lange, und als sie endlich abgeschlossen waren, befanden sich die Konzepte der Nacherziehung selbst im Wandel. Zudem spielten einzelne Persönlichkeiten eine wichtige Rolle, die sich nach einer Phase intensiver Kooperation vor allem mit Kritik begegneten. Dies hatte Folgen für die Nutzung der MEV durch den Kanton. Die gescheiterten Reformen beschleunigten das Ende der alten MEV und ihre spätere Umwandlung in die Berufsbildungseinrichtung, die bis heute besteht.

Das Kinderheim Steig und seine Schwestern

1853 richtete der Kanton Appenzell Innerrhoden am Rande des Dorfs Appenzell die Waisenanstalt Steig ein.[68] Zweck der Anstalt war die Versorgung und Erziehung armer Kinder des Inneren Landes.[69] Noch im Gründungsjahr übernahmen zwei Frauen des Ordens der barmherzigen Schwestern vom Heiligen Kreuz in Ingenbohl die Betreuung der rund fünfzig Kinder.[70] Die Kreuzschwestern, die hauptsächlich für Gottes Lohn arbeiteten, waren bis zwei Jahre vor der Schliessung des Heims 1984 für den Betrieb verantwortlich.[71] Im 20. Jahrhundert waren bis zu vier Schwestern sowie ein bis zwei weltliche Aushilfen für dreissig bis 120 Kinder zuständig. Im Gegensatz zum Waisenhaus in Basel stand das unter staatlicher Trägerschaft stehende Heim ausschliesslich unter der Leitung von Frauen. Die Kinder waren in drei Gruppen unterteilt: eine Kleinkinder-, eine Mädchen- und eine Bubengruppe. 1972 führte die Oberin eine geschlechtergemischte Gruppe ein, weil es zu wenig Mädchen für eine reine Mädchengruppe gab.[72] Im Gegensatz zu anderen katholischen Einrichtungen, die oft von Patres geleitet wurden, war für die Führung des Heims eine Oberin zuständig, die direkt der Standeskommission, der kantonalen Exekutive, unterstand. Das Heim war hierarchisch organisiert, die Erziehung spiegelte die Ordensstruktur, in der das Individuum zugunsten der Gemeinschaft in den Hintergrund zu treten hatte.[73] Ein Familiensystem wurde nie eingeführt.

Dennoch orientierte sich die Heimerziehung an einem ideologisch aufgeladenen Familienbild. Die Schwestern vertraten ein patriarchalisch-konservatives Familienverständnis: mit einem arbeitsamen Vater als Haupt der Familie, einer

68 Vgl. Bischofberger/Koller 2009, S. 9.
69 AIS, PA, A6a, 1853.
70 Konrad 1999, S. 607
71 Die Appenzeller Regierung hat einen Bericht zur Aufarbeitung der Heimgeschichte in Auftrag gegeben. Siehe Hafner/Janett 2017.
72 Vgl. ebd., S. 32.
73 Vgl. ebd., S. 54.

fürsorglichen und tugendhaften Mutter als Hausfrau und folgsamen Kindern. Ein solches Familienideal war für die Schwestern mehr als nur eine Orientierungshilfe in der Erziehung. Sie identifizierten sich damit. In der Hauschronik sprechen sie besitzergreifend von «unseren Kindern» oder «unser[em] liebe[n] Junge[n]», Kleinkinder wurden mit einem geschlechtslosen «es» bezeichnet.[74] 1939 wird Weihnachten als «liebes trautes Familienfest»[75] zelebriert. 1949, anlässlich des Todes einer ehemaligen Oberin, ist der Hauschronik zu entnehmen, dass die Verstorbene «für alle eine treubesorgte Mutter» war.[76] 1958 war Weihnachten «ein schönes Familienfestchen»,[77] 1966 der Weisse Sonntag «ein Freudenfest für die ganze Kinderheimfamilie».[78] Zehn Jahre später feierten die Schwestern und die Kinder Weihnachten «im trauten Kreis der Heimfamilie» zusammen mit Ehemaligen, die «heim gekommen» seien.[79]

Wie den Zitaten zu entnehmen ist, begriffen sich die Schwestern als eine Art Ersatzmütter und sahen das Heim als «Ersatzfamilie». Der Vergleich mag merkwürdig anmuten angesichts ihres Keuschheitsgelübdes und der Tatsache der Abwesenheit einer männlichen Autoritätsperson. Ein Blick in «Theodosia», die Hauszeitschrift der Ingenbohler Schwestern, die von vielen Ordensmitgliedern regelmässig gelesen wurde, zeigt, dass dieses Selbstverständnis unter anderem in der christlichen Theologie gründet. Zum christlichen Selbstverständnis der Frau im Allgemeinen und der Klosterfrau im Speziellen notiert «Theodosia» 1936: «Frau soll immer Mutter sein. Mütterlichkeit gehört notwendig zum Begriff der vollkommenen Frau [...]. Die Seele der Mütterlichkeit aber ist die Jungfräulichkeit. Sie hüllt über alles den Schleier [...]. Tiefste Frauenart ist es, immer unter dem Schleier zu gehen, immer ein unscheinbares Leben zu führen im stillen Dienen. Dieses Aufgehen im Dienen hütet das Jungfräuliche in der Frau.»[80]

Der eklatante Widerspruch von Jungfräulichkeit und Mutter sein wird mit implizitem Bezug auf Maria M., die Mutter Gottes, entschärft. Erst die Keuschheit garantiert das Dienen, was letztlich die Frau ausmache. Dieses Dienen, das mit einem Hintanstellen persönlicher Wünsche einherging, zeichnete die Ordensfrauen aus. In ihrer Weltsicht bedeutete Frau sein immer auch Mutter sein, und zwar in einer Weise, die nicht an eine physische Reproduktion gebunden war. Mitte der 1960er-Jahre veränderte sich diese Konzeption von Weiblichkeit

74 Systematische Durchsicht der Waisenhauschronik für die Jahre 1920–1982. AIS, PA, A6a und A6b.
75 AIS, PA, A6a, 1939.
76 AIS, PA, A6a, Hauschronik, 1949.
77 AIS, PA, A6a, Hauschronik, 1958.
78 AIS, PA, A6a, Hauschronik, 1966.
79 AIS, PA, A6a, Hauschronik, 1976.
80 AIS, GA, Theodosia, Erzieherinnentagung für Ordensfrauen, 1936.

nicht. Vielmehr warnte «Theodosia» Klosterfrauen in ihren Dreissigern vor «Vereisung»: «Wenn die Frau nicht mütterlich warm wird für Gott und die Geschöpfe, kann die Frau vereisen. Sie wird zur kalten, rücksichtslosen Egoistin und kann hart strafen und in kaltem Egoismus an den andern vorbeigehen. Die Chance in dieser Krise ist die mütterliche Frau, die Gefahr die vereiste Frau.»[81]

Auch ein gutes Vierteljahrhundert später bestand das weibliche Rollenideal in der Figur der Mutter. Zwar wurde nun nicht mehr auf das Verhältnis von Jungfräulichkeit und Mütterlichkeit eingegangen, doch stand im Zentrum der Rollenerwartung nach wie vor der Verzicht auf eigene Ansprüche, die persönliche Aufopferungsbereitschaft. Eine Frau durfte nicht nur an sich denken. Erwartete weibliche Eigenschaften waren unter anderem Wärme, Einfühlungsvermögen und Mitgefühl. Was 1936 mit «dienen» beschrieben wird, kommt nun zwischen den Zeilen zum Ausdruck: Sie musste sich in die anderen hineinversetzen, sie umsorgen wie eine Mutter ihr Kind.

Dennoch war den Schwestern – und der Regierung – die Diskrepanz zwischen einem sich an der Ordensstruktur orientierenden Heimleben und dem Ideal eines intakten bürgerlichen Familienlebens bewusst. Besonders die Abwesenheit einer Vaterfigur wurde problematisiert. Obschon die Schwestern in der Hauschronik den Waisenhausverwalter als vaterähnliche Figur identifizierten, dürfte er kein valabler Vaterersatz gewesen sein. Zwar schaute er im Heim hin und wieder nach dem Rechten, doch er kam nur selten vorbei, manchmal nur jährlich.[82] Für die Schwestern waren eher die männlichen Ehemaligen eine Art Vaterfigur für die Kinder.[83] Die Regierung wiederum hielt den Waisenhausknecht für eine solche. Obwohl der dem Waisenhaus angegliederte Landwirtschaftsbetrieb bereits in den 1950er-Jahren unrentabel war, hielt die Regierung bis 1967 daran fest mit der Begründung, es sei «eine männliche Arbeit im Waisenhaus nötig».[84] Der Waisenhausknecht stützte als einzige männliche Person, die bis zur Aufgabe des Betriebs permanent vor Ort war, sozusagen als männliches Korrektiv den Geschlechterdualismus.[85]

In den 1960er-Jahren wurde in der Hauschronik ansatzweise reflektiert, dass die Kinder ein eigentliches Familienleben nicht kennen würden. Für die langen Sommerferien suchten sie jeweils für die Kinder Plätze in fremden Familien. Die Oberin notiert 1971 in der Hauschronik: «Dieses Jahr konnten alle Schüler vier bis sechs Wochen an Familienplätzchen in guten Familien. Was

81 AIS, GA, Theodosia, Pädagogischer Kurs, Die Krisenzeiten im fraulichen Reifeprozess und ihre Überwindung, 1960.

82 Vgl. Hafner/Janett 2017, S. 41.

83 Vgl. ebd., S. 55.

84 Die Aufgabe des Betriebs wurde im Oktober 1966 per 1. April 1967 beschlossen. Vgl. LAAI, E.14.21.01, Standeskommission, Protokolle, Sitzung vom 11. Oktober 1966.

85 Vgl. Hafner/Janett 2017, S. 22.

wir sehr begrüssen, damit das Heimkind auch die Gelegenheit hat die Familie kennenzulernen.»[86] Das Heim als Ersatzfamilie stellten die Schwestern aber nicht grundsätzlich infrage.

Im Gegensatz zu Basel, wo die Beziehung der Kinder zu den Eltern problematisiert wurde – wenn auch hauptsächlich in Bezug auf den schädigenden Einfluss Letzterer –, fand im Kinderheim Steig keine Auseinandersetzung über das Verhältnis zu den Eltern statt. Die Mehrheit der Kinder hatten kaum Kontakt zu ihren leiblichen Eltern, die Schwestern wiederum wussten nichts Genaues über die Platzierungsbegründungen der Behörde. Vom moralischen Versagen der Eltern waren sie dennoch überzeugt.[87]

Die ehemaligen Heimbewohnerinnen und Heimbewohner haben, wie Interviews zeigen, unterschiedliche Erinnerungen an ihre Zeit im Heim. Einige internalisierten die Sicht der Schwestern. Sie sehen das Heim bis heute als eine Art Ersatzfamilie an und begreifen die Schwestern als ihre Ersatzmütter. Für diese Ehemaligen war die Schliessung des Heims 1984 schmerzhaft: Es sei ihnen ihr Daheim genommen worden.[88] Andere haben ein konträres Bild: Sie erinnern sich nicht gerne an die «Heimzeit», sehen die Schwestern eher als Peinigerinnen und keinesfalls als ihre Mütter an. Im Gegensatz zum Waisenhaus in Basel, wo die Leitung seit den ausgehenden 1960er-Jahren versuchte, die Eltern in der Erziehung zumindest partiell mit einzubeziehen, kam es in Appenzell nie zur Zusammenarbeit mit den Eltern. Das einzige Zugeständnis in Sachen Partizipation bestand 1970 darin, dass die Kinder nun nicht mehr im Heim, sondern mit ihren leiblichen Eltern Weihnachten feiern durften.[89]

Das «Heim» als Familiensurrogat

Seit dem beginnenden 20. Jahrhundert rückte die Familie in den Fokus der Heime und Erziehungsanstalten in der Schweiz. Denn die Familie ist nicht nur als «verwandtschaftliches Beziehungssystem»[90] ein Ort, in dem private soziale Beziehungen stattfinden. Ebenso ist sie ein Spannungsfeld, in das sich soziale und kulturelle Praktiken und Diskurse einschreiben, die sowohl zur Stabilisierung gesellschaftlicher Normen beitragen wie auch zu deren Verschiebung führen können. Die Institution Familie wurde im 20. Jahrhundert gleicher-

86 AIS, PA, A6a, Hauschronik, 1971. Diese «Ferienaufenthalte» waren oft mit Arbeitsleistungen verknüpft. Vgl. Hafner/Janett 2017, S. 34.
87 Vgl. Hafner/Janett 2017, S. 55.
88 Vgl. ebd., S. 12–14.
89 Vgl. AIS, PA, A6a, Hauschronik, 1970.
90 Mathieu 2002, S. 226.

massen Bezugsrahmen einer repressiven Fürsorgepolitik[91] wie normativer Bezugspunkt von Heimen und Erziehungsanstalten, um ein konservatives patriarchales Familien- und Geschlechtermodell bis weit in die zweite Hälfte des 20. Jahrhunderts hinein zu vertreten und durchzusetzen.

Die hier untersuchten Fallbeispiele verdeutlichen die Virulenz der Institution Familie in der Heimerziehung des 20. Jahrhunderts. Drei von vier Erziehungseinrichtungen führten ein Familiensystem ein. Pionier war das Bürgerliche Waisenhaus Basel (Kanton Basel-Stadt) 1929, gefolgt von der Maison d'éducation in Vennes (MEV) 1967 und La Pommeraie (beide Kanton Waadt) 1974. Nur das Kinderheim Steig in Appenzell arbeitete nie nach einem solchen System. Alle vier Heime, unabhängig von Typus, Grösse oder Funktion, orientierten sich in der Erziehung an einem bestimmten Familienideal. Sie favorisierten bis weit in die 1960er-Jahre hinein ein patriarchales, konservatives Familienverständnis und eine daraus resultierende geschlechtsspezifische Erziehung. Dieses wenig dynamische, stark normierende Ideal beinhaltete den Vater als Ernährer der Familie, die Frau in der Funktion als Mutter und Hausfrau und folgsame, angepasste Kinder. Es bezweckte die Anpassung der Kinder und Jugendlichen an die herrschenden Gesellschaftsstrukturen.

Die praktizierten Familienmodelle waren jedoch unterschiedlich: In Basel war es im gesamten Untersuchungszeitraum ein hierarchisch organisiertes Gruppensystem mit einem Heimleiter, dem sogenannten Waisenvater, an der Spitze und Gruppenerziehenden, die als «Onkel» und «Tanten» bezeichnet wurden. Das Wohnheim La Pommeraie wurde von einem Ehepaar geleitet und die MEV führte 1967 ein Pavillonsystem ein. In diesen beiden Fällen diente das Erzieherehepaar, das jeweils eine Gruppe leitete, als Vorbild eines intakten Ehepaars. Alle Familiensysteme bewegten sich in einem Spannungsfeld von Autorität, Gehorsam und Individualität. Auch das Kinderheim Steig, das nie ein Familiensystem einführte, verstand sich als Familienersatz. Die mit der Erziehung beauftragten Schwestern führten das Heim nach einem ebenfalls wenig dynamischen Erziehungsmodell, das von einer «religiös-normalisierenden»[92] Sichtweise geprägt war und eine konformistische Erziehung vermittelte.

Im Laufe der 1960er-Jahre fand ein Transformationsprozess statt. Die paternalistisch-autoritären Strukturen, die den Familiensystemen zugrunde lagen, lockerten sich allmählich. Dies verdeutlicht die Einführung der Koedukation in den geschlechtergemischten Heimen in der Deutschschweiz. Basel führte sie 1951 ein, das Kinderheim Steig erst 1972, aber nicht wegen pädagogischer Überlegungen, sondern pragmatisch aufgrund der geringen Auslastung. Dis-

91 Vgl. den Beitrag von Businger/Janett/Ramsauer, «Gefährdete Mädchen» und «verhaltensauffällige Buben».
92 Lengwiler et al. 2013, S. 29.

kursiv schlägt sich der Wandel in der Betonung von Schlagwörtern wie Individualität und Förderung von Eigenständigkeit und Selbstbestimmung nieder. Demgemäss fand eine kritische Hinterfragung der Heimorganisation statt. Im Laufe der 1970er-Jahre verstand sich das «Heim» nicht mehr primär als Ersatzfamilie, sondern konzipierte sich eher als Schutz- und Förderraum für die Kinder. Das Bürgerliche Waisenhaus Basel beispielsweise sprach sich vermehrt für eine Einbindung der Eltern aus. Gleichzeitig distanzierte es sich vom Topos der Ersatzfamilie, orientierte sich aber nach wie vor an familiären Strukturen in der Gruppenarbeit.

Aufgrund unserer Untersuchung kann festgestellt werden, dass sich alle hier untersuchten Familienmodelle als Gegenmodelle zu einem auf Strafe basierenden Erziehungsmodell verstanden. Nicht Einsperren, Arbeitszwang und Strafe charakterisierten das erzieherische Konzept. Die Befürworter eines Familienmodells traten für die Bildung von kleinen Gruppen, für die Einführung von Freizeit und die Aufrechterhaltung von Aussenbeziehungen ein, im Hinblick auf die Autonomie der zu Erziehenden. Allerdings muss betont werden, dass sich hinter einem Familienmodell andere, manchmal unbewusste Absichten verbergen konnten, die nicht kommuniziert wurden. So ermöglichte gerade die Bildung von kleineren Gruppen eine bessere Aufteilung entlang detaillierten Kategorisierungen der Jugendlichen, was die Kontrolle verstärkte. Ausserdem darf man den kaum sichtbaren Zwang zur Beobachtung der Jugendlichen und Kinder durch das Personal sowohl in offenen wie in geschlossenen Einrichtungen nicht unterschätzen. Darüber hinaus konnten wir feststellen, dass Einrichtungen, die ein fachlich qualifiziertes Familienmodell einführten, mit engen Normen arbeiteten, zum Beispiel La Pommeraie mit den von Erzieherinnen und Erziehern vorgelebten Geschlechterrollen. Und schliesslich muss der Kontext berücksichtigt werden, in dem das Modell sich ausgestaltete. In einem Neubau gab es dafür andere Möglichkeiten als beim Versuch, eine Anstalt zu reformieren, die in eine existierende bauliche Struktur eingezwängt war.[93]

Wenig bis gar nicht reflektierten die hier untersuchten Heime, dass die meisten Kinder bereits über eine Familie verfügten und was es heisst, in einem nichtfamiliären Umfeld eine familienähnliche Atmosphäre zu schaffen.

93 Vilbrod 2005, S. 368.

Quellen- und Literaturverzeichnis

Quellen

Archiv der Ingenbohler Schwestern (AIS)

Generalats-Archiv der Barmherzigen Schwestern vom Heiligen Kreuz (Sororum Caritatis Sanctae Crucis, SCSC) (GA)
Theodosia [Hauszeitschrift der Ingenbohler Schwestern], ohne Signatur.

Provinzialarchiv (PA)
A6a, Hauschronik Waisenhaus Steig 1853–1978.
A6b, Hauschronik Waisenhaus Steig 1978–1982.

Archives cantonales vaudoises (ACV)
S 41/D 158, La Pommeraie.
S 221, Maison d'éducation de Vennes.
SB 197, Maison d'éducation de Vennes.

Basler Waisenhausarchiv (BWH)
A 11, Kartause und Waisenhaus zu Basel, Prospekt 1969.
B1ab, Protokolle der Inspektionssitzungen 1930–1933.
B1ac, Protokolle der Inspektionssitzungen 1934–1938.
D2b, Verwaltungsberichte des Stadtrates 1834–1991.
K33, Umbau 1928.

Kinder- und Erwachsenenschutzbehörde Basel (KESB)
Jahresberichte der Vormundschaftsbehörde, ohne Signatur.

Landesarchiv Appenzell Innerrhoden (LAAI)
E.14.21.01, Standeskommission, Protokolle.

La Pommeraie (Pommeraie)
Foyer éducatif La Pommeraie (Lonay).

Wirtschaftsarchiv Basel (WAB)
C3, Korrespondenz 1972–1976.

Literatur

Asal, Walter (1971). *Bürgerliches Waisenhaus Basel in der Kartause: 1669–1969*. Basel: Helbing & Lichtenhahn.

Barth, Fredrik (1998 [1969]). Introduction. In: Barth, Fredrik (Hg.), *Ethnic Groups and Boundaries. The Social Organization of Social Difference*. Long Grove: Waveland Press, S. 9–38.

Bein, Hugo (1944). *Grundsätzliches in der Erziehung*. Basel: o. V.

Bein, Hugo (1956). *Rückschau*. Basel: o. V.

Bischofberger, Hermann und Koller, Walter (2009). *25 Jahre Stääg*. Appenzell: Appenzeller Volksfreund.

Bröckling, Ulrich (2013). *Das unternehmerische Selbst. Soziologie einer Subjektivierungsform*. Frankfurt am Main: Suhrkamp.

Frey, Bernhard (1919). *Zum 250jährigen Jubiläum der Bürgerlichen Waisenanstalt in Basel. Kurzer Überblick über die Gründung, Entwicklung und Organisation der Anstalt*. Basel: Basler Berichthaus.

Gatens, Moira (1998). Institutions, embodiment and sexual difference. In: Gatens, Moira und Mackinnon, Alison (Hg.), *Gender and Institutions. Welfare, Work and Citizenship*. Cambridge: Cambridge University Press, S. 1–15.

Gestrich, Andreas, Krause, Jens-Uwe und Mitterauer, Michael (Hg.) (2003). *Geschichte der Familie*. Stuttgart: Kröner.

Gugerli, David (1991). Das bürgerliche Familienbild im sozialen Wandel. In: Fleiner-Gerster, Thomas, Gilliand, Pierre und Lüscher, Kurt (Hg.), *Familien in der Schweiz*. Freiburg Schweiz: Universitätsverlag, S. 59–74.

Hacking, Ian (2006). Making up people. *London Review of Books*, 28 (16), S. 23–26.

Hafner, Urs (2011). *Heimkinder. Eine Geschichte des Aufwachsens in der Anstalt*. Baden: hier + jetzt.

Hafner, Urs und Janett, Mirjam (2017). *Draussen im Heim. Die Kinder der Steig, Appenzell 1945–1984. Historischer Bericht zuhanden der Standeskommission Appenzell Innerrhoden*. Bern, Zürich: Standeskommission AI.

Heller, Geneviève (2012). *Ceci n'est pas une prison. La Maison d'éducation de Vennes. Histoire d'une institution pour garçons délinquants en Suisse romande (1805–1846–1987)*. Lausanne: Editions Antipodes.

Janett, Mirjam (2017). Machtraum Heim. Raumkonzepte und Subjektivierungsstrategien im Bürgerlichen Waisenhaus Basel (1928–1945). In: Leitner, Ulrich (Hg.), *Corpus Intra Muros. Eine Kulturgeschichte räumlich gebildeter Körper*. Bielefeld: Transcript.

Köbler, Gerhard (1995). Familie. *Deutsches Etymologisches Wörterbuch*, www.koeblergerhard.de/der/DERF.pdf. Zugegriffen: 16. Januar 2018.

Konrad, Annette (1999). Das Waisenhaus «Steig» in Appenzell. In: Bräuniger, Renate (Hg.), *Frauenleben. Beiträge zur Geschichte der Frau im Appenzellerland. 19. und 20. Jahrhundert*. Herisau: Appenzeller Verlag, S. 606–612.

Lengwiler, Martin, Hauss, Gisela, Gabriel, Thomas, Germann, Urs und Praz, Anne-Françoise (2013). *Bestandesaufnahme der bestehenden Forschungsprojekte in Sachen Verding- und Heimkinder. Bericht zuhanden des Bundesamts für Justiz EJPD*. Bern: Eidgenössisches Justiz- und Polizeidepartement EJPD.
Leuenberger, Marco (2008). Armut und Kinderarbeit in der Schweiz. In: Leuenberger, Marco und Seglias, Loretta (Hg.), *Versorgt und vergessen. Ehemalige Verdingkinder erzählen*. Zürich: Rotpunktverlag, S. 19–52.
Mathieu, Jon (2002). Verwandtschaft als historischer Faktor. Schweizer Fallstudien und Trends. 1500–1900. *Historische Anthropologie*, 10 (2), S. 225–244.
Mesmer, Beatrix (1988). *Ausgeklammert – Eingeklammert. Frauen und Frauenorganisationen in der Schweiz des 19. Jahrhunderts*. Basel: Helbing & Lichtenhahn.
Oelkers, Jürgen (2005). *Reformpädagogik. Eine kritische Dogmengeschichte*. Weinheim: Juventa.
Paris, Leslie (2008). Through the looking glass: age, stages, and historical analysis. *Journal of the History of Childhood and Youth*, 1 (1), S. 106–113, DOI: 10.1353/hcy.2008.0005.
Schallberger, Peter (2011). Organisationale Selbstverständnisse und Diagnosepraxis in der Heimerziehung. *Sozialer Sinn*, 12 (2), S. 247–278.
Tanner, Jakob (2015). *Geschichte der Schweiz im 20. Jahrhundert*. München: Beck.
Tenorth, Heinz-Elmar (2000). *Geschichte der Erziehung. Einführung in die Grundzüge ihrer neuen zeitlichen Entwicklung*. Weinheim: Juventa.
Thomazeau, Anne (2005). Entre éducation et enfermement. Le rôle de l'éducatrice en internat de rééducation pour filles, de la Libération au début des années 1960. *Revue d'histoire de l'enfance «irrégulière»*, 7, S. 141–171, DOI: 10.4000/rhei.1108.
Varikas, Eléni (1987). Droit naturel, nature féminine et égalité des sexes. *L'Homme et la société*, 85 (3), S. 98–111, DOI: 10.3406/homso.1987.2311.
Verordnung über die Aufnahme von Pflegekindern vom 19. Oktober 1977 (211.222.338), www.admin.ch/opc/de/classified-compilation/19770243/201706200000/211.222.338.pdf. Zugegriffen: 16. Januar 2018.
Vilbrod, Alain (2005). Des internats pour orphelins dans la France des années 1940–1960. L'enveloppement des corps et des esprits. In: Fecteau, Jean-Marie und Harvey, Janice (Hg.), *La régulation sociale entre l'acteur et l'institution. Pour une problématique historique de l'interaction*. Sainte-Foy: Presses de l'Université du Québec, S. 358–375.

Die «neuen Praktikanten»

Perspektiven auf sich verändernde Beziehungsformen im Heim der 1960er- und 1970er-Jahre

CLARA BOMBACH, THOMAS GABRIEL, SARA GALLE, SAMUEL KELLER

Jakob J. kommt 1964 als Dreizehnjähriger ins Heim. Er erlebt die Erwachsenen als strafend und gewalttätig, kalt und distanziert. Im starken Kontrast dazu stehen Jakobs erste Begegnungen mit dem Personal in den späten 1960er-Jahren. Er berichtet von Praktikantinnen und Praktikanten, die sich ihm gegenüber plötzlich ganz anders verhielten. Jakob J. erzählt im Rückblick: «Das sind dann später die 68er-Leute, also Erwachsene schon, das sind echt liebe Leute gewesen, die haben dann langsam gecheckt, glaub ich, also nehme ich an, wie man mit den Kindern so umgehen sollte, so ein bisschen, eher. Dass das nichts ist mit dem Schlagen und so.»[1]

Im Zentrum des Beitrags steht die Frage, wie sich Beziehungen zwischen Kindern, Jugendlichen und Erziehenden in Kinderheimen in den 1960er- und 1970er-Jahren gestalteten und veränderten. Ausgehend von einer subjekttheoretischen Perspektive werden durch die Rekonstruktion von biografischen Erfahrungen und Diskursen die verschiedenen Erwartungen, Ansprüche, Bedeutungen und auch mögliche Effekte der Beziehungsformen im Heim untersucht.[2]

Grundlage dieses Beitrags bilden Analysen von biografisch-narrativen Interviews[3] mit 37 ehemaligen Heimkindern auf der Basis der *grounded theory*.[4] Zudem haben wir zeitgenössische Dokumente zu Berufsbild und Ausbildung von Heimerzieherinnen und -erziehern in der Deutschschweiz dis-

1 «Das sind den nocher die, die 68er Lüt, also Erwachsnä scho, das sind eich liebi Lüt gsi, die händ den langsam checked, glaubs, aso nimi a, wie mer mit Chind sötti chli umgo, ehnder. Dass das nix isch mit dä Schläg und so.» Die Interviews, die zwischen zwei und sechs Stunden dauerten, wurden in schweizerdeutscher Sprache geführt und transkribiert. Im Folgenden werden die Zitate im Text in hochdeutscher Übersetzung aufgeführt und in den Anmerkungen in der Transkription des Originals nachgewiesen. Die Interviews wurden anonymisiert, Namen durch Pseudonyme ersetzt.

2 Vgl. Gabriel 2001, S. 171.

3 Vgl. Rosenthal 1995.

4 Vgl. Strauss/Corbin 1990.

kursanalytisch ausgewertet. An den rekonstruierten Diskursen[5] interessierte uns, inwiefern die im untersuchten Zeitraum verstärkte Reflexion der eigenen Tätigkeit das Bild des Kindes veränderte. Anhand unterschiedlicher Materialien untersuchten wir zum einen, welche Konzepte die Grundlage für die Beziehungsgestaltung bildeten und welche Anforderungen an die Erzieherinnen und Erzieher damit verbunden waren. Zum anderen gingen wir aufgrund der Interviewanalysen der Frage nach, wie ehemalige Heimkinder die Mitarbeitenden im Heim erlebten und inwiefern sich ihre Erfahrungen in den 1970er-Jahren veränderten. Die Gegenüberstellung der Erfahrungen von Heimkindern und der zeitgenössischen Vorstellungen von und Diskussionen über Heimerziehung ermöglichte es, eine Problematisierung und Einordnung der damaligen Entwicklungen vorzunehmen.

Berufsbilder und Ausbildungsangebote

In den 1960er- und 1970er-Jahren wurden in der Schweiz so viele Ausbildungsgänge in Heimerziehung an neuen und bereits etablierten Schulen angeboten wie nie zuvor.[6] In den Broschüren der Schulen war man bestrebt, die Erziehung im Heim als attraktiven Beruf zu beschreiben und die dringend benötigten künftigen Fachkräfte anzuwerben. Die Schulen für Heimerziehung boten eine Ausbildung an für ein Berufsfeld, das sich im untersuchten Zeitraum erst formierte und auch ohne spezifische Ausbildung zugänglich war.

Martha Bieder, die von 1931 bis 1965 die seit 1914 bestehenden Basler Kurse und spätere Berufsschule für Heimerziehung leitete, fasste die Spezifika des Berufs und die daraus abgeleiteten Anforderungen Ende der 1960er-Jahre in folgende Worte: «Alles in allem: Es ist eine Arbeit – sagen wir jetzt ruhig – ein Beruf, der sich jeder Automatisierung im Innersten entgegenstellt. Er verlangt dauernd menschlichen Einsatz, Selbstkritik, Arbeit an sich selbst. Erzieher ist nur, wer sich selbst erzieht. Das heisst natürlich nicht, dass wir etwa in den alten Glauben zurückfallen, es genüge ein warmes Herz und die gesunde Mütterlichkeit, um allen [sic] Schwierigkeiten der Zöglinge Herr zu werden. Wir wissen viel von den seelischen Bedrängnissen geschädigter Kinder und deren schwerer Heilung, als dass wir uns nicht mit grosser Dankbarkeit, die Erfahrungen der modernen Psychologie und Heilpädagogik zunutze machen wollten. Aber alle diese Kenntnisse, die heute in den Schulen gelehrt werden,

5 Vgl. Sarasin 2003.
6 Vgl. den Beitrag von Galle, Die Bildung der «geeigneten Erzieherpersönlichkeit».

setzen als Fundament eine in sich ruhende, für den Dienst an den Mitmenschen bereite Persönlichkeit voraus.»[7]

Dass der Beruf mehr als nur kompetente Akteure brauchte, sondern darüber hinaus spezifische Anforderungen an die Persönlichkeit stellte, dieser Standpunkt lässt sich in der Deutschschweiz an allen Schulen für Heimerziehung finden. Die «Erziehung zur Selbsterziehung» nahm auch in der 1962 von Heimleitern initiierten Basler Berufslehre einen zentralen Stellenwert ein. Das Ausbildungsziel unterschied sich nicht von der Aufgabe im Heim. Es ging darum, die «Absolventen zu brauchbaren Erziehern heranzubilden»;[8] im Zentrum stand der Nutzen des Einzelnen für die Gesellschaft. Die Fremdformierung sollte in eine aktive Selbstkontrolle überführt werden mit dem Ziel, das erforderliche Verhalten zu verinnerlichen und die Eingliederung in die Heimordnung zu fördern.

Aus den Bewerbungsverfahren, die wir für die 1970er- und 1980er-Jahre in Basel, Luzern und Zürich untersuchen konnten, geht hervor, dass die Schulen dieser Forderung nicht nur theoretisch, sondern auch praktisch hohes Gewicht beimassen. Neben der Prüfung der intellektuellen Fähigkeiten bildeten die Persönlichkeit der Bewerberinnen und Bewerber und damit verbunden ihre Motivation für den Beruf die wichtigsten Kriterien.[9]

Die Heimerzieherin war immer mehr als nur Erzieherin, der Erzieher mehr als nur Erzieher. Das zeigt sich in den Stellenbeschreibungen, wird aber auch in den Stoff- und Lehrplänen der Schulen deutlich. Die Vielfalt der Fächer, die stetig zunahm, und die zugleich kontinuierlich steigende Anzahl Dozierender waren wenig geeignet, ein klares Berufsbild zu entwickeln. Waren bei den Frauen vor allem hauswirtschaftliche Kenntnisse gefragt, zählten bei den Männern, die ab den 1960er-Jahren an fast allen Ausbildungsinstitutionen aufgenommen wurden, sportliche und handwerkliche Fähigkeiten zu den Aufnahmekriterien. Verlangt wurden zudem administrative und buchhalterische Kenntnisse.[10] Neben (heil)pädagogischen und ethisch-religiösen wurden an den Schulen zunehmend psychologische, soziologische, rechtliche und organisatorische Fragen diskutiert sowie das Gestalten der Freizeit und des Zusammenlebens in Gruppen thematisiert. Die Entwicklung der Ausbildung blieb indes im untersuchten Zeitraum, obwohl sich die Heimerziehungsschulen in der Schweizerischen Arbeitsgemeinschaft zusammenschlossen, weitgehend unkoordiniert.[11]

7 Bieder 1969, S. 47.
8 Bericht und Rechnung des Bürgerlichen Waisenhauses 1962, S. 98.
9 Vgl. den Beitrag von Galle, Die Bildung der «geeigneten Erzieherpersönlichkeit».
10 Vgl. VSA o. J. [um 1970].
11 Vgl. SAH 1981.

Die vermittelten pädagogischen Grundlagen, Menschenbilder und gesellschaftlichen Wertvorstellungen waren von der jeweiligen Trägerschaft der Schulen, den Lehrpersonen und den Heimen bestimmt, in denen die Auszubildenden ihre Praktika absolvierten. Die 1970 von den Mitgliedsschulen verabschiedeten Grundanforderungen für die Heimerziehungsausbildung beschränkten sich im Wesentlichen auf die Aufnahmekriterien, die Ausbildungsdauer und die Vermittlung bestimmter Stoffkreise.[12] Es gab keine einheitliche Ausbildung und somit auch keine homogene Gruppe ausgebildeter Erzieherinnen und Erzieher. Wie sich ihre Beziehungen zu den Kindern in den Heimen gestalteten, war somit in hohem Masse von der Persönlichkeit der Erziehenden abhängig. Was sich hingegen an allen Schulen aufgrund der Aufnahmekriterien bereits zeigt, ist das noch stark ausgeprägte geschlechtsspezifische Rollenverständnis der Erziehungstätigkeit im Heim.

Besondere Bezugspersonen und ihre Bedeutung für das heranwachsende Kind

Aus unseren Interviews mit ehemaligen Heimkindern der 1960er- und 1970er-Jahre geht hervor, dass im Heim Mitarbeitende generell sehr unterschiedlich wahrgenommen wurden. Die Erfahrungen unterscheiden sich je nach Funktion der Mitarbeitenden, ihrem Handlungsspielraum im Umgang mit den Kindern und ihren Verantwortlichkeiten den Kindern gegenüber, so zum Beispiel mit Heimleitenden, Erziehenden und Mitarbeitenden in Haushalt, Küche und Garten. Besonders auffällig wird dabei, wie die Beziehung zu denjenigen Personen beschrieben wird, die zwischen dem Drinnen, wie das heiminterne Leben oft erfahren und beschrieben wurde, und dem Draussen, dem in mancher Hinsicht entfernten und entfremdeten Leben ausserhalb des Heimkontextes, stehen. Dies sind in den Erzählungen häufig Personen, die sich nicht sanktionierend, sondern vielmehr bedürfnisorientiert für das Kind einsetzen, wie am Beispiel einer im Heim arbeitenden Köchin deutlich wird: «Und die Köchin war auch eine ganz feine. Dampfnudeln hat sie immer wieder gemacht, das war eine ganz liebe Frau.»[13]

So steht diese Köchin, die mehrere Heimleiterwechsel überdauert, für eine verlässliche, konstante Person, die sich für die Kinder mit kleinen, aber nachhaltig bedeutsamen Taten von anderen erwachsenen Personen, die im Heim arbeiten, abhebt. Gehen Heimkinder auf Trebe, sind sie also längere Zeit unerlaubt

12 Vgl. Hofer 1976.
13 «Und d'Chöchin isch au ganz e feini gsi. Dampfnudlä hät sie immer wieder gmacht, das isch ganz e liebi Frau gsi.»

vom Heim abwesend, hinterlegt sie an vereinbarten Orten Essensrationen. Und als der Heimleiter erkrankt, kocht sie für die Kinder eine beliebte Mahlzeit, die der Heimleiter ansonsten nicht toleriert, weil er sie selbst nicht mag. Als der Heimleiter wieder gesund ist, tischt die Köchin ihm Reste der ungeliebten Speise auf. Gezwungen durch die eigene Regel, dass aufgegessen werden müsse, was auf den Teller kommt, isst der Heimleiter unter Beobachtung der Heimkinder im gemeinsamen Speisesaal seinen Teller leer. Im Anschluss an das Erlebnis ändert er die Regel: Für alle Heimkinder ist das Aufessen nun nicht länger Pflicht. Diese Szene ist einem ehemaligen Heimkind in lebendiger Erinnerung und zeigt exemplarisch die Möglichkeit auf, durch das Ergreifen der Position der Kinder eine bis dahin unumstössliche Regel nachhaltig zu ändern.

Aus einer sozialisationstheoretischen Perspektive sind bedeutsame Personen, *significant others*, in der Lage, das individuelle Leben und die Selbstwahrnehmung anderer nachhaltig zu beeinflussen und zu verändern. Sie tragen massgeblich zur Sozialisation und zum Selbstbild von Heranwachsenden bei, indem sie gesellschaftliche Normen und Werte verkörpern.[14] Sie wirken damit orientierend, unterstützend und bestärkend auf die Entwicklung und das Selbstbild der Person, die ihnen Signifikanz zuschreibt. *Significant others* sind also diejenigen, «die den höchsten Wert für die jeweiligen Personen im Sinne von abrufbaren Unterstützungsleistungen und insofern einen relativ hohen sozialen Kapitalwert haben».[15] Gemäss Bourdieu hat das soziale Kapital, also das Netz an sozialen Beziehungen von Individuen, nachhaltigen Einfluss auf gesellschaftliche Positionierung und Teilhabe.[16]

Die beschriebene emotionale Zuwendung und Anerkennung des Kindes durch *significant others* steht vor allem in den 1950er- und 1960er-Jahren im Kontrast zum zweckrationalen, disziplinierenden und vereinheitlichenden Umgang anderer Erziehender im Heim.[17] Folglich sind Heime nicht nur als (totale) Institutionen, sondern auch als lebendige Systeme zu verstehen, die abhängig von der Umgebung sind, in der sie sich befinden. Vor allem aber sind sie von den Menschen abhängig, die dieses System mit positiven oder negativen Konsequenzen für das einzelne Kind mitgestalten – eine Auffassung, die schweizerische Heimerzieherschulen mit Hinweis auf spezifische Anforderungen an die Persönlichkeit zu Beginn der 1960er-Jahre starkmachten.[18]

Im Spiegel der Forschung scheint es unstrittig, dass sich Heimerziehungspraxis nach der Heimkritik Ende der 1960er-, Anfang 1970er-Jahre zu

14 Vgl. Esser 2011; Mead 1934; Sullivan 1940.
15 Sommerfeld 2004, S. 233.
16 Vgl. Bourdieu 1983, S. 49 ff.
17 Vgl. Tenorth 1986, S. 296.
18 Vgl. Crain 2012, S. 21.

verändern begann. Es lässt sich eine Differenzierung, Professionalisierung und Demokratisierung ihrer Betreuungsformen feststellen.[19] Die Studie von Erhard Wedekind,[20] die auf der Basis eines alltags- und kulturtheoretischen Ansatzes die Lebenswirklichkeit junger Menschen in der Heimerziehung aus ihrer «Innensicht» rekonstruiert, belegt jedoch, dass die sozialpädagogisch bedeutsame Aufgabe der Beziehungsarbeit im Heim durch übergreifende Strukturbedingungen von Heimerziehung auch danach systematisch erschwert wurde. Durch die «Zuspitzung struktureller Zwänge» und durch die damit verbundene Einengung von Handlungsspielräumen lief das professionelle Beziehungsangebot nun Gefahr, zu einer inhaltslosen und sterilen «Als-ob-Situation» zu führen, in der sich die Faktizität «gelebter» Beziehung instrumentell auflöste. In dem Masse, in dem angedachte soziale Lernprozesse wie die Ausgestaltung von Beziehungen im «offiziellen» institutionellen Alltag nicht ermöglicht und stabilisiert werden konnten, provozierten die pädagogischen Absichten auch noch in den 1980er-Jahren ein abweichendes Bewältigungshandeln der jungen Menschen im Rahmen von Heimsubkultur.[21]

Im Fachdiskurs hatte Herman Nohl bereits in den 1930er-Jahren darauf hingewiesen, dass nicht Anstellung, Ausbildung oder das «Einpassen» des Kindes in eine bestimmte, gesellschaftlich vorbestimmte Form, sondern der pädagogische Bezug die Grundlage der Erziehungspraxis darstellen müsse: «Die Grundlage für die Erziehung ist also das leidenschaftliche Verhältnis eines reifen Menschen zu einem werdenden Menschen, und zwar um seiner selbst willen, dass er zu seinem Leben und seiner Form komme.»[22]

In den mehr als dreissig Jahren zwischen Nohls Ausführungen und den frühen 1970er-Jahren wurde die Bedeutung der Ermöglichung von Beziehungen zu allen im Heim tätigen Mitarbeitenden vor allem von der psychoanalytischen Sozialpädagogik begründet und hervorgehoben. Ein primäres Ziel war ein konstantes und ganzheitliches Arbeiten, das mit der Gestaltung eines «therapeutischen Milieus» beschrieben wurde.[23] Dementsprechend erwähnte Bettelheim in seinen Schriften die weiteren Mitarbeitenden nicht nur, sondern hob deren Bedeutung für das Aufwachsen der Kinder immer wieder ausdrücklich hervor: «Ausser den Mitarbeitern, die direkt mit den Kindern zu tun haben, sind noch die vielen anderen zu erwähnen, die zur Arbeit der Schule Unschätzbares beitragen; dazu gehören die Büroangestellten ebenso wie die

19 Vgl. Landenberger/Trost 1988, S. 43 f.
20 Wedekind 1986.
21 Vgl. Gabriel 2010 und den Beitrag von Bombach/Gabriel/Keller, «Die wussten einfach, woher ich komme».
22 Nohl 1988 (1935), S. 169.
23 Vgl. Bettelheim 1950; Redl 1971.

Hausangestellten, die Köchinnen und die Hausmeister. Noch mehr als eine Armee ist eine Anstalt, in der Kinder behandelt werden, darauf angewiesen, dass die Frage der Ernährung gut gelöst ist.»[24]

In den 1960er-Jahren wurden erneut die bedeutsame Lebenswelt und Individualität der Kinder wie auch das «leidenschaftliche Interesse» der Sozialpädagoginnen und -pädagogen und weiterer Mitarbeitender an den Kindern eingefordert.[25] Entsprechend wurden Beziehungen in Heimen sowohl als professionelle Rollenbeziehungen als auch als persönliche Beziehungen verstanden.[26] Erst dann sei es möglich, so Cloos, den Jugendlichen als ganze Person zu begegnen, wie auch Martha Bieder betonte.[27] Verschiedene Studien belegen, dass bestärkende Beziehungserfahrungen als Grundpfeiler erfolgreicher Heimsozialisation zu verstehen sind, unter anderem Erfahrungen in der Beziehung zu Peers, Erzieherinnen und Erziehern oder externen Bezugspersonen.[28] Gerade jüngere und motivierte Praktikantinnen und Praktikanten entsprachen für die Heimkinder einer nicht eindeutigen Mischform dieser Erfahrungsbereiche. Das macht deren Rollengestaltung als *significant others* als temporäre Möglichkeit eines persönlichen Bezugs hochkomplex. Die unterschiedlichen Ansprüche der Ausbildungs- und Praktikumsorte erschwerten jedoch eine koordinierte Begleitung und Unterstützung der Praktikantinnen und Praktikanten.

Die Funktion des Praktikums und die Beziehung zwischen Schulen und Heimen

Alle Schulen für Heimerziehung waren von Beginn an bestrebt, die Anwendung des im Unterricht vermittelten Wissens in der Praxis zu vertiefen. Die dafür erforderliche Zusammenarbeit mit den Heimen sollte die Wertschätzung der Ausbildung erhöhen und den Anschluss an die berufliche Praxis garantieren. Das Verhältnis zwischen Ausbildungsinstitutionen und Heimen blieb gleichwohl schwierig. Hartnäckig hielt sich die Kritik, die Erziehungsausbildung werde den Bedürfnissen der Berufspraxis nicht gerecht.[29] Dies, obwohl die Praktika fester Bestandteil der Lehrpläne waren und es seit den 1940er-Jahren Bestrebungen gab, das Praktikum im Heim zu reglementieren und zu standardisieren.

24 Bettelheim 1950, S. 10.
25 Vgl. Thiersch 2009, S. 246.
26 Vgl. Böhle et al. 2012, S. 188.
27 Cloos 2008, S. 12. Zu Bieders Standpunkt siehe oben, S. 220.
28 Vgl. Gehres 2013; Landsman et al. 2001; Wilmshurst 2002.
29 Vgl. VSA-Fachblatt, 52 (1–4), 1981; zur Kritik an der Ausbildung vgl. auch Schoch 1989, S. 136 f.

Die Heime stellten Praktikumsplätze aus unterschiedlichen Motiven zur Verfügung. Während die einen vornehmlich an einer zusätzlichen Arbeitskraft interessiert waren, zielten andere auf die Rekrutierung von Fachkräften ab. Für die Schülerinnen und Schüler bildete das Praktikum eine Möglichkeit, Einblick in den beruflichen Alltag zu erhalten und erste Erfahrungen zu sammeln. Das Praktikum war zugleich aber auch ein Eignungstest. Die Schülerinnen und Schüler wurden zur Selbstreflexion angehalten und mussten sich bewähren.

Die Aufnahme einer Praktikantin im Heim wirkte sich auf die «gesamte Hausgemeinschaft» aus. Sie tangierte nicht nur die Arbeitsgemeinschaft, auch den Kindern und Jugendlichen im Heim trat eine «neue Persönlichkeit» gegenüber. Die Ausbildungsinstitutionen gingen davon aus, dass dadurch der «ruhige Ablauf» im Heim gestört werde. Insbesondere anfänglich kämen «Fehler im Verhalten» der Praktikantin gegenüber den Kindern und Jugendlichen vor. Die Praktikantin war im Heim eine Lernende.

Zu den Hauptaufgaben der Praktikantin zählten die Erfassung der Persönlichkeit und die Führung der Kinder und Jugendlichen in der Gruppe. Über ihre Beobachtungen hatte die Praktikantin fortlaufend und sorgfältig Notizen zu machen. Aufgrund der Akten sollte sie die eigenen Beobachtungen auf ihre Richtigkeit prüfen und sich «Spezialkenntnisse» erwerben. Damit waren namentlich Kenntnisse im Umgang mit «Debilität», «Schwererziehbarkeit» und «Verwahrlosung» gemeint, Zuschreibungen, welche die damalige Praxis prägten. Die Beziehung zwischen den Praktikantinnen und den Kindern wurde bestimmt durch ein normiertes Verhalten und Erfassen des Gegenübers.[30]

Die enge Verknüpfung von Theorie und Praxis in der Ausbildungskonzeption hatte zur Folge, dass Theorie (mit Verweis auf den Heilpädagogen Paul Moor) als «Ordnen und Einordnen» dessen verstanden wurde, was «in der Praxis von Unzähligen gesehen und erlebt wurde».[31] Obwohl an den Schulen durchaus neue Methoden rezipiert wurden, veränderten sich die Aufgaben des Erziehungspersonals in den Heimen im untersuchten Zeitraum kaum. Das führte zwangsläufig zu Konflikten, ermöglichte aber auch neue Erfahrungen für Kinder und Jugendliche in Heimen, insbesondere in Beziehungen zu den «neuen Praktikanten».

30 Vgl. Hofer 1950, S. 23 f.; Hungerbühler 1967, S. 23 f.; Schlatter et al. 1950.
31 Hofer 1950, S. 17; vgl. auch SAH 1981.

Der Zeit voraus? – Praktikantinnen und Praktikanten in der Heimerziehung ab Ende der 1960er-Jahre

Erzieherinnen und Erzieher, die ab Ende der 1960er-Jahre in Zürcher Kinder- und Jugendheimen ein Praktikum absolvierten, wurden in den Interviews als Kontrast zu anderen Erzieherinnen und Erziehern und Heimleitenden erlebt. Die Praktikantinnen und Praktikanten sahen sich nicht mehr nur als Lernende im Heim, sie traten selbstbewusster, unabhängiger und fordernder auf. Der in den Interviews mit ehemaligen Heimkindern häufig beschriebene neue Typus ist charismatisch, als ganze Person erfahrbar, nimmt sich Zeit, kommuniziert mit den Kindern auf Augenhöhe und setzt sich ganz offensichtlich mehr und anders für deren Interessen ein. Im Jahr 1974 fühlt sich Roswitha R. in einer Begegnung mit einer Praktikantin zum ersten Mal als Mensch wahrgenommen: «Wir hatten immer das Gefühl gehabt, die sehen mich einfach als Menschen, und die [eine Praktikantin] hatte auch meine Begabung gesehen.»[32]

Auch Tom T. berichtet aus den frühen 1970er-Jahren, dass er sich nun viel mehr wahrgenommen fühlte. Seine Bedürfnisse wurden respektiert, die Regeln im Heim wurden personenbezogener verhandelbar, die Arbeit mit dem Individuum stand über dem strukturellen Ziel, der Verwaltung und Normierung der Gruppe: «Ja, sie haben mir einfach zugehört und ich hatte es einfach gut mit denen. Ich konnte manchmal auch eine Woche nichts sagen und einfach mein Ding machen und meine Bücher lesen und meine Ruhe haben und das fanden die ‹cool›. Ich brauchte nicht also ‹pfff› jetzt irgendwelchen Normen zu entsprechen.»[33]

Vereinzelt wurde der Bezug zu bestimmten Personen so wichtig, dass sie als «Retter» oder als «Mutter» bezeichnet werden. Für Roswitha R. war die Erfahrung der Differenz zum zuvor Erfahrenen stark spürbar: «Eben, die Erzieherin, wenn sie da war, dann ging für uns die Sonne auf. Das war also für mich so, ich kann ja nicht für andere reden. Und das war, glaube ich, meine Lebensrettung.»[34]

Die neuen Praktikantinnen und Praktikanten wurden in den Interviews als nahbar und nicht eng mit dem System Heim verwoben beschrieben, ähnlich wie das nichtpädagogische Personal, die Köchin, der Gärtner oder die *lingère*.

32 «Mir händ immer 's Gfühl gha e-, ezt, die gseht mich eifach als Mänsch, und die [eine Praktikantin] hät au mini Begabig gseh.»

33 «Jä sie händ mer eifach zueglosed und ich ich has eifach mit dene guet gha … Ich ha ja nie ä ich ha mängmal ä chöne e Wuche nüd säge und eifach mis Züg mache und mini Büecher läse und mini Rueh ha und das händ die cool gfunde. Ich ha nöd müesse also jetzt äh ‹phh› irgendwelche Norme entspräche.»

34 «Ebe die Erzieherin, wenn sie do gsi isch denn isch d'Sunne für eus ufgange, das isch äh aso für mich, ich cha jo nöd für anderi redä und das isch äh, ich glaub mini Läbänsrettig gsi.»

Die ehemaligen Heimkinder erfuhren diese Personen anders und äusserten häufig den Eindruck, anders als andere Mitarbeitende hätten sie ihren Job spürbar gern gemacht. Sie waren zugänglich und ermöglichten Heimkindern ganz neue Einblicke und Erfahrungen: Einer spielte leidenschaftlich gern Gitarre und steckte mit dieser Freude am Musizieren ein Heimkind an, was zum Ausgangspunkt der Musikkarriere des Jungen wurde. Ein anderer, der einen alten VW-Bus fuhr, war «mega beliebt»: «Er war so ein Alternativer, also wie man es sich vorstellt, mit einem VW-Bus, Bart und mit Gitarre, der konnte irrsinnig singen, ‹hey mister tambourine man›. Ja, also unglaublich schön.»[35]

Die beschriebene sinnliche Erfahrung des gemeinsamen Musizierens zeigt, wie in der Gruppe mit diesen Figuren Gemeinsames entstand. Mit dem VW-Bus konnten die strengen Grenzen zwischen dem Drinnen und dem Draussen aufgebrochen werden, in einer von gegenseitiger Anerkennung geprägten Gemeinschaft wurden gemeinsame Fahrten unternommen, andere Lebensrealitäten erfahr- und erlebbar. Teilweise wird auch davon berichtet, dass Mitarbeitende an Wochenenden Heimkinder, die nicht zu Verwandten oder Bekannten konnten, mit sich nach Hause nahmen. Dies war möglich, weil die Mitarbeitenden in dieser Zeit nicht mehr im Heim lebten, eine eigene Wohnung hatten und offenbar bereit waren, Heimkinder an ihrem Privatleben teilhaben zu lassen. Gleichzeitig entstand dadurch eine Nähe zwischen den Erziehenden und Heimkindern, die auch ausgenutzt werden und zum Beispiel zu sexuellen Übergriffen führen konnte. Auf diese Dimension wird unten noch genauer eingegangen.

Am Ende seines Praktikums in den späten 1960er-Jahren verabschiedete sich ein Praktikant bei Jakob J. mit einem Geschenk. Er überreichte ihm eine Schallplatte, weil er wusste, wie sehr Jakob J. Jimi Hendrix mochte. Die grosse Bedeutung dieser Geste wird deutlich, wenn Jakob J. diese vor dem Hintergrund seiner anderen Erfahrungen mit Erwachsenen im Heim einordnet. Jakob J. beginnt im folgenden Zitat mit der Beschreibung der anderen Erziehenden im Heim und beschreibt dann den Praktikanten, der auf mehreren Ebenen im Kontrast zur bisher erfahrenen Abwertung von Jakob J.s Person steht und ihm so eine einschneidende Differenzerfahrung ermöglicht: «[Erziehende] hatten nur eine ‹dummi Schnorrä› und die waren einfach gar nicht geschult für das, niemals, niemals. Das war ein Dreckspack zum Teil, es hatte aber auch nette. Wo es schön war dann, im 68/69 da kamen dann die ersten Jungen – Praktikanten leider. Die sind dann halt, du hast begonnen die gerne zu haben, aber umso schlimmer war es dann: Die sind dann wieder gegangen. Und das war also ganz traurig, ich sehe

35 «Er isch so en Alternative gsi, also wiä mä sichs vorstellt mit em VW-Bus, Bart und [...] ehm, mit Gitarre, de hät irrsinnig chönnä singä, ‹hey mister tambourine man›. Jo, also unglaublich schön.»

einen immer noch vor mir, der hatte mir damals noch eine Langspielplatte von Jimi Hendrix zum Abschied geschenkt und so, ein liebenswerter Mensch. Und das war also traurig, die hat man richtig begonnen gern zu haben die Jungen, die Praktikanten. Und die waren auch ein bisschen Ausgeflippte, ein bisschen, ja, einfach gute Leute. Und das andere, das waren einfach wirklich, ich meine, wir hatten uns ergötzt, als ein Erzieher starb, mit 27 Jahren an einem Herzinfarkt. Und wie wir uns freuten, ich freue mich heute noch für das, weil das war jetzt, ich sage dem Drecksau eigentlich, der konnte nur dreinschlagen, konnte nur dreinschlagen, die Leute, die Kinder plagen.»[36]

Jakob J. macht mit dem drastischen Beispiel der Freude über das Ableben eines prügelnden Erziehers deutlich, dass der Kontakt mit dem Praktikanten eine grosse Ausnahme darstellte. Sein Verhalten, sein Auftreten und sein Erziehungsverständnis weichen in mehrfacher Weise vom zuvor Erlebten ab: Er straft nicht mehr mit Schlägen, sondern lässt sich auf Jakob J. ein. Neben einer anderen «Weltanschauung» zeigt sich hier exemplarisch, dass bei Heimkindern der Eindruck entsteht, die neuen Praktikantinnen und Praktikanten hätten einen fachlichen Hintergrund, der handlungsleitend für den Umgang mit ihnen war: «Aber da hatte ich das Gefühl, doch, wenn die dann mal ihre Sache gelernt haben und so, die sind viel besser mit den Kindern als äh das alte Zeugs da.»[37]

Was aus Jakob J.s Erfahrung ausserdem hervorgeht, ist, dass solche Praktikantinnen und Praktikanten Ende der 1960er- und Anfang 1970er-Jahre zwar immer häufiger auftauchten, sich aber nur für einen begrenzten Zeitraum im Heim aufhielten. Die «Lichtblicke» blieben also eine Ausnahmeerscheinung. Dennoch geht ihr nachhaltiger Einfluss auf das Leben einzelner Kinder aus den Schilderungen unzweifelhaft hervor. Dass sie das nach wie vor hoch disziplinierende Feld oft bald wieder verliessen, führte zu Enttäuschungen und dazu, dass Veränderungen nur schleichend stattfanden.

36 «Nur dummi Schnorrä und äh, eifacht die sind garnid gschueled für das, niemols, niemols. Isch eich e Dräckpack zum Teil, s hät aber au netti gha. Wos no schön gsi isch dänn, äh i dä 68/69 do sin denn di erstä Jungä cho, Praktikante leider. Die sind denn äbä, du häsch die gärn übercho aber umso schlimmer ischs den gsi: die sind denn wieder gange. Und das isch aso ganz trurig gsi, ich gseh eine immer no vor mir, dä hät mir no e Langspielplatte vom Jimi Hendrix dozmol gschenkt zum Abschied und so, en liebenswärtä Mensch. Und äh, das isch aso trurig gsi, die hät mer richtig den gärn übercho die Junge, die Praktikantä. Und die sind au chli usgflippti gsi, echli, jo, eifach gueti Lüt, eifach gueti Lüt. Und 's ander sind eifach würkli meine mir händ eus ergötzt wil eine en Erzeiher gstorbä isch mit 27i amne Herzinfarkt und mir händ eus gfreut, und ich freu mi hüt no für das, wil das isch ezt, ich säg dem Dräcksau gsi eigentli dä hät ezt nur chönä drischlo, nur chönä drischlo und d'Lüt, aso d'Chind plogä oder.»

37 «Aber do han ich 's Gfühl gha, mol wenn die den emol äh ihri Sach glärnt händ und so, die sind viel besser mit dä Chind weder äh das alte Züg do.»

Auch bei den Behörden konnten wir Veränderungen im Umgang mit den Heimkindern feststellen, die exemplarisch für umfassendere gesellschaftliche Veränderungen stehen. Es zeigt sich beispielsweise aus individueller Perspektive, dass sich in den 1970er-Jahren die Praktiken der Vormundinnen und Beistände veränderten. Einzelne sahen vermehrt ab von Kontrolle, Überwachung und Disziplinierung, zeigten zunehmend Verständnis für die Bedürfnisse der Jugendlichen und akzeptierten deren individuelle Entscheidungen. So war Rolf R. 1974 nach einem Vormundschaftswechsel in der Position, einen «Deal» mit seiner Vormundin auszuhandeln und sich damit grössere individuelle Freiheiten zu verschaffen: «Mit der [Vormundin] konnte ich den ‹Deal› machen: Ich mach, was ich will, die lassen mich in Ruhe und dann haben sie keine Probleme. Die liess sich auf den ‹Deal› ein. Ich konnte fugen und walten, wie ich wollte.»[38]

Gemeinsam wurden zunehmend Lösungen gesucht, die durch Beratung und Unterstützung zustande kamen. Aber auch das Agieren dieser Personen blieb hochindividuell und von geringer Reichweite in funktionaler Hinsicht. Die Gleichzeitigkeit neuer, subjektorientierter Werte in der Erziehung und relativ statischer und hierarchischer Strukturen, welche die Arbeitsbedingungen bestimmten, sorgte nicht nur bei den Kindern, sondern auch beim Heimerziehungspersonal für ambivalente Erfahrungen und Gefühle.

Die Situation der Erzieherinnen und Erzieher im Heim

Erst gegen Ende der 1970er-Jahre setzte in den Heimen ein Wandel in der Personalstruktur ein. Praktikanten und Absolventinnen der Heimerziehungsschulen standen im untersuchten Zeitraum in den meisten Heimen erfahrenem, aber mehrheitlich unqualifiziertem Personal gegenüber.[39] Die Situation war vergleichbar mit derjenigen in deutschen Bundesländern, wie eine Untersuchung zu Niedersachsen zeigt: Das grosse Spektrum des Erziehungspersonals führte zu Konflikten in der täglichen Arbeit und verhinderte einen raschen Wandel der Erziehungspraxis.[40]

In der Deutschschweiz trug dazu auch der häufige Wechsel des Personals bei.[41] Es war denn auch das «Abwandern [vieler Klassenkameraden und

38 «Mit dere han ich de ‹Deal› chöne mache: Ich mach was ich will, die löhnd mich in Ruhe und den händs kei Problem. Die hät sich uf de ‹Deal› iglah. Ich han chöne fuege und walte wien ich han welle.»

39 Vgl. den Beitrag von Galle, Die Bildung der «geeigneten Erzieherpersönlichkeit».

40 Vgl. Kraul et al. 2012, S. 148 ff.

41 Gemäss einer empirischen Studie von Jürg Schoch stiegen Heimerzieherinnen und -erzieher nicht häufiger aus der Berufstätigkeit aus als Angehörige vieler anderer Berufe. Sie nahmen aber immer häufiger eine berufliche Auszeit. Diese sei meist mit einem Stellen-

Berufskollegen] aus dem Heimerzieherberuf», welches Ende der 1960er-Jahre die Arbeitsgruppe Heimerzieher der Deutschschweizerischen Vereinigung von Erziehern nicht angepasster Jugend dazu bewog, nach Lösungen für die zu vielen Diskussionen und Gesprächen Anlass gebenden «Berufsprobleme» zu suchen.[42]

Neben dem niedrigen Lohn, der hohen Arbeitszeit sowie zu wenig Freizeit und Ferien beklagten die Heimerzieherinnen und -erzieher vor allem die kaum vorhandene Möglichkeit, Distanz zur Arbeit zu gewinnen. Es drohe die Gefahr der Isolierung und Ermüdung durch das ständige «Vorbild sein müssen».[43] Die enge Lebensgemeinschaft bei gleichzeitig hoher Arbeitsbelastung führte zu Konflikten im Team, mit den Vorgesetzten und schliesslich auch mit den Kindern und Jugendlichen. Das Ideal des Erziehers, das einen «totalen, persönlichen Einsatz» und «ständige Selbstkontrolle» verlangte, war nicht aufrechtzuerhalten.[44]

Abhilfe versprach man sich von einer «neuzeitliche[n] Auffassung der Erziehungsarbeit» und einer «rationelle[n] Arbeitseinteilung». Konsens bestand darüber, dass weiterhin «gleichzeitig ein hohes Mass an Selbstdisziplin» erforderlich war.[45] Die Heimerzieherinnen und -erzieher verlangten mehr Personal, Kompetenzen, Mitspracherechte und berufliche Weiterbildungs- und Entwicklungsmöglichkeiten sowie mehr Privatsphäre und gesellschaftlichen Anschluss, nichts weniger als die Teilhabe an der «Realität des ‹normalen›

wechsel verbunden gewesen, da es keine Institution gegeben habe, welche Stellvertretungen organisierte. Vgl. Schoch 1989, S. 135.

42 An der 1968 veröffentlichten und 1966 schriftlich geführten Umfrage beteiligten sich 56 Erzieherinnen und Erzieher, die in neun verschiedenen, nicht näher deklarierten «Heimtypen» arbeiteten. 70 Prozent waren Frauen und 75 Prozent unverheiratet. Rund 70 Prozent der Befragten wiesen ein Dienstalter von weniger als fünf Jahren auf, über 75 Prozent waren weniger als dreissig Jahre alt, etwas mehr als 20 Prozent befanden sich im Alter zwischen dreissig und vierzig Jahren. Nur sieben Erzieherinnen und Erzieher wohnten nicht im Heim, mehr als die Hälfte wohnte mit der Gruppe zusammen im Heim. Die Erzieherinnen und Erzieher benutzten unterschiedliche Bezeichnungen für ihre Funktion. Der Bericht konstatiert 22 verschiedene Berufsausbildungen. Die Antworten auf die gestellten (und offenbar verschiedentlich als suggestiv empfundenen) Fragen wurden in der Darstellung nach Ursachen und Lösungen der angesprochenen Probleme gegliedert und mit einem Kommentar eines oder mehrerer Mitglieder der «Arbeitsgruppe Heimerzieher» versehen. Die Fragen zum Heimerzieherberuf und die Darstellung fokussieren auf Problemstellungen mit dem Ziel, Lösungsvorschläge auszuarbeiten. Die Arbeitsgruppe ging von der Annahme aus, dass bei den Heimerzieherinnen und -erziehern ein Wechsel in einen anderen Beruf oder eine andere Tätigkeit der Sozialen Arbeit häufiger als in anderen Berufen ist. Deutschschweizerische Vereinigung von Erziehern nicht angepasster Jugend 1968, S. 2–5.

43 Ebd., S. 13, 21, 23.

44 Ebd., S. 8 f.

45 Ebd., S. 6, 11 f., 15 f.

Lebens». Ein Kommentator konstatierte, dass, «wo wir selbst realitätsfremd geworden sind», auch «die Vorbereitung der uns anvertrauten Kinder und Jugendlichen in Frage gestellt» sei.[46]

Dass das Leben im «Heimkollektiv» auch für die Kinder und Jugendlichen eine grosse Belastung darstellen und ihre Entwicklungsmöglichkeiten sowie ihre Beziehung zu Erziehenden beeinträchtigen könnte, blieb indes ein blinder Fleck. So warfen die «Gespräche unter Heimerziehern» lediglich «die Frage auf, ob im Lehrplan nicht vermehrt den Anforderungen der Zusammenarbeit in den Heimen Beachtung geschenkt werden müsste». In vielen Heimen bemühe sich die Leitung intensiv um eine «neuzeitliche Erziehung», lasse aber die Mitarbeiter zu kurz kommen.[47]

So unterschiedlich die Vorstellungen vom Beruf waren, einig war man sich, dass es sich um eine «schwere [...] Aufgabe» handelte, die kaum Gegenleistung und Ausgleich beinhaltete und durch «häufige Enttäuschung» und «[v]iel Misserfolg bei schwierigen Kindern» viele entmutigte. Es bestand das Paradox, dass eine enge Bindung und konstante Beziehung zu den Kindern und Jugendlichen für den Erziehungserfolg als notwendig galten, diese gleichzeitig aber zu einer vermehrt beklagten Einschränkung der individuellen Lebensgestaltung der Erzieherinnen und Erzieher führte und der geforderten Angleichung der Arbeitsbedingungen an diejenigen des Lehrerberufs zuwiderlief.[48] Diese Situation trug dazu bei, dass Erziehende nicht gelingende Beziehungen und unerreichte Erziehungsziele vorschnell mit vermeintlichen Defiziten der Kinder und Jugendlichen erklärten.

Viele der in den «Gesprächen» geäusserten Forderungen finden sich auch in den Debatten, die zu Beginn der 1970er-Jahre infolge der massiven öffentlichen Kritik an den Heimen geführt wurden. Die «Heimkampagne» hatte zudem dazu beigetragen, dass nun auch die Sicht der Jugendlichen in die Debatte einbezogen wurde.[49] Die geforderten Mitsprache- und Selbstbestimmungsrechte stiessen aber bei den Heimen teilweise immer noch auf heftige Ablehnung. Sie suchten vielmehr «willige und beständige Helfer».[50]

Dass viele der geforderten Reformen im Untersuchungszeitraum ein Desiderat blieben, verdeutlicht eine 1977 verfasste Diplomarbeit zweier Absolventinnen der berufsbegleitenden Ausbildung für Heimerziehung in Basel. Die Autorinnen reflektierten über ihre Praxiserfahrung und zeigten eindrücklich auf, dass der institutionelle Rahmen wenig geeignet war, um das Ziel der gesell-

46 Ebd., S. 13, 23.
47 Ebd., S. 11 f.
48 Ebd., S. 7–9, 16.
49 Vgl. den Beitrag von Galle, Die Bildung der «geeigneten Erzieherpersönlichkeit».
50 VSA-Fachblatt, 52 (4), 1981, Nr. 4, S. 169.

schaftlichen Reintegration der Kinder und Jugendlichen zu erreichen. Für die angehenden Erzieherinnen resultierte daraus ein Problem der Identifikation mit ihrer beruflichen Tätigkeit. Sie kamen zum Schluss, dass die Situation im Heim zu einer derartigen Belastung werden könne, dass sie es verunmögliche, den Beruf weiter auszuüben.[51]

Galt die Gruppenarbeit in den «Gesprächen unter Heimerziehern» Ende der 1960er-Jahre noch als das «geeignetste System»[52] der Heimerziehung, kritisierten die Autorinnen, dass der «Gruppenzwang» bei Gleichaltrigen einerseits zu einer «Hackordnung» führe, andererseits eine «individuelle Erziehung» verunmögliche, «weil seine starren Normen entwicklungshemmend wirken und eine für das Funktionieren der Gruppe notwendige Rollenfixierung stattfindet».[53]

Darüber hinausgehend kritisierten die Autorinnen die gesellschaftliche Funktion der Heime grundsätzlich, nämlich «diejenigen Menschen, welche den gesellschaftlichen Normen nicht entsprechen oder in der Produktion überflüssig geworden sind», zu versorgen. Die Heimeinweisung «verwahrloster» Kinder und Jugendlicher werde von diesen nicht als Hilfe, sondern als Strafe erlebt. Der Heimerzieher sei nichts weniger als ein «Funktionär der Gesellschaft». Indem er die «Normen von Gesellschaft und Heim» lebe, anstrebe und verteidige, verurteile er das «Herkunftsmilieu» der Kinder und Jugendlichen und zwinge sie «zu einer scheinbaren Angepasstheit» während des Heimaufenthalts. Diese Konstellation verunmögliche auf beiden Seiten «jedes Einfühlungsvermögen, das für eine Beziehung notwendig wäre». Der «autoritäre Erziehungsstil» führe zudem dazu, dass Misserfolge «mit dem Versagen des Zöglings allein entschuldigt» würden. Gleichzeitig böten sich dem Erzieher in einem «autoritär geführten Heim mit hierarchischen Strukturen» enorm grosse Aufstiegschancen. Stelle er hingegen die «Normen von Gesellschaft und Heim» infrage, setze er sich nicht nur persönlichen Risiken aus, sondern gerate auch in einen «massiven Konflikt», weil er sich der begrenzten gesellschaftlichen Möglichkeiten seiner Zöglinge bewusst sei. Schlimmstenfalls verstärke er die Verunsicherung der Zöglinge, «weil er etwas weckt, was vom nächsten Erzieher wieder brutal unterdrückt wird».[54]

Die von den Autorinnen beschriebenen und analysierten Konflikte im Heim, welche ihre künftige berufliche Tätigkeit infrage stellten, noch bevor sie diese als ausgebildete Erzieherinnen ausübten, zeigen die schwierige Situation, die sich aus der ungleichzeitigen Entwicklung von Schule und Heim ergab.

51 Vgl. Murbach/Wietlisbach 1977, S. 24.
52 Deutschschweizerische Vereinigung von Erziehern nicht angepasster Jugend 1968, S. 16.
53 Murbach/Wietlisbach 1977, S. 22.
54 Ebd., S. 23 f.

Sie verweisen aber auch auf die Grenzen des damals grundlegenden methodisch-theoretischen Modells der Ausbildung in der Praxis, der Gruppenarbeit. Der Zwang, eine vorgegebene Rolle in der Gruppe einzunehmen, sich in ein hierarchisch gegliedertes Kollektiv einzuordnen und angepasstes Verhalten zu zeigen, war im Heim offenbar auch Ende der 1970er-Jahre noch konstitutiv für die Beziehung zwischen Erziehenden und Kindern.

Im Vakuum zwischen Disziplinierung und Befreiung – Idealisierung, Umsetzung und Missbrauch der neuen Nähe zum Kind

Fachpersonen, die trotz ideeller Kritik, zögerlichen Umsetzungsmöglichkeiten neuer Erziehungsvorstellungen oder hohen Belastungen in Heimen arbeiteten, mussten entweder bereit sein, sich Bestehendem unterzuordnen, oder aber sie hielten umso mehr an ihren Idealen fest. Letztere erhofften sich eine Jugend, «die mit überschäumendem Gelächter geniessen gelernt hat, eine scharfe Zunge zu führen versteht, einen feinschmeckerischen Gaumen hat, einen raschen Gang liebt und in ihrem begründeten Zorn unnachgiebig ist», statt wie bis anhin genau dies zu fürchten und zu bekämpfen.[55] Deshalb war die grundlegende Kritik an Erziehung kaum je gleichzusetzen mit einem tatsächlichen Interesse am einzelnen Kind und seinen Bedürfnissen. Viel eher hatte die «Gegenkultur» der Achtundsechziger sich mit Opfern eines Feindbildes, nämlich der mehrheitlich rückständigen Anstalts- und Heimerziehung, solidarisiert. Damit widerspiegelte die Heimkritik der ausgehenden 1960er- und beginnenden 1970er-Jahre das Entstehen einer umfassenden antisystemischen Bewegung, deren Dynamik bis Ende der 1970er-Jahre anhielt.[56] Unter anderem um diese Werte auch erkennbar zu leben, wurde in den wenigen Heimen, die ihre Konzepte und Ausrichtungen anpassten, auch ausgelassener miteinander «gefeiert und gelacht, [...] getröstet und miteinander gejubelt».[57] Entsprechend wurden auch das Einschlafen und das Aufstehen anders begleitet, ebenso Versorgung und Körperhygiene. Diese verschiedenen, teils neuen Formen von Nähe konnten aber immer auch dazu führen, dass Kinder und Jugendliche (sexuell) missbraucht wurden.

Obschon Nohl für ein «leidenschaftliches Verhältnis» als Basis des pädagogischen Bezugs plädierte, erklärte er ausdrücklich, dass die körperliche Liebe ausgeschlossen sein müsse und nie pädagogisch zu begründen sei.[58] Es

55 Mollenhauer 1968, S. 118.
56 Steinacker 2017, S. 246.
57 Weber 2011, S. 36.
58 Nohl 1988 (1935).

scheint, als sei er sich sehr wohl bewusst gewesen, dass eine «Verbindung oder Verwechslung von pädagogischem Eros in seinem Sinne und einer Sexualisierung der pädagogischen Beziehung» eine latente Gefahr darstellte.[59] Wohl auch deshalb fand nicht nur in scheinbar konservativ-autoritären oder religiös fundierten Einrichtungen mit lust- und körperfeindlicher Auffassung von Sexualität im Schatten der Tabuisierung sexualisierte Gewalt statt. Vergleichbare Vorfälle gab es auch in als fortschrittlich beschriebenen Heimen, die sich auf enge Beziehungsarbeit mit den Kindern beriefen. Die vereinzelten, neuen innigen Vertrauensverhältnisse zu Erwachsenen, von denen die interviewten ehemaligen Heimkinder berichten, bargen vor dem Hintergrund einer «Renaturalisierung des Menschenbildes» (Körper statt Seele) auch ein besonders hohes Gefährdungspotenzial.[60] Hinzu kommt, dass auch die neuen Werte und Vorstellungen eine Deutungshoheit über «gute Kindheit und Jugend», «gute Erziehung und Bildung» und «gute Familie» beanspruchten. «Dieser Anspruch mag notwendig sein, erzeugt aber Konflikte und blinde Flecken, die nicht im Interesse von Kindern und Jugendlichen» sein können.[61]

Gleichwohl profitierten viele Heimkinder von der hohen Bedeutung einer persönlichen Beziehung zu fachlich oder nichtfachlich ausgebildeten Personen im Heim. Sie fühlten sich in solchen Beziehungen als einmalige Personen wahrgenommen und erkannt, weil jene primär unmittelbar und losgelöst von Arbeitsaufträgen, staatlichen Interventionen oder Stigmatisierungen erfahren wurden. Auch war es genau diese Nähe, die – falls nicht missbräuchlich ausgenutzt – vielen ehemaligen Heimkindern eine positivere Selbstwahrnehmung nachhaltig ermöglichte. Aber auch in den bestärkenden, positiven Erfahrungen ehemaliger Heimkinder fällt auf, dass Beziehungsangebote wegen der nicht vorhandenen Kontinuität langfristig oft nicht eingelöst werden konnten.

Es gibt aber ebenso Hinweise darauf, dass das Interesse am Kind und die entstehende Nähe der Erziehenden von den Heimkindern gezielt ausgenutzt werden konnten. So schildern ehemalige Heimkinder Möglichkeiten und Grenzen von Liebschaften zwischen ihnen und den Erwachsenen, auch weil sie den Minderjährigen zu Vorteilen verhalfen. Olaf O. berichtet aus den beginnenden 1970er-Jahren: «Und man hatte dann so relativ stark gemerkt: die Praktikanten, ‹jesses›, da gab es ja auch Liebschaften und das war natürlich dann manchmal grauenvoll gewesen.»[62] Trotzdem erhielt er einen Liebesbrief von seiner Erzieherin und begann eine von der Heimleitung nicht tolerierte

59 Nieke 2014, S. 23.
60 Andresen 2014, S. 25.
61 Ebd., S. 24.
62 «Und mä hät denn so relativ stark gmerkt: diä Praktikantä, jesses, do häts jo au Liäbschaftä geh, das isch natürlich denn amig grauävoll gsi, oder.»

Affäre, die mit seinem Ausschluss endete: «Das war mega kurios, verdammt verklemmt: Da hatte ich auf einmal einen Brief auf dem Bett, ob ich Lust hätte, Weihnachten mit ihr zu verbringen. Mit ihren Eltern und mit ihr. Hatte ich gedacht: ‹ohoh, uppala, fühlt sie auch etwas? Hat sie etwas gemerkt, dass ich sie immer anhimmle oder so?›. Und dann nachher habe ich natürlich nicht zweimal studiert und sagte: ‹jaja, sicher!› Dann wurde ich eingeladen und dann gab es irgendwie eine Beziehung ein halbes Jahr.»[63]

Diese und ähnliche Erfahrungen von Heimkindern in den 1960er- und 1970er-Jahren machen deutlich, dass neuen erzieherischen Idealen das Risiko anhaftet, sich (noch) nicht mit der konkreten «zwischenmenschlichen Welt» zu vertragen,[64] sondern immer wieder an der Banalität alltäglicher Praxis zu scheitern – im schlimmsten Fall auf Kosten der Kinder, wie im folgenden Zitat, das zeigt, dass das Interesse eines Praktikanten am Kind sich höchstens zu Beginn an eine pädagogische Idee anlehnte, dieser die Ungeschütztheit der Heranwachsenden dann aber sexuell ausbeutete: «Ich weiss auch noch, wir hatten dann auch irgendwann noch einen Praktikanten, das ist der andere, an den ich gar keine guten Erinnerungen habe, ja da war ich auch noch ungeschützt. Der war plötzlich für die Mädchengruppe zuständig und ja, und der hatte Interesse an mir und ähm, ja, also wir hatten Kajütenbetten und Viererzimmer, ja, und ich lag dort und ich war die erste, ich war alleine im Zimmer, der hockt zu mir hin, beginnt mich zu streicheln.»[65]

Solche Dynamiken lassen sich mit Blick auf die damalige Zeit nicht nur als krankhaftes Verhalten einzelner Menschen abtun. Vielmehr stellen sie auch eine nicht zu übersehende Gefahr proklamierter Ideale für die sensible und vulnerable Welt von Kindern und Jugendlichen in Institutionen dar. Die zwei Extreme von Exponentinnen und Exponenten einer diversifizierten und idealisierten Bewegung, mit denen einzelne Kinder entweder teils massiv traumatische und verstörende oder aber befähigende und bestärkende Erfahrungen von Nähe und Beziehung im Heim erlebten, scheinen zu verdeutlichen, dass die 1960er- und 1970er-Jahre primär für Desorientierung und teilweise auch

63 «Uh huere kurios, uh huere verchlämmt nei, hani uf eimal en Brief ufem Bett gha, ob ich Luscht hetti, d Wiehnachte mit ihne zverbringe. Mit ihrne Eltere und mit ihre. Hani dänkt ohoh, uppala, fühlt sie au öppis, hät sie öppis gmerkt, dassi sie immer ahimmle oder irgend so? Und dänn nacher ja, han ich natürli nöd zweimal gschtudiert und ha gseit: ‹Jaja, sicher.› Dänn bini iglade worde, oder und dänn häts irgendwie e Beziehig geh es halbs Jahr.»

64 Weber 2011, S. 49.

65 «Ich weiss auno, mir händ denn au irgendwenn no en Praktikant gha das isch dä ander woni gar kei gueti Erinnerige han jo do bini au ungschützt gsi, [...] dä isch plötzlich für d'Meitligruppä zueständig gsi und jo und dä hät Inträssä a mir gha und de- ähm, jo, ei- aso d-äh, mir händ Kajütä-Bett gha oder und 4er-Zimmer jo und ich bi döt glägä und ich bin di erst gsi, ich bin elai im Zimmer gsi de hockt zu mir ane, fangt mi a streichlä.»

für ein fachliches Vakuum zwischen Disziplinierung und Befreiung sorgten. Die Kinder und Jugendlichen in den Heimen erlebten entsprechend heterogene Versuche einzelner Personen oder Institutionen, dieses Vakuum neu zu füllen – mit weitreichenden Konsequenzen im Positiven wie im Negativen.

Aufbruch und Kontinuität in der Ausbildung der 1970er-Jahre

Die Suche nach einem neuen Verständnis der Heimerziehung zeigt sich auch an den Schulen. Die Gestaltung des Unterrichts veränderte sich im untersuchten Zeitraum stark. Dozierende studierten in den USA und brachten neue Methoden mit. *Group work* bildete in den 1970er-Jahren einen Schwerpunkt in der Ausbildung. Es wurde viel diskutiert, politisiert und experimentiert. Schülerinnen und Schüler leisteten Widerstand, forderten Mitspracherechte und formierten sich in Schülerschaften.[66] Die Rollen zwischen Dozierenden und Schülerinnen und Schülern lösten sich auf. Neue Beziehungsformen wurden erprobt, Grenzen verschoben und überschritten. So wird in Basel ein Dozent entlassen, der eine Liebesbeziehung mit einer Schülerin eingeht.[67]

An allen Schulen zeigte sich das Problem, dass einerseits höhere Ansprüche an die Vorbildung gestellt, andererseits vermehrt Auszubildende gesucht wurden, deren Herkunft sich weniger deutlich von derjenigen der Heimkinder unterschied. Wie unsere Untersuchungen in Basel, Luzern und Zürich zeigen, wurde die Zusammensetzung der Schülerschaft deutlich heterogener. Es erstaunt deshalb nicht, dass etliche Bewerberinnen und vor allem Bewerber die Aufnahmebedingungen nicht erfüllten. Sie wiesen in der Regel eine niedrigere Schulbildung, aber eine höhere berufliche Mobilität auf. Ein Grossteil übte mindestens eine andere Tätigkeit als den erlernten Beruf aus.

Mit der veränderten Zusammensetzung der Schülerschaft, insbesondere mit dem vermehrten Interesse von Männern an der Ausbildung wandelte sich auch das Spektrum der Berufsmotivation. Die Bewerberinnen und Bewerber interessierten sich für die Jugendbewegung. Sie waren auf Reisen und wollten mit ihrem Wirken die Gesellschaft verändern. Aber auch die «Selbstverwirklichung» wurde an den Schulen geprobt. Das führte zu Auseinandersetzungen in den Schulen und erst recht in den Heimen.[68]

Doch auch in den Schulen zeigten sich trotz Aufbruchsstimmung beharrende Tendenzen. Noch immer sollte die Erzieherin den Kindern die Familie ersetzen und auch der Erzieher sollte sich mit seiner gesamten Persönlichkeit

66 Vgl. Epple 2014.
67 Vgl. Röösli et al. 2012.
68 Vgl. Hofer 1989, S. 4–9.

einbringen. Die neuen Selbsterfahrungsexperimente dürften diese Forderung unterstützt haben. Eine klare Trennung zwischen der Rolle als Schüler, Erzieher und Familienvater, zwischen Beruf und Privatleben, wurde auch an einer fortschrittlichen Schule wie in Zürich gerügt, obwohl sie der geforderten Professionalisierung zuwiderlief.

Erst im 1984 von den Fachverbänden neu herausgegebenen Berufsbild wird die Erziehungsausbildung in der Deutschschweiz aus dem Heimkontext gelöst und auf die Tätigkeiten von Erziehenden in Jugendheimen, therapeutischen Wohngemeinschaften und Nachbetreuungsinstitutionen hingewiesen. Im Zentrum der Broschüre steht aber noch immer das «traditionelle Berufsbild des Erziehers im Heim».[69]

Schlussfolgerungen

Das in der Deutschschweiz von allen Schulen für Heimerziehung in den 1960er- und 1970er-Jahren geforderte Einbringen der ganzen Persönlichkeit in die Arbeit mit und insbesondere in die Beziehung zu den Kindern und Jugendlichen weist kritische Momente auf – für die Erziehenden selbst sowie für die Heime, vor allem aber für die Kinder und Jugendlichen. Das zeigt sich zum Beispiel in der geschilderten Überforderung der Erziehenden im Heimalltag oder in der generellen Skepsis der Heime gegenüber den Ausbildungsinstitutionen in einer Zeit, in der die Heime zu Brennpunkten gesellschaftlicher Fragen wurden. Hinzu kam, dass die Praktikantinnen und Praktikanten eine wenig definierte Rolle innehatten und mit unterschiedlichen schulischen Anforderungen und neuen gesellschaftlichen Werten, aber auch individuellen Bedürfnissen der Kinder konfrontiert waren. Dies konnte sich in Irritationen, Verwirrungen oder Frustrationen bei der Ausgestaltung von Beziehungen zu den Kindern im Heimkontext niederschlagen.

In der Ausbildung wurden neue Theorien und Methoden rezipiert, doch fehlte es an gemeinsam entwickelten Konzepten oder an der Kooperationsbereitschaft der Heime bei deren Umsetzung. So lässt sich zwar beobachten, dass in den Heimen zunehmend kleinere Gruppen eingeführt wurden und die Forderung nach einer konstanten Bezugsperson an Bedeutung gewann. Wie das erworbene und wenig systematisierte Wissen in die Praxis umgesetzt wurde, blieb indes hochindividuell – mit den entsprechenden Möglichkeiten und Risiken. Es fehlte in dem von uns untersuchten Zeitraum an Diskussionen, die neben der konkreten Kritik an der Arbeitssituation der Erziehenden und

69 Schweizerischer Verband für Berufsberatung 1984, S. 3.

an den gesellschaftlichen und erzieherischen Normen und Strukturen den Blick auf das Kind geschärft hätten.

Die Konsequenzen der Lücke zwischen dem in der Ausbildung erworbenen, wenig systematisierten Wissen und den begrenzten Möglichkeiten von dessen Umsetzung im Praktikum zeigen sich auch in den biografisch bedeutsamen Erfahrungen der ehemaligen Heimkinder. Viele wurden trotz der zunehmend theoretischen Idealisierung ihres Wesens zu Objekten des intendierten Wertewandels und standen nur scheinbar als Subjekte im Zentrum oder wurden gar missbraucht. Andere hingegen erfuhren zumindest in der zeitlich begrenzten Beziehung zu Praktikantinnen und Praktikanten eine Wertschätzung der eigenen Person, die sie zuvor im Heimkontext so kaum gekannt hatten und die wegweisend für den weiteren Lebensverlauf war.

Die Bedürfnisse der Kinder und Jugendlichen, wie sie von den ehemaligen Heimkindern in den Interviews geschildert und von Martin Bonhoeffer[70] 1965 treffend umschrieben wurden, wurden in der noch stark hierarchisch-patriarchalen Gesellschaft marginalisiert: «Sie – die Kinder – brauchen einen harmlosen nicht pädagogischen Umgang, der sie unmerklich stützt, der sie bereit macht sich helfen zu lassen, ein Stück mitzugehen, zu verzichten, sich zu kontrollieren. Sie brauchen Erwachsene, die sich einlassen, die riskieren, sich herumschlagen, verwundbar sind, Fehler machen, ratlos werden, neu beginnen oder aufgeben.»[71]

Bonhoeffers Forderungen verweisen auf ein generelles Dilemma der Heimerziehung, das alle Akteure immer wieder verunsichert, dessen Auswirkungen jedoch vor allem das einzelne Kind zu spüren bekommt. In einem System, das unter anderem Nähe und Distanz reguliert und vor dem Hintergrund struktureller Eigenheiten agiert, besteht die Gefahr, dass Erwartungen und Bedürfnisse von Kindern systematisch enttäuscht werden oder die Kinder individueller Willkür und Normsetzung ausgesetzt sind.[72] Das bleibt auch in der Gegenwart – trotz fundierter Konzepte und Modelle – die zentrale Herausforderung der stationären Kinder- und Jugendhilfe.

70 Vgl. dazu die kritische Rezeption in Oelkers 2017.
71 Bonhoeffer 1965, S. 65 f.
72 Vgl. Albert et al. 2014.

Quellen- und Literaturverzeichnis

Quellen

Bericht und Rechnung des Bürgerlichen Waisenhauses (1962). In: *87. Verwaltungsbericht des Bürgerrates an den Weitern Bürgerrat der Stadt Basel.* Basel: o. V., S. 95–97.

Bieder, Martha (1969). *Heimerziehung als Beruf. Studie über einen werdenden Beruf unter Benützung statistischer Angaben aus der Basler Berufsschule für Heimerziehung.* Basel: Statistisches Amt des Kantons Basel-Stadt, S. 38–62.

Deutschschweizerische Vereinigung von Erziehern nicht angepasster Jugend (Hg.) (1968). *Gespräche unter Heimerziehern.* Eine Auswertung von Gesprächen über aktuelle Probleme des Heimerzieherberufes, «Arbeitsgruppe Heimerzieher» der Deutschschweizerischen Vereinigung von Erziehern nicht angepasster Jugend. o. O.: o. V.

Hofer, Anni (1950). Grundprobleme und Aufbau der Ausbildung für Heimerzieherinnen und Heimleiterinnen. *Schriftenreihe der Schweizerischen Vereinigung Sozialarbeitender*, 8, S. 13–27.

Hofer, Paul (1976). Die schweizerischen Grundanforderungen für die Ausbildung von Heimerziehern. *VSA Fachblatt für Schweizerisches Heim- und Anstaltswesen*, 47 (5), S. 144–147.

Hofer, Peter (1989). Zur Geschichte der Erzieherschule Basel. In: Schule für Soziale Arbeit Basel (Hg.), *Erzieherschule Basel 75*. Basel: Schule für Soziale Arbeit, S. 4–9.

Hungerbühler, Gertrud (1967). *Der Sozialarbeiter. Die Sozialarbeiterin. Ein Berufsbild.* Zürich: Schweizerischer Verband für Berufsberatung in Verbindung mit der Schweizerischen Arbeitsgemeinschaft Sozialer Schulen und der Schweizerischen Vereinigung Sozialarbeitender.

Murbach, Susanne und Wietlisbach, Margrit (1977). *Heimalltag und Realität (Identifikationsproblematik des Heimerziehers).* Abschlussarbeit der Berufsbegleitenden Ausbildung für Heimerziehung Basel. Basel: Berufsbegleitende Ausbildung für Sozialpädagogik.

Röösli, Lisa et al. (Hg.) (2012). *«Wir haben Nächte durchdiskutiert und wollten die Welt verändern». Kurzfilme zur neueren Geschichte der Sozialen Arbeit in der Schweiz (1950–1980).* DVD-Video. Basel: Fachhochschule Nordwestschweiz, Universität Basel.

Rosenthal, Gabriele (1995). *Erlebte und erzählte Lebensgeschichte. Gestalt und Struktur biographischer Selbstbeschreibungen.* Frankfurt am Main: Campus Verlag.

Schlatter, Margrit, Hofer, Anni, Lotmar, Paula (1950). *Das Praktikum im Rahmen der Ausbildung für Soziale Arbeit.* Zürich: Schweizerische Vereinigung Sozialarbeitender.

Schweizerische Arbeitsgemeinschaft der Heimerzieherschulen (Hg.) (1981). *Grundmaterialien für die Entwicklung der Erzieherausbildung an den Schulen der SAH*. SAH – Internes Arbeitspapier. o. O.: o. V.

Schweizerischer Verband für Berufsberatung in Zusammenarbeit mit dem Schweizerischen Berufsverband diplomierter Sozialarbeiter und Erzieher (Hg.) (1984). *Die Erzieherin. Der Erzieher. Berufsbild*. Zürich: Schweizerischer Verband für Berufsberatung; Bern: Schweizerischer Berufsverband diplomierter Sozialarbeiter und Erzieher.

VSA Fachblatt für Schweizerisches Heimwesen (1981), 52 (1–4).

VSA Verein für Schweizerisches Heim- und Anstaltswesen (Hg.) (o. J. [um 1970]). *Berufsbild – Heimerziehung*. Zürich: Verein für Schweizerisches Heim- und Anstaltswesen.

Literatur

Alberth, Lars, Bühler-Niederberger, Doris und Eisentraut, Steffen (2014). Wo bleiben die Kinder im Kinderschutz? Die Logik der Intervention bei Sozialarbeitern, Ärzten und Hebammen. In: Bühler-Niederberger, Doris, Alberth, Lars und Eisentraut, Steffen (Hg.), *Kinderschutz. Wie kindzentriert sind Programme, Praktiken, Perspektiven?*. Weinheim: Beltz Juventa, S. 26–61.

Andresen, Sabine (2014). Reformpädagogik: Kritik und Immunisierung. In: Böllert, Karin und Wazlawik, Martin (Hg.), *Sexualisierte Gewalt. Institutionelle und professionelle Herausforderungen*. Wiesbaden: Springer VS, S. 35–44.

Bettelheim, Bruno (1950). *Love Is Not Enough. The Treatment of Emotionally Disturbed Children*. Glencoe (Illinois): Free Press.

Böhle, Andreas, Grosse, Martin, Schrödter, Mark und Van der Berg, Willi (2012). Beziehungsarbeit unter den Bedingungen von Freiwilligkeit und Zwang. Zum gelingenden Aufbau pädagogischer Arbeitsbündnisse in verschiedenen Feldern der Kinder- und Jugendhilfe. *Soziale Passagen*, 4, S. 183–202.

Bonhoeffer, Martin (1965). Das Haus auf der Hufe. *Neue Sammlung*, 1, S. 64–76.

Bourdieu, Pierre (1983). Ökonomisches Kapital, kulturelles Kapital, soziales Kapital. In: Kreckel, Reinhard (Hg.), *Soziale Ungleichheiten*. Göttingen: Schwartz, S. 183–198.

Cloos, Peter (2008). *Die Inszenierung von Gemeinsamkeit. Eine vergleichende Studie zu Biografie, Organisationskultur und beruflichem Habitus von Teams in der Kinder- und Jugendhilfe*. Weinheim: Juventa.

Crain, Fitzgerald (2012). *«Ich geh ins Heim und komme als Einstein heraus». Zur Wirksamkeit der Heimerziehung*. Wiesbaden: Springer VS.

Epple, Ruedi (2014). Der «Solothurner Frühling» oder die Geschichte einer Intervention. *Schweizerische Zeitschrift für Soziale Arbeit*, 15, S. 44–67.

Esser, Klaus (2011). *Zwischen Albtraum und Dankbarkeit. Ehemalige Heimkinder kommen zu Wort*. Freiburg im Breisgau: Lambertus.

Frensch, Karen M. und Cameron, Gary (2002). Treatment of Choice or Last Resort? A Review of Residential Mental Health Placements for Children and Youth. *Child & Youth Care Forum*, 31 (5), S. 307–339.

Gabriel, Thomas (2001). *Forschung zur Heimerziehung. Eine vergleichende Bilanzierung in Grossbritannien und Deutschland*. Weinheim: Juventa.

Gabriel, Thomas (2010). Soziale Anerkennung in gewaltaffinen Peergroups Jugendlicher. In: Grubenmann, Bettina und Oelkers, Jürgen (Hg.), *Das Soziale in der Pädagogik*. Heilbrunn: Klinkhardt, S. 285–295.

Gehres, Walther (2013). *Das zweite Zuhause. Institutionelle Einflüsse, Lebensgeschichte und Persönlichkeitsentwicklung von dreissig ehemaligen Heimkindern*. Wiesbaden: Springer.

Haller, Archibald O. und Woelfel, Joseph (1971). Significant others, the self-reflexive act and the attitude formation process. *American Sociological Review*, 36, S. 74–87.

Haller, Archibald O. und Woelfel, Joseph (1972). Significant others and their expectations. Concepts and instruments to measure interpersonal influence on status aspirations. *Rural Sociology*, 37 (4), S. 591–622.

James, Sigrid (2011). What works in group care? A structural review of treatment models for group homes and residential care. *Children and Youth Services Review*, 33 (2), S. 308–321.

Kraul, Margret, Schumann, Dirk, Eulzer, Rebecca und Kirchberg, Anne (2012). *Zwischen Verwahrung und Förderung. Heimerziehung in Niedersachsen 1949–1975*. Opladen: Budrich UniPress.

Landenberger, Georg und Trost, Rainer (1988). *Lebenserfahrungen im Erziehungsheim. Identität und Kultur im institutionellen Alltag*. Frankfurt am Main: Brandes & Apsel.

Landsman, Miriam J., Groza, Victor, Tyler, Margaret und Malone, Kelli (2001). Outcomes of family-centered residential treatment. *Child Welfare*, 80 (3), S. 351–379.

Mead, George Herbert (1934). *Mind Self and Society from the Standpoint of a Social Behaviorist*. Chicago: University of Chicago.

Mollenhauer, Klaus (1968). Jugend und Schule im Spannungsfeld gesellschaftlicher Widersprüche. In: ders. (Hg.), *Erziehung und Emanzipation. Polemische Skizzen*. München: Juventa, S. 97–118.

Nieke, Wolfgang (2014). Pädagogischer Eros. Wider die Instrumentalisierung pädagogischer Beziehungen. In: Böllert, Karin und Wazlawik, Martin (Hg.), *Sexualisierte Gewalt. Institutionelle und professionelle Herausforderungen*. Wiesbaden: Springer VS, S. 21–32.

Nohl, Herman (1988 [1935]). *Die pädagogische Bewegung in Deutschland und ihre Theorie*. Frankfurt am Main: Klostermann.

Oelkers, Jürgen (2017). *Pädagogik, Elite, Missbrauch. Die «Karriere» des Gerold Becker*. Weinheim: Beltz Juventa.

Redl, Fritz (1971). *Erziehung schwieriger Kinder. Beiträge zu einer psychotherapeutisch orientierten Pädagogik*. München: Piper.
Sarasin, Philipp (2003). *Geschichtswissenschaft und Diskursanalyse*. Frankfurt am Main: Suhrkamp.
Schoch, Jürg (1989). *Heimerziehung als Durchgangsberuf. Eine theoretische und empirische Studie zur Personalfluktuation in der Heimerziehung*. Weinheim: Juventa.
Sommerfeld, Peter (2004). Sind gesellschaftliche Probleme gemeinschaftlich lösbar? Soziale Arbeit und der zivilgesellschaftliche Umbau des Wohlfahrtsstaates. In: Kessl, Fabian und Otto, Hans-Uwe (Hg.), *Soziale Arbeit und soziales Kapital. Zur Kritik lokaler Gemeinschaftlichkeit*. Wiesbaden: Springer VS, S. 225–250.
Steinacker, Sven (2017). Heimerziehung und die politischen Kämpfe der 68er-Bewegung. In: Braches-Chyrek, Rita und Sünker, Heinz (Hg.), *Soziale Arbeit in gesellschaftlichen Konflikten und Kämpfen*. Wiesbaden: Springer VS, S. 245–263.
Strauss, Anselm und Corbin, Juliet (1990). *Basics of Qualitative Research. Grounded Theory Procedures and Techniques*. Newbury Park: Sage Publ.
Sullivan, Harry Stack (1940). *Conceptions of Modern Psychiatry*. Washington, D. C.: W. A. White Psychiatric Foundation.
Tenorth, Heinz-Elmar (1986). «Lehrerberuf s. Dilettantismus». Wie die Lehrprofession ihr Geschäft verstand. In: Luhmann, Niklas und Schorr, Karl Eberhard (Hg.), *Zwischen Intransparenz und Verstehen. Fragen an die Pädagogik*. Frankfurt am Main: Suhrkamp, S. 275–322.
Thiersch, Hans (2009). Authentizität. In: Becker-Lenz, Roland, Busse, Stefan, Ehlert, Gudrun und Müller, Silke (Hg.), *Professionalität in der Sozialen Arbeit*. Wiesbaden: Springer VS, S. 239–253.
Weber, Joachim (2011). Moralischer Idealismus und sexueller Missbrauch. In: Baldus, Marion und Utz, Richard (Hg.), *Sexueller Missbrauch in pädagogischen Kontexten. Faktoren, Interventionen, Perspektiven*. Wiesbaden: Springer VS, S. 29–50.
Wedekind, Erhard (1986). *Beziehungsarbeit. Zur Sozialpsychologie pädagogischer und therapeutischer Institutionen*. Frankfurt am Main: Brandes & Apsel.
Wilmshurst, Linda A. (2002). Treatment programs for youth with emotional and behavioral disorders: an outcome study of two alternate approaches. *Mental Health Services Research*, 4 (2), S. 85–96.

III Das Heimkind – Gegenstand der Betrachtung und Subjekt der eigenen Biografie

Heimerziehung

Effekte auf den Lebensverlauf

THOMAS GABRIEL

Parallel zu den Anfängen des modernen Sozialstaats entstanden bereits um 1900 neue Interventionsformen, die zu einer Verrechtlichung, Professionalisierung und Ausdifferenzierung der Jugendfürsorge führten. Die Kinderschutzbestimmungen des Schweizerischen Zivilgesetzbuchs (ZGB) sowie die (kantonalen) Reformen im Jugendstrafrecht kodifizierten die Pflicht des Staates, für das Wohlergehen von Kindern und Jugendlichen zu sorgen. Zu diesem Zweck erhielten staatliche Behörden das Recht, stärker als bisher in die Familien- und Erziehungsverhältnisse einzugreifen.[1] Bis ins 20. Jahrhundert wurde in der Fremdplatzierung von Kindern in der Schweiz jedoch primär ein Mittel zur Armutsbekämpfung gesehen. Allmählich wurde dann der Verwahrlosungstopos zum Schlüsselbegriff der Jugendfürsorge. Indem «Verwahrlosung» mit sozialem Elend, körperlicher und psychischer Misshandlung, Erziehungsmängeln und charakterlichen Schwächen der Eltern assoziiert wurde, bezeichnete er in einer Ex-negativo-Logik die Kehrseite des bürgerlichen Familienentwurfs. Im armenpolitischen wie im sozialdisziplinierenden Zugriff kam das Kind als Subjekt nicht vor, trotz der kodifizierten Kinderschutzbestimmungen und der Erweiterung der staatlichen Instrumente. Erst der wachsende Wohlstand und die kulturelle Öffnung der 1950er- und 1960er-Jahre führten zu einer allmählichen Individualisierung der Lebensgestaltung und einer liberaleren Einstellung bezüglich Familie und Aufwachsen sowie zu einer beginnenden Orientierung am Einzelfall.[2]

In der zweiten Hälfte des 20. Jahrhunderts gewann eine einzelfallspezifische Begründung der Fremdplatzierung an Bedeutung. Ziel war es nun zunehmend, den heranwachsenden Menschen vor Gefährdung zu schützen und seine Interessen prospektiv zu berücksichtigen. Die Unterstützung armer Familien und Einzelpersonen oblag in der Schweiz traditionellerweise den Heimatgemeinden. Diese hatten auch für Waisen und Kinder aus armen Familien aufzukommen. Lange waren die Gemeinden deshalb bestrebt, die Fürsorgeausgaben gering zu halten. Bei der Versorgung stand noch Mitte des 20. Jahrhunderts oft

1 Wilhelm 2005.
2 Vgl. Lengwiler et al. 2013.

ein ökonomisches Motiv, mit anderen Worten die kostengünstigste Lösung, im Vordergrund. Das Kindeswohl oder das Bewahren des familiären Zusammenhalts waren zweitrangig, zumal ledige Mütter und arme Eltern rasch in Verdacht standen, ihre Kinder zu vernachlässigen. Erst 2013 trat mit der Revision des ZGB das neue Kindes- und Erwachsenenschutzrecht in Kraft und die neuen Kindes- und Erwachsenenschutzbehörden nahmen ihre Tätigkeit auf. Damit wurde das alte Vormundschaftsrecht abgelöst, das seit dem Inkrafttreten des ZGB im Jahr 1912 nahezu unverändert geblieben war. Die mit dem alten Gesetz verbundenen staatlichen Eingriffe in Lebensverläufe wurden zugunsten der heutigen Erfordernisse des individuellen Kindeswohls reformiert.[3] Aus der Historie lässt sich das widersprüchliche Verhältnis zwischen ökonomischen respektive sozialdisziplinierenden Massnahmen auf der einen Seite und dem kindeswohlbezogenen Auftrag der Heimerziehung auf der anderen Seite herleiten.

Die Wirkung der Fremdplatzierung auf die Biografien der betroffenen Subjekte ist an den gesellschaftlichen Auftrag und an den gesellschaftlichen Kontext gebunden – so ist es nicht zufällig, dass frühe Forschungen wie die von Pongratz und Hübner nach «sozialer Brauchbarkeit» und nicht nach dem Wohlbefinden oder der Entwicklung der Heranwachsenden fragen.[4] Die Frage nach den Wirkungen der Heimerziehung bleibt ohne den inhaltlichen Bezug auf ihren gesellschaftlichen Auftrag nicht bestimmbar. Der Blick auf die Geschichte zeigt, dass die Orientierung am individuellen Kindeswohl noch sehr viel jünger ist und weder in der jüngeren Geschichte noch in der aktuellen Praxis widerspruchsfrei ist. Für die historische Aufarbeitung ist diese Differenzierung zudem bedeutsam; die heutige Heimerziehung soll nicht pauschal mit ihren historischen Vorgängern identifiziert werden.

Die Wege aus der Heimerziehung sind für die betroffenen Menschen oft lebenslange Prozesse. Die wenigen existierenden Langzeitstudien im Feld der Heimerziehung zeigen, dass individuelle biografische Entwicklungen junger Menschen nach dem Ende der Heimerziehung oft überraschend anders verlaufen, als dies während der Zeit im Heim prognostiziert wurde.[5] Diese Befunde sind weniger Ausdruck individueller Resilienz als noch nicht verstandener Zusammenhänge zwischen Institution und Biografie. Die hier folgenden Studien konstruieren Bezüge zwischen der institutionellen Intervention und den Effekten auf die Biografien dieser Menschen. Ob die theoretisch konstruierte direkte Verbindung zwischen Institution und Biografie gezogen werden kann, erscheint insbesondere dann zweifelhaft, wenn zwischen dem späteren Lebensverlauf der ehemaligen Heimjugendlichen und der Heimerziehung kei-

3 Gabriel et al. 2013.
4 Pongratz/Hübner 1959.
5 Hartmann 1996; Bullock et al. 1993.

nerlei thematische Kontinuitäten oder biografische Kongruenzen bestehen. Aus diesem Grund sollte die Integration der Erfahrung von Heimerziehung in die Biografie in Beziehung zu ihren Wirkungen gesetzt werden. Dies zielt auf eine zentrale Frage von Heimerziehung: ob in der Heimerziehung erzielte Effekte auf persönliche Entwicklungen im Lebenslängsschnitt der betroffenen Menschen Kontinuität behaupten können. Als Beispiel für hohe Konsistenz von Erfahrungen bei gleichzeitiger hoher Kongruenz der Erwartungshaltungen der Beteiligten nennen Millham und Bullock die englischen Eliteinternate.[6] Die Erfahrungen der Kinder und Jugendlichen in diesen Internaten sind deckungsgleich mit den Erwartungshaltungen der Eltern und der Familien: Das Ethos der Schulen ist hierarchisch, wettbewerbsorientiert und wertkonservativ. Es antizipiert und dupliziert die frühere und spätere Lebensweise der jungen Menschen und ist so biografisch stimmig und anschlussfähig.[7] Befragte man Heimerziehung nach der Kongruenz der Erwartungen der Beteiligten und der Kontinuität von biografischen Erfahrungen der Betroffenen, so wäre dies problematischer.[8]

Ein Wechsel des Lebensumfeldes oder der -umstände kann einen massgeblichen Einfluss auf die Wirkung von Heimerziehung ausüben. Die Bedeutung von Heimerziehung in den Biografien ist aus unserer Sicht nicht nur an die Perspektiven, sondern auch an den Zeitpunkt der Betrachtung gebunden. Sie ist vom Zeitpunkt der Betrachtung insofern abhängig, als sich Einflüsse als instabil erweisen können, da das Leben häufig von biografischen Diskontinuitäten geprägt ist.[9] So können ein Milieuwechsel oder neue Freundschaften zuvor festgestellte Erfolge verschwinden oder instabil werden lassen oder auch stabilisieren.

Die internationale Forschung zu Effekten von Heimaufenthalten auf Biografien zeigt uneinheitliche Befunde. Einige Studien weisen positive Effekte aus,[10] andere eine Vielzahl von Risiken: Armut, frühe Elternschaft, Obdachlosigkeit, Arbeitslosigkeit, soziale Isolation und schlechte Gesundheit.[11] Übereinstimmend hervorgehoben wird, bezogen auf ihre Alterskohorte, eine höhere Mortalität von ehemaligen Heimkindern.[12] Allerdings beinhalten die Herangehensweisen dieser Studien nach wie vor oft problematische methodologische Verkürzungen, da sie Lebenswege in defizitärer und subsumptionslogischer Weise ausschliesslich mit den problematischen Sozialisationsbedingungen zu

6 Millham/Bullock 1987.
7 Vgl. Millham/Bullock 1987, S. 14.
8 Schofield et al. 2007.
9 Vgl. Gabriel/Keller 2013.
10 Stein/Munro 2008; Stott 2013.
11 Arnett 2007; Gabriel/Keller 2013; Gabriel/Stohler 2008; Stein 2012.
12 Tanner 1999.

erklären versuchen.[13] Es besteht die Gefahr, dass Versuche, die Wirkungen der Institutionen auf die Biografie messbar zu machen, die komplexen Einflüsse auf Lebensläufe in unzulässiger Weise reduzieren.[14] Auch deshalb forderten Millham und Bullock bereits vor dreissig Jahren eine Ergänzung um Erfolgsindikatoren, die herkömmliche Wirkungsforschung übersieht, zum Beispiel den Einfluss glücklicher Lebensumstände, Resilienz, persönlich erfahrene Förderung oder unerwartete Änderungen in der Familienkonstellation.[15] Aus wissenschaftlicher Sicht scheint es also nicht ausreichend, einzelne Einflussfaktoren isoliert zu betrachten, da grundsätzlich von einer Interaktion der Einflüsse auszugehen ist.

Ein wichtiger Bezugspunkt der wissenschaftlichen Aufarbeitung des Verhältnisses von Effekten der Institution auf die Lebensverläufe sind biografische Erzählungen von Menschen mit Heimerfahrung. Von subjektiven Beschreibungen eingeschränkter Erlebnisräume kann jedoch nicht unmittelbar auf institutionelle und soziale Strukturen geschlossen werden. Es besteht die Gefahr, die subjektive Sicht auf die Welt wissenschaftlich zu übernehmen und damit das Relative und Singuläre zum Universellen zu überhöhen. Diese «Bilderbuchphänomenologie» wäre wissenschaftlich fragwürdig.[16] Die Gefahr eines Solipsismus in dem Sinn, dass die institutionelle und gesellschaftliche Wirklichkeit ausschliesslich als konstituierende Leistung des Subjekts verstanden wird, wird durch einen problemzentrierten und thematisch geschlossenen Forschungszugang, wie er in einigen Studien zu nachinstitutionellen Effekten vorliegt, verstärkt. Bisher sind für die Schweiz erst wenige Studien vorhanden, die nachinstitutionelle Lebensverläufe und die Effekte von Erziehungsinstituten auf Biografien untersuchen.[17]

Der Teil III der vorliegenden Publikation möchte dazu beitragen, die Erfahrungen von Menschen in Heimen zwischen 1950 und 1990 und die Effekte des Heimaufenthalts auf den Verlauf ihres Lebens verständlich und dem wissenschaftlichen Diskurs zugänglich zu machen. In methodischer Abgrenzung von der Oral History wurde die sozialwissenschaftliche Biografieforschung von Bombach, Gabriel und Keller als theoretischer Bezugspunkt für zwei exemplarische Fallverläufe gewählt. Im Zentrum stehen die ergebnisoffene Rekonstruktion und die Analyse von individuellen biografischen Verläufen und subjektiven Erfahrungen. In einer geschichtswissenschaftlichen und genderspezifischen Perspektive gehen Businger und Ramsauer der Frage der behörd-

13 Gabriel/Keller 2013.
14 Gabriel et al. 2007.
15 Millham/Bullock 1987, S. 10.
16 Grathoff 1989.
17 Gabriel/Stohler 2008; Schaffner/Rein 2015.

lichen Einflüsse auf den Übergang ins Erwachsenenalter nach, indem sie das Schliessen des Falls zum Bezugspunkt ihrer Analysen machen. Hauss und Bossert rekonstruieren diskursanalytisch die Durchsetzung der bürgerlichen Konstruktion von Kindheit in ihren Auswirkungen auf das Selbstverständnis der Heime. Im Beitrag von Bombach, Bossert, Gabriel und Keller zu «Übergängen ins Leben» verschränkt sich die subjektive Sicht der Betroffenen, die aus Interviewanalysen gewonnen wurde, mit einer Diskursanalyse der professionellen Deutungen. Im Kontext der kulturwissenschaftlichen Gedächtnisforschung reflektiert Matter die Bedeutung des Erzählens für das kollektive Gedächtnis und das individuelle Erinnern.

Die Beiträge widerspiegeln den Anspruch des Sinergia-Projekts «Placing Children in Care. Child Welfare in Switzerland 1940–1990», durch einen interdisziplinären und methodisch vielfältigen Zugang zum Forschungsgegenstand neue, innovative Perspektiven und Einsichten zu gewinnen.

Literaturverzeichnis

Arnett, Jeffrey J. (2007). Afterword: Aging out of care. Toward realizing the possibilities of emerging adulthood. *New Directions for Youth Development*, 113, S. 151–163.

Bullock, Roger, Little, Michael und Millham, Spencer (1993). *Residential Care for Children. A Review of the Research*. London: The Stationery Office.

Gabriel, Thomas und Keller, Samuel (2013). Krisen und Transitionen im Lebenslauf. In: Riedi, Anna Marie, Zwilling, Michael, Meier Kressig, Marcel, Banez Bartoletta, Petra und Aebi Zindel, Doris (Hg.), *Handbuch Sozialwesen Schweiz*. Bern: Haupt, S. 47–59.

Gabriel, Thomas, Keller, Samuel, Bolter, Flora, Martin-Blachais, Marie-Paule und Séraphin, Gilles (2013). Out of Home Care in France and Switzerland. *Psychosocial Intervention*, 22 (3), S. 215–226.

Gabriel, Thomas, Keller, Samuel und Studer, Tobias (2007). Wirkungen erzieherischer Hilfen. Metaanalyse ausgewählter Studien. *Wirkungsorientierte Jugendhilfe*, Bd. 3. Münster: ISA Planung und Entwicklung GmbH.

Gabriel, Thomas und Stohler, Renate (2008). Transitions to Adulthood of Young Care Leavers in Switzerland. In: Stein, Mike und Munro, Emily R. (Hg.), *Young Peoples' Transitions from Care to Adulthood. International Research and Practice*. London: Kingsley, S. 197–208.

Grathoff, Richard (1989). *Milieu und Lebenswelt. Einführung in die phänomenologische Soziologie und die sozialphänomenologische Forschung*. Frankfurt am Main: Suhrkamp.

Hartmann, Klaus (1996). *Lebenswege nach Heimerziehung. Biographien sozialer Retardierung*. Freiburg im Breisgau: Rombach.

Lengwiler, Martin, Hauss, Gisela, Gabriel, Thomas, Germann, Urs und Praz, Anne-Françoise (2013). *Bestandesaufnahme der bestehenden Forschungsprojekte in Sachen Verding- und Heimkinder. Bericht zuhanden des Bundesamts für Justiz EJPD*. Bern: Eidgenössisches Justiz- und Polizeidepartement.

Millham, Spencer und Bullock, Roger (1987). A holistic approach to the evaluation of residential care institutions. In: Eiskovitz, Rivka Anne und Kashti, Yitzhak (Hg.), *Qualitative Research and Evaluation in Group Care*. New York: Haworth Press, S. 5–23.

Pongratz, Lieselotte und Hübner, Hans-Odo (1959). *Lebensbewährung nach öffentlicher Erziehung*. Darmstadt: Luchterhand.

Schaffner, Dorothee und Rein, Angela (2015). Strukturelle Rahmung der Statuspassage Leaving Care in der Schweiz. Sondierung in einem unübersichtlichen Feld. *Zeitschrift für Soziale Arbeit*, 16 (14), S. 9–29.

Schofield, Gillian, Thoburn, June, Howell, Darren und Dickens, Jonathan (2007). The Search for Stability and Permanence: Modelling the Pathways of Long-stay Looked After Children. *British Journal of Social Work*, 37 (4), S. 619–642.

Stein, Mike (2012). *Young People Leaving Care*. London: Kingsley.

Stein, Mike und Munro, Emily R. (Hg.) (2008). *Young People's Transitions from Care to Adulthood. International Research and Practice*. London: Kingsley.

Stott, Tonia (2013). Transitioning youth: Policies and outcomes. *Children and Youth Services Review*, 35 (2), S. 218–227.

Tanner, Hannes (1999). Pflegekinderwesen und Heimerziehung in der Schweiz. In: Colla, Herbert E., Gabriel, Thomas, Millham, Spencer, Müller-Teusler, Stefan und Winkler, Michael (Hg.), *Handbuch Heimerziehung und Pflegekinderwesen in Europa*. Neuwied: Luchterhand, S. 93–102.

Wilhelm, Elena (2005). *Rationalisierung der Jugendfürsorge. Die Herausbildung neuer Steuerungsformen des Sozialen zu Beginn des 20. Jahrhunderts*. Bern: Haupt.

«Legitimieren» und «integrieren»

Die Auswirkungen von Heimerfahrungen auf den weiteren Lebensverlauf

CLARA BOMBACH, THOMAS GABRIEL, SAMUEL KELLER

Wie wirkt sich Heimerziehung auf das weitere Leben aus? Die Frage nach der Biografie ehemaliger Heimkinder konstruiert immer einen Zusammenhang zwischen der Intervention der Heimerziehung und ihren Effekten auf die Lebensläufe der betroffenen Menschen. Mit dieser Frage ist zudem oft eine normative Vorstellung verbunden, die Annahme nämlich, dass der Einfluss von Heimerziehung fallübergreifend und objektivierbar mit erfolgreichen beziehungsweise weniger erfolgreichen Lebensläufen korreliere. Ein Risiko dieser Frage besteht darin, dass voreilig und zeitnah Wirkungen identifiziert und dadurch die komplexen langfristigen Wirkungszusammenhänge auf unzulässige Art reduziert werden. Die Überwindung diagnostizierter psychischer Probleme, Legalbewährung oder eine gut bezahlte Arbeitsstelle bilden einzeln betrachtet noch keine Indikatoren für eine nachhaltige Wirkung sozialpädagogischer Intervention.[1] Vielmehr müssen bei der Frage nach langfristigen Effekten von Heimerziehung die Menschen selbst im Mittelpunkt stehen. Es geht in einer biografisch-rekonstruktiven Annäherung darum, Probleme zu verstehen, die ehemalige Heimkinder und -jugendliche *haben*, und nicht um die funktionalistische Frage nach denen, die sie *machen*.[2] Diese Annäherung soll im vorliegenden Beitrag mit Blick auf zwei Lebensverläufe nachvollziehbar gemacht werden.

Im Unterschied zur sozialen Welt ist die natürliche Welt nicht sinnhaft konstituiert, sie bedeutet den in ihr befindlichen Objekten nichts. In der sozialen Welt sind dagegen die Definitionen und Deutungen der Subjekte von entscheidender Bedeutung für ihr Handeln. Diese Differenz der Perspektiven fand 1928 im Thomas-Theorem den konsequenten Ausdruck: «If men define situations as real, they are real in their consequences.»[3] Die methodologische Konsequenz dieser Prämisse für die Untersuchung sozialer Phänomene ist die Einsicht in die grundlegende Bedeutung der Perspektive der Akteure im Forschungsfeld.

1 Vgl. Gabriel/Keller 2015.
2 Vgl. Colla 1999, S. 348.
3 Thomas/Thomas 1970, S. 572.

Für den Gegenstandsbereich der Forschung zur Heimerziehung bedeutet dies, dass er nicht ohne Bezug auf das Subjekt objektiv identifiziert werden kann, da er sich im Kern erst durch den Bedeutungsgehalt sozialer Interaktionen von Subjekten konstituiert. Die Rekonstruktion der Aufschichtung individueller Wirklichkeitserfahrungen, die somit als bedingt und nicht vorgängig zu denken sind, ist damit zentrales Ziel der wissenschaftlichen Forschungen, die in der Tradition phänomenologischer, ethnomethodologischer und interaktionistischer Ansätze stehen. Letztere können unter dem Begriff des interpretativen Paradigmas zusammengefasst werden. Sie erkennen in den alltäglichen, vorwissenschaftlichen Deutungs- und Verstehensprozessen der Menschen, mit denen sie sich befassen, die Voraussetzung und den Gegenstand wissenschaftlicher Theoriebildung.[4]

Der folgende Beitrag beruht auf diesen methodologischen Prämissen, zielt also auf die Wirklichkeitserfahrungen der betroffenen Subjekte, um ihr Aufwachsen in Erziehungsheimen und dessen Auswirkungen auf das weitere Leben hermeneutisch zu rekonstruieren. Das Erkenntnisinteresse beschränkt sich jedoch nicht auf den Einzelfall oder auf das deskriptive Nacherzählen von Lebensgeschichten sogenannter Zeitzeuginnen und Zeitzeugen, sondern es fokussiert auf intersubjektive Erfahrungen, auf wiederkehrende Sinnzusammenhänge, welche (Zwischen-)Bilanzierungen von gelebtem Leben in Bezug auf unterschiedliche biografische Themen strukturieren.

Die Datengrundlage besteht in 37 biografisch-narrativen Interviews.[5] Vom Feldzugang bis zur Fragestruktur und zu den Zeitebenen im Interview wurde ein problemorientierter Zugang vermieden und ein offener Zugang ohne Präformierung durch wertbezogene Annahmen angestrebt. Die Interviews liessen mit ihren offenen Fragen viel Raum für ein nicht gelenktes Erinnern und Erzählen. Durch die qualitative Analyse, basierend auf der *grounded theory*, gelang es, zentrale Themen und Fragen aus den Daten herauszuarbeiten, indem anhand der transkribierten Erzählungen Biografien in Analyseteams hermeneutisch rekonstruiert und zirkulär ausdifferenziert wurden.[6]

Im Folgenden werden die komplexen Dimensionen der Wirkung von Heimerziehung auf Lebensverläufe aus dem Forschungsbestand hergeleitet. Exemplarisch werden anhand zweier Einblicke in biografische Verläufe wegweisende Themen, die sich auf Heimerfahrung beziehen, herausgearbeitet. Diese Themen werden anschliessend über die Einzelfälle hinaus diskutiert und mit Blick auf die Gegenwart wird gezeigt, wie die Erfahrungen zeit- und kontextübergreifend wirkmächtig biografische Verläufe begleiten und gestalten.

4 Vgl. Gabriel 2001.
5 Vgl. Rosenthal 1993; Schütze 2004.
6 Vgl. Strauss/Corbin 1990.

Komplexe Dimensionen der Wirkung von Heimerziehung auf biografische Verläufe

Wege aus der Kinder- und Jugendhilfe können für die betroffenen Menschen als lebenslanger Prozess verstanden werden. Die wenigen existierenden, bereits älteren Langzeitstudien im Feld der Heimerziehung zeigen, dass die biografische Entwicklung junger Menschen nach dem Ende der Heimerziehung oft überraschend anders verläuft, als prognostiziert wurde.[7] Dieser Befund ist weniger Ausdruck individueller Resilienz als noch nicht verstandener Zusammenhänge zwischen Institution und Biografie.[8] Herangehensweisen, die sich solchen Lebenswegen annähern, beinhalten nach wie vor oft problematische methodologische Verkürzungen, indem sie sie in defizitärer und subsumptionslogischer Weise ausschliesslich mit den problematischen Sozialisationsbedingungen zu erklären versuchen.[9]

Eine kritische Betrachtung von Heimerziehung setzt voraus, dass sie nicht nur daran gemessen wird, wofür sie sich selber hält. Also müssen zwingend auch professionell nicht beabsichtigte Effekte auf Biografien im Fokus der Forschung stehen. Millham und Bullock forderten bereits vor dreissig Jahren eine Ergänzung um Erfolgsindikatoren, die herkömmliche Wirkungsforschung übersieht, zum Beispiel den Einfluss glücklicher Lebensumstände, persönlich erfahrene Förderung oder unerwartete Änderungen in der Familienkonstellation.[10] Aus wissenschaftlicher Sicht scheinen somit auch viele aktuelle Studien, die einzelne Einflussfaktoren isoliert betrachten, nicht ausreichend, da grundsätzlich von einer Interaktion der Einflüsse auszugehen ist.

Biografische Fallrekonstruktionen entlang von Kristallisationspunkten

Nachfolgend sollen zwei Lebensverläufe nach Heimerziehung aufgezeigt werden, die aus einer subjektbezogenen Perspektive Themen zur Frage nach der Wirkung von Heimerziehung auf Biografien hervorbringen. Die ausgewählten Beispiele von Adrian A. und Maria M.[11] sind repräsentativ, da ihre Auswahl auf definierten Merkmalskombinationen aller Fälle beruht.

7 Vgl. Bullock et al. 1993; Hartmann 1996.
8 Vgl. Gabriel 2011.
9 Vgl. Gabriel/Keller 2013.
10 Vgl. Millham/Bullock 1987, S. 10.
11 Um die Anonymität der interviewten Personen zu gewährleisten, haben die Forschenden alle Namen und zudem einige Details (zum Beispiel Beruf, Anzahl Kinder) geändert.

Die im Forschungsprojekt mithilfe von biografischen Interviews erfassten 37 Lebensverläufe wurden anhand von Vergleichsdimensionen und deren Ausprägungen gruppiert und hinsichtlich empirischer Regelmässigkeiten untersucht. In Rückgriff auf das «concept of attribute space»[12] wurde ein Überblick über die empirische Verteilung der Fälle auf die Merkmalskombinationen in den biografischen Rekonstruktionen erstellt. Methodisch wurden dabei die Vergleichsdimensionen und Ausprägungen im Laufe des Auswertungsprozesses anhand des Datenmaterials – sowie des theoretischen (Vor-) Wissens – erarbeitet und «dimensionalisiert», das heisst es wurden relevante Merkmalsausprägungen, Subkategorien beziehungsweise Verläufe bestimmt.[13] Die Ähnlichkeiten und Unterschiede zwischen den Untersuchungselementen wurden erfasst und die ermittelten Verlaufsformen charakterisiert. Für die Forschungsfrage erschien es in der Erarbeitung von Vergleichsdimensionen sinnvoll, den Fallzusammenhang möglichst weitgehend bestehen zu lassen, um die Bedingungsfaktoren in den biografischen Verläufen zu analysieren und einzelne intersubjektive Aspekte «isolieren» zu können. Diese Erarbeitung von biografisch relevanten Themen, Gruppierung der Fälle und Analyse empirischer Regelmässigkeiten sowie die Analyse der inhaltlichen Sinnzusammenhänge durch die Charakterisierung der typischen Verlaufsformen sind die Grundlage für die Auswahl der zwei exemplarischen Biografien.

So repräsentieren die ausgewählten Zitate von Adrian A. und Maria M. nicht nur zentrale Dimensionen bezogen auf diese zwei Lebensverläufe, sondern sie wurden ausgewählt, weil sie Charakteristika aller geführten Interviews wiederspiegeln. Deshalb sind die nachfolgenden Passagen in den zwei biografischen Fallrekonstruktionen als dichte Erzählungen von übergreifenden Sinnhorizonten zu lesen und zu verstehen.[14] Das heisst, dass sie in ihrer Erzähldichte Merkmalskombinationen repräsentieren, die über die geschilderte Situation und die individuellen Erfahrungen und Erinnerungen hinausgehen. Sie geben kollektiv relevante Themen wieder und bilden den Einflussbereich von Heimerfahrungen in der Kindheit auf die Biografie exemplarisch ab.[15] Um die Anonymität der interviewten Personen zu gewährleisten, haben die Forschenden nebst den Namen zudem einige Details (zum Beispiel Berufe, Anzahl Kinder) in den Biografien abgeändert. Methodologisch betrachtet wird dadurch auch unterstrichen, dass die aufgeführten biografischen Themen die Lebenswege vieler Menschen mit Heimerfahrung zwischen 1950 und 1990 mitbestimmt haben und nach wie vor mitbestimmen.

12 Vgl. Barton 1955; Lazarsfeld/Barton 1951.
13 Vgl. Strauss/Corbin 1990.
14 Vgl. Rosenthal 1993.
15 Vgl. Gabriel/Keller 2015.

Die nachfolgenden zwei Biografien von Adrian A. und Maria M. werden entlang von ausgewählten Kristallisationspunkten dargestellt. Kristallisationspunkte entstehen in Analysen biografischer Narrative dann, wenn in der Rekonstruktion der Lebenswege ersichtlich wird, dass sich in einzelnen Ereignisse und Erfahrungen, an die sich die Interviewten in ihren Erzählungen erinnern, übergreifende biografische sowie biografierahmende Themen in komprimierter Form abbilden und verdichten. Biografische Themen prägen Entstehung, Ausgestaltung und Sinnzuschreibungen von individuellen Lebenswegen mit, weshalb sie sich aus allen offen entstandenen Erzählungen über das eigene Leben ableiten lassen. Sie ermöglichen auch die Ausarbeitung intersubjektiv vergleichbarer Erfahrungsqualitäten, welche die Bedeutung und Reichweite der Erfahrungen im Kontext der Heimplatzierung analytisch fassbar und analysierbar machen – auch wenn der jeweilige Umgang damit hoch individuell sowie bedingungsabhängig bleibt.

Es kann sich in der rekonstruktiven Interviewanalyse auch herausstellen, dass erzählte Ereignisse und Erfahrungen nicht nur biografische Themen wiedergeben, sondern für sich selbst von hoher biografischer Bedeutung sind. Dann handelt es sich nicht nur um einen Kristallisations-, sondern auch um einen Wendepunkt, der aus der Sicht des Subjekts die Zeit in ein Davor und ein Danach[16] einteilt und den Menschen mit grundlegenden Themen und Fragen seines Lebens konfrontiert. Diese bedeutsamen biografischen Ereignisse können vorausgesehen, situativ erkannt oder auch erst in der Retrospektive identifiziert werden.[17]

Biografische Themen – Adrian A.

Adrian A. kam 1964 zur Welt. Seine Mutter war zum Zeitpunkt der Geburt minderjährig und ledig. Darin lag aus Behördensicht dann auch der Grund, die junge Mutter und ihren Sohn getrennt voneinander in Heimen zu platzieren. Adrian A. verbrachte nach der Geburt drei Jahre in einem Heim für Kleinkinder, ohne Kontakt zur Mutter. Anschliessend wohnte er sieben Jahre bei einer Pflegefamilie, die die Absicht hatte, ihn zu adoptieren. Da sich die Pflegeeltern mit Adrian A.s Verhalten jedoch zunehmend überfordert fühlten, wurde er im Alter von zehn Jahren wieder in ein Heim gebracht, diesmal in ein Kinder- und Jugendheim für Knaben. Dort blieb er zehn Jahre.

16 Vgl. Rosenthal 1993, S. 134.
17 Vgl. Gabriel/Keller 2014; Gilligan 2009.

«Ab der Stunde Geburt bin ich ja meiner Mutter schon weggenommen worden» – Aberkennung der Existenz als Subjekt

Der Beginn von Adrian A.s Lebensgeschichte war geprägt von mehrfacher Aberkennung seiner Existenz, indem er zum Objekt gemacht wurde. Erstens durch seine damals minderjährige Mutter, die ungewollt schwanger geworden war und ihn bereits im Bauch zu verbergen versuchte. Zweitens durch die Behörden, für die er primär die Konsequenz des Delikts ausserehelicher Handlung unter Minderjährigen darstellte. Drittens durch den Vater, der seine Vaterschaft anzweifelte und zudem später die Zeugung als Unfall abtat.

Die Mutter war zum Zeitpunkt der Geburt minderjährig und sexuell gänzlich unaufgeklärt. Sie wusste weder, wie man schwanger wird, noch wie Schwangerschaft und Geburt ablaufen. Als ihr Bauch immer grösser wurde, versuchte sie mit allen Mitteln das im Bauch heranwachsende Kind unkenntlich zu machen, indem sie so viel ass, dass sie am ganzen Körper enorm an Gewicht zunahm. Adrian A. war nicht nur ungewollt entstanden, sondern wurde auch so lange wie möglich «unsichtbar gemacht» beziehungsweise «verborgen».

Auch deshalb scheint Adrian A. aus heutiger Perspektive klar, dass er primär den Beweis eines Delikts und somit ein juristisches Objekt darstellte. Dass seiner Mutter durch die Behörden das Recht auf ihr eigenes Kind genommen wurde, heisst gleichzeitig – wenn auch unausgesprochen –, dass ihm das Recht auf seine eigene Mutter genommen wurde. Aus seiner Sicht wurde die Wahrung von «Zucht und Ordnung» höher gewichtet als die Anerkennung der Bedürfnisse von seiner Mutter und ihm: «Ab der Stunde Geburt bin ich ja meiner Mutter schon weggenommen worden. Ich wurde geboren und eine Stunde später hat man zu meiner Mutter gesagt: ‹Du hast kein Recht auf das Kind. Im Gegenteil: Dich versorgen wir in ein Heim, dir zeigen wir mal, was Zucht und Ordnung ist.›»[18]

Mit seiner Mutter hatte er in den ersten Jahren keinen Kontakt, da dieser behördlich untersagt wurde. Später traf er sie gelegentlich. Sie hatten sich unterdessen aber zu sehr entfremdet und blieben sich fremd. Als Adrian A. ein junger Erwachsener war, wanderte sie dann nach Südostasien aus, aus der Sicht von Adrian A. «haute sie ab». Dennoch stellt diese Flucht für Adrian A.

18 «Ab der Stunde Geburt bin ich ja minere Muetter scho weggno worde. Ich bi gebore und e Stund spöter häd mer gseit gha a minere Muetter: ‹Du hesch kä Rächt uf das Chind. Im Gägäteil, dich tömer versorge is […] Heim, dier mal zeige, was Zucht und Ordnig isch.›» Die Interviews, die zwischen zwei und sechs Stunden dauerten, wurden in schweizerdeutscher Sprache geführt und transkribiert. Im Folgenden werden die Zitate im Text in hochdeutscher Übersetzung aufgeführt und in den Anmerkungen in der Transkription des Originals nachgewiesen. Die Interviews wurden anonymisiert, Namen durch Pseudonyme ersetzt.

die konsequenteste Art und Weise dar, sich einer als willkürlich, boshaft und unterdrückend wahrgenommenen Gesellschaft zu entziehen.

Als Adrian A. im Alter von achtzehn Jahren seinen Vater kennenlernte, sprach dieser vor allem über seine Zweifel an seiner Vaterschaft, weil zum Zeitpunkt der Zeugung einige Männer infrage gekommen seien. Für Adrian A. war nach dieser Begegnung klar, dass sein vermeintlicher Vater sich auch nach achtzehn Jahren nicht als solcher verstehen wollte und konnte. Aus der Sicht des Vaters scheint Adrian A. Resultat eines Unfalls geblieben zu sein.

Das Fehlen eines anerkennenden Gegenübers ab seiner Geburt (beziehungsweise ab seiner Zeugung) ist als eine Ursache für einen seit je verspürten Druck zu verstehen, immer wieder unter der Beobachtung durch Dritte zu stehen und sich und seine Existenz beweisen zu müssen. Deutlich wurde Adrian A. das nicht nur in der Pflegefamilie, die ihn aufgrund seines aus ihrer Sicht rebellischen Verhaltens nicht adoptieren wollte und ihn stattdessen wie einen unerwünschten Gegenstand wieder ins Heim brachte. Deutlich wurde die stets an von anderen aufgestellte Bedingungen geknüpfte Zugehörigkeit vor allem auch in den Hierarchien unter den Heimkindern oder im eng geführten und kontrollierten Heimalltag: «Was ich gehasst habe, war, dass man 16 Stunden observiert wurde. Am Abend, wenn du aufs Zimmer gegangen bist um acht oder neun Uhr, das weiss ich nicht mehr ganz genau, haben sie die Tür hinter dir verschlossen.»[19]

«Ich kannte das nicht, dass mich jemand vermisst» – Irritation durch unerwartete Adressierung als Subjekt

Adrian A.s Wunsch war es schon früh, Eiskunstläufer zu werden, was er wiederholt kundtat. Schliesslich ermöglichte ihm das ansonsten als restriktiv erlebte Heim den Besuch einer Eiskunstlaufschule. Er verband damit, im Kontrast zur oben dargestellten steten Aberkennung und Kontrolle von aussen, eine maximale Selbstkontrolle dank körperlicher Selbstbeherrschung, wozu die ihm bereits bekannte und angelernte Selbstdisziplin nötig war. Eiskunstlauf stand auch für die Möglichkeit, sich frei von Vorurteilen über das Medium und den Körper ausdrücken zu können und so zu Anerkennung zu gelangen.

Dennoch war er überrascht und überfordert, als ihm im Alter von etwa achtzehn Jahren, in dem Alter also, in dem ihm der Vater seine Missachtung offenbarte, eine Eiskunstlaufstunde eine bis dahin unbekannte Anerkennung seiner Person als Subjekt bescherte. Er war dem Unterricht einige Tage unentschuldigt ferngeblieben und rechnete bei seiner Rückkehr mit dem bisher Übli-

19 «Will was ich ghasst han, isch gsi, dass mer quasi 16 Stund observiert worden isch. Am Abig, wenn du ufs Zimmer bisch isch am 8i hinder dir, am 8i oder am 9i, weiss nüme ganz genau, händs Tür hinder dier bschlosse.»

chen, nämlich dass er nicht nach Gründen für das Fernbleiben gefragt, sondern dafür gescholten und bestraft würde. Doch genau das Gegenteil geschah. Die im Unterricht sonst sehr strenge Eiskunstlauflehrerin adressierte Adrian A. als erste erwachsene Person überhaupt als Subjekt: «Und dann hatte sie alle im Kreis sitzen lassen, meine Mitschüler. Und ich durfte in die Mitte des Kreises sitzen. Und dann hat sie gefragt, alle: ‹Habt ihr Adrian vermisst?› Und dann konnte jeder einzeln sagen, ja und warum und so. Ich kannte das nicht, dass mich jemand vermisst, weil ich habe das nie gelernt, mich hat nie jemand vermisst. Mich wollten sie immer nur einsperren und behalten.»[20]

Hier wurde durch die positive Erfahrung von sozialer Nähe und Anerkennung für Adrian A. plötzlich ersichtlich, dass ihm das bis dahin verwehrt geblieben war. Diese Kontrasterfahrung machte die bisherigen negativen Erfahrungen und die so entstandene Vulnerabilität erst fassbar. Das führte zur scheinbar paradoxen Reaktion, dass er sich Zuwendung zwar wünschte, aber das Angebot der Eiskunstlauflehrerin nicht annehmen konnte. Er hätte zwar objektiv betrachtet die Möglichkeit gehabt, das Angebot anzunehmen, sich auf Beziehungen zu Peers oder zu einer erwachsenen Person einzulassen, doch zu gross war bereits seine Skepsis gegenüber dem Sozialen und gegenüber anderen Menschen: «Ich war immer davon ausgegangen: ‹Du kannst dich eh nie auf jemanden verlassen›, weil das ist das, was mir beigebracht worden war. Und warum soll jetzt jemand auf mich warten, wo ich mich ja sowieso nicht darauf verlassen kann? Das macht irgendwie keinen Sinn. Und wenn ich es nicht organisieren kann für mich oder wenn ich es mir nicht zurechtlegen kann, dann macht es niemand für mich.»[21]

In der Folge scheint ihm diese Situation vor allem bewusst gemacht zu haben, wie wenig Vertrauen jemals jemand in ihn hatte und umgekehrt. Er beschloss deshalb, fortan nur noch sich selbst zu trauen oder sich, wie er es nennt, «selbst zu normalisieren». Die Eiskunstlaufszene wird insofern zu einem Wendepunkt, als darin nicht nur soziale Nichterfahrung ersichtlich wurde (Kristallisation), sondern sich danach ein Selbst- und Lebenskonzept verfestigte (Wende).

20 «Und dänn hätt sie alli im im Chreis sitze la, mini Mitschüeler. Und ich ha de döfe id Mitti vom Chreis sitze. Und dänn hät sie alli gfrögt gha: ‹Händ ihr de Adrian vermisst?› Und dänn hät jedes einzeln chöne säge, ja und warum und so. Ich ha das nöd kännt, dass mich öper vermisst, will ich ha das nie glert, mich het nie öper vermisst. Mich händs nur immer welle isperre und bhalte.»

21 «Ich bin immer devo usgange: ‹Du chasch dich eh nie uf öper verla›, will das isch das, wo mier glert worden isch. Und werum söll jetzt öper uf mich warte, woni mi ja eh nid cha druf verla? Das macht igendwie kä Sinn. Und wenis nöd chan organisiere für mi, oder wenis mier nöd chan zrächt lege, denn machts niemert für mich.»

«Jetzt geht es mal aufwärts im Leben» – steiler beruflicher Aufstieg dank Ausdauer, Ichbezogenheit und Performanz

Wenn sich fortan eine Gelegenheit bot, Unterstützungsangebote von anderen Personen anzunehmen, tat Adrian A. das zwar nach wie vor. Aber er verliess sich dabei nur auf sich selbst, ohne sich auf eine Beziehung zu den Menschen selbst einlassen zu müssen. In der Folge hatte er nach wenigen Jahren in Gelegenheitsjobs erste berufliche Erfolge. Er machte sich selbständig, zuerst mit einer kleinen Privatschule, danach als Projektmanager in der Privatwirtschaft. Im luxuriös anmutenden Lebensstil, den er sich nun leisten und gegen aussen sichtbar machen konnte, sah er eine kumulierte Genugtuung für alles, was ihm bisher vorenthalten worden war. Das, was er sich «schon immer ausgemalt» hatte, war für ihn dank seinem Willen, aus dem Nachteil des Auf-sich-selbst-zurückgeworfen-Seins die Kraft für das unermüdliche Durchkämpfen zu generieren, nun möglich: «Ich hatte dann das erste Mal gedacht: ‹Aah, jetzt geht es mal aufwärts im Leben.› Ich dachte: ‹Ja, wenn ich 9300 Franken Lohn hab, dann kann ich mir auch eine Wohnung nehmen für 3000 Franken, da muss ich kein schlechtes Gewissen haben. Dann kann ich endlich mal in meinem Leben standesgemäss wohnen, wie ich mir das schon immer ausgemalt und vorgestellt hatte.› Ich habe dann ein Penthouse genommen für 3300 Franken, 160 Quadratmeter, 90 Quadratmeter Terrasse, unten zwei Einstellplätze.»[22]

Würde die Analyse und Bewertung einem neoliberal gefärbten Resilienzkonzept folgen, das sich vor allem auf messbare, wirtschaftliche Erfolgsfaktoren anstatt auf subjektbezogene Dimensionen abstützt, wäre Adrian A.s Biografie zu diesem Zeitpunkt eindeutig ein Beispiel für einen positiven, auf Resilienz fussenden Verlauf: Alles, worunter er in seiner Kindheit und Jugend in den Heimen gelitten hatte, hätte er danach zu seinen Gunsten gewendet und es damit objektivierbar und nachweisbar sehr weit gebracht. Dass genau in dieser Abhängigkeit des Erfolgs vom Materiellen bei gleichzeitigem Verzicht auf Beziehungen zu anderen Personen und insbesondere zu sich selbst eine besondere Vulnerabilität stecken könnte, wird in dieser Sichtweise jedoch übersehen.

«Der Staat hat gewonnen» – anhaltende staatliche Kontrolle und verunmöglichte Selbständigkeit

Mit Blick auf den weiteren Verlauf von Adrian A.s Biografie wird deutlich, dass ein Arbeitsunfall im Alter von 42 Jahren das labile Resilienzkonstrukt als

22 «Ich ha den 's erscht mal dänkt gha: ‹Aah, jetzt gahds mal uffwärts im Läbe, oder.› Ha den dänkt: ‹E ja, wän ich 9300 Franke Lohn ha, de chan ich mier au Wohnig nä für 3000 Franke de muess ich e käs schlächts Gwüsse ha, oder, de chan ich äntlich e mal i mim Läbe standesgemäss wohne, wien ich mier das scho immer ha usgmalt und vorgstellt, oder.› Und ha den es Penthaus gno für 3300 Franke, 160 m2, 90m2 Terasse une zwei Istellplätz.»

Basis einer neuen Existenz zusammenbrechen und die überwunden geglaubte Vergangenheit aufbrechen liess. Nach seinem Unfall hatte Adrian A. sehr starke chronische Schmerzen, die ihn arbeitsunfähig machten. Da die lang anhaltenden Schmerzen aber vor allem auf nervlichen Ursachen fussten, gestaltete es sich sehr schwierig, diese objektivierbar zu machen. Das wäre aber notwendig, um bei der Invalidenversicherung eine Teilrente zu legitimieren. Sich plötzlich wieder in einer von Behörden hoch abhängigen Position zu befinden, machte Adrian A. vor dem Hintergrund seiner bisherigen Lebenserfahrung über weite Strecken handlungsunfähig. Zum Zeitpunkt des Interviews, beinahe zehn Jahre nach dem Unfall, war er wütend, misstrauisch und psychisch wie physisch ermüdet. Er fühlte sich seit dem Unfall in die widersprüchliche Situation nach dem Heimaustritt zurückversetzt: «Es ist, wie wenn du ein Tier einsperrst und plötzlich sagst: ‹Jetzt flieg weg, flieg weg.› Und der Vogel fliegt nicht weg und du wunderst dich, warum der Vogel nicht wegfliegt, weil er kann das gar nicht.»[23]

Die Metapher des flugunfähigen Vogels im Käfig mag auf den ersten Blick allzu bekannt und vereinfachend wirken. Im Zusammenhang mit seinen Erfahrungen seit dem Heimeintritt bekommt das Bild jedoch einen hohen Realitätsbezug. Nun wurde Adrian A. deutlich, dass er trotz Höhenflug im Beruf flugunfähig und von anderen kontrolliert geblieben war. Abhängig von einem anhaltenden Legitimationsdruck, blieb er in hohem Masse skeptisch gegenüber sozialen Beziehungen und versuchte, sich nur auf sich selbst zu verlassen. Schliesslich erfuhr er, dass dies nicht ausreichte, um in einer biografischen Krise bestehen zu können. Resigniert bilanzierte er, dass der Staat den Kampf gegen ihn, einen Kampf, den das Leben seit je von ihm verlangt hatte, nun gewonnen habe, dass der Unfall der Beginn einer Wende zurück zu Themen seines Lebensanfangs war: «Der Staat hat gewonnen. Ich komme mir vor wie in einer grossen Voliere. Man gibt mir gerade so viel Geld, dass ich es vielleicht von Genf bis Lausanne schaffe, aber ja nicht bis Bern. Das wäre ja schon zu weit. Man kontrolliert mich über das Geld, wie damals schon.»[24]

Adrian A. bezog zum Zeitpunkt des Interviews Sozialhilfe und kämpfte für eine medizinische Anerkennung seiner Krankheit.

23 «Es isch, wie wänn du es Tier ispersch und plötzlich seisch: ‹Etz flüg weg, flüg weg!› Und de Vogel flügt nid wäg und de wunderisch dich, worum d'Vogel nid wägflügd, will er cha gar nöd.»

24 «De Staat hed gwunne. Ich chum mer vor wie inere grosse Voliere. Mer gid mer grad so viel Gäld, dass ichs villicht vo Genf uf Lausanne schaff aber ja nöd uf Bern, oder. Das wär ja scho z'wiit. Mer kontrolliert mich übers Gäld, wie damals scho.»

Biografische Themen – Maria M.

Maria M. wuchs mit ihrem Bruder bei beiden Eltern auf. Ihre ersten Erinnerungen sind geprägt von Gefühlen der Einsamkeit; allein spazierte sie durch Wälder, ertrank als kleines Mädchen fast in einem See und wurde zufällig von einem vorbeigehenden Spaziergänger gerettet. Maria M. erinnert sich daran, was ein Arzt ihrer Mutter in der Anwesenheit ihrer Kinder sagte: «Sie können gar keine Familie haben. Das schaffen Sie nicht, das ist zu viel!»[25] Als die Mutter nach einem Unfall ins Krankenhaus kam, wurde 1964 die Heimplatzierung von Maria M. und ihrem Bruder angeordnet. Maria M. war acht Jahre alt.

«Ich gehorche, dann habe ich keinen Ärger» – Bedürfnisse den Erwartungen anderer unterordnen

Mit dem Eintritt ins Heim erlebte Maria M., dass ihre individuellen Bedürfnisse auch hier von Erwachsenen nicht erkannt und übergangen wurden. Als Reaktion auf diese Erfahrungen entschied sie sich dafür, die eigenen Bedürfnisse denen anderer unterzuordnen. Denn ihr Ziel sei es stets gewesen, möglichst ruhig und ohne viel Ärger die Zeit im Heim zu überstehen: «Das ist, glaube ich, ein Thema, das mich bis heute begleitet. Ich habe ja meine Devise, im Waisenhaus war das auch immer: ‹Ich gehorche, dann habe ich keinen Ärger.›»[26]

Um unauffällig zu bleiben, bemühte sich Maria M. um überangepasstes Verhalten. Da sie im Leistungsbereich Erfolg hatte – sie war eine ausserordentlich gute Schülerin –, bekam sie viel Anerkennung. Gleichzeitig wurde ihr gesagt, sie solle sich im Heim «sozialer» verhalten. Doch ihr Versuch, sich zu «integrieren», misslang immer wieder: «Im Waisenhaus haben sie immer probiert, also sie haben immer gesagt, ich solle mich etwas sozialer benehmen. Wie macht man das, wenn man damit Mühe hat? Ich meine, ich war ja eine sehr Folgsame, ich wäre gern etwas integrierter gewesen, in irgendeine Menschengruppe, aber das habe ich nicht zustande gebracht.»[27]

Maria M. fehlte es an Orientierung, wie «sozialeres Verhalten» möglich sein sollte. Auch die Erfahrungen anderer ehemaliger Heimkinder in jener Zeit zeigen, dass soziale Beziehungen in Kinder- und Jugendheimen kontrolliert und sanktioniert wurden. Auf sozialen Kontakt, «tiefer gehende emotionale Beziehungen» zwischen Kindern und Jugendlichen sowie Gruppenbildung re-

25 «Sie chöng gar kei Familie ha. Das schaffed Sie nöd, dass isch zviel!»

26 «Also, das isch glaub es Thema, wo mich bis hüt begleitet. Ich han ja/ mini Devise im Waisehuus isch au gsie: ‹Ich folge, denn han ich kei Lämpe.›»

27 «Im Waisehuus händs immer probiert, also, sie händ mir immer gseit, ich söll mich chli sozialer beneh. Äh, wie macht mer das, wenn mer Mühe hät demit? Ich meine, ich bin ja e Folgsami gsie, ich wäri gern echli integrierter gsie, irgendinere Menschegruppe, aber ich hans nöd ane bracht.»

agierte das Betreuungspersonal misstrauisch.[28] Regeln, Disziplin und Ordnung strukturierten den Lebensalltag im Heim. Empathie und ein Gefühl der Sicherheit, die Voraussetzungen für einen Vertrauensaufbau zwischen Heimkindern und Erziehenden, waren kaum vorhanden. Die Verwaltung der Gruppe war oberstes Prinzip; individuelle Bedürfnisse der Kinder und Jugendlichen traten dahinter zurück.

Auch heute noch beschäftigen Maria M. die Erwartungen anderer sehr. Sie beschreibt anschaulich, wie sie in einer Therapie, die ihr von Arbeitskollegen empfohlen wurde, lange nur versuchte zu verstehen, was der Therapeut von ihr erwartete: «Ich habe mir immer sehr Mühe gegeben, seine Klischees zu erfüllen. Ich hatte das Gefühl, der möchte jetzt seine Schubladen füllen, mich einordnen irgendwo. Und ich hab mir ganz fest Mühe gegeben, dass ich das schaffe mit dem, was ich erzählt habe.»[29]

Auch in der Interviewsituation zeigte sich das deutlich. Es fiel Maria M. schwer, das Interview nach fast vier Stunden abzuschliessen. Wiederholt fragte sie, ob sie wohl all das gesagt habe, was die interviewende Person habe hören wollen.

Gleichzeitig zeigt sich in den Erzählungen über ihr Leben deutlich, dass Maria M. durchaus Erwartungen an andere hat. Nur vermag sie diese nicht zu kommunizieren, was nicht selten dazu führt, dass sie sich nach altem biografischem Muster anderen Erwartungen und Bedürfnissen unterordnet. In solchen Situationen ist Maria M. dann enttäuscht und stellt sich auch selbst infrage.

«Meine Hölle» – auf sich selbst zurückgeworfen sein

Maria M. erfuhr schon vor der Heimplatzierung in der Familie und später dann im Heim unter vielen Kindern grosse Einsamkeit. Wie sie berichten zahlreiche ehemalige Heimkinder davon, dass sie sich, wenn auch häufig nur für einen kurzen Zeitraum, dem Heimalltag zu entziehen versuchten, indem sie zum Beispiel einsame Streifzüge durch den Wald unternahmen und dort das unkontrollierte Umherirren und die Orientierungslosigkeit schätzten.

Maria M. brachte sich das Lesen selbst bei, als sie fünf Jahre alt war, und rettete sich aus ihrer Einsamkeit in die Parallelwelt der Bücher. Diesen Schutzraum sucht sie auch als Erwachsene immer wieder auf und nimmt dabei eine beobachtende Haltung ein. Sie beobachtet und analysiert Situationen und Beziehungen wie von aussen, bleibt dabei aber handlungsunfähig. In Beziehungen und auch im beruflichen Umfeld erlebt sie, dass sie ausgenutzt wird. Ihr

28 Vgl. Hafner 2014, S. 77.

29 «Ich han mir sehr Mühe geh, sini Klischees zerfülle. Ich hans Gfühl kah, de möcht jetzt es Schublädli fülle, mich iordne irgendwo und han mir ganz fescht Mühe geh, dass ich das anebringe, idem was ich verzellt han.»

Unvermögen, darauf zu reagieren, führt dazu, dass sie sich als wehrlos erlebt, sich aber gleichzeitig schuldig fühlt, weil sie nicht für ihre Bedürfnisse einsteht. Diese Realität beschreibt sie bis in die Gegenwart als «meine Hölle».[30]

«Habe probiert mich zu integrieren» – soziale und emotionale Skepsis gegenüber anderen und sich selbst

Maria M. hat, wie Adrian A. auch, eine hohe emotionale Skepsis gegenüber anderen und gegenüber sich selbst. Emotionen sind in ihren Erzählungen kaum vorhanden, vielmehr kommt sie häufig zu harten Urteilen über andere und vor allem über sich selbst. Dies irritiert auch ihre Arbeitskollegen: «Mein Problem war, ich hatte keine Gefühle, ich konnte Gefühle nicht zulassen. Da hat mal einer gesagt: ‹Weisst du, wenn du wütend bist, lächelst du mich trotzdem an.› Ich wollte doch nicht unsere Beziehung verderben, dann bin ich halt höflich geblieben, aber ich hatte eine Scheisswut. Also, das war mein Problem, glaube ich, ich habe einfach meine Emotionen abgestellt, das ist das Sicherste und es tut einem nicht weh. Also deshalb kann man auch Bücher lesen, die tun einem nicht weh.»[31]

Auch Maria M. erfuhr bereits früh, dass sie sich auf niemand anders verlassen konnte und nur für sich selbst da war. Obwohl der Bruder im selben Heim lebte, brach der Kontakt zu ihm ab, weil die Gruppen geschlechtergetrennt geführt wurden. Der Kontakt zu den Eltern fand zwar regelmässig statt, wurde von Maria M. aber als ambivalent erlebt. Sie hatte viele offene Fragen und verstand nicht, weshalb die Eltern sich nicht darum bemühten, ihre Kinder wieder zu sich zu nehmen.

Es stellt sich auch für andere Heimkinder die Frage, wie das erschütterte Vertrauen gegenüber anderen Personen und sich selbst nach dem Heimaustritt wieder aufgebaut werden kann. Dass dies zu einer zentralen Herausforderung und Lebensaufgabe werden kann, zeigt sich in Berichten ehemaliger Heimkinder, die Gefühle emotionaler Distanz gegenüber anderen beschreiben.[32] Sich auf Beziehungen zu Arbeitskollegen, Freunden, Partnerinnen und Partnern und Kindern einlassen zu können, wird als grosse Schwierigkeit beschrieben. Häufig führt dies dazu, dass ehemalige Heimkinder sich nicht auf Beziehungen einlassen beziehungsweise diese Nähe zu anderen nicht zulassen können oder

30 «Mini Höll.»

31 «Mis Problem isch gsie, ich han kei Gfühl kah, ich han Gfühl nöd chöne zue lah. Da hät eine mal gseit: ‹Weisch, wenn du verruckt bisch, lächlisch du mich trotzdem a.› Ich han doch nöd welle dBeziehig verderbe mit ihm, denn bin ich halt höflich gsie, oder, aber ich han e Schisswuet kah. Also, das isch mis Problem glaub gsie, dass ich, ich han eifach mini Emotione abgstellt, das isch au Sicherschte und es tuet eim nüt weh. Also, drum chan mer au Büecher lese, die tüend eim nöd weh.»

32 Vgl. Kuhlmann 2008.

wollen. Die interviewten Personen beschreiben das distanzierte, erwartungsfreie Kühlbleiben gegenüber anderen auch im Sinne einer Bewältigungsstrategie, die es ihnen ermöglicht, etwaigen Enttäuschungen und unkontrollierbaren Situationen aktiv und damit selbstmächtig entgegenzuwirken.

Maria M. beschreibt mehrere missglückte «Integrationsversuche». Doch auch über den Heimaustritt hinaus stellte sie immer wieder fest, dass sie ihre Position als «Aussenseiterin» nicht verlassen konnte. Sie erfuhr also eine soziale Desintegration, die sich durch ihr ganzes Leben zog. Die Versuche, «andocken» und sich zu «integrieren», scheiterten immer wieder. Das persönliche soziale Netzwerk blieb bis in die Gegenwart stark begrenzt, was Maria M. bedauert. Als fast Fünfzigjährige stellte sie nach einem Unfall fest, dass sie niemanden kennt, der für sie einkaufen gehen könnte: «Ich habe keine tragfähige ausserfamiliäre Beziehung und das finde ich schade.»[33]

«Von niemandem abhängig sein» – Handlungsfähigkeit als Subjekt kompromisslos erkämpfen

Maria M. bleibt trotzdem nicht in jeder Hinsicht handlungsunfähig. Auf eindrückliche Weise ist sie in ihrem ganzen Leben immer wieder imstande, sich ihre Handlungsfähigkeit zurückzuholen. Diese steht meistens im Zusammenhang mit der Erfahrung, nur selbst für sich eintreten zu können und für sich verantwortlich zu sein. Maria M. schliesst verschiedene Ausbildungen ab, ist beruflich sehr erfolgreich und steht schon früh finanziell auf eigenen Beinen. Mit ausgesprochen klaren Devisen trifft sie Entscheidungen, die jeweils der Prämisse folgen: «Dass ich allein überleben kann, dass ich von niemandem abhängig bin.»[34]

«Ich habe das Gefühl, dass ich ganz viele Fehler gemacht habe» – Intergenerativität und die Beziehung zu den Kindern

Baader zeigt die Wirkmächtigkeit der Kindheitserfahrungen ehemaliger Heimkinder hinsichtlich ihrer Elternschaft und die sekundäre Traumatisierung der nachfolgenden Generation.[35] Laut Kuhlmann wird die Erziehung der eigenen Kinder gerade deshalb zur Herausforderung, weil sie mit der Besorgnis der Wiederholung von eigenen Erfahrungen in der Kindheit zusammenhängt.[36] Der Umgang mit dieser Herausforderung mündet so zum Beispiel in eine kühle Distanzierung, eine Überforderung mit den Bedürfnissen der Kinder.

33 «Ich han kei tragfähigi, usserfamiliäri Beziehige und das find ich schad.»
34 «Dass ich allei chan überlebe, dass ich vo niemertem abhängig bin.»
35 Vgl. Baader 2014.
36 Vgl. Kuhlmann 2008.

In allen biografischen Interviews wird das Kinderhaben oder -kriegen thematisiert. Es wird jeweils geschildert, dass noch vor dem ersten Kind eine ambivalente Auseinandersetzung mit dem Thema stattgefunden hat. Immer mit Bezug auf die Erfahrungen in der eigenen Kindheit wird dabei eine vorsichtig zurückhaltende oder stark ablehnende Position eingenommen. Ängste vor dem Elternsein, die Besorgnis, sich nicht gut um die Kinder zu kümmern, nicht genügend für sie da zu sein, werden genannt.

Auch Maria M. sieht sich durch die Konfrontation mit dem Kinderwunsch ihres Partners zur Auseinandersetzung mit der eigenen Vergangenheit gezwungen. Das löst in ihr Gefühle der Unfähigkeit und Unsicherheit aus; sie misstraut ihren Fähigkeiten als Mutter, was auch einen Einblick in ihr Selbstbild gibt: «Ich habe immer gedacht, ich könnte keine Kinder haben mit meiner Vergangenheit, das sei nicht gut, ich könnte mich nicht gut um Kinder kümmern.»[37]

Fast wortwörtlich wiederholt Maria M. hier die Aussage, die ein Arzt ihrer Mutter gegenüber nach der Geburt Marias geäussert hat. Auch Maria M. hat also noch vor der ersten Schwangerschaft das Gefühl, sie solle eigentlich gar keine Kinder haben. Als dann ihre Tochter geboren wird, schwört sie ihr im Kreissaal, dass sie sie nie im Stich lassen und immer für sie da sein wird. Doch dieses Versprechen kann Maria M. nicht halten. Sie beschreibt ihr Unvermögen, dem Erkennen der Bedürfnisse der Tochter Taten folgen zu lassen. Ihre noch vor der Schwangerschaft benannten Vorbehalte bestätigen sich im Sinne einer selbsterfüllenden Prophezeiung: «Ich habe das Gefühl, ich habe ganz viele Fehler gemacht und ihr geht es sicher nicht gut, sie hat ganz sicher was anderes gebraucht, aber nicht bekommen.»[38]

Maria M. beschreibt, wie sie ihre Tochter beobachtet und schweigend staunt, wie sie sie für Charakterzüge bewundert, dies aber gar nicht kommunizieren kann: «Wenn sie angegriffen wird, kann sie sich blitzschnell wehren, das imponiert mir ungeheuer.»[39] Maria M. bewundert ihre Tochter für Eigenschaften, die sie an sich selbst nicht kennt und die sie auch nicht vorleben konnte. Das Verhalten ist ihr einerseits fremd, andererseits empfindet sie Bewunderung dafür. Auch hier beobachtet Maria M. nur passiv und distanziert, wie bei den anderen Gruppen, zu denen sie den Zugang nicht findet.

37 «Ich han immer denkt, ich chöngi kei Chind ha mit minere Vergangeheit, das säg nöd guet, ich chönt zu Chind nöd guet luege.»

38 «Ich han sGfühl, ich han ganz viel Fehler gmacht und ihre gahts sicher nöd guet, sie hät ganz sicher öpis anders brucht, häts nöd übercho.»

39 «Wenn sie agriffe wird, sich blitzschnell au chan währe, dass imponiert mir unghür.»

Fachliche Konsequenzen der biografischen Wirkungen von Heimerziehung

Die Fallbeispiele von Adrian A. und Maria M. verdeutlichen, dass der Aufenthalt in einem oder mehreren Heimen nebst formal angestrebten Zielen wie Arbeitsmarktintegration, die Fähigkeit, finanziell für sich selbst zu sorgen, oder angepasstes Verhalten viele nicht beabsichtigte Auswirkungen haben kann. Diese Auswirkungen können in unterschiedlichen Zeitpunkten der Biografie relevante Handlungsspielräume einschränken, aber auch erweitern. Es lässt sich festhalten, dass die Themen, die in beiden Biografien bis ins höhere Alter präsent und einflussreich bleiben und hier entlang von Kristallisationspunkten besprochen wurden, übergreifende Auswirkungen der Erfahrungen von Heimerziehung wiedergeben.

Besonders auffällig scheint, dass trotz vielfältiger Veränderungen des Heimkontextes zwischen 1950 und 1990 die Erfahrungsqualitäten in Bezug auf die drei nachfolgenden biografisch bedeutsamen Themen intersubjektiv beinahe unverändert geblieben sind:

- Illegitime Existenz aus der Sicht staatlicher Instanzen und weiterer Menschen: Die erfahrene Machtlosigkeit gegenüber Entscheidungen der Vormundschaftsbehörden oder der Erzieherinnen und Erzieher kann im späteren Lebensverlauf immer wieder reaktiviert oder verstärkt werden. Sie bricht vor allem dann auf, wenn man sich (sozial)staatlichen Strukturen unterordnen muss, wenn man sich von Beamten oder anderen als moralisch, normativ oder hierarchisch übergeordnet wahrgenommenen Instanzen hinterfragt oder infrage gestellt fühlt.
- Abhängigkeit von einem fortwährenden Legitimationsdruck: Gerade weil sie einen schwierigen Start ins Leben hatten, glauben viele, konstant beweisen zu müssen, dass sie nun ein erfolgreiches Leben führen, zum Beispiel indem sie sich Statussymbole zulegen oder mit der Unterstützung von Vertreterinnen und Vertretern einer Berufsgruppe, die ein hohes Ansehen besitzt (Ärztinnen, Anwälte, Politikerinnen).
- Emotionale und soziale Skepsis: Weil die Heimerfahrungen und deren Konsequenzen (wie Wahrnehmung sozialstaatlicher Aberkennung oder sozialen Legitimationsdrucks) den betroffenen Menschen immer wieder das Gefühl vermittelten, auf sich selbst zurückgeworfen zu sein, haben sie gelernt, sich auf niemanden ausser sich selbst zu verlassen. Dieses Misstrauen wird in der Ausgestaltung unterschiedlicher sozialer Beziehungen deutlich, insbesondere in Partnerschaften oder bei Elternschaft, beides verbindliche Beziehungsformen, auf die viele absichtlich verzichten. Das Misstrauen äussert sich nicht zuletzt immer wieder gegenüber sich selbst.

Als unbeabsichtigter Effekt von kindesschutzbasierten Interventionen kann somit eine lebenslange Vulnerabilität entstehen, da insbesondere in Krisen biografischer Sinnerzeugung das Vertrauen in sozialstaatliche oder persönliche Hilfsangebote sowie konstante und verlässliche Lebensentwürfe und Bezugspersonen fehlen können. Aus sozialpädagogischer Sicht lassen sich aus diesen Erfahrungsdimensionen, die bis ins höhere Alter Selbstwahrnehmung und Handlungsspielräume stark beeinflussen, die folgenden Schlüsse ziehen: Über die zeitliche Begrenzung der Heimstrukturen hinweg braucht ein Kind eine Person, die seine Biografie bedingungslos begleitet, wozu auch das konsistente Übernehmen von Verantwortung gehört. Vor allem den individuellen Bezug zu sozialen Netzwerken und «bedeutsamen Menschen» wie Familie, Bekannte, Trainer oder Peers gilt es fallspezifisch zu verstehen und konzeptuell mit einzubeziehen.[40]

Sollen die Heranwachsenden zu Mitautorinnen und -autoren ihrer Biografie werden, so ist Partizipation bei der Entscheidung und damit ein Verständnis der Platzierungsbegründung von essenzieller Bedeutung. Wenn ein Kind im Heim keine subjektiv stimmige (nicht objektiv richtige) Erklärung für die Platzierung im Heim besitzt, ist die Integration der Heimerfahrung in die weitere Biografie schwierig bis unmöglich.

Eine historisch kontextualisierte Schlussfolgerung könnte nahelegen, dass die erwähnten Wirkdimensionen primär auf den patriarchalen und disziplinierenden Charakter der Grossgruppenheime, die in der Schweiz noch bis in die späten 1960er-Jahre üblich waren, zurückzuführen sei. Diese Sichtweise nimmt heutige Heimerziehung allerdings voreilig von der Kritik aus, auch wenn sich die Bedingungen, unter denen Kinder und Jugendliche und ihr Umfeld ins Aufwachsen im Heim mit einbezogen werden, in den vergangenen Jahrzehnten markant verbessert haben. So merkt auch Schrapper an, dass es der sozialpädagogischen Fachwelt nach wie vor schwerfällt, biografisch relevante Themen adäquat zu verstehen.[41] Das führe dazu, dass in der Kinder- und Jugendhilfe immer noch «Fälle produziert» würden, die kaum Schnittpunkte mit den Sichtweisen und Lebenslagen der jungen Menschen besitzen.

Auf der Ebene heutiger Praxis und Theorie der Heimerziehung scheinen deshalb weitere gemeinsame Anstrengungen notwendig zu sein, damit Kinder und Jugendliche in ihrer Lebensgestaltung angemessener begleitet und unterstützt werden. Deshalb gilt es zu verhindern, dass der Wirkungsbegriff in der sozialpolitisch unter Druck stehenden Heimerziehungslandschaft auf Kosten der Hilfsempfängerinnen und -empfänger missverstanden oder missbraucht

40 Vgl. den Beitrag von Bombach/Gabriel/Galle/Keller, Die «neuen Praktikanten».
41 Vgl. Schrapper 2014.

wird. Es wird deutlich, dass die bislang teils inflationär genutzten Konzepte von Resilienz oder Ressourcenorientierung individuelle Vulnerabilität als unbeabsichtigte Effekte von Heimerziehung nicht zu berücksichtigen vermögen. Ziel der Heimerziehung sollte es bleiben, die Handlungsspielräume für die weitere, eigenwillige Entwicklung bereits während der Zeit im Heim sowie in der Übergangsgestaltung zu fördern und dabei die individuelle Verletzlichkeit stets mit zu berücksichtigen. So würde es zur sozialpädagogischen «Verantwortungsethik»[42] gehören, nebst einfach messbaren Wirkebenen wie Legalbewährung und Lehrabschluss insbesondere die selbstbestimmte Ausgestaltung individueller Handlungsspielräume nachhaltig zu ermöglichen.

Damit die Aufarbeitung von Heimgeschichte gelingt, gilt es deshalb den Fokus zu verschieben: weg vom Legitimationsdruck auf ehemalige Heimkinder, sich gegen das bleibende Stigma zu wehren, hin zu einem auf sozialpädagogischen Kenntnissen beruhenden, kindbezogenen Legitimationsdruck auf Heimerziehung selbst. Daraus würde für die gegenwärtige Kinder- und Jugendhilfe resultieren, dass sie Hilfsempfängerinnen und -empfänger nicht nur im Sinne einer strukturellen Unterwerfung gesellschaftlich integriert, sondern auch den Anspruch an sich selbst richtet, in eigensinnige Lebensentwürfe und individuelle soziale Bezüge integrierbar zu sein.

Literaturverzeichnis

Baader, Meike Sophia (2014). Pädagogisch-ethische Verantwortung und die Frage nach dem guten Leben. In: Integras (Hg.), *Zeitzeichen. Aus dem Gestern – heute – für das Morgen lernen. Referate der Integras-Fortbildungstagung 2014*. Zürich: Integras, S. 64–74.

Barton, Allen H. (1955). The Concept of Property-Space in Social Research. In: Lazarsfeld, Paul F. und Rosenberg, Morris (Hg.), *The Language of Social Research*. New York: Free Press, S. 40–53.

Bullock, Roger, Little, Michael und Millham, Spencer (1993). *Residential Care for Children. A Review of the Research*. London: The Stationery Office.

Colla, Herbert E. (1999). Personale Dimension des (sozial)pädagogischen Könnens. Der pädagogische Bezug. In: Colla, Herbert E., Gabriel, Thomas, Millham, Spencer, Müller-Teusler, Stefan und Winkler, Michael (Hg.), *Handbuch Heimerziehung und Pflegekinderwesen in Europa*. Neuwied: Luchterhand, S. 341–361.

Gabriel, Thomas (2001). *Forschung zur Heimerziehung. Eine vergleichende Bilanzierung in Grossbritannien und Deutschland*. Weinheim: Juventa.

42 Weber 1919.

Gabriel, Thomas (2011). Resilienz. In: Otto, Hans-Uwe und Thiersch, Hans (Hg.), *Handbuch Soziale Arbeit*. München: Ernst Reinhardt, S. 1342–1347.

Gabriel, Thomas und Keller, Samuel (2013). Krisen und Transitionen im Lebenslauf. In: Riedi, Anna Marie, Zwilling, Michael, Meier Kressig, Marcel, Banez Bartoletta, Petra und Aebi Zindel, Doris (Hg.), *Handbuch Sozialwesen Schweiz*. Bern: Haupt, S. 47–59.

Gabriel, Thomas und Keller, Samuel (2014). Junctions, Pathways and Turning Points in Biographical Genesis of Right-Wing Extremism. *Social Work & Society*, (12) 1.

Gabriel, Thomas und Keller, Samuel (2015). Editorial: Care Leaver. Übergänge nach Ende der Jugendhilfe. *Schweizerische Zeitschrift für Soziale Arbeit*, 6, S. 3–5.

Gilligan, Robbie (2009). Positive Turning Points in the Dynamics of Change over the Life Course. In: Mancini, Jay A. und Roberto, Karen A. (Hg.), *Pathways of Human Development. Explorations of Change*. Lanham (Maryland): Lexington Books, S. 15–34.

Hafner, Wolfgang (2014). *Pädagogik, Heime, Macht. Eine historische Analyse*. Zürich: Integras.

Hartmann, Klaus (1996). *Lebenswege nach Heimerziehung. Biographien sozialer Retardierung*. Freiburg im Breisgau: Rombach.

Kuhlmann, Carola (2008). *«So erzieht man keine Menschen!». Lebens- und Berufserinnerungen aus der Heimerziehung der 50er und 60er Jahre*. Wiesbaden: Springer VS.

Lazarsfeld, Paul F. und Barton, Allen H. (1951). Qualitative Measurement in the Social Sciences. Classification, Typologies, and Indices. In: Lerner, Daniel und Lasswell, Harold D. (Hg.), *The Policy Sciences*. Stanford: Stanford University Press, S. 155–192.

Millham, Spencer und Bullock, Roger (1987). A holistic approach to the evaluation of residential care institutions. In: Eiskovitz, Rivka Anne und Kashti, Yitzhak (Hg.), *Qualitative Research and Evaluation in Group Care*. New York: Haworth Press, S. 5–7.

Rosenthal, Gabriele (1993). Reconstruction of Life Stories. Principles of selection in generating stories for narrative biographical interviews. *The Narrative Study of Lives*, 1 (1), S. 59–91.

Schrapper, Christian (2014). Heimerziehung als Exempel für Macht und Missbrauch in Institutionen. Die Auseinandersetzung mit der Heimerziehung in den 1950/60er Jahren in Westdeutschland. In: Willems, Helmut und Ferring, Dieter (Hg.), *Macht und Missbrauch in Institutionen. Interdisziplinäre Perspektiven auf institutionelle Kontexte und Strategien der Prävention*. Wiesbaden: Springer VS, S. 43–70.

Schütze, Fritz (2004). Biography analysis on the empirical base of autobiographical narratives. How to analyse autobiographical narrative interviews. Part I. *European Studies on Inequalities and Social Cohesion*, 1–2, S. 153–242.

Strauss, Anselm und Corbin, Juliet (1990). *Basics of Qualitative Research. Grounded Theory Procedures and Techniques*. Newbury Park: Sage Publ.
Thomas, William I. und Thomas, Dorothy Swaine (1970). *The Child in America. Behavior Problems and Programs*. New York: Johnson Reprint.
Weber, Max (1919). *Geistige Arbeit als Beruf. Vier Vorträge vor dem freistudentischen Bund*. München: Duncker und Humblot.

Behördliche Einflussnahme auf den Übergang Jugendlicher ins Erwachsenenalter im Kanton Zürich (1950–1980)

SUSANNE BUSINGER, NADJA RAMSAUER

Das endgültige Schliessen einer Fallakte ist ein Vorgang, in dem die weitreichende Deutungsmacht der Behörden noch einmal zum Ausdruck kommt. Vormundschaftliche Massnahmen endeten jeweils, als Jugendliche erwachsen wurden, oder durch einen vorzeitigen behördlichen Beschluss.[1] Letzteres war in den hier untersuchten Städten Winterthur und Zürich insbesondere in den 1950er- und 1960er-Jahren selten der Fall. Die Vormunde, meistens Amtsvormunde, ersuchten in abschliessenden Rechenschaftsberichten die Vormundschaftsbehörde, aus ihren Pflichten entlassen zu werden. Anlässlich dieser letzten Stellungnahme zum Zeitpunkt der Volljährigkeit stellten sie Prognosen über zukünftige Lebensverläufe, zeigten sich hoffnungsvoll oder pessimistisch und legten die Ratschläge dar, die sie auf den Weg mitgegeben hatten. Die Wünsche der jungen Erwachsenen fanden keine Erwähnung, ein letztes Mal sprachen die Amtsvormunde nicht mit ihnen, sondern über sie: «Es ist sehr zu bedauern, dass Odette*[2] mit ihrer normalen Intelligenz und ausgesprochen manuellen Begabung sich keine bessere Existenzgrundlage zu schaffen vermochte und die entscheidenden Entwicklungsjahre durch ihre Triebhaftigkeit und in einer vorzeitigen Liebschaft vergeudete. Es ist zu hoffen, und wir wünschen es ihr, dass sie aus ihren Erfahrungen eine Lehre zieht und sich doch noch ein positiveres Lebensziel setzt.»[3]

Es wird in diesem Beispiel deutlich, dass moralisierende, das Sexualverhalten betreffende Wertungen über das Fallende hinaus bestehen blieben. Wenn Amtsvormunde und Vormundschaftsbehörden in Winterthur und Zürich jungen Frauen «sexuelle Verwahrlosung» unterstellten, so ihr Jargon, strebten sie häufig eine Heimeinweisung nach kantonalzürcherischem Versorgungsgesetz oder eine Entmündigung wegen «lasterhaften Lebenswandels» nach Art. 370

1 Vgl. Hess 1969, S. 23.
2 Alle Namen wurden pseudonymisiert. Die Erstnennung des Pseudonyms wird mit einem * gekennzeichnet.
3 Schluss-Rechenschaftsbericht vom 1. Juli 1962 bis 13. Februar 1963; STAW, Aufsicht Degen-Kinder*, Etat-Nr. 4207.

des Schweizerischen Zivilgesetzbuchs an. Auch stellte sich mit Abschreibung der Massnahme nicht immer finanzielle Unabhängigkeit ein: Im vorliegenden Beispiel war die Anstellung von Odette Degen als Hausangestellte vorzeitig aufgelöst worden.[4] Dass die junge Frau keine Ausbildung besass, schrieb der Amtsvormund ihrem Verhalten zu. Er bekräftigte seine Sicht der Dinge mit der Zuschreibung des pejorativen, dem psychiatrischen Vokabular entliehenen Ausdrucks «Triebhaftigkeit». Der amtliche Vormund zog nicht in Betracht, dass er die junge Frau allenfalls nicht ausreichend unterstützt hatte in der biografischen Phase ihrer Berufsbildung.

Ziel dieses Beitrages ist es, Übergänge ins Erwachsenenalter zu beleuchten. Anhand von Fallakten lassen sich geschlechts- und schichtspezifische Zuschreibungen der Behörden sowie ihre Folgen für den Lebenslauf der betroffenen Personen in der Ausbildungszeit deutlich machen. Wir haben in unserem Forschungsprojekt für vier ausgewählte Stichjahre, 1954, 1964, 1974 und 1984, Fallakten zu insgesamt sechzig Familien analysiert.[5]

Verhaltensanpassungen und vorzeitige Aufhebung von Massnahmen

In den Fallakten der ersten beiden von uns untersuchten Jahre, 1954 und 1964, findet sich häufig, dass weibliche Jugendliche nur eine Anlehre, oftmals in Sparten mit prekären Arbeitsbedingungen wie Gastgewerbe, Kinderbetreuung oder Hauswirtschaft, absolvieren konnten.[6] Die Berufsbildung von männlichen Jugendlichen wurde im ganzen untersuchten Zeitraum als wichtiger erachtet.[7] Amtsvormunde bemühten sich beispielsweise um Stipendien für männliche Schulabgänger[8] oder konzentrierten sich in den Schlussberichten auf das künf-

4 Schluss-Rechenschaftsbericht vom 1. Juli 1962 bis 13. Februar 1963; STAW, Aufsicht Degen-Kinder*, Etat-Nr. 4207.

5 Gleichzeitig wurden alle Entscheide der Vormundschaftsbehörden Zürich und Winterthur statistisch nach ihren Begründungen erfasst. Vgl. den Beitrag von Businger/Janett/Ramsauer, «Gefährdete Mädchen» und «verhaltensauffällige Buben».

6 Diese Benachteiligung in der Ausbildung manifestiert sich auch in den Berichten des Inspektorats II des Fürsorgeamtes der Stadt Zürich, das Schulabgängerinnen im Heim beaufsichtigte. Stadt Zürich 1955, S. 403; Stadt Zürich 1965, S. 568.

7 Vgl. zu den eingeschränkten, stark geschlechtsspezifisch geprägten Möglichkeiten ehemaliger Heimkinder zur Berufsbildung auch Heiniger 2016, S. 243–247; Furrer et al. 2014, S. 7; Leuenberger/Seglias 2015, insbesondere S. 295–301; Seglias 2013, S. 54; Leuenberger/Seglias 2008, S. 58 f., 140, 191, 213; Gehltomholt/Hering 2006, S. 105–121; Schmidt 2002, S. 227–236; Luchsinger 2016, S. 99–106; Jenzer 2014, S. 376–378.

8 Vgl. dazu Schluss-Rechenschaftsbericht vom 1. Juli 1962 bis 20. Juni 1964; StArZh, V.K.c.30, Aufsicht Othmar Dettwiler*, Nr. 7202d; Dok. 911, Auszug aus dem Protokoll der Vormundschaftsbehörde vom 26. März 1954, Nr. 1008, StArZh, V.k.c.30, Aufsicht Ullmann-Kinder*, Nr. 1127d.

tige Berufsleben: «Er macht in der Lehre [als Werkzeugmacher, eig. Anm.] jetzt gute Fortschritte und bemüht sich, sie erfolgreich abzuschliessen. Joseph* hat das Zeug, ein tüchtiger Berufsmann zu werden.»[9] Die Lehre hatte den Eintritt in die Arbeitswelt zu ermöglichen. Gleichzeitig verlangten die Vormundschaftsbehörden den Schulabgängern ab, sich in die Gesellschaft einzuordnen und sich für diese nützlich zu machen.[10]

Besonders deutlich wird dies bei männlichen Jugendlichen, die als «arbeitsscheu» taxiert und nach zürcherischem Versorgungsgesetz in eine Arbeitserziehungsanstalt eingewiesen wurden. Die «strenge Nacherziehung»[11] zu Tüchtigkeit, Fleiss und Ordnung war hier Zweck der Versorgung. Über Gerd Perotti*, dem die Behörde zunächst Schwierigkeiten in der Erziehungsanstalt Tessenberg, Prêles im Kanton Bern, attestierte, vermerkte der zuständige Amtsvormund nach einem Besuch: «Er strengt sich jetzt sichtlich an, sich geordnet zu führen und zeigt an seinem Beruf Freude. Der Lehrmeister ist denn auch mit ihm in jeder Beziehung zufrieden und man darf heute annehmen, dass der Versorgungszweck erreicht wird.»[12] Das Gesuch Gerd Perottis um vorzeitige Entlassung wurde dennoch mit der Begründung abgelehnt, dass es «offensichtlich [sei], dass der Mündel mit diesem Gesuch in erster Linie bezwecke, den Weg des geringsten Widerstandes gehen zu können».[13] Die Vormundschaftsbehörde trat für gewöhnlich nicht auf Entlassungsgesuche von älteren Jugendlichen ein, die in einer Arbeitserziehungsanstalt lebten. Sie deutete das Streben nach Selbstständigkeit als Beleg für das, was sie den Jugendlichen unterstellten, nämlich als Versuch, Schwierigkeiten auszuweichen.

Ein Blick in die Protokollbände verdeutlicht, dass die Vormundschaftsbehörde Massnahmen in der Regel nur dann vorzeitig aufhob, wenn eine geschiedene Mutter wieder heiratete und damit aus der Perspektive der Behörde

9 Vgl. dazu Schluss-Rechenschaftsbericht vom 1. Oktober 1957 bis 1. Oktober 1959; STAW, Aufsicht Hodler Kinder*, Etat-Nr. 3162.

10 Diese Anforderung verschob sich seit den 1950er-Jahren allmählich Richtung Selbstentfaltung. Vgl. Jenzer 2014, S. 378; Seglias 2013, S. 71.

11 Vgl. hier etwa das Protokoll der Waisenkommission vom 2. September 1954 zur Einweisung von Gerd Perotti* in die Arbeitserziehungsanstalt Tessenberg: «Der junge Mann hat sich bereits durch sein asoziales Verhalten, das zu seiner Bevormundung führte, und auch weiterhin als derart liederlich erwiesen, dass er einer strengen Nacherziehung, wie sie nur durch ein eigens dazu eingerichtetes Heim vermittelt werden kann, bedarf.» STAW, Aufsicht Gerd Perotti*, Etat-Nr. 4123. Zu den Lebens- und Arbeitsbedingungen männlicher Jugendlicher in Anstalten vgl. Heiniger 2016.

12 Besuchsrapport vom 26. März 1956; STAW, Aufsicht Gerd Perotti*, Etat-Nr. 4123.

13 Auszug aus dem Protokoll der Waisenkommission vom 10. April 1956, Abweisung eines Gesuches um Entlassung aus der Anstalt Tessenberg; STAW, Aufsicht Gerd Perotti*, Etat-Nr. 4123.

geordnete Familienverhältnisse hergestellt waren.[14] Die Argumentation in allen von uns gewählten Stichjahren ist dabei erstaunlich ähnlich: So strich etwa 1964 die Vormundschaftsbehörde Winterthur positiv heraus, dass eine Mutter nach der Wiederverheiratung «keinem Verdienste mehr nachgehen [müsse] und könne sich vollständig der Erziehung ihrer Buben widmen».[15] 1974 hob sie eine Fürsorgeaufsicht wieder auf: «Die Mutter sei nicht berufstätig, so dass sie sich ihren beiden Kindern [sic] annehmen könne. Die neue Familiensituation habe sich auf Ilse* günstig ausgewirkt […].»[16] In beiden Beispielen wird ersichtlich, dass die Behörde nur den nicht erwerbstätigen Müttern zutraute, ihre Kinder angemessen zu erziehen. Nochmals ein Jahrzehnt später wird die Wiederverheiratung weiterhin als Garantie für stabile Familienverhältnisse gesehen. «Die Mutter sei wieder verheiratet. Diese Familiengemeinschaft habe sich konsolidiert», hielt die Behörde anlässlich der Aufhebung der Fürsorgeaufsicht über zwei Buben 1984 fest.[17]

Äusserte eine kurz vor ihrer Mündigkeit stehende Jugendliche den Wunsch zu heiraten, kam die Vormundschaftsbehörde diesem Begehren gelegentlich nach. Sie entliess die jungen Frauen zwar aus der Fürsorgeaufsicht, nicht aber in einen Zustand autonomer Selbstbestimmung, denn aus ihrem Blickwinkel war die Vormundfunktion nunmehr lediglich von einer Amtsperson auf den Ehemann übertragen. Gleichwohl konnte eine Heirat zum Zeitpunkt der Volljährigkeit Frauen davor schützen, weiteren vormundschaftlichen Massnahmen ausgesetzt zu sein, wie ein Beispiel zeigt: Erst als sich Gerlinde Huggler* nach ihrer Entlassung aus der Abteilung für administrativ Versorgte des Frauengefängnisses Hindelbank verlobt hatte, sah die Vormundschaftsbehörde der Stadt Zürich von der Anordnung «neuer vormundschaftlicher Massnahmen» ab.[18]

Heirat und Hausfrauenrolle stellten aus der Sicht der Behörden Familienordnung her. In den 1960er-Jahren setzte sich auch in der Schweiz die Vorstellung durch, dass Frauen in drei biografischen Abschnitten eine Ausbildung absolvierten, Mütter waren und wieder ins Berufsleben einstiegen.[19] Solange Kinder zu betreuen waren, sollte die Mutter auf Erwerbsarbeit verzichten. Sinngemäss setzte sich das Bild des männlichen Alleinernährers nicht nur in

14 Vgl. dazu etwa StArZh, V.K.a.4:699, Protokolle der Vormundschaftsbehörde, Kammer I, 26. Februar 1954, Nr. 641, S. 343; STAW, NB 146, Waisenamt Protokoll, 7. April 1964, S. 537; STAW, NB 195, Waisenamt Protokoll, 28. Februar 1974, S. 389; STAW, NB 251, Vormundschaftsbehörde Protokoll, 6. Februar 1984, S. 118 ff.

15 STAW, NB 146, Waisenamt Protokolle, 7. April 1964, S. 537.

16 STAW, NB 195, Waisenamt Protokolle, 28. Februar 1974, S. 389.

17 STAW, NB 251, Vormundschaftsbehörde Protokolle, 6. Februar 1984, S. 118 ff.

18 Vgl. Schluss-Rechenschaftsbericht vom 1. Oktober 1965 bis 15. November 1966; StArZh; V.K.c.30, Aufsicht Huggler-Kinder*, Nr. 2044e.

19 Vgl. dazu Joris 1991, S. 77.

den Sozialversicherungen, etwa im Regelwerk der Arbeitslosenversicherung, sondern auch im Vormundschaftswesen durch.[20] Als die kantonalen Konkubinatsverbote in den 1970er- und 1980er-Jahren aufgehoben wurden[21] und in der gleichen Zeit die Scheidungsrate in der Schweiz zunahm,[22] schlug sich dieser gesellschaftliche Wandel nur sehr verzögert im behördlichen Handeln nieder. Noch im von uns untersuchten Stichjahr 1984 stellte die Scheidung einen der Hauptgründe für die Anordnung einer Kinderschutzmassnahme in Winterthur und Zürich dar.

Geschlechtsspezifische Übergänge ins Erwachsenenalter

Die Vormundschaftsbehörden der Städte Winterthur und Zürich strebten im ganzen untersuchten Zeitraum für männliche Jugendliche andere Berufsziele an als für deren Altersgenossinnen. Dies wird im Folgenden an zwei Beispielen aufgezeigt. In der Mehrzahl der von uns untersuchten Fallakten zeigt sich, dass männliche Jugendliche eine Lehre in einem handwerklichen oder technischen Beruf absolvierten. Bei einem einzigen Jungen stand die Frage im Raum, ob er das Gymnasium besuchen könne. Jan Ullmann*, wie alle seine fünf Geschwister nach der Scheidung der Mutter weggenommen und in der streng religiös geführten Anstalt St. Iddazell Fischingen[23] lebend, wandte sich 1950 an den Amtsvormund mit dem Wunsch, statt der dritten Sekundarklasse ein Gymnasium zu besuchen. Der Amtsvormund erkundigte sich daraufhin beim Lehrer und erhielt die Auskunft, der Berufsberater empfehle einen technischen Beruf: «Ich kann mir nun aber leicht denken, dass offenbar seine Mutter dahintersteckt und ihm den Beruf eines Mechanikers ausgeredet hat. Das ist allerdings nur eine Vermutung meinerseits.» Gegen einen Eintritt ins Gymnasium spreche folgender Grund: «Jan ist sich noch gar nicht klar darüber, was für einen Beruf er ergreifen will. Daher wüsste man nicht, ob Typus A, B oder C des Gymnasiums für ihn gewählt werden müsste.»[24] Der Lehrer sprach mit seiner Schuldzuweisung an die Mutter Jan Ullmann intrinsische Motivation ab und verlangte von ihm gleichzeitig etwas, was bei anderen Kindern zum Zeitpunkt des Gymnasiumeintritts kaum vorhanden ist, nämlich ein bereits gefestigter Berufswunsch. Der Amtsvormund kam auf Jan Ullmanns Anliegen nie mehr

20 Vgl. dazu Magnin 2002, S. 390–392; Togni 2015, S. 98–100.
21 Vgl. Höpflinger 1999, S. 137.
22 So wurden im Jahr 1966 zwölf von hundert Ehen geschieden. 1980 hatte sich die Zahl der geschiedenen Ehen auf 27 von hundert erhöht. Höpflinger 1999, S. 140.
23 Zu den Lebensbedingungen und Missbräuchen im Klosterheim vgl. Akermann et al. 2015.
24 Sekundarlehrer an Amtsvormund, 20. Januar 1950; StArZh, V.K.c.30, Aufsicht Ullmann*-Kinder, Nr. 1127d, Geschäftsverzeichnis 1871c.

zurück, bemühte sich hingegen um ein Stipendium für eine kaufmännische Lehre. Als Jan Ullmann die Abschlussprüfung erfolgreich bestanden und dem Amtsvormund aus einem anschliessenden Sprachaufenthalt in London einen Brief in bestem Englisch geschrieben hatte, antwortete ihm dieser sprachlich fehlerhaft, er sei erfreut, «you are the first of my pupils who could there visite a school».[25] Tatsächlich bestätigt der Vormund mit seiner Feststellung einen Befund unsererseits: Die kaufmännische Ausbildung Jan Ullmanns war in jeder Hinsicht aussergewöhnlich. Kein anderer männlicher und schon gar keine weibliche Jugendliche konnte in den von uns untersuchten Fallakten aus den Stichjahren 1954 und 1964 eine solche absolvieren.[26] Selten waren auch uneingeschränkt positive Prognosen wie bei Jan Ullmann, der «sich zu einem gefreuten jungen Mann entwickelt [hat], für dessen Zukunft nicht gebangt werden muss».[27] Die Gymnasialausbildung hingegen blieb auch für ihn eine unüberwindbare Grenze. Noch ein anderes Fazit lässt sich am Beispiel der Familie Ullmann ziehen: Für die Amtsvormundschaft waren die Eltern keine Ansprechpartner, die es zugunsten einer gelingenden Berufsbildung in die Planung einzubeziehen galt.

Auch in der Fallakte über Olivia Furrer* werden die begrenzten Möglichkeiten der betroffenen Personen, Einfluss auf das Geschehen zu nehmen, eindrücklich sichtbar. Olivia Furrer wurde im Januar 1955 in die Erziehungsanstalt Loryheim in Münsingen verbracht mit dem Vermerk «Verwahrlosung» als Einweisungsgrund.[28] Die Vormundschaftsbehörde kritisierte Olivia Furrers Kontakt zu einer Jugendgruppe und ihre Beziehung zu einem Jungen.[29] Sie verlängerte schliesslich aufgrund eines Gesuches des Amtsvormundes die Dauer des Aufenthalts auf zwei Jahre, um «einen nachhaltigen Erziehungserfolg zu gewährleisten».[30] Erste Abklärungen ergaben, dass Olivia Furrer gerne das Handwerk der Blumenbinderin lernen würde. Anlässlich einer Eignungsabklä-

25 Dok. 937, Amtsvormund an Jan Ullmann*; StArZh, V.K.c.30, Aufsicht Ullmann*-Kinder, Nr. 1127d, Geschäftsverzeichnis 1871c.

26 Das Jugendamt II, das Berufsberatungen für alle Jugendlichen in der Stadt Zürich durchführte, stellte hingegen schon in den 1950er-Jahren eine Zunahme von kaufmännischen Lehren fest. Stadt Zürich 1956, S. 388. Diese Entwicklung hin zu Ansehen geniessenden Ausbildungen traf demnach für nachschulpflichtige Jugendliche im Heim nicht zu.

27 Dok. 987, Schluss-Rechenschaftsbericht über Yann Ullmann*, 1. Oktober 1953 bis 24. Dezember 1955; StArZh, V.K.c.30, Aufsicht Ullmann*-Kinder, Nr. 1127d, Geschäftsverzeichnis 1871c. Nach seiner Rückkehr aus London arbeitete Jan Ullmann als kaufmännischer Angestellter bei Lindt & Sprüngli in Kilchberg.

28 Vgl. Dok. 8, «Versorgungslenkung!», 19. Januar 1955; StArZh, V.K.c.30, Aufsicht Olivia Furrer*, Nr. 3176d.

29 Vgl. dazu Dok. 5, maschinenschriftliche Notiz, Besuch bei Frau N., 6. Januar 1955; StArZh, V.K.c.30, Aufsicht Olivia Furrer*, Nr. 3176d.

30 Protokoll der Vormundschaftsbehörde der Stadt Zürich, Kammer I, 27. Mai 1955, Nr. 1776; StArZh, V.K.c.30, Aufsicht Olivia Furrer*, Nr. 3176d.

rung durch die Berufsberatung Bern wurde jedoch abgeraten, das Profil sei für Olivia Furrer zu «anspruchsvoll».[31] Schlussendlich trat sie eine Lehrstelle als Gärtnerin an. Wie verschiedene Studien zur Platzierung von weiblichen und männlichen Jugendlichen in Landwirtschaftsbetrieben feststellen, waren harte körperliche Arbeit und lange Arbeitszeiten keine Seltenheit.[32] Auch der Vater von Olivia Furrer beanstandete, dass seine Tochter an ihrem Arbeitsort ausgenutzt werde. Auf Drängen des Amtsvormundes erklärte sich Olivia Furrer dennoch bereit, noch ein Jahr länger «auszuharren».[33] Gegen Ende der Lehrzeit bemängelte der Gärtnereibetrieb «periodische Verstimmungen» Olivia Furrers. «Wahrscheinlich verlange sie nach sexuellen Beziehungen»,[34] unterstellte man ihr erneut. Noch zum Zeitpunkt, als der Amtsvormund die Aufhebung der Aufsicht bei der Vormundschaftsbehörde beantragte, wird seine ambivalente Haltung deutlich: «Mit ihren Arbeitsleistungen ist man im grossen ganzen zufrieden, in charakterlicher Hinsicht etwas weniger.»[35] Im Februar 1959 heiratete die junge Frau. Wie aus einem Bericht der Stadtpolizei Zürich ersichtlich wird, gab der Ehemann nur wenig später eine Vermisstenanzeige auf. Dabei machte er Andeutungen, Olivia Furrer prostituiere sich.[36] Da weitere Dokumente in der Fallakte fehlen, ist nicht zu beurteilen, ob die Vormundschaftsbehörde möglicherweise nun mit dem Hinweis auf vermeintliche Prostitution weitere Massnahmen wie eine Entmündigung oder Versorgung in eine Arbeitserziehungsanstalt ins Auge fasste, was sie im Falle von vergleichbaren Verdächtigungen bei anderen jungen Frauen durchaus tat.[37] Wie die Fallakte zeigt, wurden berufliche Ambitionen oftmals mit dem Einwand der Überforderung abgetan. Dem Verdacht der Eltern, dass ihre Tochter ausgenutzt wurde, gingen weder Amtsvormund noch Vormundschaftsbehörde nach. Zu guter Letzt nahmen die Behördenvertreter wiederum auf die stigmatisierenden Unterstellungen Bezug, die schon anlässlich der Heimeinweisung als Mutmassungen im Raum gestanden hatten.

31 Berufsberatung Bern, 28. August 1956; StArZh, V.K.c.30, Aufsicht Olivia Furrer*, Nr. 3176d.

32 Teilweise finanzierten sich Heime über angegliederte Landwirtschaftsbetriebe. Auch das Verdingen von Kindern war in ländlichen Gebieten keine Seltenheit. Vgl. dazu Akermann et al. 2012; Hafner 2011; Leuenberger/Seglias 2008; Leuenberger/Seglias 2015.

33 Korrespondenzen mit Olivia Furrer* und der Gärtnerei, Zeitraum 1957; StArZh, V.K.c.30, Aufsicht Olivia Furrer*, Nr. 3176d.

34 Dok. 101, Tel. mit Frau N. [Gärtnereibetrieb], 10. Juni 1958; StArZh, V.K.c.30, Aufsicht Olivia Furrer*, Nr. 3176d.

35 Dok. 128, Schluss-Rechenschaftsbericht vom 1. Oktober 1956 bis 22. Dezember 1958; StArZh, V.K.c.30, Aufsicht Olivia Furrer*, Nr. 3176d.

36 Stadtpolizei Zürich, Bericht, «Unerfreuliche Eheverhältnisse», 9. März 1959; StArZh, V.K.c.30, Aufsicht Olivia Furrer*, Nr. 3176d.

37 Vgl. zum Beispiel StArZh, V.J.c.212, Aufsicht Jana Isler*, Nr. 33257.

Beide Beispiele bestätigen Forschungsresultate zu den Ausbildungswegen von Jugendlichen in Heimen.[38] Jan Ullmann stellt eine Ausnahme dar, er war einer der wenigen bevormundeten Jugendlichen, die die Sekundarschule absolvierten und eine kaufmännische Lehre abschlossen. Zugleich zeigt sich eine schichtspezifische Limitierung, da der Amtsvormund den Besuch des Gymnasiums ablehnte. Der Weg von Olivia Furrer hingegen repräsentiert einen Standard: Die Behörde stufte die Berufswünsche der Jugendlichen zurück und wies insbesondere den Schulabgängerinnen prekäre Arbeitsplätze zu.

Das Schliessen der Fallakte

In den abschliessenden Rechenschaftsberichten wird ersichtlich, welche Entwicklungen von jungen Menschen Amtsvormunde in den 1950er- und 1960er-Jahren als wünschenswert erachteten. Männliche Jugendliche, die den Willen zeigten, fleissige Arbeiter zu sein, wurden bei ihrer Berufswahl unterstützt, solange ihre Ausbildungswünsche dem entsprachen, was Amtsvormunde für Angehörige der Unterschicht als angemessen erachteten. Sie tolerierten dabei in der Phase des wirtschaftlichen Aufschwungs selbst zahlreiche Berufswechsel und halfen regelmässig bei der Suche neuer Lehrstellen.[39] Anders sah der Übertritt ins Erwachsenenalter von jungen Männern aus, deren Verhalten den Behörden als «arbeitsscheu» galt. Die Amtsvormunde drohten Einweisungen in Arbeitserziehungsanstalten an oder die Einleitung eines Entmündigungsverfahrens. Letzteres war eine Praxis, die zusammen mit jugendstrafrechtlichen Verurteilungen nach dem Betäubungsmittelgesetz seit den 1970er-Jahren zusehends die Versorgungen nach kantonalzürcherischem Gesetz ablöste.

Wohl eine Erwerbstätigkeit, nicht aber eine Ausbildung stand in den 1950er- und 1960er-Jahren bei den Schulabgängerinnen im Vordergrund. Sie waren auf weibliche Rollenerwartungen zurückgebunden: Eine frühe Heirat befreite junge Frauen vordergründig aus der amtlichen Vormundschaft, die Unterstellung eines abweichenden Sexualverhaltens führte unter anderen Vorzeichen als bei den jungen Männern auch sie in eine Arbeitserziehungsanstalt. Für beide Geschlechter gilt, dass Jugendliche, die in ihrem Verhalten als nicht angepasst beurteilt wurden, es umso schwerer hatten, ihren Handlungsspielraum

38 Vgl. Akermann et al. 2012, S. 87 ff.; Gehltomholt/Hering 2006, S. 105 ff.; Leuenberger et al. 2011, S. 153 ff.; Leuenberger/Seglias 2015, S. 300 f.

39 Vgl. hier etwa die Fallakte der Kinder von Familie Hodler*, die mehrmals Lehrstellen abbrachen, bevor sie eine Ausbildung als Herrenschneider beziehungsweise Werkzeugmacher absolvierten. STAW, Aufsicht Hodler*-Kinder, Etat-Nr. 3162.

zu behaupten, je näher sie dem Mündigkeitsalter kamen. Bei Jugendlichen, die wiederholt aus Heimen wegliefen, auf selbstgewählte Lebensentwürfe pochten und jugendkulturelle Stile vorwegnahmen, die sich erst nach 1968 durchsetzten, waren die Behördenvertreter nicht gewillt, dieses Streben nach Autonomie als positive Ressource aufzufassen.[40] Die Selbstbestimmung junger Menschen lag ausserhalb behördlicher Handlungskonzepte.

Was die berufliche Ausbildung von weiblichen Jugendlichen betrifft, so lässt sich erst in den von uns untersuchten Stichjahren 1974 und 1984 beobachten, dass die Amtsvormunde dem Lehrabschluss mehr Beachtung schenkten. In ihrem jährlichen Geschäftsbericht stellte die Amtsvormundschaft Zürich einen Zusammenhang zur Wirtschaftslage her: «Konnten in den Jahren der Hochkonjunktur auch charakterlich anfällige und schwierige Jugendliche und Erwachsene verhältnismässig leicht in das Erwerbsleben eingegliedert werden, so hat sich die Lage heute entscheidend geändert. [...] Die Rezession bringt der Amtsvormundschaft zusätzliche administrative Arbeiten.»[41] Die Berufswahl blieb mit Coiffeuse oder Verkäuferin durchwegs stark schicht- und geschlechtsspezifisch geprägt, was im gleichen Zeitraum auch für die männlichen Jugendlichen gilt. Gleichzeitig gab es aber weiterhin weibliche Jugendliche, denen keine Ausbildung oder nur eine Anlehre, etwa in einer Fabrik oder in der Hauswirtschaft, ermöglicht wurde.[42]

Die Aufgabe der Amtsvormunde endete üblicherweise anlässlich des zwanzigsten Geburtstags. Nach all den negativen Charakterisierungen und stigmatisierenden Zuschreibungen, die sich oft über viele Jahre hinweg in den Fallakten ein- und fortgeschrieben hatten, bewerteten die Amtsvormunde im abschliessenden Bericht die Situation oft hinlänglich positiv, was auf den ersten Blick überrascht. Es mag verschiedene Gründe dafür geben. Unter anderem erhielten die Amtsvormunde in den Stichjahren 1954 und 1964 von der Vormundschaftsbehörde unspezifische Mandate. Im Entscheid hiess es jeweils, sie hätten für geeignete Erziehung und Ausbildung zu sorgen. Dementsprechend inhaltlich unbestimmt wurde auch am Schluss der Blick in die Zukunft gerichtet. Und demnach riskant blieb wiederum die Situation der betroffenen Personen über die Volljährigkeit hinaus, denn jederzeit konnte ein nicht näher präzisierter Vorwurf von «Arbeitsscheu» oder «sexueller Verwahrlosung» zu

40 Vgl. hier folgende Fallakten: StAZH, Jugendsekretariat Pfäffikon ZH, 3.03, Aufsicht Jolanda Vontobel*; StArZh, V.K.c.30, Aufsicht Huggler-Kinder*, Nr. 2044e; StArZh, V.J.c.212, Aufsicht Olga Illmann*, Abgangs-Nr. 45931.

41 Stadt Zürich 1975, S. 305.

42 Vgl. dazu folgende Fallakten: StArZh, V.K.c.30, Aufsicht Xenia Dach*, Nr. 4345e; StArZh, V.J.c.212, Aufsicht Olga Illmann*, Abgangs-Nr. 45931; STAW, Aufsicht Olga Jenner*, Etat-Nr. 7584. Im letztgenannten Dossier wird Olga Jenner* auf eigenen Wunsch mit dem Erreichen der Volljährigkeit entmündigt.

erneuten vormundschaftlichen Massnahmen führen. Hinzu kommt wohl, dass Amtsvormunde ihre Interventionen zum Zeitpunkt der Mündigkeit im Rückblick als gelungen und erfolgreich schilderten. Sie signalisierten damit, dass ihr professionelles Einwirken auf die Jugendlichen einen Effekt gezeigt hatte. So legitimierten und zementierten sie ihren prominenten Status im behördlichen Geflecht rund um staatliche Eingriffe in Familien.

Interessanterweise zeigt sich bei einem Blick in Fallakten aus dem Stichjahr 1984, dass die Amtsvormunde sehr viel sorgfältiger umschriebene, eingegrenzte Aufträge erhielten, auf die sie wiederum in ihrem Abschlussbericht ebenso punktgenau Bezug nahmen. Im Rahmen einer Fürsorgeaufsicht konnte zum Beispiel ein Amtsvormund ausschliesslich dafür zuständig sein, für einen älteren Jugendlichen während der Scheidung seiner Eltern eine geeignete Lehrstelle und eine Wohnung zu suchen.[43] Die Rechenschaftsberichte sind zudem neu häufig nach Themenschwerpunkten wie Vorgeschichte, Platzierungen, Charakter, Gesundheit oder Schule gegliedert.

Demgegenüber führte das Unspezifische der früheren Jahre zum einen dazu, dass Amtsvormunde weit über die Ausbildung hinausgehend massiv in die Lebens- und Freizeitgestaltung der Jugendlichen eingriffen. Zum andern waren sie durch inhaltliche Vagheit davor gefeit, ihre abschliessenden Beurteilungen an konkreten Beispielen oder an der Einschätzung der Jugendlichen selbst messen zu müssen. Amtsvormunde verfügten über die Jugendlichen, ohne sie, genauso wenig wie ihre Eltern, in den Entscheidungsprozess rund um eine Heimplatzierung einzubeziehen, und steckten auch bezüglich Berufswahl deren Handlungsrahmen eng ab. Mit der Mündigkeit entliessen Amtsvormunde sodann die jungen Erwachsenen vom einen Tag auf den anderen aus der Vormundschaft. Diese in der biografischen Phase der Berufsetablierung und allenfalls Familiengründung wohlwollend zu begleiten, war nicht vorgesehen. Beides, das Mitentscheiden der Jugendlichen und die beratenden Zugänge in der sozialarbeiterischen Praxis, zeichneten sich noch im Stichjahr 1984 in Winterthur und Zürich erst ansatzweise ab.

43 Vgl. dazu Schluss-Rechenschaftsbericht vom 8. Mai 1985; StArZh, V.K.c.30, Aufsicht Daniel Unterhofer*, Nr. 8286e.

Quellen- und Literaturverzeichnis

Ungedruckte Quellen

Staatsarchiv Zürich (StAZH)
Jugendsekretariat Pfäffikon ZH. Archiv Abteilung II. 3 Aufgaben des Jugendsekretariates. 3.03 einzelne Dossiers vormundschaftlicher Massnahmen und freiwillig übernommene Fälle. Aufsicht Jolanda Vontobel*.

Stadtarchiv Winterthur (STAW)
NB 145–NB 148. Waisenamt Protokoll. Januar–Dezember 1964.
NB 195–NB 198. Waisenamt Protokoll. Januar–Dezember 1974.
NB 251–NB 255. Vormundschaftsbehörde Protokoll. Januar–Dezember 1984.
Aufsicht Hodler-Kinder*, Etat-Nr. 3162.
Aufsicht Gerd Perotti*, Etat-Nr. 4123.
Aufsicht Degen-Kinder*, Etat-Nr. 4207.
Aufsicht Olga Jenner*, Etat-Nr. 7584.

Stadtarchiv Zürich (StArZh)
V.K.a.4:698–V.K.a.4:709. Vormundschaftsbehörde der Stadt Zürich. Protokolle der Kammer I. Januar–Dezember 1954.
Amtsvormundschaft
V.K.c.30, Aufsicht Ullmann-Kinder*, Nr. 1127d.
V.K.c.30, Aufsicht Huggler-Kinder*, Nr. 2044e.
V.K.c.30, Aufsicht Olivia Furrer*, Nr. 3176d.
V.K.c.30, Aufsicht Xenia Dach*, Nr. 4345e.
V.K.c.30, Aufsicht Othmar Dettwiler*, Nr. 7202d.
V.K.c.30, Aufsicht Daniel Unterhofer*, Nr. 8286e.
Jugendamt
V.J.c.212, Aufsicht Olga Illmann*, Abgangs-Nr. 45 931.

Gedruckte Quellen

Hess, Max (1969). *Wegleitung für Vormünder.* Wädenswil.
Stadt Zürich (1956). *Geschäftsbericht des Stadtrates 1955.* Zürich.
Stadt Zürich (1957). *Geschäftsbericht des Stadtrates 1956.* Zürich.
Stadt Zürich (1966). *Geschäftsbericht des Stadtrates 1965.* Zürich.
Stadt Zürich (1976). *Geschäftsbericht des Stadtrates 1975.* Zürich.

Literatur

Akermann, Martina, Furrer, Markus und Jenzer, Sabine (2012). *Bericht Kinderheime im Kanton Luzern im Zeitraum von 1930–1970. Schlussbericht zuhanden des Regierungsrats des Kantons Luzern, unter der Leitung von Markus Furrer. Luzern: Gesundheits- und Sozialdepartement des Kantons Luzern*, www.kinderheime-schweiz.ch. Zugegriffen: 27. September 2016.

Furrer, Markus, Heiniger, Kevin, Huonker, Thomas, Jenzer, Sabine und Praz, Anne-Françoise (2014). Einleitung. In: dies. (Hg.), *Fürsorge und Zwang. Fremdplatzierung von Kindern und Jugendlichen in der Schweiz 1850–1980*. Basel: Schwabe, S. 7–23.

Galle, Sara (2016). *Kindswegnahmen. Das «Hilfswerk für die Kinder der Landstrasse» der Stiftung Pro Juventute im Kontext der schweizerischen Jugendfürsorge*. Zürich: Chronos.

Gehltomholt, Eva und Hering, Sabine (2006). *Das verwahrloste Mädchen. Diagnostik und Fürsorge in der Jugendhilfe zwischen Kriegsende und Reform (1945–1965)*. Opladen: Budrich.

Hafner, Urs (2011). *Heimkinder. Eine Geschichte des Aufwachsens in der Anstalt*. Baden: hier + jetzt.

Heiniger, Kevin (2016). *Krisen, Kritik und Sexualnot. Die «Nacherziehung» männlicher Jugendlicher in der Anstalt Aarburg (1893–1981)*. Zürich: Chronos.

Höpflinger, François (1999). Gesellschaft im Umbau. In: Leimgruber, Walter und Fischer, Werner (Hg.), *«Goldene Jahre». Zur Geschichte der Schweiz seit 1945*. Zürich: Chronos, S. 133–149.

Jenzer, Sabine (2014). Die *«Dirne», der Bürger und der Staat. Private Erziehungsheime für junge Frauen und die Anfänge des Sozialstaates in der Deutschschweiz, 1870er bis 1930er Jahre*. Köln: Böhlau.

Joris, Elisabeth und Witzig, Heidi (Hg.) (1991). *Frauengeschichte(n). Dokumente aus zwei Jahrhunderten zur Situation der Frauen in der Schweiz*. Zürich: Limmat Verlag.

Leuenberger, Marco und Seglias, Loretta (Hg.) (2008). *Versorgt und vergessen. Ehemalige Verdingkinder erzählen*. Zürich: Rotpunktverlag.

Leuenberger, Marco und Seglias, Loretta (2015). *Geprägt fürs Leben. Lebenswelten fremdplatzierter Kinder in der Schweiz im 20. Jahrhundert*. Zürich: Chronos.

Leuenberger, Marco, Mani, Lea, Rudin, Simone und Seglias, Loretta (2011). *«Die Behörde beschliesst» – zum Wohl des Kindes? Fremdplatzierte Kinder im Kanton Bern 1912–1978*. Baden: hier + jetzt.

Luchsinger, Christine (2016). *«Niemandskinder». Erziehung in den Heimen der Stiftung Gott hilft 1916–2016*. Chur: Kommissionsverlag Desertina.

Magnin, Chantal (2002). Der Alleinernährer. Eine Rekonstruktion der Ordnung der Geschlechter im Kontext der sozialpolitischen Diskussion von 1945 bis 1960 in der Schweiz. In: Gilomen, Hans-Jörg, Guex, Sébastien und Studer, Brigitte (Hg.), *Von der Barmherzigkeit zur Sozialversicherung. Umbrüche und*

Kontinuitäten vom Spätmittelalter bis zum 20. Jahrhundert. Zürich: Chronos, S. 387–400.

Schmidt, Heike (2002). *Gefährliche und gefährdete Mädchen. Weibliche Devianz und die Anfänge der Zwangs- und Fürsorgeerziehung*. Opladen: Leske + Budrich.

Seglias, Loretta (2013). Heimerziehung. Eine historische Perspektive. In: Ries, Markus und Beck, Valentin (Hg.), *Hinter Mauern. Fürsorge und Gewalt in kirchlich geführten Erziehungsanstalten im Kanton Luzern*, Zürich: Theologischer Verlag, S. 19–79.

Togni, Carola (2015). Arbeit und Geschlechterordnung. Zur Normalisierung der Lohnarbeit in der Arbeitslosenversicherung des 20. Jahrhunderts. In: Bernet, Brigitta und Tanner, Jakob (Hg.), *Ausser Betrieb. Metamorphosen der Arbeit in der Schweiz*. Zürich: Limmat Verlag, S. 91–108.

Übergänge ins Leben nach der Heimerziehung

Individuelle und professionelle Perspektiven

CLARA BOMBACH, MARKUS BOSSERT, THOMAS GABRIEL, SAMUEL KELLER

«Da habe ich mich wie verrückt gefreut»

Roland R. ist sechzehn Jahre alt, als 1953 sein Austritt aus einem Kinderheim im Kanton Zürich bevorsteht. Der zum Interviewzeitpunkt Achtzigjährige erinnert sich zwar nicht mehr an den konkreten Tag des Austritts, das Gefühl der Vorfreude über den bevorstehenden Weggang aus dem Heim ist aber noch sehr präsent: «Und da habe ich mich wie verrückt gefreut. Aber an den letzten Tag, auch an die letzte Zeit kann ich mich eigentlich nicht erinnern. Nein. Aber eben darauf habe ich mich wahnsinnig gefreut. Endlich mal ein eigenes Zimmer haben, immer der Lärm und all der Krach und der Streit und das Zeug, ja, dass ich einfach weg war.»[1]

Der Heimleiter setzt sich persönlich für Roland R. ein, dessen Talent er erkannt hat: «Dann ist er in meine Heimatgemeinde und hat gesagt: ‹Der Bub muss etwas lernen, den könnt ihr doch nicht irgendwie einfach in die Fabrik schicken als Handlanger oder so.›»[2]

Durch seinen Turnverein kennt der Heimleiter einen Elektriker, der Roland R. in die Lehre nimmt. Aufgrund mangelnder Alternativen wie Elternhaus oder Lehrlingsheim zieht Roland R. vom Heim in ein Haus, in dem einzelne Zimmer an ehemalige Heimkinder von einem dem Heimleiter bekannten Ehepaar günstig vermietet werden. Das Ehepaar stellt kleine Zimmer zum Schlafen zur Verfügung und kocht für die jungen Männer: «Das waren klitzekleine Zim-

1 «Und da han ich mich gfreut wie verruckt. Aber de letschti Tag, au die letschti Zyt mag ich mich eigentlich nid erinnere. Nei. Aber ebe das, uf das han ich mich wahnsinnig gfreut. Endlich mal es eiges Zimmer ha, immer de Lärme und all de Meis und de Striit und das Zügs, ja, das ich eifach mal fuert gsi bin.» Die Interviews, die zwischen zwei und sechs Stunden dauerten, wurden in schweizerdeutscher Sprache geführt und transkribiert. Im Folgenden werden die Zitate im Text in hochdeutscher Übersetzung aufgeführt und in den Anmerkungen in der Transkription des Originals nachgewiesen. Die Interviews wurden anonymisiert, Namen durch Pseudonyme ersetzt.

2 «Dänn isch er imini Heimatgmeind und het gseit: ‹De Bueb muess öpis lehre, de chönd ihr doch nöd irgendwie i dFabrik eifach schicke als Handlanger oder e so.›»

mer, also in meinem Zimmer war nur ein Bett, ein kleiner Tisch, ein Kleiderkasten und ein ganz kleiner Schrank, fertig.»[3]

Begriffliche, theoretische und empirische Bezüge des Übergangs nach der Heimerziehung

Die Thematik des Übergangs ins Leben nach dem Ende der Heimerziehung wurde immer wieder Gegenstand der fachlichen Auseinandersetzung in der Schweiz zwischen 1940 und 1990 – wenn auch jeweils sehr unterschiedlich gelagert und ausdifferenziert. Das Übergangsgeschehen und seine Bedeutung für den weiteren Lebenslauf ehemaliger Heimkinder geriet jedoch meist nur punktuell und wenig systematisch in den Fokus jener Fachdiskurse, die sich mit dem Verstehen und Deuten von biografischen Effekten des Heims als Institution befassten.

Im deutschsprachigen Diskurs wurde das Übergangsgeschehen selbst erstmals von Welzer begrifflich fundiert reflektiert.[4] Er beschreibt es als Transition, deren Bedeutung aus der «Schnittstelle von individuellen Handlungspotentialen [...] und von gesellschaftlichen Handlungsanforderungen» herrührt.[5] Demnach zeichnen sich Transitionen primär durch einen Zustand mit prospektiv ungewissem Ausgang aus. Gerade in solch sensiblen, da unsicheren Lebensphasen kumulieren sich Themen, die sich nicht nur auf das konkrete Ereignis des Übergangs, sondern auf die gesamte bisherige Biografie beziehen können.[6] Im Beispiel von Roland R. verdeutlichen sich beim Verlassen des Heims beispielsweise sein sozioökonomisch stark eingeschränkter Hintergrund, eine fortdauernde Abhängigkeit von Vorgaben und Netzwerken des Heimleiters und fehlende Möglichkeiten und Beziehungen im familialen Umfeld, die er hätte nutzen können.

Das wissenschaftliche Interesse an Transitionen auf Wegen aus der Heimerziehung gilt dem dynamischen Verhältnis von institutionellen Vorgaben und Angeboten und der autonomen Aneignung durch die betroffenen Subjekte.[7] Im Unterschied zur lebenslauftheoretischen Bildungs- und Sozialisationsforschung, die eine Strukturperspektive innehat, betonen Ansätze der subjektorientierten Übergangsforschung stärker die biografische Seite der Bewältigung

3 «Sind also munzigi Zimmerli gsi, also i mim Zimmer hets nume es Bett gha, es chlises Tischli und en Schaft und es chlises Schränkli, fertig.»
4 Vgl. Welzer 1993.
5 Welzer 1993, S. 137.
6 Vgl. Gabriel/Keller 2015.
7 Vgl. Sackmann/Wingens 2001.

und Gestaltung von Übergängen.[8] Diese kann auch losgelöst von strukturell gerahmten Übergängen stattfinden.[9] Demnach geht es für Roland R. nicht nur um die konkrete, individuelle Förderung durch den Heimleiter und die daraus entstandene Möglichkeit, während der Lehre ein kleines Zimmer zu bewohnen. Entscheidend für seinen Lebensverlauf wird vielmehr sein, wie er für sich diese Erfahrungen mit seinem bisherigen Leben verknüpft und welchen subjektiven Sinn er darin für seine weitere Lebensgestaltung erkennt.

Auch wenn es seit Anfang des 20. Jahrhunderts bereits Versuche gab, Transition ins Erwachsenenalter nach der Beendigung von Jugendhilfemassnahmen in der Schweiz fachlich zu rahmen, stellen, gemessen an ihrer Bedeutung für das gesamte Leben der jungen Menschen, diese Übergänge nach wie vor nur ein marginales Thema dar.[10] Dies gilt auch im internationalen Vergleich.[11] Wie aus den wenigen in der Schweiz durchgeführten empirischen Studien hervorgeht, scheinen insbesondere Jugendliche beziehungsweise junge Erwachsene, die aus dem Heim oder einer Pflegefamilie in die Selbständigkeit entlassen werden – sogenannte *care leavers* –, auch heute noch ein hohes Risiko zu tragen, die hohen Anforderungen im Übergang nicht bewältigen zu können.[12] Zu den gesellschaftlichen Anforderungen gehören beispielsweise das Absolvieren einer nachobligatorischen Ausbildung, der Eintritt in den Arbeitsmarkt, selbständiges Wohnen, die Ablösung von den Eltern sowie allenfalls das Eingehen einer Partnerschaft und die Gründung einer Familie.[13] Können diese Aufgaben mangels Ressourcen nicht bewältigt werden, sind Armut, soziale Exklusion oder Depressivität mögliche langfristige Negativfolgen.

Die sensiblen und relevanten Transitionen aus Institutionen und Massnahmen der Kinder- und Jugendhilfe heraus werden im heutigen Fachdiskurs auch mit *leaving care* umschrieben. Dieser Diskurs geht von der Prämisse aus, dass Übergänge von der stationären Jugendhilfe ins Erwachsenenalter unter spezifischen individuellen und strukturellen Bedingungen stattfinden, die es zu verstehen und sozialpädagogisch einzubeziehen gilt.[14] Entsprechend scheint die Wirkung einer fallbezogenen und längerfristigen Hilfeplanung sowie einer intensiven professionellen Begleitung über den strukturellen Austritt hinaus gross zu sein.[15]

8 Vgl. Sherif/Sherif 2009; Henderson et al. 2009; Stauber et al. 2007.
9 Vgl. Pohl et al. 2007; Schaffner/Rein 2015.
10 Ausnahmen: Knecht/Bellani 2015; Gabriel/Stohler 2008.
11 Vgl. Stein 2012; Stein/Munro 2008.
12 Vgl. Crain 2012; Schaffner/Rein 2013; Stohler/Gehrig 2015; Tanner 1999.
13 Vgl. Buchmann/Kriesi 2011.
14 Vgl. Köngeter et al. 2012; Stein 2012.
15 Vgl. Köngeter et al. 2016; Refaeli et al. 2016; Stauber/Walther 2006.

Doch wie wurde *leaving care*, wie wurden diese sensiblen Übergangsphasen und die Zeit nach dem Heimaufenthalt in den schweizerischen Fachdiskussionen im Zeitraum zwischen 1940 und 1990 erkannt, benannt und besprochen? Und wie wurden diese Transitionen von ehemaligen Heimkindern individuell erfahren und bewältigt? Oder, im Hinblick auf das einleitende Beispiel gefragt: Wofür steht Roland R.s Erfahrung im Übergang aus dem Heim und was hat sich diesbezüglich zwischen 1940 und 1990 verändert? Ziel des vorliegenden Beitrags ist es, die Bedeutung von Transitionen ins (Erwachsenen-)Leben nach dem Heimaufenthalt zu verstehen und diese im jeweiligen Zeitraum zwischen 1940 und 1990 zu kontextualisieren. Die individuellen Erfahrungen ehemaliger Heimkinder sowie die Perspektiven aus dem Fachdiskurs werden hierfür zueinander in Relation gesetzt. Dabei wird gezeigt, welche Themen in Bezug auf die Transition ins Erwachsenenalter im professionellen Diskurs aufgegriffen wurden und welche Anschlussfähigkeit zwischen struktureller Rahmung und individuellen Bedürfnissen sich daraus ergab. Es werden dabei ausschliesslich «reguläre» Austritte, die in der Mehrheit mit dem Ausbildungsbeginn im Alter von sechzehn Jahren zusammenfallen, berücksichtigt.

Anhand der Analyse von Interviews mit ehemaligen Heimkindern wird gezeigt, wie in diesem Zeitraum Heimaustritte erfahren wurden und welche langfristige subjektive Bedeutung ihnen zukommt. Auf der Basis von 37 biografischen narrativen Interviews wurden die Wirklichkeitsdeutungen der Subjekte durch qualitative Analysen, mithilfe der *grounded theory* und Methoden der Biografieforschung, hermeneutisch rekonstruiert.[16] Das Erkenntnisinteresse beschränkt sich jedoch nicht auf den Einzelfall oder auf das Nacherzählen von Geschichten. Es fokussiert vielmehr auf wiederholt angesprochene Erfahrungen im Übergangsgeschehen nach dem Ende der Heimerziehung, um intersubjektive Sinnzusammenhänge zu verstehen.

Nach der theoretischen Einbettung von Übergangsgeschehen aus Heimerziehung werden die fachlichen Auseinandersetzungen mit der «nachgehenden Fürsorge» in der Schweiz und deren Veränderungen mit Fokus auf die 1940er- bis 1980er-Jahre dargelegt, basierend auf entsprechenden Diskursanalysen.

Zwischen den zwei Perspektiven auf Transition werden im Wechselspiel Widersprüche, Lücken und Parallelen sowie Tendenzen von Veränderungen und Kontinuitäten herausgearbeitet und diskutiert.

16 Vgl. Glaser/Strauss 1967; Rosenthal 1995; Schütze 1983; Strauss/Corbin 1990.

«Nachgehende Fürsorge» – die Anfänge von *leaving care* in der Schweiz?

An der Wende vom 19. zum 20. Jahrhundert trieben private Träger und Interessenverbände die Gründung von Erziehungsanstalten und die Schaffung von Spezialklassen für dort aufwachsende Kinder und Jugendliche voran. Dies führte im Fachdiskurs zu einer Debatte darüber, wie der Austritt aus jenen Institutionen und das Leben danach gestaltet werden sollten. Man war sich einig, dass vor allem Kinder und Jugendliche mit einer geistigen oder körperlichen Behinderung nach dem Ende der stationären Massnahme weiterhin auf Unterstützung angewiesen waren. Insbesondere die Vertreterinnen und Vertreter der Heilpädagogik sahen hierin die Möglichkeit und Notwendigkeit, ihre Tätigkeit im Bereich der noch in den Kinderschuhen steckenden «offenen Fürsorge» auszuweiten. Eine Betreuung während und nach dem Austritt sollte erzielte Erziehungserfolge sichern und fortsetzen, Unterstützung bei der Stellensuche bieten und die «Ausgetretenen vor Überforderung und Ausbeutung, aber auch vor schlechten Einflüssen und Gefahren» schützen.[17]

Zu Beginn des 20. Jahrhunderts entstanden verschiedene Formen von Massnahmen während und nach dem Austritt, die von unterschiedlichen Trägern organisiert wurden und lokal sowie regional in ihrer Ausprägung stark variierten. Die Schweizerische Gemeinnützige Gesellschaft setzte sich beispielsweise für Patronate ein, die von lokalen Kommissionen übernommen werden sollten.[18] Viele Anstalten und Spezialklassen sahen in der Pflege des Kontakts mit Ehemaligen eine Möglichkeit, ihr Arbeitsfeld zu erweitern. Ebenfalls entstanden mit der «Errichtung von Pflegeanstalten und Arbeiterkolonien» Anschlusslösungen für nicht oder nur teilweise erwerbsfähige Jugendliche.[19] Die Massnahmen bewegten sich zwischen kurzfristig ausgerichteter Nachbetreuung und langfristiger offener Fürsorge und bildeten damit ein intermediäres Feld zwischen ambulanter und stationärer Jugendhilfe. Als übergeordneter Begriff für die vielfältigen Massnahmen etablierte sich in Fachkreisen allmählich der Ausdruck «nachgehende Fürsorge», der jedoch in seiner Definition unscharf blieb.

Im Speziellen setzte sich der Zürcher Heilpädagoge Heinrich Hanselmann ab den 1920er-Jahren intensiv für einen Ausbau der nachgehenden Fürsorge ein. Er erhoffte sich dadurch eine Bedeutungssteigerung der Heilpädagogik neben der Psychiatrie, um die Professionalisierung der Disziplin weiter voranzutreiben. Dabei sah er die nachgehende Fürsorge auch als Mittel der

17 Wolfisberg 2002, S. 192.
18 Ebd.
19 Ebd., S. 192 f.

Geburtenkontrolle und knüpfte damit an den damals in der Psychiatrie weitverbreiteten Eugenikdiskurs an.[20]

Neben der Heilpädagogik war auch der langwierige Prozess bis zum Inkrafttreten des Schweizerischen Strafgesetzbuchs (StGB) am 1. Januar 1942 prägend für die nachgehende Fürsorge. Das darin enthaltene Jugendstrafrecht sah für verurteilte Jugendliche eine Entlassung auf Bewährung unter Schutzaufsicht vor. Die Schutzaufsicht diente einerseits der Kontrolle, andererseits sollte sie den Jugendlichen Hilfestellung bieten beim Übergang von der Massnahme zurück in die Gesellschaft. Damit wurde erstmals auf nationaler Ebene ein Konzept von nachgehender Fürsorge festgelegt, was den Bestrebungen, sie für alle Kinder und Jugendliche in Heimen umzusetzen, zusätzliche Impulse verlieh.

An der Jahresversammlung des Vereins für Schweizerisches Heim- und Anstaltswesen (VSA, heute Curaviva) 1941 wurden von Fachleuten Möglichkeiten besprochen, die nachgehende Fürsorge auszubauen. In ihrem Tagungsreferat verwies die Jugendanwältin Margrit Schlatter darauf, wie kantonale Armenrechte oder der Kinderschutzartikel im Schweizerischen Zivilgesetzbuch Behörden und Anstalten neben dem Strafgesetz weitere rechtliche Mittel in die Hand gäben, um die nachgehende Fürsorge «auch gegenüber einem widersetzlichen Schützling oder noch mehr gegenüber uneinsichtigen Eltern» durchzusetzen.[21] Die Jahresversammlung zeigt aber auch, dass die konkrete Ausgestaltung der nachgehenden Fürsorge weiterhin höchst umstritten war und in der Praxis bezüglich Anwendung und Trägerschaft eine grosse Vielfalt bestand.[22]

Im Vergleich zur geschlossenen ging der Ausbau der nachgehenden Fürsorge in der Deutschschweiz während der ersten Hälfte des 20. Jahrhunderts nur schleppend voran und verharrte auf bescheidenem Niveau.[23] Pro Infirmis begann 1935 mit dem Aufbau von Fürsorgestellen, 1945 bestand ein «Netz von 12 Fürsorgestellen mit 17 hauptamtlich tätigen Fürsorgerinnen».[24] Daraus wird ersichtlich, dass in der ersten Hälfte des 20. Jahrhunderts das damals gefasste Postulat einer umfassenden nachgehenden Fürsorge, auch mangels finanzieller Mittel, nicht realisiert werden konnte.[25]

20 Vgl. dazu Wolfisberg 2002.
21 VSA-Fachblatt, 12 (7), 1941, S. 115.
22 VSA-Fachblatt, 12 (6), 1941, S. 97.
23 Vgl. Matter 2011.
24 Wolfisberg 2002, S. 309.
25 Ebd., S. 193.

Familie und Beruf als bevorzugte Integrationsmittel

Mit dem Ende des Zweiten Weltkriegs und der bald darauf einsetzenden Phase der Hochkonjunktur änderte sich die Erwerbsstruktur in der Schweiz. In den Berufslehren verloren die letzten Überreste der einstigen Zunftordnung an Bedeutung. Vor dem Zweiten Weltkrieg war es üblich, dass Lehrlinge bei ihren Lehrmeistern lebten.[26] Gerade bei ehemaligen Heimkindern übernahmen die Lehrmeister damit informell die nachgehende Fürsorge und gewährleisteten zu einem gewissen Grad die Fortsetzung der Erziehung und sozialen Kontrolle. Die Funktionalisierung der einzelnen Lebensbereiche löste jedoch das Verhältnis von Arbeitsmarkt- und gemeinschaftlicher Integration zunehmend auf. Alternative gemeinschaftliche Unterbringungsmöglichkeiten wie Lehrlingsheime oder Pflegefamilien waren noch kaum vorhanden.

Durch den Wandel der Erwerbsstruktur wurden handwerkliche und industrielle Tätigkeiten wichtiger. Anstellungen in Landwirtschaft und Haushalten, die bisher typischen Beschäftigungsfelder für Heimkinder, nahmen ab. Die Heime passten sich jedoch nur zögernd an die Entwicklung des Arbeitsmarkts an. Oft unterhielten sie interne Lehrgänge, die aus praktischen Gründen auf landwirtschaftliche oder einfache handwerkliche Tätigkeiten beschränkt blieben. Aber auch wenn externe Lehrgänge möglich waren, waren dies für Mädchen Berufe wie Damenschneiderin, Wäscheschneiderin, Wäscherin oder Glätterin, für Jungen Berufe wie Landwirt, Gärtner, Mechaniker oder Schreiner.

Zwischen Mädchen und Jungen im Heim bestand bei der Berufswahl weiterhin eine strikte Rollenteilung. Jungen sollten in erster Linie zur Arbeit erzogen werden und ihre Verwirklichung im Berufsleben finden, während bei Mädchen noch vor der Erziehung zur Arbeit die Erziehung zur Gemeinschaft stand. Exemplarisch hierfür das Votum von Gertrud Rüegg, Vorsteherin eines Mädchenheims, an der Fortbildungstagung 1949 des Schweizerischen Hilfsverbands für Schwererziehbare (SHVS, heute Integras): «Seiner natürlichen Bestimmung folgend, sieht das Mädchen sein Lebensziel nicht so sehr im Beruf als in der Begründung einer eigenen Familie. Es sieht sein Lebensglück in der Berufung als Frau und Mutter. Die Arbeit im Erwerbsleben fällt erst in zweiter, untergeordneter Linie in Betracht.»[27]

Die gelungene Integration in den Arbeitsmarkt erfuhr in der Fürsorge zunehmend Beachtung. Ab den 1950er-Jahren wurden innerhalb des Fachdiskurses vermehrt Massnahmen diskutiert, um den Berufsfindungsprozess zu verbessern, zum Beispiel den Einbezug von Berufsberatern oder die Durchführung

26 VSA-Fachblatt, 24 (1), 1953, S. 10.
27 VSA-Fachblatt, 21 (3), 1950, S. 71.

von Schnupperlehren.[28] Mit der Diskussion um die Öffnung der Heime gegen aussen, die ab den 1960er-Jahren Fahrt aufnahm, wurden der Nutzen und die Durchführung von externen Lehren vermehrt thematisiert.[29] Die berufliche Integration nahm besonders bei Jugendlichen mit einer geistigen oder körperlichen Behinderung schon früh einen zentralen Stellenwert ein, da sie oft nur teilweise erwerbsfähig waren und auf Unterstützung angewiesen blieben. Mit der Einführung der Invalidenversicherung 1960 bestand ein gesteigertes – auch ökonomisches – Interesse an einer möglichst weitgehenden Eingliederung von Menschen mit Behinderung ins Erwerbsleben. In den 1970er-Jahren führten verschiedene internationale Erklärungen der Rechte von Menschen mit Behinderung und das Wirken von Interessenorganisationen sowohl in der Sozialfürsorge als auch gesamtschweizerisch zu einer erhöhten Sensibilität für die Thematik. Es mehrten sich die Stimmen, die in einer gelungenen sozialen Integration mehr sahen als die berufliche Integration.[30] Allerdings blieb die Integration ins Erwerbsleben nicht nur für Jugendliche mit Behinderung, sondern für alle Heimkinder stets eng mit dem Konjunkturverlauf verknüpft. So führte die Rezession der frühen 1970er-Jahre dazu, dass die Heime mehr Mühe bekundeten, externe Lehr- und Arbeitsstellen für ihre Jugendlichen zu finden.[31]

Soziale Netzwerke und Weiterführung von Kontrolle – die Perspektive der Heimkinder auf den Heimaustritt

Der Blick auf die Erfahrungen ehemaliger Heimkinder zeigt, dass mit dem im Diskurs unterschiedlich betrachteten Heimaustritt aus der Sicht der Betroffenen häufig nicht die Arbeitsintegration per se, sondern der Abbruch von Beziehungen mit Menschen, die im Heim verbleiben, sowie der Aufbau von Beziehungen am neuen Ort in Erinnerung bleiben. Dies ergibt sich aus einer Verlagerung des Lebensorts, der bewusst gesucht wird oder aber «einfach so passiert». Diese Erfahrungen ändern sich zwischen 1950 und 1990 nur marginal. So möchte Sandra S. 1978 den Heimaufenthalt auch hinsichtlich ihrer Kontakte zu dort lebenden und arbeitenden Personen abschliessen: «Äh ja, ich war froh, dass das dann abgeschlossen war. Ich brauchte das dann eigentlich auch nicht mehr, all die Leute wieder suchen oder was auch immer.»[32] Norbert N.

28 VSA-Fachblatt, 24 (1), 1953, S. 10 f.; SKAV-Fachblatt, 15 (2), 1953, S. 36–38.
29 VSA-Fachblatt, 34 (12), 1963, S. 381.
30 VSA-Fachblatt, 45, (8), 1974, S. 279–281.
31 Fankhauser 1984, S. 191.
32 «Äh ja, ich bi froh gsi, isch das abgschlosse gsi. Ich ha das eigentlich nöd brucht, no äh die Lüüt wieder sueche oder was au immer.»

erinnert sich an seinen Heimaustritt im Jahr 1965, als er ob der Unsicherheit, wohin er kommt, und weil niemand da ist für ihn, solche Ängste entwickelt, dass er das Heim lieber gar nicht erst verlassen möchte: «Erstens wollte ich gar nicht raus. Ich hatte Angst. Wohin komme ich? Weil da ja niemand da war.»[33]

Weil Kontakte zur Herkunftsfamilie während des Heimaufenthalts von den 1950er-Jahren bis in die 1980er-Jahre nur sehr spärlich ermöglicht und unterstützt wurden, können da kaum signifikante Andere, sogenannte *significant others*,[34] ausgemacht werden, die für die Interessen des Kindes im Übergang einstehen. Paradoxerweise zeigt sich, dass Herkunftsfamilien mit Blick auf den bevorstehenden Austritt auch vonseiten des Heims, teils nach Jahren, plötzlich wieder mehr in Entscheidungen mit einbezogen werden. So werden Eltern zum ritualisierten Austritt (siehe unten) der Kinder eingeladen, wohl auch weil mangels Alternativen häufig nur ein Zimmer in der elterlichen Wohnung als Unterkunft im Anschluss an den Austritt infrage kommt. Entsprechend geraten beim Übergang viele erneut in eine ambivalente Situation, in der nicht erfüllte Erwartungen an die Herkunftsfamilie die Gefühle bestimmen. Es wird ersichtlich, dass sich Kinder bei der «Rückplatzierung in die Herkunftsfamilie» häufig ausgeliefert vorkommen, sich wie Objekte fühlen. Die emotionale Distanz zwischen Heimkind und Herkunftsfamilie führt zum (Wieder-)Aufbrechen von Konflikten. So berichtet Roxana R. von ihrer Entfremdung von der Mutter: «Ja, es ist natürlich schwierig, wenn man lange weg ist, ich war vier Jahre in dem Heim. Meine Mutter hat mich weder gross besuchen können, noch – ja manchmal bin ich schon – konnte ich zu ihr, aber sie musste ja voll arbeiten.»[35]

Während sich verschiedene Beziehungen im meist kleinen sozialen Netzwerk eines Kindes mit dem Austritt aus dem Heim stark verändern, sich auflösen, später wiederaufgenommen werden oder neu entstehen, bleibt die für sie zuständige behördliche Instanz, der Beistand beziehungsweise die Vormundin, während der Ausbildung präsent. Wohl ganz im Sinne der damaligen nachgehenden Fürsorge wird sie beschrieben als kontrollierende, häufig auch weiterhin disziplinierende Person, die bis zur Volljährigkeit mit zwanzig Jahren nicht «abzuschütteln» ist.

Interessant ist, dass nach dem Austritt aus dem Heim neue Figuren als Bezugspersonen in semiprofessionellen Angeboten auftreten, zum Beispiel die

33 «Erstens han ich gar nid wele use. Ich han Angst gha. Wohere chum ich? Will de jo niemert ume gsi isch.»

34 Vgl. den Beitrag von Bombach/Gabriel/Galle/Keller, Die «neuen Praktikanten».

35 «Jo es isch natürli schwierig, wenn mer lang furt isch/ Ich bin vier Johr i dem Heim gsi. D'Mueter hät weder mich gross chönä bsueche no – jo mängisch bin ich scho – han ich chönä zu ihre, aber sie hät jo voll müäsä schaffä.»

sogenannte Schlummermutter, die ehemaligen Heimkindern Unterkunft und eine warme Mahlzeit bietet, so auch im Fall von Roland R. Es zeigt sich, dass als Folge der Hochkonjunktur grössere Industriebetriebe ehemaligen Heimkindern Ausbildungsplätze zur Verfügung stellen und eine Stelle einrichten, die Lehrlinge aus dem firmeneigenen Lehrlingsheim bei Lern- und Motivationsschwierigkeiten berät und unterstützt.

Während der Austrittsphase wird den Jugendlichen immer deutlicher, welche Netzwerke relevant sind, um die anstehenden Schritte im Leben zu bewältigen. Insbesondere Heimleitende, die sich speziell für eine Jugendliche oder einen Jugendlichen einsetzen, aktivieren hierfür Kontakte zu Lehrmeisterinnen und -meistern, die bereit sind, einem Heimkind einen Ausbildungsplatz zu verschaffen. Dabei sind weniger die Berufswünsche oder die Eignung eines Jugendlichen für eine bestimmte Ausbildung von Relevanz. Entscheidend für die Zuweisung eines Ausbildungsplatzes sind vielmehr die Unterbringung an einem bestimmten Ort, die Organisation finanzieller Unabhängigkeit und die Hinführung zu einem geschlechtstypischen Lehrgang. Wer extern eine Lehre antritt, erlebt so seine Lehrmeisterin oder seinen Lehrmeister oft als verlängerten Arm des Heimleiters, als Person, welche die Erwartungen an das ehemalige Heimkind perpetuiert. Andere wiederum setzen ihre im Heim erlernten Fertigkeiten gezielt ein: Gehorsam, Autoritätsglaube und (Über-)Angepasstheit wurden im Heim so verinnerlicht, dass sie im Betrieb als Kompetenzvorsprung gegenüber Kindern, die in ihrer Familie aufwuchsen, wahrgenommen werden. Gleichzeitig stehen sie häufig für Selbstaufgabe und Unterordnung ohne Ende im Widerspruch zur Hoffnung auf Selbstbestimmung und Freiheit nach dem Heimaustritt.

Erwartungen an das Leben danach – Diskrepanzen zwischen «drinnen» und «draussen»

Im persönlichen Bereich verschärft sich mit dem Austritt aus dem Heim und dem mit vielen neuen Abhängigkeiten und Zuschreibungen verbundenen Einstieg ins Berufsleben für viele ehemalige Heimkinder die Erfahrung des Auf-sich-zurückgeworfen-Seins. Das «Gleichmachen» innerhalb der Gruppe, wodurch im Heim Individualisierungsprozesse systematisch unterwandert werden, verkehrt sich durch den Austritt plötzlich in eine vergleichsweise übermässige Betonung des Individuums. Die individuelle Performanz steht jetzt im Zentrum, die Bewährung «dort draussen» steht bevor. Gerade weil man aus dem Heim kommt, muss man sich nun möglichst unabhängig und autonom «durchschlagen», sich beweisen können. Von vielen wird ein für diese Zeit zentrales Thema angesprochen, nämlich dass sie sich – häufig ein Leben lang – gezwungen sehen, angesichts von vernichtenden Zukunftsprognosen von Heimleitern, Behördenvertreterinnen oder Lehrpersonen den Gegenbeweis zu erbringen. Dies hängt mit der konstanten Erfahrung im Heim zusammen, nie auf gegenwärtige oder kommende Ereignisse Einfluss nehmen zu können. Stefan S. erinnert sich an seine ambivalenten Gefühle vor dem Heimaustritt im Jahr 1979: «Das Problem ist, du weisst ja eigentlich nicht, was kommt. Du freust dich zwar, aber du freust dich vor allem, also es ist immer die Situation: mit einem weinenden und einem lachenden Auge. Und da bist du eigentlich wieder am gleichen Punkt wie beim Eintritt. Das ist ja das Fatale, das verstehen die Erwachsenen eigentlich gar nicht. Das ist der springende Punkt. Man weiss nicht, was kommt.»[36]

Push-Faktoren, all die Ideen und Erwartungen, die das Gefühl «einfach weg hier» verstärken, verkehren sich im Übergang häufig in die bange Frage, wohin und wie genau es nun weitergeht. Die in der Fantasie erschaffene Welt «da draussen» erweist sich beim Austritt als überzogene Erwartung, welche das Leben danach nicht zu erfüllen vermag. Die Vorstellung, dass mit dem Heimaustritt das «eigene Leben» überhaupt erst beginnt, steht im Widerspruch zu den Erfahrungen nach dem Austritt. Mangels Vorbereitung und (Nach-)Begleitung offenbart sich die Realität in einer Härte, die ehemalige Heimkinder teilweise nur schwer verkraften, so Nora N., die 1970 das Heim verlässt: «Ich bin aus dem Heim raus und ich bin, äh ja: Da stehst du mal da irgendwie, siehst mal, was in der Welt passiert, kannst mit den Gspändli [den Gleichaltrigen] nicht reden, weisst nicht mal, was für Musik angesagt ist oder so oder was. Nein, da kriegst du wirklich die Krise. Ich hatte das Gefühl, ich komme aus einer fremden Welt.»[37]

Diese Erfahrungen haben auf die Selbstwahrnehmung ehemaliger Heimkinder Auswirkungen, die sich in einem «Dazwischen» verorten lassen. Besonders deutlich wird dies bei der in mehreren Interviews vorkommenden Metapher des Vogels, der nicht fliegen kann. Adrian A. beschreibt das Paradox einer Freiheit, die als von aussen auferlegter Zwang daherkommt, die deshalb unerreichbar bleibt, weil die Mittel fehlen, sie zu nutzen – die Flügel sind ge-

36 «S'Problem isch, du weisch jo eigentli nöd was chunt, freusch di wohl, aber freusch di vor all/ Aso isch immer die Situation: mit einem Auge öff-, e weinendem und miteme freuende oder und das, bisch eigentlich wieder am glichä Punkt wie wod iträtä bisch. Das isch, das isch jo 's Fatale, das verstönd die Erwachsne eigentlich gar nöd. Das isch dä springendi Punkt. Man weiss nicht was kommt.»

37 «Ich bin us dem Heim use cho und ich bin, äh, ja, da stahsch emal da irgendwie, gsehsch emal, was i de Welt passiert, mit de Gspändli chasch nöd rede, weisch nöd emal was aktuell isch Musik oder so, oder was, nei, da chunsch, da chunsch, da chunsch Vögel über imfall. Ich ha, ich ha sGfühl gha, ich chum usere fremde Welt.»

stutzt: «Auf dem Dokument war ich entlassen, habe aber gemerkt, dass ich keine Mittel habe, um überhaupt dort wegzugehen. Es ist, wie wenn du ein Tier einsperrst und plötzlich sagst: ‹Jetzt flieg weg, flieg weg.› Und der Vogel fliegt nicht weg und du wunderst dich, warum der Vogel nicht wegfliegt, weil er kann das gar nicht.»[38]

Adrian A. verdeutlicht die Diskrepanz zwischen der an ihn herangetragenen Erwartung, fortan ein selbständiges Leben zu führen, und seinem Unvermögen, dies umzusetzen, weil er darauf nicht vorbereitet wurde. So passen also nicht nur die eigenen Erwartungen nicht zur Lebensrealität nach dem Heimaustritt, auch die Erwartungen des Hilfesystems sind nicht kongruent mit dem, was es zur Vorbereitung geleistet hat. Dies zeigt sich im Falle Adrian A.s alltagsnah in der ungeklärten Frage, wie und mit welchen Mitteln Rechnungen zu begleichen seien.

Während der Austritt als punktuelles Ereignis beschrieben wird, schildern viele in ihren Erzählungen die Transition als einen Prozess, der lange andauert. Um sich von den Heimerfahrungen distanzieren zu können, kauft sich eine interviewte Person vom Erbe der Grosseltern ein Motorrad und fährt monatelang durch Europa, eine Frau reist per Autostopp nach Südfrankreich, eine andere verbringt viele Jahre in Australien und ein ehemaliges Heimkind wandert wochenlang ziellos durch die Schweizer Alpen. Dies kann als Versuch gesehen werden, die Erfahrung des Auf-sich-zurückgeworfen-Seins positiv zu wenden, erfahrene Grenzen zu überschreiten, einengende Kontrolle zu überwinden und sich auch geografisch vom «langen Arm» der nachgehenden Fürsorge zu emanzipieren.

Debatten im Fachdiskurs – von der nachgehenden Fürsorge zur Nachbetreuung

In der Mitte des 20. Jahrhunderts bestand in Fachkreisen immer noch weitgehend Uneinigkeit über den Begriff der nachgehenden Fürsorge. In aller Deutlichkeit zeigte sich dies an einer Tagung der Pro Infirmis im Januar 1944. Fachpersonen aus der katholischen und der reformierten Fürsorge diskutierten über die Auslegung und die Trägerschaft der nachgehenden Fürsorge.[39] Unter dem Begriff waren zahlreiche Anliegen vereint, die sich inzwischen ausdifferenziert

38 «Ufem Dokumänt bin ich entlasse worde, ha aber gseh, dass ich kei Mittel han, zum überhaupt da weg ga. Es isch, wie wänn du es Tier ispersch und plötzlich seisch: ‹Etz flüg weg, flüg weg.› Und de Vogel flügt nid wäg und de wunderisch dich worum d'Vogel nid wägflügd, will er cha gar nöd.»

39 Wolfisberg 2002, S. 239.

haben. Es fanden sich darin die «Spezialfürsorge», die sich mit der (lebenslangen) Fürsorge für Menschen mit Behinderung auseinandersetzt, die «offene Fürsorge», die eine Fortführung der Betreuung und der erzieherischen Massnahmen nach der «geschlossenen Fürsorge» gewährleisten soll, die «Ehemaligenfürsorge», welche die Pflege des Kontakts der Heime mit ihren Ehemaligen anstrebt, und schliesslich die «Nachbetreuung», die eine Hilfeleistung beim Übergang ins gesellschaftliche Leben ermöglichen soll. Je nach dem zugrunde liegenden Verständnis von nachgehender Fürsorge wurden entsprechend andere Träger vorgeschlagen. So kamen dafür Institutionen aus der offenen oder der geschlossenen Fürsorge wie auch Privatpersonen infrage. Die Tagungsteilnehmenden erzielten keine Einigkeit über die Umsetzung der nachgehenden Fürsorge. Die Pro Infirmis beabsichtigte, ihr Netz an offenen Fürsorgestellen auszubauen, ganz zum Missfallen der Caritaszentrale, die in den katholischen Gebieten selbst einen Ausbau der offenen Fürsorge anstrebte. Die Heime und Anstalten hingegen wollten die nachgehende Fürsorge wie bis anhin selbst organisieren.[40] Eine Klärung der wesentlichen Fragen blieb aus und die Vielfalt in Ausgestaltung und Trägerschaft der nachgehenden Fürsorge bestand weiter fort.

In der Praxis blieben zwischen 1940 und 1960 die mit dem Ausbau der nachgehenden Fürsorge verbundenen Erwartungen wohl mehrheitlich unerfüllt. Der Grossteil der Heime beschränkte die Nachbetreuung auf Briefverkehr mit den Ehemaligen, Heimzeitungen und Besuchstage. Unterstützung bei der Stellensuche und der Bewältigung der Lebenssituation nach dem Austritt waren die Ausnahme.[41] Auch die Erwartung, dass hauptberuflich für die nachgehende Fürsorge Beschäftigte die Betreuung von bis zu «maximal 150» Ehemaligen übernehmen sollten, verdeutlicht die prekären Betreuungsverhältnisse in diesem Bereich.[42]

Erneut diskutiert wurde das Thema an der Tagung des SHVS im November 1962.[43] Bezeichnenderweise blieben die Grundfragen die gleichen wie 1944. Noch immer gab es keine einheitliche Definition von nachgehender Fürsorge und weiterhin blieb umstritten, welche Träger sie finanzieren und durchführen sollten. Man bemühte sich, den Begriff von der «Ehemaligenfürsorge» und der «Spezialfürsorge» abzugrenzen. Tagungsleiter Fritz Schneeberger, Vorsteher des Heilpädagogischen Seminars Zürich, hielt in seinem Schlusswort fest, dass sich die nachgehende Fürsorge «auf die ersten Jahre nach dem Heimaustritt»

40 Ebd.
41 VSA-Fachblatt, 20 (6), 1949, S. 223.
42 Hanselmann 1948, S. 349.
43 VSA-Fachblatt, 33 (10), 1962, S. 319.

beschränken und von einer Person ausgeübt werden solle, welche die nötigen Voraussetzungen mitbringe.[44]

Trotz dem Eintreten weiter Fachkreise für eine institutionalisierte, systematische nachgehende Fürsorge und trotz aller Bemühungen, diese zu professionalisieren, blieb es in den folgenden Jahrzehnten bei einer Vielfalt von Umsetzungsformen, die sich regional und von Heim zu Heim unterschieden. Während beispielsweise im Landerziehungsheim Erlenhof in Reinach (BL) bereits Anfang der 1960er-Jahre eine Fachkraft eigens für die nachgehende Fürsorge zuständig war,[45] wurde im Bürgerlichen Waisenhaus Basel erst 1975 eine entsprechende Stelle geschaffen.[46] Der Heimleiter des Waisenhauses, Werner Ryser, stellte 1981 in einem im VSA-Fachblatt veröffentlichten Artikel das heimeigene Konzept der nachgehenden Fürsorge vor. Dabei hielt er fest: «Neu an diesen Bestrebungen ist nicht das Interesse an der weiteren Entwicklung der Kinder und Jugendlichen, sondern das Bestreben, aktive Hilfestellung zu leisten und die Nachbetreuung zu professionalisieren.»[47] Und weiter: «So kann es nicht verwundern, dass zurzeit (noch?) keine eigentliche Theorie der Nachbetreuung besteht, dass vielmehr jedes Heim gezwungen ist – wenn es Nachfürsorge zum integrierten Bestandteil der Erziehungsarbeit machen will –, sich neu auf Aufgabe und Ziele nachgehender Fürsorge zu besinnen und ein eigenes Modell zu erarbeiten, das dem jeweiligen Heim entspricht.»[48] Sechs Jahre später, 1987, als die bernischen Heimleiter die «nachgehende Betreuung» zum Tagungsthema machten, kam die VSA-Fachblatt-Redakteurin Doris Rudin in ihrer Berichterstattung zum Schluss: «Insgesamt brachten die Gruppenarbeiten keine eigentlichen Resultate, vielmehr wurde einem klar, mit wieviel Schwierigkeiten die Institutionalisierung der nachgehenden Betreuung rechnen muss. Einig war man sich unter Heimleitern, Erziehern und Versorgern, dass der nachgehenden Betreuung innerhalb des Erziehungskonzeptes im Heim und in der Wohngruppe ein fester Platz eingeräumt werden muss. Aber über Art und Ausmass der Institutionalisierung von Nachbetreuung wurden sehr unterschiedliche Meinungen geäussert.»[49]

In der Gesamtheit zeigt sich die Tendenz, den ehemals weit gefassten Begriff der nachgehenden Fürsorge auf die Funktion der Nachbetreuung einzugrenzen. Diese beinhaltet die Unterstützung von Jugendlichen in ihrem Streben nach Integration und Autonomie während der Phase des Übergangs vom

44 Schneeberger 1963, S. 243–245.
45 SKAV-Fachblatt, 36 (6), 1974, S. 390.
46 VSA-Fachblatt, 52 (3), 1981, S. 85.
47 Ebd., S. 83.
48 Ebd.
49 VSA-Fachblatt, 58 (4), 1987, S. 213.

Heim in die Gesellschaft. Die sporadisch auftauchenden Fachdebatten machen deutlich, dass durchaus Bemühungen um Institutionalisierung und Professionalisierung der nachgehenden Fürsorge vorhanden waren. Sie entfalteten aber aufgrund regionaler und fachlicher Differenzen sowie einer fehlenden zentralen Koordination nur geringe Wirkung. In der Praxis ist davon auszugehen, dass in der Umsetzung grosse regionale und institutionelle Unterschiede bestanden und viele Heime bis in die 1980er-Jahre nur rudimentäre oder gar keine Konzepte der nachgehenden Fürsorge kannten.

Veränderungen in den 1970er-Jahren – Zunahme kreativer Einzellösungen mit Einzelfallbezug

Erfahrungen ehemaliger Heimkinder zeigen, dass insbesondere in den 1970er-Jahren immer mehr auf die Initiative Einzelner Übergangslösungen geschaffen wurden. Es handelte sich dabei nicht um flächendeckende, konzeptualisierte Begleitungen, vielmehr um eine Reaktion auf individuelle Bedürfnisse. So besucht Maria M. 1975 als Einzige ihres Heims das Gymnasium und bleibt deshalb, anders als die meisten Jugendlichen, nicht bis zum Ausbildungsbeginn mit sechzehn Jahren, sondern bis zum neunzehnten Lebensjahr im Heim, was ihr recht ist: «Ich kenne die Regeln im Heim, ich bleibe, das ist viel easier.»[50] Ähnliches erfuhren zu dieser Zeit Jugendliche, die eine externe Lehrstelle antraten, aber weder genug Geld besassen noch einen Ort zum Wohnen fanden. Für sie entstand so im Heim eine Zwischenwelt zwischen drinnen und draussen, sie hielten sich noch dort auf, waren aber offiziell kein Heimkind mehr. Ausgestalten konnten sie diese Zwischenwelt nur begrenzt. So wird Maria M. zwar ein Raum zur Verfügung gestellt, ihre neue Rolle in der Peergroup und der gesamten Heimstruktur sowie die Zuständigkeiten für sie bleiben aber ungeklärt: «Und das hat aber bedeutet, dass ich auch nicht mehr in einem sozialen Gefüge drin war, sondern am Abend, wenn die Schule vorbei und die Hausaufgaben gemacht waren, dann hatte ich keine automatische, soziale Anbindung mehr in den drei Jahren. Und ich bin auch nicht raus, weil es war ja eigentlich nicht Sitte, dass man aus dem Heim rausgeht. Das habe ich mir gar nie angewöhnt. Ich war dann häufig sehr einsam, ich ging dann zum Beispiel auch vor die Wohnung der Heimleiterin, wollte vielleicht ein bisschen mit ihr reden und so. Habe mich dann häufig nicht getraut, weil ich dachte, ihr Arbeitstag ist fertig, sie hat auch Familie und ich bin wieder enttäuscht und

50 «Ich kenne d'Regle im Heim, ich bliebe, dass isch viel ‹easier›.»

geknickt zurück in meine Wohnung, also ins Zimmer oder ja, hab halt was gemacht im Zimmer.»[51]

Maria M. erhält zwar ein eigenes Zimmer, das mehr Privatsphäre und Ruhe zum Lernen ermöglicht, übernimmt aber auch Aufgaben, die für Heimkinder nicht vorgesehen sind: Sie betreut je nach Bedarf eine Gruppe von Kindern, wird der Heimleitenden «unterstellt» und deshalb dann auch zu einem Austrittsgespräch mit ihr eingeladen, das aber nie stattfindet. Diese Einzellösung für Maria M., die exemplarisch für erfahrene Veränderungen in der Heimlandschaft der 1970er- und 1980er-Jahre ist, hätte sich nicht verallgemeinern lassen. Das Einzelzimmer kann ihr zum Beispiel nur deshalb vom Heim zur Verfügung gestellt werden, weil die bis dahin dort lebenden Erziehenden nun ausserhalb des Heims wohnen.

Die von Heimkindern ab den 1970er-Jahren erfahrenen Übergangsgestaltungen zeugen von einer Flexibilisierung der Heimlandschaft bezüglich (primär struktureller) Nachsorge beziehungsweise Nachbetreuung, scheinen aber *in situ* entstanden zu sein. Sie wirken teils willkürlich und lassen weder übergreifende fachliche Konzepte und Methoden noch politische oder fachliche Koordination erkennen. Dennoch war für die betroffenen Jugendlichen eine Zunahme der Sensibilität für das Übergangsgeschehen spürbar.

Schlussfolgerungen

Konzeptionen der Gestaltung von Übergängen nach der Heimerziehung wurden im untersuchten Zeitraum immer wieder diskutiert, aber mangels Konsens nur marginal umgesetzt. So lassen sich zwischen 1940 und 1990 im schweizerischen Fachdiskurs verschiedene Versuche einer Fokussierung auf das Übergangsgeschehen beobachten. Der sehr weit gefasste Begriff der «nachgehenden Fürsorge», der in der Praxis lange in einem disziplinierenden und kontrollierenden Sinn umgesetzt wurde, differenzierte sich zusehends aus und wurde ab den 1970er-Jahren immer mehr als Nachbetreuung verstanden. Tendenzen weg von normativen Integrationsparadigmen hin zu individualisierten und individuell mitgestaltbaren Transitionen können somit festgehalten werden.

51 «Und das heisst aber, ich bin au nöme ineme soziale Gfüeg inne gsie, sondern am Abig, wenn dSchuel verbie gsie isch und dUfgabe verbie gsie sind, denn han ich kei automatischi, soziali Abindig meh kah idene drei Jahr. Und ich bin au nöd furt, will do isch es eigentlich nöd Sitte gsie, dass mer usem Heim use gaht. Ich han mir das gar nie a gwöhnt. Ich bin den hüfig sehr einsam gsie, bin den zum Biespiel au vor dWohnig vo de Heimleiterin, han welle mit ihre viellicht chli schnörre und so. Han mich den hüfig nöd getraut, will ich denkt han, ihre Arbeitstag isch fertig, sie hät au Familie und bin den wieder enttüscht und knickt zrugg id Wohnig, also is Zimmer oder ja, han halt öpis gmacht im Zimmer.»

Allmählich, und zwar zu Beginn ausschliesslich im Hinblick auf gesellschaftsrelevante Problemstellungen wie die Berufsfindung, wurden auch Versäumnisse in der Heimerziehung debattiert. Stimmen, die in den Heimstrukturen selbst den Grund für zahlreiche Probleme ehemaliger Heimkinder nach dem Austritt sahen, erklingen erst ab den 1970er-Jahren. Sie verweisen auf den fehlenden Miteinbezug der Betroffenen, den fehlenden Aufbau eines sozialen Netzes oder die geringe Durchlässigkeit zur Welt ausserhalb des Heims, was auch gemäss den Biografien der ehemaligen Heimkinder zu abrupten, teils nicht zu bewältigenden Übergängen führte. Dennoch stellte die ganzheitliche, subjektorientierte Vorbereitung, Begleitung und Unterstützung von jungen Menschen auf ihren Wegen aus dem Heim – im Unterschied zur Arbeitsmarktintegration, der Legalbewährung und der Anmahnung nicht abweichenden Verhaltens – lange eine kaum beachtete Thematik dar. Die Fokussierung auf eine berufliche Integration im unteren Lohnsegment zementierte vielmehr eine niedrige Stellung in der Gesellschaft, schuf fortdauernde Abhängigkeit und reduzierte die Chancen der persönlichen Entwicklung. Kam es nach dem Heimaustritt beruflich oder sozial zu «Anpassungsschwierigkeiten», wurden diese primär mit dem individuellen Versagen der Jugendlichen begründet.

Die grosse Bedeutung der Übergangsphase für den weiteren Lebensverlauf zeigt sich im Blick auf die Biografie ehemaliger Heimkinder deutlich. Obschon Heime oder ergänzende Angebote auf individuelle Bedürfnisse zunehmend mit durchaus kreativen Lösungen reagierten, stellen diese meist spontane Lösungen in Einzelfällen dar. Eine konzeptualisierte und am Einzelfall orientierte Übergangsgestaltung und -begleitung stellte folglich noch lange eine seltene Ausnahme dar. Im Fall von Maria M. bot man ein Zimmer beziehungsweise einen Schlafplatz an. Das Bedürfnis nach sozialer Anbindung an andere Jugendliche oder an die Familie wurde nicht berücksichtigt. Trotz dem zunehmend ausdifferenzierten Fachdiskurs, der offensichtlich viele Heime für die Thematik sensibilisieren und zu Einzellösungen anregen konnte, steht die eingangs beschriebene Erfahrung von Roland R. für eine intersubjektive Erfahrung ehemaliger Heimkinder, die bis in die 1980er-Jahre Gültigkeit zu haben scheint: Man war davon abhängig, dass eine Fachperson sich persönlich engagierte, Bedürfnisse und Perspektiven erkannte und sich nach einem dazu passenden Ausbildungsplatz erkundigte. Auch Roland R. führt die positive Beurteilung seiner Transition ins Erwachsenenalter weniger auf die eigene Leistung zurück als auf den guten Willen des Heimleiters: «Hatte ich auch wieder Glück gehabt.»[52]

52 «Han ich au wieder Glück gha.»

Ohne solches Glück werden die eigenen Möglichkeiten und Handlungsspielräume als sehr begrenzt eingeschätzt. Ein Themenfeld, das im Fachdiskurs kaum auftaucht, aber bei ehemaligen Heimkindern äusserst präsent ist, ist ebendieses Gefühl der Benachteiligung, das oft mit dem Eindruck verbunden ist, unter Beobachtung zu stehen und einer fortwährenden Entmündigung ausgesetzt zu sein. Jegliche Form der Nachbetreuung steht daher auch heute noch vor der Schwierigkeit, Unterstützung und Hilfeleistung anzubieten, ohne das Gefühl, kontrolliert und fortwährend einer Massnahme unterzogen zu werden, zu reproduzieren.

Quellen- und Literaturverzeichnis

Quellen

SKAV-Fachblatt. *Fachblatt des Schweizerischen Katholischen Anstalten-Verbandes.* Luzern: Schweizerischer Katholischer Anstalten-Verband (SKAV).

VSA-Fachblatt. *Fachblatt des Vereins für Schweizerisches Heim- und Anstaltswesen.* Zürich: Verein für Schweizerisches Anstaltswesen (VSA).

Literatur

Buchmann, Marlis und Kriesi, Irene (2011). Transition to Adulthood in Europe. In: *Annual Review of Sociology*, 37, S. 481–503.

Fankhauser, Martin (1984). Nachbetreuung und Erfolgskontrolle. In: Verein für Jugendfürsorge Basel (Hg.), *Materialien zur Heimerziehung Jugendlicher aus den Jahren 1933–1984*. Festschrift zum 80. Geburtstag von Ernst Müller. Zürich: VSA Verlag, S. 190–208.

Gabriel, Thomas und Keller, Samuel (2015). Editorial: Care Leaver – Übergänge nach Ende der Jugendhilfe. *Schweizerische Zeitschrift für Soziale Arbeit*, 16, S. 3–5.

Gabriel, Thomas und Stohler, Renate (2008). Transitions to Adulthood of Young Care Leavers in Switzerland. In: Stein, Mike und Ward, Harriet (Hg.), *Young Peoples' Transitions from Care to Adulthood. International Research and Practice*. London: Kingsley, S. 197–108.

Glaser, Barney G. und Strauss, Anselm L. (1967). *The Discovery of Grounded Theory. Strategies for Qualitative Research*. Chicago: Aldine.

Hanselmann, Heinrich (1948). Zum Begriff der nachgehenden Fürsorge. *Pro Juventute*, 10, S. 346–350.

Henderson, Sheila, Holland, Janet, McGrellis, Sheena, Sharpe, Sue und Thomson, Rachel (Hg.) (2009). *Inventing Adulthoods. A Biographical Approach to Youth Transitions*. London: Sage Publ.

Köngeter, Stefan, Schröer, Wolfgang und Zeller, Maren (2012). Statuspassage «Leaving Care». Biografische Herausforderungen nach der Heimerziehung. *Diskurs Kindheits- und Jugendforschung*, 7 (3), S. 261–276.

Köngeter, Stefan, Schröer, Wolfgang und Zeller, Maren (2016). The Drawback of Getting By. Implicit Imbalances in the Educational Support of Young People in and Leaving Care in Germany. In: Mendes, Philip und Snow, Pamela (Hg.), *Young People Transitioning from Out-of-Home Care. International Research*. London: Palgrave MacMillan, S. 173–196.

Knecht, Beatrice und Bellani, Silvia (2015). Nachhaltigkeit von Erziehungs- und Bildungsmassnahmen sicherstellen. Das Projekt Nachbetreuung. *Zeitschrift für Soziale Arbeit*, 16 (14), S. 110–124.

Matter, Sonja (2011). *Der Armut auf den Leib rücken. Die Professionalisierung der Sozialen Arbeit in der Schweiz (1900–1960)*. Zürich: Chronos.

Refaeli, Tehila, Mangold, Katharina, Köngeter, Stefan und Zeira, Anat (2016). Continuity and discontinuity in the transition from care to adulthood. Challenges for social work research and practice. *British Journal of Social Work*, 47 (2), S. 325–342.

Rosenthal, Gabriele (1995). *Erlebte und erzählte Lebensgeschichte. Gestalt und Struktur biographischer Selbstbeschreibungen*. Frankfurt am Main: Campus.

Sackmann, Reinhold und Wingens, Matthias (2001). *Strukturen des Lebenslaufs: Übergang, Sequenz, Verlauf*. Weinheim: Juventa.

Schaffner, Dorothee und Rein, Angela (2013). Jugendliche aus einem Sonderschulheim auf dem Weg in die Selbstständigkeit. Übergänge und Verläufe. Anregungen für die Heimpraxis aus der Perspektive von Adressat/innen. In: Piller, Edith M. und Schnurr, Stefan (Hg.), *Kinder- und Jugendhilfe in der Schweiz. Forschung und Diskurse*. Wiesbaden: Springer VS.

Schaffner, Dorothee und Rein, Angela (2015). Strukturelle Rahmung der Statuspassage Leaving Care in der Schweiz. Sondierung in einem unübersichtlichen Feld. *Zeitschrift für Soziale Arbeit*, 16 (14), S. 9–29.

Schneeberger, Fritz (1963). Thesen zur nachgehenden Fürsorge für die Heimjugend. *Pro Infirmis*, 7, S. 243–245.

Schütze, Fritz (1983). Biographieforschung und narratives Interview. *Neue Praxis*, 13 (3), S. 283–293.

Schweizerische Landeskonferenz für Soziale Arbeit (1959). Richtlinien für die Organisation von Heimen zur Erziehung von Kindern und Jugendlichen. *Schweizerische Zeitschrift für Gemeinnützigkeit*, 12, S. 268–276.

Sherif, Muzafer und Sherif, Carolyn W. (2009). *Problems of Youth. Transition to Adulthood in a Changing World*. New Brunswick: Aldine Transaction.

Stauber, Barbara, Pohl, Axel und Walther, Andreas (Hg.) (2007). *Subjektorientierte Übergangsforschung. Rekonstruktion und Unterstützung biografischer Übergänge junger Erwachsener*. Weinheim: Juventa.

Stauber, Barbara und Walther, Andreas (2016). Lebensweltorientierung in der Gestaltung biografischer Übergänge. In: Grunwald, Klaus und Thiersch, Hans

(Hg.), *Praxishandbuch Lebensweltorientierte Soziale Arbeit*. Weinheim: Beltz Juventa, S. 559–570.

Stein, Mike (2012). *Young People Leaving Care.* London: Kingsley.

Stein, Mike und Munro, Emily R. (Hg.) (2008). *Young People's Transitions from Care to Adulthood. International Research and Practice*. London: Kingsley.

Stohler, Renate und Gehrig, Milena (2015). Wohnen und Selbständigkeit: institutionelle Unterstützung prekärer Übergänge ins Erwachsenenalter. *Schweizerische Zeitschrift für Soziale Arbeit*, 16 (14), S. 94–109.

Strauss, Anselm und Corbin, Juliet (1990). *Basics of Qualitative Research. Grounded Theory Procedures and Techniques*. Newbury Park: Sage Publ.

Tanner, Hannes (1999). Kinder in Heimen. Eine Analyse aus sozialpädagogischer Sicht. In: UNICEF Schweiz (Hg.), *Kinderrechte in der Schweiz*. Zürich: Eigenverlag, S. 72–77.

Welzer, Harald (1993). *Transitionen. Zur Sozialpsychologie biographischer Wandlungsprozesse*. Tübingen: Diskord.

Wolfisberg, Carlo (2002). *Heilpädagogik und Eugenik. Zur Geschichte der Heilpädagogik in der deutschsprachigen Schweiz (1800–1950)*. Zürich: Chronos.

Die sukzessive Durchsetzung bürgerlicher Kindheitsmuster im Fachdiskurs Heimerziehung

MARKUS BOSSERT, GISELA HAUSS

«Eine lange behütete Kindheit»[1] galt seit dem Aufkommen des bürgerlichen Kindheitsdiskurses in den letzten Jahren des 18. und im beginnenden 19. Jahrhundert als eine gute Kindheit. Mit diesem normativen Muster verbanden sich Vorstellungen von einer guten Kinderstube, Tugenden wie die Förderung von Selbstkontrolle und Selbstverantwortung und die hohe Bewertung von Schule und Bildung. Diese gingen einher mit einer emotionalen Höherbewertung des Kindes und der damit verbundenen Ritualisierung und ästhetischen Gestaltung von Anlässen innerhalb der Familie, seien das alltägliche Mahlzeiten oder auch Feiern des Kirchenjahrs oder des Aufwachsens wie Geburtstage oder Konfirmationen.[2] Dieses normative Muster einer langen, behüteten Kindheit gewann Profil in der Abwertung und Stigmatisierung einer «schlechten», fehlgeleiteten Kindheit, die in unteren Schichten und damit auch in der Heimerziehung lokalisiert wurde. Heimkinder, Kinder aus geschiedenen Ehen oder auch die «Schlüsselkinder», deren Eltern einer Erwerbsarbeit nachgingen, stellten die Negativfolie dar, die eine positiv bewertete behütete Kindheit, gesichert durch die Norm der Mutterliebe, noch deutlicher hervortreten liess. Während die einen die Lektionen des Lebens lernen mussten, versuchte man die anderen genau davor zu bewahren. Der folgende Beitrag nimmt mit der Nachkriegszeit ab 1945 eine Periode in den Blick, in der die Abgrenzung der bürgerlichen Bewertung von Kindheit gegen die Orientierung in der Arbeiterschicht in Bewegung geriet und sich neu einpendeln musste.

Der konjunkturelle Aufschwung in den ersten Jahrzehnten nach dem Zweiten Weltkrieg brachte eine spürbare materielle Besserstellung für breite gesellschaftliche Schichten mit sich. Der Soziologe Ulrich Beck spricht vom «Fahrstuhleffekt» und beschreibt damit ein kollektives Mehr an Einkommen, Bildung, Mobilität, Recht, Wissenschaft und Massenkonsum, was zu einer Integration weiter Bevölkerungsschichten in das bürgerliche Wertesystem und die kapitalistische Konsumwirtschaft führte.[3] Vor dem Hintergrund der geo-

1 Bühler-Niederberger 2011.
2 Ebd., S. 81–111.
3 Beck 1989, S. 122.

politischen Lage, geprägt durch die Konkurrenz des kapitalistischen Westens mit der kommunistischen Sowjetunion, gewannen diese Veränderungen in der Gesellschaftsstruktur an Dynamik. Das normative Muster einer «behüteten Kindheit» war nicht länger dem Bürgertum vorbehalten, sondern beeinflusste zunehmend breite Bevölkerungskreise. Hier nimmt der vorliegende Beitrag seinen Ausgang. Das analytische Interesse richtet sich auf die Verstärkung der normativen Muster einer bürgerlichen Kindheit in den Diskursen. Dabei wird die These vertreten, dass die gesellschaftlichen Veränderungen in Bezug auf Kindheit sich in den Diskursen der Heimerziehung spiegeln, auch wenn es immer wieder zu diskursiven Rückbezügen auf die Traditionen des 19. Jahrhunderts kam.

Methodik und Quellengrundlage

Methodisch beruht der Beitrag auf einer qualitativ inhaltsanalytischen Auswertung sowie auf einer hermeneutischen Analyse des *Fachblattes des Vereins für Schweizerisches Heim- und Anstaltswesen* (VSA) (1940–1990). Mit dieser Datengrundlage wird nicht die konkrete Praxis, sondern das Sprechen über die Praxis der Heimerziehung untersucht. Diskurse können für die Praxis handlungsleitend sein, Letztere folgt jedoch gleichzeitig einer Eigenlogik und produziert eigenes Wissen, was Ungleichzeitigkeiten zwischen den verschiedenen Untersuchungsebenen und damit zwischen den in diesem Band vorgestellten Forschungsergebnissen bedingt. Das für die Analyse des Diskurses vorliegende umfangreiche Material (600 Zeitschriftennummern mit je rund sechzig Seiten) wurde schrittweise unter Beibehaltung wesentlicher Inhalte reduziert.[4] In einem ersten Schritt wurden die Leitartikel zu Kinder- und Jugendheimen in der jeweiligen Zeitschriftennummer als zu untersuchende Einheit festgelegt. Themen zu Altersheimen wurden aufgrund der Fragestellung ausgeschlossen. In einem zweiten Schritt wurde das Material einerseits mit aus dem Text entwickelten, andererseits mit theoriegeleiteten Kategorien zusammengefasst, expliziert und strukturiert. In einem dritten Schritt wurden zentrale Texte auf der Grundlage der *grounded theory* mehrfach codiert und hermeneutisch ausgewertet.[5]

Dem Beitrag liegt das Fachblatt des VSA als Quelle zugrunde. Die monatlich erscheinende Zeitschrift des VSA war ebenso wie das *Fachblatt des Schweizerischen Katholischen Anstalten-Verbandes* (SKAV) die Fachpublika-

4 Mayring 2010.
5 Strauss/Corbin 1995.

tion eines grossen Interessenverbandes im Heimwesen der Deutschschweiz.[6] Mit dem Fachblatt des VSA untersucht der Beitrag Kindheit exemplarisch in einem Diskursraum, der sich durch spezifische Problematisierungsweisen, durch Konzepte und Kategorien, durch Sprecherpositionen und Wirkungsweisen auszeichnete.

Eine erste Durchsicht der Zeitschrift verweist zuallererst auf eine Leerstelle. Kinder kommen innerhalb der Fachdiskurse von Erziehenden, Heimleitenden, Behörden und Wissenschaftlerinnen und Wissenschaftlern praktisch nie selber zu Wort. Zwar tauchen besonders in den 1950er-Jahren vereinzelt Beschreibungen von Kindern und Jugendlichen über ihren Heimalltag auf.[7] Es handelt sich hierbei aber um fiktive Geschichten, die in der Regel von Erziehenden verfasst wurden. Bis auf einzelne Ausnahmen[8] blieb das Wissen um das innere Befinden der Kinder und Jugendlichen und seine sachgemässe Beurteilung und Handhabung den erwachsenen Akteuren des Heimwesens vorbehalten. Die kindliche Perspektive interessierte insofern nur als von Fachpersonen vermittelte Einschätzung des Wesens und der Formbarkeit von Kinder und Jugendlichen.

Eine erste Einordnung und Systematisierung der Beiträge der Zeitschrift brachte Folgendes hervor: (1) Hinter den Beiträgen standen führende Personen aus den Fach- und Interessenverbänden, darunter oft auch die Mitglieder der Redaktion. Zu Wort kamen Heimleiterinnen und -leiter, weniger häufig Mitarbeitende aus Heim und Behörden. Punktuell schrieben Wissenschaftler vor allem aus der Heilpädagogik, aber auch aus den Disziplinen Psychiatrie, Psychologie, Pädagogik. (2) Das VSA-Fachblatt zielte als fachlich informierte Zeitschrift in erster Linie auf Heimleiterinnen und -leiter und das Heimpersonal als Adressaten und Leserschaft. Deutlich wird das an der thematischen Ausrichtung der Artikel, die sich auf ganz verschiedenen Niveaus bewegten. So gab es fachlich informierte Beiträge, neben wissenschaftlichen Beiträgen auch ausführliche Berichterstattungen zu den regelmässig stattfindenden Fachtagungen des Verbandes. Diese gaben der Zeitschrift die Funktion eines Scharniers zwischen Wissenschaft, Fachlichkeit und Praxis. Weiter finden sich Beiträge zur Organisation Heim, wobei diese die pädagogische Arbeit sowie die wirtschaftliche Seite behandel-

6 Die beiden Verbände VSA und SKAV spalteten sich 1932 aufgrund konfessioneller Differenzen. Anders als der VSA war der SKAV stark auf die in Luzern und Freiburg angesiedelte katholisch geprägte Heilpädagogik hin orientiert. Eine vergleichsweise hohe Zahl von Artikeln wurde von Theologen und von in Kirchen und Kongregationen Tätigen verfasst. Es dauerte bis 2003, bis sich beide Vereine neu unter dem Namen Curaviva zusammentaten.

7 VSA-Fachblatt, 30 (10), 1959, S. 381 f.

8 VSA-Fachblatt, 30 (3), 1959, S. 87–94; VSA-Fachblatt, 58 (4), 1987, S. 214.

ten und auch Stellenanzeigen und Werbung für Produkte des Heimbedarfs umfassten. Weitere Beiträge bearbeiten den Bezug der Heimerziehung zu politischen und gesellschaftlichen Debatten. Wieder andere Beiträge lassen sich dem Genre der Erfahrungsberichte zuordnen. (3) Der im Fachblatt des VSA sich entfaltende Diskurs hatte mit Wissenschaftlern und Heimleitern mächtige Sprecher und konnte Wirkung entfalten. Die institutionelle Anbindung der Schreibenden, etwa in der Universität Zürich oder in den damals als reformerisch geltenden Basler Heimen, verweist auf einen vorwiegend im städtischen Kontext entstehenden Diskurs. Während im SKAV-Fachblatt religiöse Fragestellungen und insbesondere das Wesen einer christlich-katholischen Erziehung zentrale Themen waren,[9] kann das VSA-Fachblatt nicht als konfessionelle Zeitschrift bezeichnet werden. Religiöse Betrachtungen hatten durchaus ihren Platz und ein reformiertes Christentum war in der verbandlichen Selbstwahrnehmung das Fundament der erzieherischen Arbeit. Dieser Bezug trat jedoch zugunsten praktischer und fachlicher Themen in den Hintergrund. Zwar waren die Beiträge in der Zeitschrift mehrheitlich deutschsprachig und richteten sich auf eine deutschsprachige Leserschaft aus. Eingeordnet in die regionale und nationale Grenzen überschreitenden Diskurse zur historischen Kindheitsforschung weisen die hier vorgestellten Ergebnisse jedoch über die Erhebungssituation in einer spezifischen Sprachregion hinaus und lassen allgemeine Aussagen zur Kindheit im Heim in bürgerlich geprägten westlichen Industriegesellschaften zu.

Kindheit im Betrieb und in der Arbeitsgemeinschaft des Heims

1943 hielt der Schweizerische Hilfsverband für Schwererziehbare eine Tagung zum Thema «Erziehung zur Arbeit und Erziehung durch Arbeit» ab.[10] Die Beiträge zeigen, dass lange und harte körperliche Arbeit als Erziehungsmittel galt, um Kindern und Jugendlichen[11] Werte wie Fleiss, Gehorsam und Demut zu vermitteln und sie schliesslich zu einem «nützlichen Glied der menschlichen Gesellschaft» heranzubilden.[12] Mit dem Ziel, die gesellschaft-

9 Das jeden zweiten Monat erscheinende SKAV-Fachblatt bediente vor allem die katholische Heimlandschaft der Schweiz und wies stärkere Bezüge zur Westschweiz auf als das VSA-Fachblatt, das vorwiegend in den reformierten Gebieten der Deutschschweiz Verbreitung fand.

10 VSA-Fachblatt, 14 (7), 1943, S. 123.

11 Im Folgenden wird Heimkindheit aus der Perspektive der Institution als Zeit definiert, in der Aufwachsende als Objekte ausserfamiliärer Erziehung gesehen werden und im Sinne einer generationalen Ordnung in Abhängigkeit von Anstalt und Heim stehen.

12 VSA-Fachblatt, 15 (2), 1944, S. 27.

liche Ordnung aufrechtzuerhalten sowie die Moralisierung der Kinder und Jugendlichen zu gewährleisten, sollten die gefährdeten und gefährlichen Kinder aus unteren Schichten an eine lückenlose Arbeit gewöhnt werden. Diese pädagogische Haltung findet sich in der Heimerziehung seit ihren Anfängen, so etwa in den Rettungshäusern und industriellen Anstalten des 19. Jahrhunderts.[13] Gleichzeitig war ein Grossteil der Heime für ihr ökonomisches Bestehen auf die intensive Mitarbeit ihrer «Zöglinge» angewiesen.[14] Hier zeigt sich ein an der vorindustriellen Zeit orientiertes Modell von Kindheit. Bis ins 19. Jahrhundert waren Kinder und Jugendliche vor allem in ländlichen Gebieten Teil eines durch «Gesinde» erweiterten Familienverbandes, in welchem Produktion, Haushalt und Erziehung eng verflochten waren. Kinder trugen in diesen traditionellen Arbeitsgemeinschaften zur Existenzsicherung der Familie bei. Das taten sie auch in Arbeiterfamilien, in denen die Fabrikarbeit als neue Verdienstquelle mit traditionellen Erwerbsarbeiten und Tätigkeiten in der Subsistenzwirtschaft verbunden wurde.[15] Die Orientierung am arbeitenden Kind auf der Tagung von 1943 verweist auf rückwärtsgewandte pädagogische Orientierungen in Bezug auf das Verhältnis von Erwerbsarbeit, Kindheit und Familie. Zeitgenössische soziologische Diagnosen[16] sowie aktuelle historische Arbeiten[17] beschreiben die Nachkriegszeit als eine Zeit, in der sich der Typus der modernen Familie und einer damit verbundenen familialisierten Kindheit als Leitvorstellung gesamtgesellschaftlich durchzusetzen begann. Die moderne Familie organisierte sich zunehmend ohne äussere Stabilitätsfaktoren, so hatte sie kein selbstverständliches soziales Netz und war nicht länger verbunden in der gemeinsamen Tätigkeit zur Sicherung des Lebensunterhalts. Der Wegfall dieser äusseren Faktoren veränderte den Wert und die Stellung der Kinder grundsätzlich. Kindheit wurde höher gewertet, Honig und Ostner sprechen von einer «modernen ‹kindzentrierten› Kindheit», einschlägige Arbeiten zur Familiensoziologie beschreiben eine zunehmende Privatisierung und Intimisierung des Familienlebens und eine damit einhergehende Anerkennung von Kindheit als eigenständige Lebensphase.[18] Dieses Modell konkretisierte sich in den 1950er-Jahren, lässt sich jedoch bis in den bürgerlichen Kindheitsdiskurs des 18. und 19. Jahrhunderts zurückverfolgen.[19] So schrieb Jean-Jacques Rousseau von einer «wachsenlassenden

13 Schoch et al. 1989, S. 75–85.
14 Hafner 2014, S. 18–31, 154–161.
15 Mitterauer 1979, S. 101–107; Witzig 2008; zur Geltung dieses Modells in den Rettungshäusern des 19. Jahrhunderts vgl. Hauss 1994, S. 75–90.
16 Mayntz 1955.
17 Mitterauer 1979, S. 107; Honig et al. 2014, S. 360–390; Mierendorff 2010, S. 22–32.
18 Honig et al. 2014, S. 365.
19 Schmid 2014.

Erziehung» und Johann Heinrich Pestalozzi konzipierte Kindheit in einem liebevoll gehegten, häuslichen Schonraum, in dem das Individuum geformt werden sollte.

Die Regelung und Einschränkung der Arbeitszeit

Erst in den 1940er-Jahren forderte eine auf Kindheit sensibilisierte Öffentlichkeit den endgültigen Abschied vom normativen Muster des arbeitenden Kindes. Diese Forderung gesellschaftlichen Wandels konkretisierte sich in der Kritik an der ökonomischen Ausbeutung von Kindern und Jugendlichen in Heimen und an den damit einhergehenden körperlichen Misshandlungen.[20] Die hohe Arbeitsbelastung und die Ausbeutung von Kindern in Heimbetrieben wurden skandalisiert. Insbesondere im Hinblick auf die Landwirtschaftsbetriebe der Heime anerkannte man nun die Gefahr, durch betriebswirtschaftliche Notwendigkeiten den Kindern eine zu hohe Arbeitsbelastung aufzubürden und dabei die Erziehung zu vernachlässigen.[21] Das Leitbild einer von Produktion und Arbeit entlasteten Kindheit mit Freiräumen zur Entfaltung wurde auch für die Kindheit im Heim gefordert.[22] Der Heilpädagoge Paul Moor beschreibt 1945 im VSA-Fachblatt, wie in Heimen der Umgang mit einer Zeit ohne Arbeit erst noch gelernt werden muss: «Man weiss nichts anzufangen; man kennt nur die Arbeit. Man muss selber so viel arbeiten, dass man das Spielen und Geniessen, das Staunen und Feiern verlernt hat. So vermag man dies dem Kinde auch nicht vorzuleben, und man erzieht es ausschliesslich nach dem Grundsatz: So lange es arbeitet, macht es keine Dummheiten.»[23] Die Notwendigkeit von Freizeit neben der Arbeit zeigt sich auch in den zwei Jahre später veröffentlichten Richtlinien der Schweizerischen Landeskonferenz für Soziale Arbeit (LAKO). Sie warnten davor, dass Betriebe in Heimen «den eigentlichen Anstaltszweck verfälschen» könnten.[24] Ebenso bestehe «die Gefahr, dass der Betrieb dem Kind die Gelegenheit zu freiem Spielen nimmt. Alle Kinder haben das aber zu ihrer Entwicklung nötig. Dazu sollte ihnen auch werktags eine gewisse Zeit freigegeben werden.»[25] Der Diskurs war jedoch nicht widerspruchsfrei. Ein Heimleiter schrieb als Antwort auf den Artikel von Paul Moor: «Das kleine Kind ist stolz, wenn es den Eindruck hat, es habe eine nützliche Arbeit geleistet.

20 Vgl. Hafner 2011, S. 132 f.; Seglias 2013, S. 67.
21 VSA-Fachblatt, 15 (10), 1944, S. 175.
22 Vgl. unten, S. 315.
23 VSA-Fachblatt, 16 (12), 1945, S. 237.
24 VSA-Fachblatt, 18 (9), 1947, S. 184.
25 Ebd., S. 185.

Bei älteren Kindern und bei Jugendlichen, wie auch bei vielen Erwachsenen kennt man die Abneigung gegen die ernsthafte Arbeit. Diese wird darum weniger die natürliche Anlage des Menschen sein, sondern manchmal das Ergebnis der Erziehung, des schlechten Beispiels der Erwachsenen, welche die Arbeit verächtlich machen. [...] Wer aber auf Kinderarbeit ganz verzichten will, tut meines Erachtens dem Kinde ebenso unrecht wie derjenige, der es mit Pflichten überfordert.»[26] In der Sicht des Heimleiters folgte das Heimkind in seiner Arbeit seinen eigenen natürlichen Anlagen, die nur durch eine schlechte Erziehung verschüttet werden konnten. Auch in den Richtlinien der LAKO von 1947 wurde die Bedeutung der Arbeit für die Erziehung bekräftigt: «Die Betriebe gehören zu den vornehmsten Erziehungsmitteln. Arbeitsfreude und Geschicklichkeit sind wertvollste Lebensgaben.»[27] Kindheit als tätiger Beitrag in einer Arbeitsgemeinschaft und die von der Produktionsfunktion entlastete Kindheit können als zwei normative Kindheitsmuster bezeichnet werden, die in der Heimerziehung immer wieder neu verhandelt wurden.[28] Gegründet in der langen Tradition des 19. Jahrhunderts erodierte das Konzept des arbeitenden Heimkindes nur langsam.

Die zunehmende Gewichtung der Berufsbildung

Sich ankündigend in den 1950er-Jahren, verlor das normative Muster des arbeitenden Kindes erst in den 1960er-Jahren seine hegemoniale Stellung in den Debatten um Heimerziehung und wurde abgelöst vom normativen Muster des (aus)zubildenden Kindes und Jugendlichen.[29] 1950 wurde diese Bildungsperspektive noch sehr undifferenziert formuliert. Ein Heimleiter und Vorstandsmitglied des SHVS betonte in seinem Referat zum Thema «die Anstalt als Vorbereitung auf Beruf und Gemeinschaft» an einem Kongress in Biel die Wichtigkeit einer «gewissenhaften Beratung» bei der Berufsfindung. Er hielt fest: Der Beruf «muss den Fähigkeiten des Zöglings entsprechen; er soll auf die späteren Möglichkeiten Rücksicht nehmen. Wer also in der Stadt wohnt, soll einen städtischen Beruf lernen, wer auf dem Lande lebt, einen bäuerlichen. Dem gut Begabten aber soll er zudem Aufstiegsmöglichkeiten bieten, den mässig oder schwach Begabten aber vor zu scharfer Konkurrenz schützen. [...] Es heisst daher, den Unterschied zwischen Stadterziehung, die zur draufgän-

26 VSA-Fachblatt, 17 (2), 1946, S. 27.
27 VSA-Fachblatt, 18 (9), 1947, S. 184.
28 Vgl. dazu VSA-Fachblatt, 20 (6), 1949, S. 213 f.; Schweizerische Landeskonferenz für Soziale Arbeit 1959, S. 272; VSA-Fachblatt, 36 (9), 1965, S. 308.
29 VSA-Fachblatt, 36 (9), 1965, S. 304–311.

gerischen Aktivität, und der Landerziehung, die mehr zur Besinnlichkeit und Vertiefung führt, auszunützen.»[30] Die Richtlinien der LAKO von 1965 hingegen enthielten zur Frage der Berufsfindung und der beruflichen Ausbildung weitergehende Empfehlungen.[31] Sie sahen eine differenzierte Vorbereitung und Abklärung der Jugendlichen hinsichtlich ihrer Berufswahl vor und betonten die Aufgabe der Heime, Jugendlichen eine «berufliche Ausbildung oder Arbeit zu verschaffen, die ihrer intellektuellen, manuellen sowie charakterlichen Eignung, Neigung und Reife entspricht».[32] Zunehmend wurde nun nicht mehr nur Arbeit, sondern ausdrücklich auch berufliche Bildung als wichtiges Erziehungsmittel betrachtet. So heisst es weiter: «Die Absolvierung einer Berufslehre oder Anlehre ist aus erzieherischen Gründen anzustreben, wo immer die geistigen und körperlichen Voraussetzungen es erlauben.»[33] Dahingehend äusserte sich auch der langjährige VSA-Verbandspräsident und Heimleiter Ernst Müller in einem Referat von 1964: «Das Durchstehen einer Berufslehre mit Abschlussprüfung, ein damit verbundenes Ausfüllen von Bildungslücken und das Erreichen einer normalen Leistungskapazität anstelle des chronischen Ungenügens, verhilft dem Jugendlichen wieder zu seinem Selbstvertrauen. Dabei ist es vollkommen gleichgültig, ob der Jugendliche später seinen erlernten Beruf ausübt, oder ob er, wie dies bei den normalen Jugendlichen ebenso häufig geschieht, die Tätigkeit wechselt.»[34] Die Berufsbildung gewann damit eine Bedeutung, die über die reine Integration ins Erwerbsleben hinausging. Hier deutet sich eine Wende im Diskurs an. Schon zuvor hatte es Diskurse und Gegendiskurse gegeben, doch erst in den 1960er-Jahren verlor die Vorstellung von einer zur Produktion in Arbeitsgemeinschaften des landwirtschaftlichen oder gewerblichen Milieus verpflichteten Kindheit seine hegemoniale Position im Diskurs der Heimerziehung, und Kindheit und Jugend wurden unter das Primat der Bildung und Ausbildung gestellt.

Familialisierung und Pädagogisierung der Heimkindheit

Die öffentliche Kritik an der Heimerziehung Mitte der 1940er-Jahre, die bereits in Bezug auf die Arbeitsbelastung Bewegung im Fachdiskurs auslöste,[35] führte gleichzeitig zu Forderungen in Bezug auf die Wohnformen im Heim: Die An-

30 VSA-Fachblatt, 21 (2), 1950, S. 40.
31 VSA-Fachblatt, 36 (9), 1965, S. 304–311.
32 Ebd., S. 307.
33 Ebd.
34 Müller 1984, S. 39.
35 Vgl. den Abschnitt «Die Regelung und Einschränkung der Arbeitszeit», S. 314 f.

stalt sollte mehr zum Heim werden.[36] Als Vorbild hierfür diente das vom Basler Waisenvater Hugo Bein propagierte Familiengruppensystem, das eine persönlichere Betreuung in kleineren Gruppen von sechs bis zwölf Kindern vorsah.[37] Seit den 1950er-Jahren erschienen vermehrt Artikel, die Rituale oder Merkmale der bürgerlichen Kleinfamilie aufgriffen, so etwa das Veranstalten von Festen wie Kindergeburtstagen und Weihnachtsfeiern[38] oder das Einhalten von Tischmanieren.[39] Diskutiert wurde auch das Für und Wider von Taschengeld für Kinder und Jugendliche in Heimen. Einerseits sah man es in den Heimen als Mittel, um Kindern und Jugendlichen den Umgang mit Geld und materiellen Werten zu lehren, andererseits befürchtete man eine Überforderung und unnötige Versuchung.[40] Unter anderem mit dem Argument, sich der «natürlichen» Familie anzunähern, wurde Ende der 1950er-Jahre das Einführen der Koedukation erwogen.[41] Ein wiederkehrendes Thema im Fachdiskurs war die Bedeutung von Freizeit im Heim.

Freizeit

Freizeit und die Ausübung von Freizeitaktivitäten waren ab den 1950er-Jahren für breite gesellschaftliche Schichten ein neues Phänomen. Der Fordismus schuf die Grundlagen für Freizeit als Massenphänomen. Diese war nicht mehr vorwiegend Ort der Regeneration und Reproduktion, sondern wurde darüber hinaus zum Ort der Konsumation.[42]

Auch in den Fachzeitschriften des Heimwesens in der Deutschschweiz war Freizeit seit den 1950er-Jahren ein viel besprochenes Thema. Im bereits zitierten Artikel im VSA-Fachblatt von Paul Moor[43] äussert sich der Verfasser zum Wesen der Freizeit: «Freizeit ist nicht Arbeitszeit. Selbstverständlich ist damit nichts dagegen gesagt, dass man auch in der Zeit, in welcher man ‹frei hat›, noch etwas arbeitet. Erst dann aber, wenn auch solche Arbeit fertig ist, beginnt die eigentliche Freizeit, die nun einen andern Sinn hat, als denjenigen der Arbeit, und die gerade darum wesentlich zur Ganzheit und Erfülltheit des Lebens mit dazu gehört.»[44] Freizeit wird von Moor neben der Arbeit als

36 VSA-Fachblatt, 19 (3), 1948, S. 74–76.
37 VSA-Fachblatt, 15 (11), 1944, S. 191 f.
38 VSA-Fachblatt, 23 (11), 1952, S. 410 f.
39 VSA-Fachblatt, 18 (8), 1947, S. 163 f.
40 SKAV-Fachblatt, 11 (1), 1949, S. 9–11; VSA-Fachblatt, 24 (1), 1953, S. 20–22.
41 VSA-Fachblatt, 30 (3), 1959.
42 Vgl. Opaschowski 2006; Prahl 2002; Weibel 2015.
43 Vgl. den Abschnitt «Die Regelung und Einschränkung der Arbeitszeit», S. 314 f.
44 VSA-Fachblatt, 16 (12), 1945, S. 237 f.

essenzieller Bestandteil des menschlichen Daseins und seiner Verwirklichung beschrieben.

Für die Heimkinder war Freizeit allerdings keineswegs als frei verfügbare Zeit gedacht. Vielmehr wurde sie pädagogisch gedeutet. Kinder und Jugendliche sollten lernen, mit ihrer persönlichen Zeit sinnvoll umzugehen. Dies tue not, da sich viele Kinder und Jugendliche im Heim befänden, «weil sie nicht fähig waren, ihren Mussestunden Sinn und Gehalt zu geben, sondern sich treiben liessen oder eine fehlgeleitete Aktivität entwickelten», wie es Fritz Wezel, Leiter des Pestalozzidorfs in Trogen, 1955 an einem Weiterbildungskurs für Heimpersonal zum Thema Freizeitgestaltung ausdrückte.[45] Wezel sprach sich gegen ausschliesslich kollektivistische Freizeitbeschäftigungen im Heim aus, «denn nach der Entlassung lebt der Zögling nicht mehr in einem derartigen Kollektiv und sollte imstande sein, sein Leben und seine Freizeit selber zu meistern».[46] Damit das Heimkind zu einer «eigenwüchsigen Freizeitbeschäftigung» gelange, sei es nötig, dass es möglichst «vieles probieren und kennen lernen kann».[47] Er schlug in diesem Zusammenhang eine Reihe von Beschäftigungsarten im Heim vor: «Das ‹Freizeitprogramm› des Heimes sollte unbedingt ein vielseitiges sein und etwa Sport und Spiel, Wandern und Bergsteigen, Lesen, Vorlesen, Theaterspielen in irgendeiner Form, Sammeln, Fotografieren, möglichst vielseitige manuelle Freizeitbeschäftigungen (Freizeitwerkstatt), Modellieren, Zeichnen und Malen inbegriffen, Musizieren, Singen usw. umfassen.»[48] Wezels Aufzählung enthielt eine Vielzahl von typisch bürgerlichen Freizeitformen, die selbstbestimmte Aktivität, Bildung und Kultur akzentuieren und nun auch als erstrebenswerte Tätigkeiten für das Heimkind galten. Die Orientierung an «einer ‹kindzentrierten› Kindheit»[49] zeigte sich zudem in der Betonung des Individualistischen gegenüber dem Kollektiven.

Generell häuften sich in den Fachblättern Beiträge, die als sinnvoll empfundene Freizeitaktivitäten vorstellten und diskutierten. Im VSA-Fachblatt erschienen seit den 1950er-Jahren beispielsweise wiederholt Kolumnen mit Bastel- oder Spielideen. In der Regel stand in den Beiträgen der pädagogische Wert der Freizeitaktivität im Vordergrund. Die mit den Kindern und Jugendlichen durchgeführte Beschäftigung sollte als Erziehungsmittel dienen, das sie in ihrer spezifischen Problematik berühre oder in ihrer gesamten Persönlichkeitsentwicklung weiterführe. Beispielhaft zeigt sich dies im Referat des ehemaligen Jugendsekretärs Emil Jucker am Fortbildungskurs des Jugendamts des Kantons

45 VSA-Fachblatt, 26 (3), 1955, S. 110 f.
46 Ebd., S. 229.
47 Ebd.
48 Ebd.
49 Honig et al. 2014, S. 365.

Zürich 1958 zum Thema «Der Mensch von heute und seine Freizeit». Dieser sah Freizeit als eine Grundlage zur Entwicklung der Persönlichkeit: «Der junge Mensch [...] soll die ihm in der Schule vermittelten Bildungselemente nicht nur im Erwerbsleben einsetzen, er soll auch in der Freizeit Gewinn aus ihnen ziehen. Freizeitwerke und Freizeitbestrebungen können nur Ausgangspunkt sein für die Entwicklung und Entfaltung der Persönlichkeit.»[50] Nochmals treten in diesem Zitat die Zentriertheit auf das Kind und das Bildungsideal deutlich zutage, das auch für die Kindheit im Heim Geltung beanspruchte.

Freizeit wurde jedoch nicht nur als Erziehungsmittel mit pädagogischer Funktion betrachtet, sondern eröffnete auch ein neues Feld der Diagnostik. Prägnant äusserte sich dazu der Leiter des Landheims Erlenhof Ernst Müller in einem Text zur «Persönlichkeitserfassung in Erziehungsheimen für Jugendliche»: «Neben den täglichen Beobachtungen, die man während der Arbeit und in bezug auf Hausordnung und Disziplin machen kann, liegt ein wichtiges Beobachtungs- und Beeinflussungsfeld in der Freizeit, die die Erzieher mit den Jugendlichen verbringen. Spiel, Sport, Touren, Zeltlager, Ferien, Theaterspielen, Basteln und auch das Nichtstun lassen den Jugendlichen aus sich herauskommen.»[51]

Freizeit erfuhr in den 1950er-Jahren im Heimdiskurs eine spürbare Bedeutungssteigerung. In den folgenden Abschnitten soll auf das Spielen gesondert eingegangen werden.

Spielen

In Pädagogik, Heilpädagogik und Psychologie, und dort insbesondere in der Psychoanalyse, rückte das kindliche Spiel in den 1950er-Jahren in den Blick der Experten. So veröffentliche der Schweizer Psychoanalytiker Hans Zulliger 1952 das Buch *Heilende Kräfte im kindlichen Spiel*,[52] in dem er das Spiel als therapeutisches Mittel diskutierte. Ebenso griff der Schweizer Heilpädagoge Paul Moor die Thematik 1962 in seinem Buch *Die Bedeutung des Spieles in der Erziehung*[53] auf, in welchem er das Spiel in pädagogischer Hinsicht erörterte. Gleichzeitig wurde das spielende Kind in den Fachdiskursen der Heimerziehung zum Thema und Spielen wurde zusehends als essenzieller Bestandteil der Kindheit betrachtet: «Die kindliche Stufe im Menschenleben ist gekennzeichnet durch eine überaus starke Sinneserfahrung, durch einen gewaltigen Spiel-

50 VSA-Fachblatt, 29 (11), 1958, S. 436.
51 VSA-Fachblatt, 24 (3), 1953, S. 111.
52 Zulliger 1952.
53 Moor 1962.

trieb, durch grosse Gestaltungs- und Illusionskraft.»[54] Spielen verstand man dabei als Vorbereitung auf die Realität des Erwachsenenlebens und als Mittel zur Entwicklung des Kindes: «Das tote Vöglein wird in die Schachtel eingesargt[,] es wird beerdigt und Gebete werden gesprochen, ein Kreuzlein aufgerichtet. Puppen werden getauft, werden krank, gepflegt, verbunden und gesunden; beliebt sind Spiele des täglichen Lebens: Einkauf und Verkauf, Soldatenspiel, Lehrerlen, Dökterlen usw. Kurz, das ganze Leben und Geschehen der grossen Welt wird im Spiel eingefangen, gestaltet und aufgeführt.»[55] Die Fachleute der Heimerziehung differenzierten unterschiedliche Formen des Spielens und ordneten ihnen verschiedene erzieherische Effekte zu. Wie oben beschrieben galt das Theaterspielen als Übungsfeld für das reale Leben. Kollektivspiele wie Fussball sollten zur Gemeinschaft erziehen.[56] Auch Spielplätze wurden vom erzieherischen Konzept her geplant: «Die Schaukel zum Beispiel lässt Rhythmus erleben, Klettergerüst oder Kletterbaum fördern Mut und Geschicklichkeit, Sandspiele wecken schöpferische Kräfte usw. Ein Spielplatz muss bewusst eingerichtet und gestaltet werden, wenn er als ‹Miterzieher› wirken soll.»[57] Das spielende Kind entwickelte sich in den 1950er-Jahren zu einem zentralen Kindheitskonzept, das auch im Heim Gültigkeit beanspruchte. So konstatierte zum Beispiel der Heimleiter Rudolf A. Meier 1962 in einem Artikel des VSA-Fachblatts: Das Spiel wird «in der Hand des geschulten Erziehers zu einem diagnostischen heilenden Mittel ersten Ranges».[58] Meier verglich dabei die Bedeutung des Spiels für das Kind mit der Bedeutung der Arbeit für den Erwachsenen: Das Spiel «ist so sehr Lebensform, dass es *die Lebensform des kindlichen Lebens* überhaupt ist. […] Das spielerische Tun ist für die Verarbeitung des täglichen Erlebens, für die Erweckung und Ausbildung sozialer Kräfte, kurz: für die leibliche und seelische Reifung ebenso wichtig und unentbehrlich wie die Arbeit für den Erwachsenen.»[59] An der Gleichsetzung der Bedeutung von Arbeit und Spiel zeigt sich nochmals in aller Klarheit der gesteigerte Stellenwert von Kindheit im Fachdiskurs in der Nachkriegszeit.

54 VSA-Fachblatt, 20 (1), 1949, S. 11.
55 Ebd., S. 12.
56 SKAV-Fachblatt, 12 (3), 1950, S. 65.
57 VSA-Fachblatt, 32 (4), 1961, S. 127.
58 VSA-Fachblatt, 33 (6), 1962, S. 184.
59 Ebd.

Gefährliche Freizeit

Am Beispiel des Lesens verdeutlicht sich die Zweiteilung in gewünschte und unerwünschte Freizeitaktivitäten. Einerseits führten Fachblätter Rubriken mit Literaturempfehlungen, die zunehmend nicht mehr nur Sachliteratur für das Heimpersonal vorstellten, sondern auch vermehrt Prosabücher auflisteten, die sich an ein jüngeres Publikum richteten und als pädagogisch wertvoll erachtet wurden. Im Speziellen richtete die Pro Juventute eine «Freizeitbibliothek» mit Leseempfehlungen ein.[60] Andererseits war der Kampf gegen die sogenannte Schundliteratur ein weitverbreitetes Anliegen.[61]

Freizeitaktivitäten bargen bei unkontrollierter Ausübung stets die Gefahr, die Kinder und Jugendlichen mit schädlichen Inhalten in Berührung zu bringen oder in ein ungesundes Übermass zu kippen. Nicht nur bei Büchern war besondere Vorsicht geboten, auch andere Medien, vor allem wenn sie neu waren, wurden skeptisch betrachtet. So zum Beispiel moderne Musikstile wie Jazz oder Rock 'n' Roll.[62] Ganz besonders aber das Fernsehen, das ab den 1960er-Jahren immer kritischer bewertet wurde.[63] Im Vergleich zu anderen Aktivitäten bemängelten die Kritiker vor allem die passive Rezeption. Zur Illustration die Ausführung eines Heimleiters: «Beim Fernsehen hat der Jugendliche nicht das eigene, verarbeitete Erlebnis. Die Phantasie wird nicht geweckt und die Stunde vor dem Fernsehapparat gleicht im Hinblick auf die Passivität des Jugendlichen dem untätigen Zusehen beim heutigen Schausport.»[64]

Das Herauslösen aus dem Arbeitsprozess eröffnete Kindern und Jugendlichen zusätzliche Freiräume und Experimentierfelder. Diese wurden in den Augen der Erwachsenen oft nicht sinnvoll genutzt, wenn nicht sogar missbraucht. In den 1950er- und 1960er-Jahren finden sich in den Fachblättern des Heimwesens zahlreiche, teils alarmierende Berichte über die Zunahme von sogenannten Halbstarken und der Jugendkriminalität.[65] Das Einbringen von Freizeitaktivitäten in den Heimalltag hatte deshalb auch eine schützende Funktion: sie sollten Heimkinder und Jugendliche den sinnvollen Umgang mit ihrer Freizeit lehren.

60 VSA-Fachblatt, 32 (4), 1961, S. 128.
61 VSA-Fachblatt, 27 (8), 1956, S. 307 f.
62 VSA-Fachblatt, 27 (9), 1956, S. 363–365.
63 VSA-Fachblatt, 35 (11), 1964, S. 315–317.
64 VSA-Fachblatt, 32 (5), 1961, S. 163.
65 VSA-Fachblatt, 29 (6), 1958, S. 243 f.

Schlussfolgerungen

«Man bezeichnet den eingetretenen Wandel als den Übergang von der Elternbestimmtheit des Kindes zur Kindbezogenheit der Eltern. Da das Kind [...] nicht mehr einem Familienziel untergeordnet, sondern selbst Ziel geworden ist, lässt man ihm in seiner Eigenständigkeit sehr viel mehr Raum, man gibt ihm grössere Selbstständigkeit.»[66]

In dieser zeitgenössischen Gesellschaftsdiagnose wird die Kluft zwischen einer rückwärtsgewandten Vorstellung von Kindheit und vorwärtsdrängenden gesellschaftlichen Kräften deutlich. In der zweiten Hälfte des 20. Jahrhunderts konkretisierten sich die bereits in der pädagogischen Literatur des 18. und 19. Jahrhunderts formulierten bürgerlichen Vorstellungen einer Familienerziehung, in welcher die Bezogenheit auf das Innere des Individuums und seine individuellen Kräfte der Kindheit einen eigenen Wert verliehen. Die lange, behütete Kindheit wurde in den Jahrzehnten nach dem Zweiten Weltkrieg sukzessive zum gesamtgesellschaftlichen Leitbild, wenn auch nicht zur gelebten Wirklichkeit in allen Bevölkerungsschichten.[67] Der Beitrag begreift Kindheit im Heim als eine gesellschaftliche Kindheit und zeigt auf, wie auch im Heimerziehungsdiskurs das Konzept einer bürgerlichen Kindheit Wirkung zeitigte. So verlor die Konstruktion des arbeitenden Kindes ab den 1950er-Jahren zunehmend an Bedeutung und machte einer Höherbewertung von Bildung und Reifung Platz. An die Stelle des arbeitenden Kindes schob sich die Vorstellung einer Heimkindheit, in der Freizeit, Lesen und freies Spielen als Ausdruck der Persönlichkeit des Kindes hoch gewertet wurde. Das Heim wurde familialisiert.[68] Überschaubare Wohngruppen boten einen emotional besetzten Raum mit Versatzstücken bürgerlichen Familienlebens. Normative Muster in der Heimerziehung begannen sich für Wertvorstellungen zu öffnen, die in bürgerlichen Kreisen vorgelebt wurden. Mit der hier gewählten Perspektive lässt sich die Geschichte der Heimerziehung nicht nur als Geschichte der Reformen erzählen, sondern auch als eine verspätete Durchsetzung einer bürgerlichen Kindheit im Bereich der ausserfamiliären Erziehung. Dieses Modell der behüteten Kindheit liess sich zudem ohne Bruchstellen in die Traditionen Pestalozzis sowie Wicherns einfügen.

Der Rückbezug im pädagogischen Heimdiskurs auf traditionelle bürgerliche Normen und Werte in den 1950er-Jahren lässt sich zudem als defensive Reaktion auf Prozesse des gesellschaftlichen und wirtschaftlichen Wandels le-

66 Mayntz 1955, S. 93.
67 Vgl. Bühler-Niederberger 2011.
68 Zur Anwendung und Problematik des Familienideals innerhalb der Organisationsformen der Fremderziehung vgl. Bühler-Niederberger 1999.

sen. So galt es, Kinder und Jugendliche in Heimen vor den Auswüchsen und Masslosigkeiten der kapitalistischen Konsumgesellschaft zu bewahren. Zur Erziehung zur Arbeit gesellt sich sozusagen eine Erziehung zur Freizeit, die Heimkinder an einen vernünftigen Umgang mit ihrer arbeitsfreien Zeit heranführen sollte. Zudem kann im familialen Zusammenleben eine Schutzfunktion im Hinblick auf sich abzeichnende gesellschaftliche Konflikte im Übergang der 1960er- in die 1970er-Jahre gesehen werden. So wurde im Bereich der Heimerziehung eine bürgerliche Kindheit besonders vehement verteidigt. Dieses auf die bürgerliche Familie bezogene Ideal führte zwar dazu, dass Kindern und Jugendlichen in Heimen kulturelle und ökonomische Güter zuerkannt wurden, die man ihnen bisher abgesprochen hatte. Gleichzeitig eröffnete die Haltung jedoch auch ein diskursives Feld zur restriktiven Auslegung sozialer Normen. Ein offener und produktiver Umgang mit alternativen Kindheitsvorstellungen, wie zum Beispiel Kindheitsbilder einer antiautoritären Erziehung, wurde dadurch wesentlich erschwert.

Quellen- und Literaturverzeichnis

Quellen

SKAV-Fachblatt. *Fachblatt des Schweizerischen Katholischen Anstalten-Verbandes.* Luzern: Schweizerischer Katholischer Anstalten-Verband (SKAV).

VSA-Fachblatt. *Fachblatt des Vereins für Schweizerisches Heim- und Anstaltswesen.* Zürich: Verein für Schweizerisches Anstaltswesen (VSA).

Literatur

Baader, Meike Sophia, Esser, Florian und Schröer, Wolfgang (Hg.) (2014). *Kindheiten in der Moderne. Eine Geschichte der Sorge.* Frankfurt am Main: Campus.

Beck, Ulrich (1989). *Risikogesellschaft. Auf dem Weg in eine andere Moderne.* Frankfurt am Main: Suhrkamp.

Bühler-Niederberger, Doris (1999). Familien-Ideologie und Konstruktion von Lebensgemeinschaften in der Heimerziehung. In: Colla, Herbert, Gabriel, Thomas, Millham, Spencer, Müller-Teusler, Stefan und Winkler, Michael (Hg.), *Handbuch Heimerziehung und Pflegekinderwesen in Europa.* Neuwied: Luchterhand, S. 333–340.

Bühler-Niederberger, Doris (2011). *Lebensphase Kindheit. Theoretische Ansätze, Akteure und Handlungsräume.* Weinheim: Juventa.

Chmelik, Peter (1986). *Armenerziehungs- und Rettungsanstalten. Erziehungsheime für reformierte Kinder im 19. Jahrhundert in der deutschsprachigen Schweiz.* Zürich: Selbstverlag.

Foucault, Michel (2013). *Archäologie des Wissens.* Frankfurt am Main: Suhrkamp.

Hafner, Urs (2011). *Heimkinder. Eine Geschichte des Aufwachsens in der Anstalt.* Baden: hier + jetzt.

Hafner, Wolfgang (2014). *Pädagogik, Heime, Macht. Eine historische Analyse.* Zürich: Integras, Fachverband Sozial und Sonderpädagogik.

Hauss, Gisela (1995). *Retten, Erziehen, Ausbilden. Zu den Anfängen der Sozialpädagogik als Beruf.* Bern etc.: Peter Lang.

Honig, Michael-Sebastian und Ostner, Ilona (2014). Die «familialisierte» Kindheit. In: Baader, Meike Sophia, Esser, Florian und Schröer, Wolfgang (Hg.), *Kindheiten in der Moderne. Eine Geschichte der Sorge.* Frankfurt am Main: Campus, S. 360–390.

Mayntz, Renate (1955). *Die moderne Familie.* Stuttgart: Enke.

Mayring, Philipp (2010). *Qualitative Inhaltsanalyse. Grundlagen und Techniken.* Weinheim: Beltz.

Merz, Ueli (1984). Die Berufsausbildung im Rahmen der Heimerziehung. In: Verein für Jugendfürsorge Basel (Hg.), *Materialien zur Heimerziehung Jugendlicher aus den Jahren 1933–1984. Festschrift zum 80. Geburtstag von Ernst Müller.* Zürich: VSA Verlag, S. 175–189.

Mierendorff, Johanna (2010). *Kindheit und Wohlfahrtsstaat. Entstehung, Wandel und Kontinuität des Musters moderner Kindheit.* Weinheim: Juventa.

Mitterauer, Michael (1979). Faktoren des Wandels historischer Familienformen. In: Pross, Helge (Hg.), *Familie wohin? Leistungen, Leistungsdefizite und Leistungswandlungen der Familien in hochindustrialisierten Gesellschaften.* Reinbek: Rowohlt.

Moor, Paul (1962). *Die Bedeutung des Spieles in der Erziehung. Betrachtungen zur Grundlegung einer Spielpädagogik.* Bern: Hans Huber.

Müller, Ernst (1984). Der Stellenwert der Berufslehre im Erziehungsheim für Jugendliche. In: Verein für Jugendfürsorge Basel (Hg.), *Materialien zur Heimerziehung Jugendlicher aus den Jahren 1933–1984. Festschrift zum 80. Geburtstag von Ernst Müller.* Zürich: VSA Verlag Verein für Schweizerisches Heimwesen, S. 38–40.

Opaschowski, Horst W. (2006). *Einführung in die Freizeitwissenschaft.* Wiesbaden: VS Verlag.

Prahl, Hans-Werner (2002). *Soziologie der Freizeit.* Zürich: Schöningh.

Pross, Helge (Hg.) (1997). *Familie wohin? Leistungen, Leistungsdefizite und Leistungswandlungen der Familien in hochindustrialisierten Gesellschaften.* Reinbek: Rowohlt.

Rietmann, Tanja (2013). *«Liederlich» und «arbeitsscheu». Die administrative Anstaltsversorgung im Kanton Bern 1884–1981.* Zürich: Chronos.

Schmid, Pia (2014). Die bürgerliche Kindheit. In: Baader, Meike Sophia, Esser, Florian und Schröer, Wolfgang (Hg.), *Kindheiten in der Moderne. Eine Geschichte der Sorge*. Frankfurt am Main: Campus.

Schoch, Jürg, Tuggener, Heinrich und Wehrli, Daniel (Hg.) (1989). *Aufwachsen ohne Eltern. Verdingkinder, Heimkinder, Pflegekinder, Windenkinder. Zur ausserfamiliären Erziehung in der deutschsprachigen Schweiz*. Zürich: Chronos.

Schweizerische Landeskonferenz für Soziale Arbeit (1959). Richtlinien für die Organisation von Heimen zur Erziehung von Kindern und Jugendlichen. *Schweizerische Zeitschrift für Gemeinnützigkeit*, 12, S. 268–276.

Seglias, Loretta (2013). Heimerziehung. Eine historische Perspektive. In: Ries, Markus und Beck, Valentin (Hg.), *Hinter Mauern. Fürsorge und Gewalt in kirchlich geführten Erziehungsanstalten im Kanton Luzern*. Zürich: Theologischer Verlag Zürich, S. 19–114.

Strauss, Anselm L. und Corbin, Juliet (1996). *Grounded theory. Grundlagen qualitativer Sozialforschung*. Weinheim: Beltz Psychologie Verlags Union.

Weibel, Andrea (2015). Freizeit. *Historisches Lexikon der Schweiz*, Version vom 17. Februar 2015, www.hls-dhs-dss.ch/textes/d/D16319.php. Zugegriffen: 22. Februar 2018.

Wettstein, Emil (1987). *Die Entwicklung der Berufsbildung in der Schweiz*. Aarau: Sauerländer.

Wilhelm, Elena (2005). *Rationalisierung der Jugendfürsorge. Die Herausbildung neuer Steuerungsformen des Sozialen zu Beginn des 20. Jahrhunderts*. Bern: Haupt.

Witzig, Heidi (2008). Kindheit. *Historisches Lexikon der Schweiz*, Version vom 2. Dezember 2008, www.hls-dhs-dss.ch/textes/d/D10395.php. Zugegriffen: 22. Februar 2018.

Zulliger, Hans (1952). *Heilende Kräfte im kindlichen Spiel*. Stuttgart: Ernst Klett.

Erinnern – gedenken – bezeugen

Zur Rolle des Erzählens in Prozessen gesellschaftlicher Gedächtnisbildung

CHRISTINE MATTER

Die Gegenwart von Vergangenheit und die gesellschaftliche Gedächtnisbildung

Die Geschichte von Kindern und Jugendlichen öffnet im Vergleich zu der von Erwachsenen immer noch eher selten ein Tor zum Verständnis der Vergangenheit. Dies gilt vor allem dann, wenn es darum geht, anhand dessen, was Kindern in der Vergangenheit widerfahren ist, grundlegende gesellschaftliche Herausforderungen, die bis in die Gegenwart wirken, zu verstehen und einzuordnen. Von sozialen Exklusionsprozessen waren neben anderen gesellschaftlichen Gruppen in der Vergangenheit auch Kinder und Jugendliche betroffen. Von diesen Kindern, insofern sie zwischen 1950 und 1990 in Schweizer Heimen fremdplatziert wurden, handeln der vorliegende Band und das dahinterstehende Forschungsprojekt. Die historische Aufarbeitung, die damit geleistet werden soll, ist wie jedes geschichts- und sozialwissenschaftliche Unterfangen durch die Gegenwart motiviert und nur so denkbar. Die Forschungsarbeiten zur Heimplatzierung von Kindern und Jugendlichen finden dabei aber zugleich in einer besonderen Konstellation sowohl international wie national intensivierter Erinnerungs- und Gedächtnisdiskurse statt, welche diesem Thema einen besonderen Ort in der Sphäre des Öffentlichen geben.

Seit dem Ende des vergangenen Jahrhunderts haben Erinnern und Gedenken in den westlichen Gesellschaften Hochkonjunktur. Mit dem bereits wieder entstandenen kleinen zeitlichen Abstand von einigen Jahren werden gegenwärtig vermehrt Fragen nach den Gründen für diese intensive Phase des Erinnerungsdiskurses gestellt.[1] Zur Beantwortung dieser Frage wird insbesondere auf vier herausragende Aspekte historischer Transformationsprozesse hingewiesen: den Verlust der Zeitzeugenschaft in Erinnerung an die Schoah durch das Sterben von Überlebenden, die Vervielfältigung nationaler und ethnischer Gedächtnisse mit dem Ende des Kalten Krieges, die methodisch neuen Formen

1 Vgl. Erll 2011.

der Konfliktlösung durch Wahrheits- und Versöhnungskommissionen und die multikulturell inspirierten Erinnerungsbewegungen in der Folge von Dekolonialisierung und von Migrationsbewegungen. Dazu kommen der technologische Medienwandel sowie stärker wissenschaftsbasierte Einflüsse im Anschluss an postmoderne Geschichtsphilosophien und die Herausbildung der Kulturwissenschaften.[2] Mittlerweile werden immer wieder auch Befürchtungen formuliert, dass das inflationäre gesellschaftliche Erinnern das eigentliche Ziel einer Anerkennung und Aufarbeitung der Geschichte der Betroffenen sowie eine Auseinandersetzung mit der Schuld der Täter aushöhlt und im routinisierten «Abarbeiten» von Vergangenheit diese gleichsam neutralisiert wird.[3]

Doch was geschieht, wenn Gesellschaften sich des Erinnerns und Gedenkens annehmen? Was ist unter einem gesellschaftlichen, sozialen, kulturellen oder gar kollektiven Gedächtnis überhaupt zu verstehen? Maurice Halbwachs, der Ahnherr der sozialwissenschaftlichen Gedächtnisforschung, hat auf die sozialen Rahmen von individueller Erinnerung hingewiesen und insbesondere die Rolle der Sprache herausgestrichen: «Wir kleiden unsere Erinnerungen in Worte, bevor wir sie beschwören; es ist die Sprache und das ganze System der damit verbundenen gesellschaftlichen Konventionen, die uns jederzeit die Rekonstruktion unserer Vergangenheit gestattet.»[4] Was immer wir als einzelne Wesen erinnern: Wenn wir es zum Gegenstand des Ausdrucks machen, ist es auf unser soziales Umfeld und auf gesellschaftliche Tradition bezogen und davon beeinflusst. Neben der einen grundlegenden Unterscheidung von einzelnem Subjekt und Sozialem besteht die andere, welche für die Gedächtnisforschung zentral ist, in der fundamentalen Differenz von unmittelbarem sozialem Umfeld und darüber hinausgehender, die Zeit übergreifender und vom unmittelbaren sozialen Kontext abgelöster Stabilisierung und Institutionalisierung von gemeinsamem, die Vergangenheit betreffendem Wissen. Das Begriffspaar kommunikatives und kulturelles Gedächtnis versucht diesen theoretischen Zusammenhang einzuholen. Das kulturelle Gedächtnis findet seinen Ausdruck als «institutionalisierte Mnemotechnik»: Es «richtet sich auf Fixpunkte in der Vergangenheit. Auch in ihm vermag sich Vergangenheit nicht als solche zu erhalten. Vergangenheit gerinnt hier vielmehr zu symbolischen Figuren, an die sich die Erinnerung heftet.»[5] Im Unterschied dazu ruht das kommunikative Gedächtnis auf den geteilten Erfahrungen konkreter Zeitgenossen, also auf zwischenmenschlich geteilten Erinnerungen: «Dieses Gedächtnis wächst der Gruppe historisch zu; es entsteht in der Zeit und vergeht mit ihr, genauer: mit

2 Ebd., S. 3 f.
3 Vgl. Assmann 2013.
4 Halbwachs 1985, S. 368 f.
5 Assmann 1992, S. 52.

seinen Trägern. Wenn die Träger, die es verkörperten, gestorben sind, weicht es einem neuen Gedächtnis.»[6]

Vor dem Hintergrund dieser Unterscheidungen wird deutlich, weshalb das kulturelle Gedächtnis (auch) für die Identitätskonstitution und für eine entsprechende Identitätspolitik im Rahmen des modernen Nationalstaats in Anspruch genommen wurde – dies oft mithilfe der Geschichtswissenschaft.[7] Neben allen Besonderheiten im Einzelnen heisst dies für die westeuropäischen Staaten nach 1945, dass dem Zweiten Weltkrieg eine wesentliche Rolle im Rahmen des kulturellen Gedächtnisses zukommt. Ein Paradigmenwechsel in der Erinnerungskultur setzt dann in den 1990er-Jahren durch eine Öffnung der Erinnerungsräume und eine Vervielfältigung gruppenspezifischer Gedächtnisse ein, die sich in ein einheitliches nationales kulturelles Gedächtnis kaum mehr integrieren lassen.[8] Als Folge davon verschieben sich auch die Gewichte innerhalb des kulturellen Gedächtnisses. Um besser zu verstehen, was damit gemeint ist, insbesondere für den Fall der Schweiz, lohnt es sich, die begriffliche Konzeption des kulturellen Gedächtnisses in Anlehnung an Aleida Assmann etwas genauer aufzuschlüsseln. Zuerst einmal gehört zum kulturellen Gedächtnis wesentlich nicht nur das Erinnern, sondern auch das Vergessen. Für beides finden sich, im Sinne einer heuristischen Unterscheidung, sowohl aktive als auch passive Formen. Zum aktiven Erinnern gehört die Idee des Kanons, also eine bestimmte Auswahl an «Klassischem» oder «Heiligem», welche identitätsbildend wirkt und woran lebendig partizipiert werden kann. Zum passiven Erinnern gehört demgegenüber das Archiv, also ein (institutionalisierter) Speicher von historischen Quellen, auf die zurückgegriffen werden kann. Auch vergessen kann man mehr oder weniger aktiv oder passiv. Das Löschen von Spuren aus der Vergangenheit stellt einen aktiven Eingriff und somit eine radikale Technik des Vergessens dar.[9] Eine andere aktive Form des Vergessens ist das Schweigen, also die Verbannung eines Ereignisses aus der Kommunikation. Die Konsequenzen daraus können sich stark unterscheiden; bewusstes, intendiertes Schweigen verbindet die Schweigerinnen und Schweiger untereinander, es kann aber durch die anhaltende Tabuisierung das Leid der von den beschwiegenen Ereignissen direkt Betroffenen auch vergrössern. Vergangene Ereignisse können jedoch auch einfach passiv in Vergessenheit geraten.

6 Assmann/Assmann 1994, S. 119.
7 Vgl. Rüsen 2008, S. 233 ff.
8 Vgl. auch Schwelling 2013.
9 Assmann 2016, S. 21.

Erinnern und gedenken in der Schweiz – Fremdplatzierungen von Kindern und Jugendlichen in Heimen

Die Schweiz erfährt wie andere Länder seit ein paar Jahrzehnten eine gesellschaftlich-medial beeinflusste Neuordnung ihres kulturellen Gedächtnisses, welche sich in verschiedenen Erinnerungsdiskursen manifestiert – der prominenteste davon ist der zur Rolle der Schweiz im Zweiten Weltkrieg.[10] Andere Diskurse, die sich nahe an das Thema des vorliegenden Bandes anlagern, sind etwa die Aufarbeitung der Geschichte der Fahrenden,[11] der Verdingkinder[12] oder der Psychiatrie.[13] Im Rahmen dieser Auseinandersetzungen über die Vergangenheit verändert sich das Verhältnis von Erinnern und Vergessen in seinen je aktiven und passiven Formen. Im Bereich des Erinnerns ändert sich wiederum die Relation von Kanon und Archiv, also von jenen Teilen des kulturellen Gedächtnisses, die für Sichtbarkeit und Aktualität einerseits, für Latenz beziehungsweise Potenzialität andererseits stehen. Dabei geht es immer auch um die Frage, welche Anteile an individueller Erfahrung und Erinnerung Eingang ins kulturelle Gedächtnis finden und dort symbolisch repräsentiert werden. Dass dies besonders schwierig ist in Fällen, wo individuelle Erfahrungen über Jahrzehnte einer Tabuisierung unterworfen waren und das Schweigen über lange Zeit nicht durchbrochen werden konnte, spiegelt sich in einer Sprachlosigkeit der Betroffenen selbst dann noch, wenn endlich Zuhörer da wären. Die traumatische Erfahrung verunmöglicht oder erschwert den Rückgriff auf das sprachliche Bedeutungssystem – es fehlen die Worte: «Das freie Spiel der Zeichen ist stillgelegt, die Widerfahrnis ist abgetrennt von einer Semiosphäre, durch die sie kommunikabel und sinnhaft würde und mit der Weltsicht anderer Menschen vermittelt werden könnte. Das Trauma ist damit eine kritische Erfahrung: Sie ist ‹da›, das heisst, sie verbindet sich mit Vorstellungen, Bildern, Diskursen – doch liegt gleichzeitig eine fundamentale Verletzung des kulturellen Codes vor, was nichts anderes heisst, als dass der Versuch ihrer diskursiven Rationalisierung immer wieder scheitert und abbricht. Das Trauma ist eine Erfahrung, bei der die Mitteilbarkeit und Nachvollziehbarkeit aussetzen.»[14] Die Schwierigkeit, Erinnerung in Sprache zu fassen, die sich im Fall eines Traumas bis zur Unmöglichkeit steigern kann, hat ihren Grund in der radikalen Individualität beziehungsweise Subjektivität des Erinnerns. Erinnerung als «ein

10 Unabhängige Expertenkommission Schweiz 2002; Burgermeister/Peter 2014; Tanner 1999.
11 Galle 2016.
12 Leuenberger/Seglias 2015; Weber 2014.
13 Meier et al. 2007.
14 Tanner 1999, S. 24.

subjektives Repräsentieren verfliessender und verflossener Zeit im Modus der Evidenz»[15] eignet nur einzelnen Menschen, nicht sozialen Gruppen oder gar ganzen Gesellschaften. Der Begriff des Erinnerns ist damit von dem des – kollektiven, sozialen, kulturellen – Gedächtnisses klar abzugrenzen. Damit wird aber auch deutlich, dass sich individuelle Erinnerungen nie ganz decken und dass man es, kommt es zu einer Verständigung über Vergangenes zwischen Individuen, bereits mit einer wie auch immer gearteten Form von gemeinsamer Vergangenheitskonstruktion im Rahmen eines Gedächtnisses zu tun hat. Individuelles Erinnern geht in kollektivem Gedenken und in gesellschaftlichen Anerkennungsprozessen nicht auf.[16]

Vor dieser Ausgangslage stehen auch die Forschungsarbeiten, die im Rahmen des Projekts zur Fremdplatzierung von Kindern in Heimen in der Schweiz zwischen 1940 und 1990 durchgeführt worden sind und deren Ergebnisse im vorliegenden Band dargelegt werden. Während sich die Arbeit mit Archivmaterialien im Bereich des kulturellen Gedächtnisses bewegt und damit beschäftigt ist, gleichsam passives Wissen aus dem gesellschaftlichen Speicher zu heben und für den Kanon zu aktivieren, steht eine historische Rekonstruktionsarbeit, die sich mit noch lebenden Betroffenen auseinandersetzt, vor besonderen Herausforderungen. In rückblickenden biografischen Erzählungen geben ehemalige Heimbewohnerinnen und Heimbewohner zu den Stationen ihres Lebens Einblick – vom Heimeintritt bis heute. Nicht nur die Erfahrungen im Heim, sondern vor allem auch deren Auswirkungen und Konsequenzen für ein «Leben danach» stehen dabei im Zentrum. Biografische Narrative operieren immer an der Schnittstelle zwischen subjektiv-einmaliger Erfahrung und Erinnerung einerseits, die sich im Kern durch Unvermittelbarkeit auszeichnen, und einem sozial Gemeinsamen andererseits, das am kulturellen Gedächtnis Anteil hat. Schon die Erzählsituation beziehungsweise der Kontext des Interviews stellt Letzteres sicher, indem kulturell kompetente gesellschaftliche Akteure – Interviewende und Interviewte – aus dem Heute gemeinsam auf die Vergangenheit zurückblicken.

Nur Menschen können erinnern. Mit Blick auf die Situation des biografischen Erzählens im Interview lässt sich der Begriff des Erinnerns weiter präzisieren. Erinnern schliesst an Erfahrung an: «Wenn ich mich an etwas erinnere, frage ich bewusst meinen Erfahrungszusammenhang an. Erinnern ist intentionales Handeln, ein Rückgriff auf die Spuren vergangener Erlebnisse in meinem Bewusstsein. Ich wende mich meinem Inneren zu, ich er-innere. […] Dieses Erinnern kann immer nur in der Gegenwart stattfinden; es bezieht sich jedoch auf

15 Brumlik 1996, S. 33.
16 Vgl. auch Young 2001.

etwas, das in der Vergangenheit mit mir geschehen ist.»[17] Streicht bereits der individuelle Zugang zum Erinnern seine je subjektive Einzigartigkeit heraus, so entsteht im Verlauf eines Lebens ein je eigener, in seiner Sedimentierung von Erfahrungen einmaliger Wissensvorrat,[18] auf den Individuen mehr oder weniger bewusst zugreifen können. Dem Erzählenden muss dabei die Sprache, mit deren Hilfe er seine Erinnerungen seiner Zuhörerschaft verständlich machen will, einerseits wie ein Korsett vorkommen. Andererseits ermöglicht die Sprache als kulturell-gesellschaftlich objektiviertes Zeichensystem überhaupt erst (ein gegenseitig unterstelltes) Verstehen und wirkt ihrerseits auf das Erinnerte zurück. Ohne der Sprache ausschliesslich diese Aufgabe zuzuschreiben, ist sie dennoch ein wesentliches «System typisierender Erfahrungsschemata, das auf Idealisierungen und Anonymisierungen der unmittelbaren subjektiven Erfahrung beruht».[19] Die subjektive Erfahrung trifft damit immer auf sozial objektivierte Erfahrungstypisierungen, mit deren «Hilfe» sich der Einzelne gleichsam in die Gesellschaft «hineinerzählt». Das emotionale Unbehagen, welches durch die Friktion von individuellem Erinnern und seiner sozialen Vermittlung und Einspeisung ins soziale Gedächtnis auf der Seite der Erzählenden entsteht, ist auch dieser Inkonsistenz geschuldet.

Über diese nicht aufzulösende Unvermittelbarkeit von subjektivem Erfahren und Erinnern einerseits, sozialer Objektivierung andererseits hinaus entstehen aber für die hier interessierenden biografischen Rekonstruktionen einer Vergangenheit im Heim und eines Lebens nach dem Austritt aus dem Heim spezifische Erinnerungskonstellationen, welche die individuellen Erfahrungen übergreifend verbinden – dies legen zumindest die Auswertungen der im Rahmen des Projekts geführten Interviews nahe. Wenn es auch nicht für alle so war, kam der Heimeintritt im Kindesalter für viele Interviewte doch unvermittelt. Er traf sie oft gänzlich unvorbereitet. Die Betroffenen finden sich im Heim wieder, sie haben plötzlich einen Vormund, und die bisherigen Bezugspersonen, die Eltern, vielleicht auch die Geschwister, sind nicht mehr greifbar, der Kontakt in vielen Fällen ganz unterbrochen. Auch scheint es eine Erfahrung vieler Betroffener gewesen zu sein, dass sie im Heim nicht richtig in Empfang genommen, also begrüsst oder gar im neuen «Zuhause» willkommen geheissen wurden. Diese Kinder geraten am Übergang von einer Lebensphase zur nächsten gleichsam in einen leeren Raum; sie sind zwar äusserlich räumlich angekommen, werden aber kaum beachtet. Während für diese Kinder und Jugendlichen am Beginn der Zeit im Heim bereits Verwirrung und ein Gefühl des Ausgeliefertseins vorherrschen, schliesst sich im weiteren Verlauf ein erin-

17 Dimbath/Heinlein 2015, S. 87.
18 Schütz/Luckmann 1994.
19 Ebd., S. 282.

nerungs- und gedächtnistheoretisch wesentlicher Vorgang an, in dem die Vergangenheit und das bisherige Leben gleichsam gelöscht werden. Rechtlich-administrativ werden die Fürsorgeverhältnisse neu geordnet. Räumlich wird die bisherige Zugehörigkeit zur Herkunftsfamilie unterbrochen. Durch dieses Vorgehen kann die Herkunft der Kinder diskreditiert werden. Die Familie, aus der sie stammen, wird mit abweichendem, unmoralischem Verhalten oder gar mit Delinquenz in Verbindung gebracht, sodass die Einweisung ins Kinderheim oft als persönliche Strafe empfunden wird. Die Identifikation der Kinder mit ihrer familiären Herkunft wird damit erschwert oder ganz verunmöglicht, und so berichten die Betroffenen auch immer wieder von einem Gefühl des Nichtlegitimseins. Diese erste Delegitimierung der eigenen Vergangenheit und der Person findet ihre Fortsetzung während des oft langjährigen Aufenthalts im Heim. Interviewte berichten rückblickend von einer Gleichmachung der Kinder durch einheitliche Kleidung, durch straffe Regulierungen im Alltag und durch Gruppenzwänge, denen sie sich im Rahmen eines oft strengen Sanktionsregimes zu unterwerfen haben. Auch von der Welt ausserhalb des Heims, an der die Kinder etwa durch den Schulbesuch noch ein Stück weit teilhaben, werden sie auf ihre Heimexistenz reduziert, wie ein Betroffener berichtet, der von seinem Lehrer nicht beim Namen genannt, sondern einfach als «Waisenhäusler» bezeichnet wurde.[20]

Werden die Betroffenen nach vielen Jahren aus dem Heim entlassen, gelingt es ihnen oft auch im späteren Leben kaum mehr, die verlorene Herkunft durch eine tragfähige neue zu ersetzen. Die Heimerfahrung, mit der sich viele Erinnerungen verknüpfen, kann die Funktion einer (positiven) Herkunftsidentifikation in der Regel nicht übernehmen, dies nicht nur weil die Erfahrungen zu belastend sind, sondern auch weil weder das nähere soziale Umfeld noch die gesellschaftliche Öffentlichkeit über Jahrzehnte bis in die jüngste Vergangenheit hinein dafür empfänglich sind. Das Heim scheint in der Schweiz lange kein Thema des öffentlichen Diskurses zu sein. Mit der Institution des Heims kommen auch die (ehemaligen) Heimkinder kaum vor. Daran schliesst sich für die Betroffenen das permanente Gefühl des Illegitimen der eigenen Person und Existenz an, das ihnen bis in die Gegenwart erhalten bleibt. Es ist direkt verknüpft mit dem jahrzehntelangen Schweigen über das erfahrene Leid. Dieses Schweigen ist von einer merkwürdigen Ambivalenz gekennzeichnet. Schweigt man als Betroffener oder als Betroffene, weil man die Erfahrung per se für nicht vermittelbar hält? Liegt dahinter letztlich auch die Vorstellung einer prinzipiellen Unmöglichkeit, das innerste Erleben anderen verständlich zu machen? Damit ist nebst allen psychischen Konnotationen auch auf einen kul-

20 Vgl. den Beitrag von Bombach/Gabriel/Keller, «Die wussten einfach, woher ich komme».

turellen Tatbestand verwiesen, der seit dem 19. Jahrhundert unter dem Begriff des modernen, inkommensurablen Individuums verhandelt wird.[21] Oder hat das Schweigen seinen Grund in den befürchteten Risiken, die mit dem Reden einhergehen: dass man beschämt, stigmatisiert, von Neuem ausgegrenzt wird, wenn man die eigenen vergangenen Erfahrungen thematisiert? Damit wäre das Schweigen nicht einem grundlegenden Nicht-verstanden-werden-Können zuzuschreiben, sondern einer Form des Selbstschutzes angesichts der erwarteten Reaktionen der Zuhörer. Wie auch immer das Schweigen im Einzelfall letztlich bewusst oder unbewusst motiviert ist – Schweigen ist eine Form der Kommunikation, eine kommunikative Beziehung zwischen dem, der schweigt, und dem, der ein möglicher Adressat des Redens wäre: «Von Schweigen kann man also nur reden, wenn es in einem Erwartungshorizont auftaucht, in dem auch Reden möglich gewesen wäre. Es muss als kommunikative Option verstehbar sein, als Mitteilung eben. Zwar gilt immer: Wer schweigt, redet nicht. Aber keinesfalls gilt: Wer nicht redet, schweigt.»[22] Die Entscheidung, einzelne Mitmenschen oder sogar eine breitere Öffentlichkeit an der eigenen Vergangenheit teilhaben zu lassen, findet immer vor dem Hintergrund eines Erwartungshorizontes statt, angesichts dessen man sich fürs Reden oder fürs Schweigen entscheidet. Im Rahmen der Aufarbeitung der Geschichte der Fremdplatzierung von Kindern und Jugendlichen in Heimen in der Schweiz nach 1940 stellt sich die Frage, warum ein Teil der Betroffenen sich in der jüngsten Vergangenheit dafür entschieden hat, zu reden. Wobei hier nicht die psychologischen Momente, die dieses Reden erklären, im Vordergrund stehen sollen, sondern die gesellschaftlich-sozialen Aspekte und Rahmenbedingungen.

Bezeugen – die gesellschaftliche Bedeutung der Rolle von Zeugenschaft

Die Interviewten berichten von einem bis in ihr gegenwärtiges Leben anhaltenden Gefühl der Illegitimität. Auf Herkunft übertragen bedeutet dies, dass nicht nur ihre ursprüngliche Geschichte als Mitglied einer Familie, sondern auch ihre Geschichte im Heim und später ihre Geschichte als ehemaliges Heimkind keine gesellschaftliche Resonanz und Legitimierung erfahren. Dies geht in vielen Fällen so weit, dass sich Betroffene auch untereinander während vieler Jahre nicht über das Erfahrene austauschen. Man verbirgt das Erlebte, auch vor nächsten Angehörigen, versucht vielleicht auch vor sich selbst nach

21 Vgl. zum Beispiel Bohn/Hahn 1999.
22 Hahn 2013, S. 29 f.

Möglichkeit zu verdrängen, was geschehen ist, und lebt doch mit einer traumatischen Erfahrung, die nicht einfach von sich aus verschwindet. In dieser individuell-biografischen Situation ändert sich dann aber die gesellschaftliche Ausgangslage: Eine Bundesrätin als Repräsentantin der Schweizer Regierung entschuldigt sich bei den Betroffenen von staatlichen Zwangsmassnahmen für das ihnen zugefügte Leid, weitere Politikerinnen und Politiker auf nationaler und kantonaler Ebene treten auf den Plan und nehmen das Anliegen einer Anerkennung der Erfahrungen der ehemaligen Heimkinder auf, ein Gesetz zur Anerkennung des Leids und zur wissenschaftlichen Aufarbeitung wird in Kraft gesetzt, die wissenschaftliche Erforschung beginnt, und auch die Möglichkeiten einer finanziellen Entschädigung der Betroffenen wird diskutiert. Das Thema erlangt zeitweise starke mediale Präsenz. Ähnlich wie in anderen Ländern können Betroffene nach dem langen Schweigen endlich aus dem Schatten der Vergangenheit treten. Neben historischem Quellenmaterial, das in Archiven lagert und sowohl den Betroffenen wie auch der Forschung zugänglich wird, sind ehemalige Heimbewohnerinnen und Heimbewohner als Berichterstatter ihrer Erfahrungen plötzlich gefragt. Damit geraten sie in die Rolle von Zeugen. Als Zeugen des Vergangenen werden sie zu Boten, die «die Klammer zwischen dem Ort einer Katastrophe und dem Ort der entfernten Ahnungslosen»[23] bilden. Der (Augen-)Zeuge verfügt über exklusiven Zugang zur Vergangenheit durch eigenes Dabeigewesensein. Im Fall der Aufarbeitung einer belasteten Vergangenheit, die sowohl Opfer wie auch Täter kennt – Letztere in Form von einzelnen Personen ebenso wie von spezifischen Institutionen –, erhalten die Zeugenschaft und das Bezeugenkönnen auch eine moralische Dimension. Im Extremfall steht das Zeugnis im Dienst derjenigen, die selbst nicht mehr sprechen können, also der Toten oder der am Sprechen durch andere Gründe Gehinderten. Der Zeuge ist dabei immer auf jemanden angewiesen, der das Zeugnis hört, auf eine «sekundäre Zeugengemeinschaft»,[24] also auf eine Zeugenschaft, welche die Verbindung zwischen dem traumatisierten Opfer und einer sich moralisch rückversichernden Gemeinschaft herstellt und so letztlich den Betroffenen erst den Status des «Opfers» zuerkennt: «‹Opfer› ist somit keine naturwüchsige Kategorie, sondern entsteht überhaupt erst als eine soziale Konstruktion durch eine moralische Gemeinschaft in einem öffentlichen Raum.»[25] Nach Assmann ist diese sekundäre Zeugenschaft der Gesellschaft, welche als Teil der Erinnerungskultur erscheint, auch Träger der historischen Verantwortung innerhalb einer Gesellschaft,[26] wobei die im Einzelnen inhalt-

23 Assmann 2006, S. 86.
24 Ebd., S. 89; vgl. auch Giesen 2004.
25 Assmann 2006, S. 89.
26 Ebd., S. 90.

lich bezeugte Wahrheit (die «Fakten») hinter die unmittelbar personell-körperlich gegebene Verbindung zur Vergangenheit zurücktritt. Die Zeugenschaft der Betroffenen per se ist also konstitutiv für die Entstehung einer moralischen Gemeinschaft. In ähnlicher Richtung argumentiert Harald Welzer, wenn er auf die Bedeutung des Gesprächs, die Anwesenheit von Personen im Gespräch, für die Tradierung von Vergangenem hinweist. Tradierung braucht die aktive Aneignung des Berichteten durch die Zuhörerin oder den Zuhörer. Damit ist gemeint, dass Zuhörer im Erzählten Raum für eigene Ergänzungen mit Bezug auf ihre Lebenswirklichkeit und Vorstellungswelt finden. Dazu gehört auch die besondere Erlebnisqualität einer Erzählsituation. Erst unter diesen Voraussetzungen werden Erzählungen tradierbar, also von fremden zu eigenen Erzählungen.[27] Es scheint, dass Erinnerungsgemeinschaften, wie sie etwa am Beispiel des Familiengedächtnisses untersucht wurden,[28] auf einer gemeinsamen emotional-atmosphärischen Dimension aufruhen, während sie inhaltlich einem gewissen gemeinsamen Gestaltungsspielraum von Erzähler und Zuhörer unterliegen: «Das beständige Ergänzen und Montieren ist ein Prozess der Verlebendigung; das Gedächtnis von Familien und weiteren Erinnerungsgemeinschaften baut nicht auf ein begrenztes und fixierbares Inventar von Erinnerungsstücken auf, sondern kombiniert und ergänzt dieses Inventar im Prozess einer permanenten Überschreibung im Rahmen von *conversational remembering*.»[29] Auf die Bedeutung der emotionalen Qualität von Erinnerung weist auch Daniel Schacter hin, indem er die Dauerhaftigkeit und Prägnanz gefühlsmässig aufwühlender vergangener Erlebnisse herausstreicht.[30] Dies scheint auch für die Adressaten von erzählten Erinnerungen zu gelten.

Damit übernehmen die Betroffenen durch ihre Erzählungen eine wichtige Rolle bei der Entstehung beziehungsweise bei der Veränderung des kulturellen Gedächtnisses einer Gesellschaft. Durch ihre Zeugenschaft beleben sie gleichsam das «unbewohnte» (Speicher-)Gedächtnis und machen es zu einem «bewohnten» (Funktions-)Gedächtnis.[31] Durch die lebendige Partizipation, die sie den Zuhörenden durch ihr Erzählen ermöglichen, tragen sie zu identitätsbildendem Erinnern und zur Formierung eines gesellschaftlichen Kanons bei. Im Unterschied zum Archiv, das für die passive Seite des Erinnerns steht, verkörpert der Kanon, wie oben ausgeführt, dessen aktive Seite. Historische Quellenarbeit und (biografisches) Erzählen von Zeitzeugen ergänzen sich somit gegenseitig und nehmen unterschiedliche Erinnerungs- beziehungsweise

27 Welzer 2001, S. 175.
28 Welzer et al. 2002.
29 Welzer 2001, S. 178.
30 Schacter 1999, S. 313 ff.
31 Assmann/Assmann 1994, S. 121 ff.

Gedächtnisfunktionen wahr. Voraussetzung dafür ist jedoch, dass eine gesellschaftliche Ausgangslage entsteht, die Gedächtnisdiskurse begünstigt und damit auch das Aufeinandertreffen von historischer Quellenarbeit einerseits, von individuellen Narrationen über das Erlebte andererseits.

Dies ist für die Schweiz wie auch für andere Länder durch die neue Erinnerungs- und Gedächtniskultur seit den 1990er-Jahren gegeben. In modernisierungstheoretischer Perspektive gründet die Hochkonjunktur des Erinnerns, die wir zurzeit erleben, in einer Krise des Gedächtnisses.[32] Ein autoritativ-einheitlicher Zugriff auf die Vergangenheit im Rahmen des modernen Nationalstaats macht neuen Formen des Erinnerns und Gedenkens Platz, die mit mannigfaltigen Identitätsansprüchen einzelner Gruppen einhergehen. Ein umfassender Verlust der Vergangenheit durch Vergessen, welches nicht zuletzt in einer durch den Medienwandel begünstigten Flut an nur schwer zu strukturierender Information seinen Grund hat, fördert das Bedürfnis oder gar den Zwang spätmoderner Gesellschaften, das Erinnern neu zu inszenieren. Allgemeine modernisierungstheoretische Aspekte – technischer Wandel, demografische Entwicklungen, Beschleunigungserfahrungen aufgrund veränderter Zeitstrukturen – tragen dabei ebenso zum Verständnis aktueller Erinnerungs- und Gedächtnisdiskurse bei wie spezifische Verantwortungs- und Schuldfragen, mit denen sich eine Gesellschaft konfrontiert sieht – für den Fall der Schweiz zurzeit insbesondere das Thema der fürsorgerischen Zwangsmassnahmen. Vor diesem Hintergrund wäre es zu kurz gegriffen, wollte man von *einem* kulturellen Gedächtnis sprechen, das sich gegenwärtig neu formiert. Vielmehr scheinen sich Teile vordergründig zu einem Ganzen zu fügen, die für partielle Interessen und Anliegen einstehen: für die ehemaligen Heimbewohnerinnen und Heimbewohner das Anliegen, im sozialen Umfeld Legitimität für die eigene Person und Herkunft zu gewinnen, um damit auch einen zukünftigen Raum für die eigene Biografie und das weitere Leben zu erschliessen; für die «Gesellschaft» das Erfordernis, entlang ihrer ausdifferenzierten Teilsysteme auf modernisierungsbedingte Strukturveränderungen und die damit einhergehende Gedächtniskrise mit entsprechenden Erinnerungsbemühungen zu reagieren (in der medialen Öffentlichkeit, in der Geschichtswissenschaft, in der Politik) sowie daraus erwachsende, sehr konkrete Verantwortung (Anerkennung, Entschädigung) zu übernehmen. Für beide Seiten ist dabei die Rolle der (Augen-)Zeugenschaft zentral. Beide Seiten sind auf sie angewiesen. Sie bildet das verbindende Stück, um eine Gesellschaft angesichts ihrer in Teilen als konflikthaft wahrgenommenen Vergangenheit zu integrieren und die nicht deckungsgleichen Anliegen zusammenzubringen. Dies ist besonders deshalb von Bedeutung, weil vergangene

32 Vgl. hierzu Dimbath/Heinlein 2015, S. 215 ff.

Erfahrungen und die daran hängenden subjektiven Erinnerungen als solche für die Nichtbetroffenen unerschliessbar bleiben.

Darin findet die besondere Rolle der (Augen-)Zeugenschaft ihren Ausdruck. Sie bildet die Schnittstelle, welche das kommunikative und das kulturelle Gedächtnis in seinen unterschiedlichen Ausprägungen und Formen in Verbindung bringt und hält. Der Zeuge bleibt dabei auf seinen Zuhörer verwiesen und umgekehrt. Dass damit alle an gesellschaftlicher Gedächtnisbildung Beteiligten ein gemeinsames Interesse oder Ziel verfolgen würden, ist angesichts der hohen Komplexität moderner Gesellschaften ebenso wie individueller Ausgangslagen eher unwahrscheinlich.

Literaturverzeichnis

Assmann, Aleida (2006). *Der lange Schatten der Vergangenheit. Erinnerungskultur und Geschichtspolitik*. München: C. H. Beck.

Assmann, Aleida (2013). *Das neue Unbehagen an der Erinnerungskultur. Eine Intervention*. München: C. H. Beck.

Assmann, Aleida (2016). *Formen des Vergessens*. Göttingen: Wallstein.

Assmann, Aleida und Assmann, Jan (1994). Das Gestern im Heute. Medien und soziales Gedächtnis. In: Merten, Klaus, Schmidt, Siegfried J. und Weischenberg, Siegfried (Hg.), *Die Wirklichkeit der Medien. Eine Einführung in die Kommunikationswissenschaft*. Opladen: Westdeutscher Verlag, S. 114–140.

Assmann, Jan (1992). *Das kulturelle Gedächtnis. Schrift, Erinnerung und politische Identität in frühen Hochkulturen*. München: C. H. Beck.

Bohn, Cornelia und Hahn, Alois (1999). Selbstbeschreibung und Selbstthematisierung. Facetten der Identität in der modernen Gesellschaft. In: Willems, Herbert und Hahn, Alois (Hg.), *Identität und Moderne*. Frankfurt am Main: Suhrkamp, S. 33–61.

Brumlik, Micha (1996). Individuelle Erinnerung – kollektive Erinnerung. Psychosoziale Konstitutionsbedingungen des erinnernden Subjekts. In: Loewy, Hanno und Moltmann, Bernhard (Hg.), *Erlebnis – Gedächtnis – Sinn. Authentische und konstruierte Erinnerung*. Frankfurt am Main, New York: Campus, S. 31–45.

Burgermeister, Nicole und Peter, Nicole (2014). *Intergenerationelle Erinnerung in der Schweiz. Zweiter Weltkrieg, Holocaust und Nationalsozialismus im Gespräch*. Wiesbaden: Springer VS.

Dimbath, Oliver und Heinlein, Michael (2015). *Gedächtnissoziologie*. Paderborn: Wilhelm Fink.

Erll, Astrid (2011). *Kollektives Gedächtnis und Erinnerungskulturen. Eine Einführung*. Stuttgart, Weimar: Metzler.

Galle, Sara (2016). *Kindswegnahmen. Das «Hilfswerk für die Kinder der Landstrasse» der Stiftung Pro Juventute im Kontext der schweizerischen Jugendfürsorge*. Zürich: Chronos.

Giesen, Bernhard (2004). *Triumph and Trauma*. Boulder (Colorado): Paradigm.

Hahn, Alois (2013). Schweigen, Verschweigen, Wegschauen und Verhüllen. In: Assmann, Aleida und Assmann, Jan (Hg.), *Schweigen. Archäologie der literarischen Kommunikation XI*. München: Wilhelm Fink, S. 29–50.

Halbwachs, Maurice (1985). *Das Gedächtnis und seine sozialen Bedingungen*. Frankfurt am Main: Suhrkamp.

Leuenberger, Marco und Seglias, Loretta (2015). *Geprägt fürs Leben. Lebenswelten fremdplatzierter Kinder in der Schweiz im 20. Jahrhundert*. Zürich: Chronos.

Meier, Marietta, Bernet, Brigitta, Dubach, Roswitha und Germann, Urs (2007). *Zwang zur Ordnung. Psychiatrie im Kanton Zürich, 1870–1970*. Zürich: Chronos.

Rüsen, Jörn (2008). *Historische Orientierung. Über die Arbeit des Geschichtsbewusstseins, sich in der Zeit zurechtzufinden*. Schwalbach im Taunus: Wochenschau.

Schacter, Daniel L. (1999). *Wir sind Erinnerung. Gedächtnis und Persönlichkeit*. Reinbek bei Hamburg: Rowohlt.

Schütz, Alfred und Luckmann, Thomas (1994). *Strukturen der Lebenswelt*, Bd. 1. Frankfurt am Main: Suhrkamp.

Schwelling, Birgit (2013). Der Abschied vom Paradigma der Erinnerung? Überlegungen zur Debatte um Erinnern, Schweigen und Vergessen. In: Assmann, Aleida und Assmann, Jan (Hg.), *Schweigen. Archäologie der literarischen Kommunikation XI*. München: Wilhelm Fink, S. 119–135.

Tanner, Jakob (1999). Die Krise der Gedächtnisorte und die Havarie der Erinnerungspolitik. Zur Diskussion um das kollektive Gedächtnis und die Rolle der Schweiz während des Zweiten Weltkriegs. *traverse. Zeitschrift für Geschichte*, Heft 1, S. 16–38.

Unabhängige Expertenkommission Schweiz – Zweiter Weltkrieg (2002). *Die Schweiz, der Nationalsozialismus und der Zweite Weltkrieg: Schlussbericht*. Zürich: Pendo.

Weber, Gianna Virginia (2014). «Das Verdingkind». Eine terminologische Annäherung. In: Furrer, Markus, Heiniger, Kevin, Huonker, Thomas, Jenzer, Sabine und Praz, Anne-Françoise (Hg.), *Fürsorge und Zwang. Fremdplatzierung von Kindern und Jugendlichen in der Schweiz 1850–1980*. Basel: Schwabe, S. 249–258.

Welzer, Harald (2001). Das gemeinsame Verfertigen von Vergangenheit im Gespräch. In: ders. (Hg.), *Das soziale Gedächtnis. Geschichte, Erinnerung, Tradierung*. Hamburg: Hamburger Edition, S. 160–178.

Welzer, Harald, Moller, Sabine und Tschuggnall, Karoline (2002). *«Opa war kein Nazi». Nationalsozialismus und Holocaust im Familiengedächtnis*. Frankfurt am Main: Fischer.

Young, James E. (2001). Zwischen Geschichte und Erinnerung. Über die Wiedereinführung der Stimme der Erinnerung in die historische Erzählung. In: Welzer, Harald (Hg.), *Das soziale Gedächtnis. Geschichte, Erinnerung, Tradierung.* Hamburg: Hamburger Edition, S. 41–62.

Kindheit im Fokus von Staat, normativer Erziehung und fachlicher Expertise

Zusammenfassende Überlegungen

GISELA HAUSS[33]

Auch wenn die Heimerziehung unter dem Vorzeichen eingerichtet wurde, das Wohl der ihr anvertrauten Kinder beziehungsweise Jugendlichen zu sichern, schmälerten ihre Interventionen und Wirkungen in vielen Fällen die Lebens- und Handlungsmöglichkeiten der Betroffenen. Heimplatzierungen galten als Mittel der sozialen Integration und bewirkten durch Stigmatisierung und Diskriminierung in vielen Fällen das Gegenteil, nämlich einen nachhaltigen Ausschluss aus zentralen gesellschaftlichen Zusammenhängen. Die diesem Band zugrunde liegenden Forschungen zeigen, dass diese in den geäusserten Absichten nicht berücksichtigten Wirkungen Betroffene im Laufe ihres Lebens immer wieder einholen können. Damit bleiben Heimerfahrungen nach dem Heimaustritt präsent und beeinflussen die Handlungsspielräume der Betroffenen. Ziel des hier vorliegenden Bandes ist es, einen empirischen und analytischen Rahmen zu schaffen, in dem die einschneidende lebensgeschichtliche Erfahrung, im Heim gewesen zu sein, vor dem Hintergrund des historischen Wandels sowie im Kontext von Struktur und Praxis des schweizerischen Heimsektors auf neue Weise reflektiert werden kann. Dabei geht es nicht darum, eine «Meistererzählung» vorzulegen oder Unrecht durch Analyse zu relativieren, sondern um das Herausarbeiten von komplexen Zusammenhängen und Wirkfaktoren. Mit diesem Anliegen wird das Feld der Heimerziehung nicht ausschliesslich entlang *einer* Thematik erschlossen, sondern im Zusammenhang der in diesem Band vorgestellten drei thematischen Kapitel über staatliches Handeln, Pädagogik und die subjektive, fachliche und gesellschaftliche Sicht auf Kindheit. Die folgenden Abschnitte halten zusammenfassend fünf grundlegende Erkenntnisse dieser Studie fest:

1. In der Heimerziehung hielt sich das Bild vom gefährdeten und gefährdenden Kind bis weit ins 20. Jahrhundert hinein, was die Wahrnehmung des Kindes als Subjekt, das sich im Spielen und Gestalten die Welt aneignet, lange

33 Für die wertvollen Anregungen zu diesem Beitrag, für die Ergänzungen und Kommentare danke ich meinen Kollegen Martin Lengwiler und Thomas Gabriel.

verdrängte. Das Kind wurde als Objekt einer Rettung vor Gefahren in ein Heim aufgenommen. In diesem normativen Kontext lässt sich die lange Persistenz eines Heimmodells verstehen, das auf das 19. Jahrhundert zurückgeht, als religiöse und philanthropische Kräfte sogenannte Rettungshäuser gründeten, Erziehungsanstalten für Kinder, die in den Verwerfungen der Industrialisierung nicht familiär versorgt werden konnten. Damit wurde in Abwendung von reinen Verwahrungsmodellen, wie zum Beispiel den Armenhäusern, ein pädagogisches Modell der Erziehung eingeführt, dabei fällt jedoch auf, dass die Strafpraktiken der traditionellen Verwahrungsanstalten nicht selten weitergeführt wurden. Die Industriegesellschaft, in der sich traditionelle bürgerliche Werte aufzulösen schienen, galt als gefährlich für das Aufwachsen, was das Konzept der «Rettung» legitimierte. Die gefährdeten Kinder sollten aus den sie schädigenden Milieus entfernt und in einer gottgefälligen Gemeinschaft sittlich und religiös erzogen werden. Die gottgefällige Gemeinschaft wurde als «pädagogische Sonderwelt» konzipiert, die nicht ausschliesslich, aber häufig konfessionell geprägt war. Diese «pädagogische Sonderwelt» zeichnete sich durch eine normative Geschlossenheit aus. So gab es ein Innen und ein Aussen, wobei die Kontakte nach aussen begrenzt wurden, auch der Kontakt zur Herkunftsfamilie. Ein Grund für die lange Persistenz des Modells des «Rettungshauses» war in vielen Fällen die Verbindung des Heims mit einer die «Rettungspädagogik» stützenden Ausbildungsstätte für Heimerzieherinnen. In diesen Ausbildungsstätten wurden die angehenden Erzieherinnen eingeführt in ihre Erziehungsaufgabe in der «Sonderwelt» des Heims, wobei die Wirkung des Rettungstopos durch das Wohnen im Internat verstärkt wurde. Je nach Schule standen zudem spezifische religiöse oder moralische Konzepte zur Verfügung, aufgrund deren in einer gewissen Selbstgenügsamkeit unterrichtet wurde, in Abgrenzung gegen unerwünschte wissenschaftliche Erkenntnisse oder reformerische Ansätze. Die Ausbildung war in diesem Kontext keine Aufklärung über pädagogische Praxis, sondern eine Vorbereitung darauf, sich in die tradierten Genderrollen und hierarchischen Strukturen des Heims einzufügen. Diese sich selbst stabilisierende «Sonderwelt» von Heim und Heimerzieherinnenausbildung kann als Faktor gesehen werden, der eine gewisse Eigendynamik der Erziehungspraxis gegenüber dem akademischen Fachdiskurs ermöglichte. Grundsätzlich kann festgestellt werden, dass in der «Sonderwelt» Erzieherinnen und Kinder lange nicht als Subjekte mit eigener Sicht wahrgenommen wurden. Das verzögerte wiederum einen im Fachdiskurs schon seit Jahrzehnten geforderten Wandel von Gehorsams- zu Autonomiewerten in der Heimerziehung. Entstanden in einer Lücke staatlicher Fürsorge in der zweiten Hälfte des 19. Jahrhunderts, blieb das Modell des «Rettungshauses» bis in die 1970er-Jahre hinein ein für den Staat funktionaler Prototyp in der Heimerziehung, vor allem in den ländlichen Gebieten der Schweiz.

2. Im sprachregionalen Vergleich des zugrunde liegenden Projekts wurde die Bedeutung städtischer, universitätsnaher Milieus für eine Reformierung und Verwissenschaftlichung der Heimerziehung herausgearbeitet. Schulen für Heimerziehung, die im Kontext städtischer Wissensinfrastrukturen standen, orientierten sich an Hochschulen und Forschungszentren, in denen wissenschaftliches Wissen zu Kindheit und Erziehung produziert wurde. Deutlich wird das zum Beispiel in von einem liberalen Protestantismus geprägten Städten wie Genf, Zürich oder Basel. In Genf entstand die Ecole d'études sociales im Umfeld des Institut Jean-Jacques Rousseau, des international bedeutenden Forschungszentrums für Kinderpsychologie und experimentelle Pädagogik. Hier waren namhafte Ärzte und Pädagogen tätig, die mit ihren Verbindungen zu internationalen wissenschaftsbezogenen schulpädagogischen Reformbewegungen (*éducation nouvelle*) ein Denkfeld eröffneten, das reformpädagogische Assoziationen, Werte und Ideen florieren liess. Die Zürcher Schule für Heimerziehung befand sich im Umfeld einer einflussreichen Heilpädagogik, in der psychiatrisches und psychologisches Wissen mit einer kindzentrierten Pädagogik verbunden wurde und Kontakte zu internationalen Reformbewegungen bestanden. Auch in Basel orientierten sich seit dem frühen 20. Jahrhundert verschiedene Heime an akademischen pädagogischen Modellen. Dabei bildete sich das spezifische Phänomen heraus, dass die städtischen Zentren ihre Praxisinstitutionen ausserhalb des urbanen Raums einrichteten, um das ländliche Umfeld für die Erziehung zu nutzen. Die so entstandenen Heime waren jedoch personell und wissenschaftlich eng mit dem akademischen Milieu in den Städten verbunden, so zum Beispiel das Landerziehungsheim Albisbrunn in seiner Funktion als «Übungsanstalt» für die Seminaristen des Heilpädagogischen Seminars in Zürich. Während in Genf bereits Anfang des 20. Jahrhunderts unter dem Begriff der «Psychohygiene» aufgrund der hohen Sterblichkeitsrate die Gesundheit von Säuglingen und Kleinkindern zum Thema wurde, folgte Zürich in den 1950er-Jahren mit der Gründung des Instituts für Psychohygiene, heute Marie Meierhofer Institut für das Kind. Die Schulen für Heimerziehung in Genf und Zürich stehen hier als Beispiele für Schulen, in denen städtische Wissenschaftsinfrastrukturen genutzt und reformerische pädagogische Modelle diskutiert wurden. In ihrer zentralen Stellung prägte die Schule in Genf das Bild der Ausbildung in Heimerziehung in der Westschweiz, während in der Deutschschweiz kleine Schulen im ländlichen Kontext, die katholisch orientierte Schule in Luzern oder die Modellheime in Basel neben der Schule in Zürich je ein eigenes Zentrum bildeten. Dass die Heimerziehungsdiskurse sich in den beiden Sprachregionen unterschiedlich ausgestalteten, kann damit, neben der Orientierung an Frankreich in der Westschweiz, auch mit dem unterschiedlichen Einfluss der städtischen Zentren erklärt werden.

Heimerziehung zeigt sich auf der Ebene der Ausbildungen als bewegtes Feld, in dem auch reformerische Impulse aufgenommen wurden. Vergleichbares findet sich auf der Ebene der einzelnen Heime. Unsere Forschung zeigt, dass bereits in den 1920er-Jahren Reformen angestrebt wurden (Basler Waisenhaus), vermehrt dann in den 1960er-Jahren (La Pommerai im Kanton Waadt). Auch ehemalige Heimkinder erzählen von positiven Erfahrungen mit «neuen Praktikantinnen». Das darf jedoch nicht darüber hinwegtäuschen, dass die Reformen in der Praxis bis in die 1970er-Jahre auf Einzelinitiativen beruhten. Auf der Ebene der Institutionen entstand in der Schweiz keine gemeinsame Bewegung für eine Heimerziehung, die an einer kindzentrierten Pädagogik orientiert gewesen wäre. Das mit internationalen reformerischen Bewegungen verbundene neue Leitbild der kindlichen Autonomie, das in akademischen Milieus diskutiert wurde, konnte in der vorwiegend rural geprägten Heimlandschaft der Schweiz keine Impulse setzen, die über einzelne Heime hinaus wirksam geworden wären. Der in den Städten angedachte Wandel brach sich an der Grenze zu ländlichen Kontexten. Dafür können mehrere Gründe verantwortlich sein: fehlendes Geld aufgrund der privaten Finanzierung der Heime, fehlende Interventionen von Kanton und Bund im Bereich der Heimerziehung, mangelhafte Aufsicht, fehlende Motivation der Verantwortlichen, fehlendes ausgebildetes Personal bei hoher Personalfluktuation, das bis in die zweite Hälfte des 20. Jahrhunderts wirksame Ideal des erzieherisch wertvollen ländlichen Umfelds in Abgrenzung von den moralischen Risiken der Urbanisierung oder, ganz grundsätzlich, die in der Schweiz immer wieder diskutierten Stadt-Land-Verwerfungen.

3. Die Ergebnisse der hier zugrunde liegenden Forschung lassen es zu, herkömmliche Epochengrenzen kritisch zu diskutieren. Zudem verweisen die Befunde darauf, dass Leitvorstellungen wie Fortschritt beziehungsweise eine stete epochale Verbesserung der Lebensumstände von Kindern und Jugendlichen analytisch nicht viel taugen. Mit diesen Leitvorstellungen könnte zwar die Analyse des komplexen Feldes der Heimerziehung auf eine einheitliche, positiv konnotierte, in der Zukunft liegende «fortschrittliche Heimerziehung» ausgerichtet werden. Doch müssten damit die Vielfalt der Kriterien für eine «Verbesserung» in der Heimerziehung sowie paradoxe Nebenwirkungen des «Fortschritts» ausgeblendet werden, was gerade bei Prozessen der Verwissenschaftlichung und Standardisierung fatal wäre. So sollen hier, ohne ein stufenweises Fortschrittsnarrativ zugrunde zu legen, den viel diskutierten Zäsuren (Heimkrise in den 1940er-Jahren sowie Heimkampagne in den 1970er-Jahren) zwei weitere zur Seite gestellt werden: die Einführung des nationalen Strafrechts (1942) und die 1960er-Jahre als Phase einer zunehmenden staatlich subventionierten Qualifizierung des Heimpersonals.

Zunächst zeigt sich auf allen untersuchten Ebenen die hohe Bedeutung des 1942 in Kraft getretenen ersten nationalen Jugendstrafrechts. Bereits im Vorfeld wurden auf kantonaler Ebene «Jugendgerichte» eingeführt und das Angebot der Heime und Anstalten für Jugendliche, die bis anhin im Strafvollzug für Erwachsene untergebracht waren, wurde ausdifferenziert. Doch erst die Bündelung in einem nationalen Gesetz konnte die Bemühungen um eine jugendfürsorgerische und pädagogische Expertise im Straf- und Massnahmenvollzug landesweit fördern. Der Heimerziehung wurde damit eine Zuständigkeit in der Behandlung beziehungsweise (Nach-)Erziehung straffälliger Jugendlicher zugesprochen, die nicht nur kantonal, sondern auch überkantonal bearbeitet werden musste. Der Begriff «Schwererziehbarkeit» erfuhr eine Verwissenschaftlichung mit Bezügen zu medizinischem, psychiatrischem, kriminologischem, (heil)pädagogischem und psychoanalytischem Wissen.

Ebenso wie das nationale Strafrecht lässt sich auch die Erweiterung der Subventionspolitik des Bundes in den 1960er-Jahren als Intervention nationaler Behörden einordnen. In dieser Zeit wurde die bereits in den 1940er-Jahren formulierte und sich in den 1960er-Jahren zuspitzende fachliche Kritik an fehlendem ausgebildetem Personal auch auf Bundesebene zum Thema gemacht. Der bis dann vorwiegend kantonal und privat getragene Bereich der Heimerziehung geriet damit vermehrt in den Einflussbereich einer staatlichen Subventionierungspolitik und der damit verbundenen Steuerungsmechanismen. Die im Vergleich zu anderen pädagogischen Bereichen wie Kinderarbeit und Schulpflicht späte Intervention des Bundes in den Kompetenzbereich kantonaler und privater Träger von Heimen wirkte sich auf zwei Ebenen aus. Das Geld ermöglichte es, ausgebildetes Personal einzustellen, verpflichtete die Heime jedoch gleichzeitig auf die vom Staat geforderte Standardisierung und Qualität. Im schweizweiten Zusammenschluss der Ausbildungsstätten zur Schweizerischen Arbeitsgemeinschaft für Heimerzieherschulen (SAH) im Jahr 1970 und in der Einigung auf generelle Grundanforderungen für die Ausbildung zeigt sich damit beides: das Bestreben des Berufs- und Ausbildungsfeldes nach Fachlichkeit wie die Intervention des Bundes, der seine Subventionen gezielt einsetzte.

Diese zwei landesweit bedeutenden Zäsuren können jedoch nicht darüber hinwegtäuschen, dass einzelne Heime, in gewissem Sinne unabhängig von diesen übergreifenden Veränderungsmomenten, beachtenswerte Binnengeschichten aufweisen. Die hier zugrunde liegenden Forschungen zeigen, dass in manchen Institutionen die Besetzung der Heimleitung die Rhythmen der Veränderungen stärker beeinflusste als die den Heimsektor übergreifenden (fach)politischen Momente des Wandels. Diese Eigendynamik institutioneller Praxis kann als eine Erklärung dafür gesehen werden, dass Anspruch und Realität im Heimwesen immer wieder weit auseinanderklafften. So scheinen zum Beispiel die auf der Ebene des Fachdiskurses und der Sozialpolitik schon lange sichtbaren Bemühungen um eine bessere Ausbildung erst in den 1970er-Jahren in den Berichten ehemaliger Heimkinder auf.

4. Mit der diesem Band zugrunde liegenden mehrdimensionalen Forschungsanlage konnten erstmals vergleichende Ergebnisse vorgelegt und regionenübergreifende Zusammenhänge erschlossen werden. Diese sind keinesfalls abschliessend, sondern werfen neue Forschungsfragen auf. Drei davon werden im Folgenden festgehalten: (1) Ein erstes Forschungsdesiderat lässt sich in der Untersuchung der Schnittstellen von Heimerziehung mit anderen professionellen Erziehungs- und Behandlungssystemen sowie neu sich ausdifferenzierenden Angeboten in diesem Berufsfeld ausmachen. So kam in der hier präsentierten Forschung zunächst die Bedeutung städtischer, akademischer Milieus in den Blick, die sich durch interdisziplinäre Wissensstrukturen auszeichneten. Kindheit war in diesen Kontexten Objekt medizinischer, psychiatrischer, psychologischer sowie pädagogischer Expertise. Die sich an den Schnittpunkten dieser Wissenschaften herausbildenden Institutionen der Betreuung, Behandlung, Diagnostizierung und Zuweisung, zum Beispiel die Kinder- und Jugendpsychiatrie oder die Säuglingsheime, sind in der Schweiz noch kaum erforscht. Darüber hinaus zeigt sich ein Forschungsdesiderat an der Schnittstelle der Heimerziehung mit anderen pädagogischen institutionellen Settings. Hier seien die lebensweltnahen ambulanten Angebote der Kinder- und Jugendfürsorge genannt sowie die dezentralen Angebote verschiedener Wohn- und Betreuungsformen für Kinder und Jugendliche. Letztere wurden vor allem in den 1980er- und 1990er-Jahren ausgebaut, als die klassische Heimerziehung ihre Monopolstellung in der ausserfamiliären Erziehung zunehmend verlor. Eine Forschung, die Erziehung im Kinder- und Jugendheim untersucht in der Wechselwirkung mit den sich ausdifferenzierenden und spezialisierenden Angeboten in der institutionellen Landschaft der ausserfamiliären Erziehung sowie in den benachbarten Feldern, etwa der Kinder- und Jugendpsychiatrie, steht noch am Anfang. (2) Die hier vorgelegten Forschungen zeigen Verflechtungen zwischen staatlichen, kantonalen, kommunalen, parastaatlichen, privaten und gesellschaftlichen Kräften in der Steuerung der Heimerziehung. Hier sind weitere Forschungen angezeigt, um das Zusammenwirken dieser Kräfte in Veränderungsmomenten besser zu verstehen. Die Bearbeitung dieses Zusammenwirkens verspricht vertiefte Erkenntnisse darüber, wie Heimerziehung in den Sozialstaat beziehungsweise in die städtische oder kantonale Politik eingebettet wurde und welche Auswirkungen diese Einbettung letztlich auf die erzieherische Praxis hatte. (3) Das diesem Band zugrunde liegende Forschungsprojekt war innerhalb

der Schweiz vergleichend angelegt. Das Projektteam veranstaltete zudem drei internationale Workshops und Tagungen. Die Diskussion mit Expertinnen und Experten aus Irland, den Niederlanden, Deutschland, Österreich, Australien, Schweden, Frankreich und Kanada schärfte den Blick aufs eigene Forschungsfeld und ermöglichte es, als Forschungspartner im internationalen Kontext der Aufarbeitung der Heimerziehung wahrgenommen zu werden. Eine vergleichende Forschung im internationalen Kontext steht jedoch noch aus. International übereinstimmend wird eine lange Persistenz von physischer Gewalt in der Heimerziehung sowie ein im Vergleich zu anderen gesellschaftlichen Bereichen verzögerter Wandel von Gehorsamswerten zu Autonomiewerten konstatiert. Eine international vergleichende Forschung verspricht, regionalspezifische sowie länderübergreifende Faktoren in den Blick zu bekommen, die für dieses Phänomen weiterführende Begründungen offenlegen und vertiefte Diskussionen ermöglichen.

5. Aufgrund der mehrdimensionalen Zugangsweise verknüpft der vorliegende Band die Geschichte des Sozialstaats mit der Geschichte der Heimerziehung, eines Handlungsfelds der Sozialen Arbeit. Er verknüpft zwei Forschungslinien, die Historiografie der Sozialpädagogik/Sozialen Arbeit und die Sozialstaatsgeschichte. Damit verbindet er verschiedene Zugänge und Denkweisen. So bearbeitet er das gewählte Thema sowohl unter sozialisationstheoretischer Perspektive als auch unter geschichtswissenschaftlichen Fragestellungen. Für die Sozialstaatsgeschichte liefert der Band erstmals Ergebnisse in einem Bereich, dessen Handlungslogik sich von derjenigen anderer Bereiche wie Sozialversicherung und Armenfürsorge unterscheidet. Bei der Fremdplatzierung interveniert der Sozialstaat direkt in die sozialen Beziehungen und biografischen Zusammenhänge der Betroffenen, vermittelt über die Interaktion fürsorgerischer Behörden und erzieherischen Personals. Für die Soziale Arbeit bietet der vorliegende Band Perspektiven, die über die gängige Fachgeschichtsschreibung hinausgehen. Die hier präsentierte kritische Geschichtsschreibung konfrontiert die Soziale Arbeit mit Erfolgen, aber auch mit geschehenem Unrecht im eigenen Berufsfeld. Die bis anhin in Fachkreisen tradierten Narrationen einer sich linear und positiv entfaltenden professionellen Fachlichkeit werden damit hinterfragbar beziehungsweise mehrfach konturiert und gebrochen. Die Geschichte der Sozialen Arbeit und hier vor allem das Berufsfeld der Heimerziehung werden in diesem Band im Kontext des sich konstituierenden Sozialstaats im Übergang zum 20. Jahrhundert analysiert. Auf diese Weise werden die Verflechtungen von Politik, Recht, Bürokratie und gesellschaftlich normativen Leitvorstellungen der Analyse zugänglich. Der vorliegende Band stellt für die Soziale Arbeit damit eine vielperspektivische Disziplin- und Professionsgeschichte

zur Verfügung, die wach und aufmerksam macht für Wirkungen der Heimerziehung auf die Biografie der Kinder und Jugendlichen sowie für die vielfachen, immer auch riskanten Verflechtungen von Wissenschaft und Profession mit Politik, Recht und Verwaltung.

Autorinnen und Autoren

Clara Bombach, M. A., wissenschaftliche Mitarbeiterin an der Zürcher Hochschule für Angewandte Wissenschaften, Departement Soziale Arbeit, Institut Kindheit, Jugend und Familie. Themenschwerpunkte: Familie und Aufwachsen, Kinder- und Jugendhilfe.
Pfingstweidstrasse 96, 8037 Zürich, clara.bombach@zhaw.ch.

Markus Bossert, M. A., wissenschaftlicher Mitarbeiter an der Fachhochschule Nordwestschweiz, Hochschule für Soziale Arbeit. Themenschwerpunkte: Geschichte der Sozialen Arbeit, soziale Ungleichheit, Methoden qualitativer Sozialforschung.
Riggenbachstrasse 16, 4600 Olten, markus.bossert@fhnw.ch.

Susanne Businger, Dr., wissenschaftliche Mitarbeiterin an der Zürcher Hochschule für Angewandte Wissenschaften, Departement Soziale Arbeit, Institut für Kindheit, Jugend und Familie. Themenschwerpunkte: Kinder- und Jugendhilfe, Geschlechtergeschichte, Schweizer Behörden- und Flüchtlingspolitik.
Pfingstweidstrasse 96, 8037 Zürich, susanne.businger@zhaw.ch.

Yves Collaud, M. A., SNF-Doktorand an der Universität Freiburg, Departement für Historische Wissenschaften. Themenschwerpunkte: Staatsgeschichte, Sozialgeschichte, Geschichte des 20. Jahrhunderts.
Avenue de l'Europe 20, 1700 Fribourg, yves.collaud@unifr.ch.

Véronique Czáka, Dr., freischaffende Historikerin und Mitglied der Forschungsgruppe für Sozialgeschichte der Pädagogik der Universität Genf. Themenschwerpunkte: Geschichte der Kindheit, Geschichte der Pädagogik.
E-Mail: vczaka@homtail.com

Joëlle Droux, Dr., Maître d'enseignement et de recherche an der Universität Genf, Faculté de psychologie et des sciences de l'éducation, Section des sciences de l'éducation. Leiterin der Forschungsgruppe für Sozialgeschichte der Pädagogik der Universität Genf. Themenschwerpunkte: Geschichte der Kinderfürsorge in der Schweiz, transnationale Geschichte.
40 bd pont d'arve, 1211 geneve 4, joelle.droux@unige.ch.

Thomas Gabriel, Prof. Dr., Professor und Institutsleiter an der Zürcher Hochschule für Angewandte Wissenschaften, Departement Soziale Arbeit, Institut für Kindheit, Jugend und Familie. Themenschwerpunkte: Kinder- und Jugendhilfe, speziell Heimerziehung, Pflegekinderwesen und Adoption, internationale Vergleiche in der Jugendhilfe und der Sozialen Arbeit, Geschichte der Heimerziehung, Resilienz und Vulnerabilität im Kontext Aufwachsen.
Pfingstweidstrasse 96, 8037 Zürich, thomas.gabriel@zhaw.ch.

Sara Galle, Dr., wissenschaftliche Mitarbeiterin an der Fachhochschule Nordwestschweiz, Hochschule für Soziale Arbeit. Themenschwerpunkte: Sozialgeschichte der Schweiz im 20. Jahrhundert, Fürsorge und Vormundschaft, Kindesschutz, Heimerziehung, Minderheiten, Integration und Ausschluss.
Riggenbachstrasse 16, 4600 Olten, sara.galle@fhnw.ch.

Gisela Hauss, Prof. Dr., Professorin an der Fachhochschule Nordwestschweiz, Hochschule für Soziale Arbeit. Themenschwerpunkte: Geschichte Kinderschutz und Soziale Arbeit, Theorien der Sozialen Arbeit, soziale Ungleichheiten, Gender und Erwerbslosigkeit.
Riggenbachstrasse 16, 4600 Olten, gisela.hauss@fhnw.ch

Mirjam Janett, M. A., Doktorandin an der Universität Basel, Themenschwerpunkte: Sozialstaatsgeschichte, Geschichte der Kindheit und Jugend, Disability-History.
Hirschgässlein 21, 4051 Basel, mirjam.janett@unibas.ch.

Samuel Keller, M. A., wissenschaftlicher Mitarbeiter an der Zürcher Hochschule für Angewandte Wissenschaften, Departement Soziale Arbeit, Institut für Kindheit Jugend und Familie. Themenschwerpunkte: Kinder- und Jugendhilfe, Konzepte des kindlichen Wohlergehens und Bedingungen des Aufwachsens.
Pfingstweidstrasse 96, Postfach 707, 8037 Zürich, samuel.keller@zhaw.ch.

Martin Lengwiler, Prof. Dr., Professor für neuere allgemeine Geschichte an der Universität Basel, Departement Geschichte. Themenschwerpunkte: Sozialstaatsgeschichte, Versicherungsgeschichte, europäische Geschichte.
Hirschgässlein 21, 4051 Basel, martin.lengwiler@unibas.ch.

Christine Matter, Dr., wissenschaftliche Mitarbeiterin an der Fachhochschule Nordwestschweiz, Hochschule für Soziale Arbeit. Themenschwerpunkte: Alter, Individualisierung, Religionssoziologie, Bildung, Sozialisation.
Riggenbachstrasse 16, 4600 Olten, christine.matter@fhnw.ch.

Anne-Françoise Praz, Prof. Dr., assoziierte Professorin für Zeitgeschichte an der Universität Freiburg, Departement für Historische Wissenschaften. Themenschwerpunkte: Geschichte der Kindheit und Jugend, Geschlechtergeschichte, Sexualität, Familie, Bevölkerungspolitik.
Avenue de l'Europe 20, 1700 Fribourg, anne-francoise.praz@unifr.ch.

Nadja Ramsauer, Dr., Dozentin und Projektleiterin an der Zürcher Hochschule für Angewandte Wissenschaften, Departement Soziale Arbeit, Institut für Kindheit, Jugend und Familie. Themenschwerpunkte: Geschichte von Sozialstaat und Sozialer Arbeit, Geschlechterforschung.
Pfingstweidstrasse 96, 8037 Zürich, nadja.ramsauer@zhaw.ch.

Bücher zum Thema

Beat Gnädinger, Verena Rothenbühler (Hg.)
Menschen korrigieren
Fürsorgerische Zwangsmassnahmen und Fremdplatzierungen im Kanton Zürich bis 1981
2018. Geb. 288 Seiten, 35 Farbabbildungen, Grafiken und Tabellen
ISBN 978-3-0340-1478-6. CHF 38 / EUR 38

Béatrice Ziegler, Gisela Hauss, Martin Lengwiler (Hg.)
Zwischen Erinnerung und Aufarbeitung
Fürsorgerische Zwangsmassnahmen an Minderjährigen in der Schweiz im 20. Jahrhundert
2018. Br. 236 Seiten
ISBN 978-3-0340-1490-8. CHF 38 / EUR 38

Sara Galle
Kindswegnahmen
Das «Hilfswerk für die Kinder der Landstrasse» der Stiftung Pro Juventute im Kontext der schweizerischen Jugendfürsorge
2016. Geb. 712 Seiten, 17 Abbildungen s/w.
ISBN 978-3-0340-1327-7. CHF 68 / EUR 62

Chronos Verlag
Eisengasse 9
CH-8008 Zürich
www.chronos-verlag.ch
info@chronos-verlag.ch